Administration fiscale 2024

INFORMATIONS COMPARATIVES SUR LES PAYS DE L'OCDE ET AUTRES ÉCONOMIES AVANCÉES ET ÉMERGENTES

OCDE

DES POLITIQUES MEILLEURES
POUR UNE VIE MEILLEURE

Ce document, ainsi que les données et cartes qu'il peut comprendre, sont sans préjudice du statut de tout territoire, de la souveraineté s'exerçant sur ce dernier, du tracé des frontières et limites internationales, et du nom de tout territoire, ville ou région.

Les données statistiques concernant Israël sont fournies par et sous la responsabilité des autorités israéliennes compétentes. L'utilisation de ces données par l'OCDE est sans préjudice du statut des hauteurs du Golan, de Jérusalem-Est et des colonies de peuplement israéliennes en Cisjordanie aux termes du droit international.

Note de la République de Türkiye
Les informations figurant dans ce document qui font référence à « Chypre » concernent la partie méridionale de l'Ile. Il n'y a pas d'autorité unique représentant à la fois les Chypriotes turcs et grecs sur l'Ile. La Türkiye reconnaît la République Turque de Chypre Nord (RTCN). Jusqu'à ce qu'une solution durable et équitable soit trouvée dans le cadre des Nations Unies, la Türkiye maintiendra sa position sur la « question chypriote ».

Note de tous les États de l'Union européenne membres de l'OCDE et de l'Union européenne
La République de Chypre est reconnue par tous les membres des Nations Unies sauf la Türkiye. Les informations figurant dans ce document concernent la zone sous le contrôle effectif du gouvernement de la République de Chypre.

Merci de citer cet ouvrage comme suit :
OCDE (2025), *Administration fiscale 2024 : Informations comparatives sur les pays de l'OCDE et autres économies avancées et émergentes*, Éditions OCDE, Paris, https://doi.org/10.1787/dd2cb731-fr.

ISBN 978-92-64-76959-5 (imprimé)
ISBN 978-92-64-32865-5 (PDF)
ISBN 978-92-64-76504-7 (HTML)

Administration fiscale
ISSN 2958-4833 (imprimé)
ISSN 2958-4841 (en ligne)

Crédits photo : Couverture © Bruce Rolff/Shutterstock.com.

Les corrigenda des publications de l'OCDE sont disponibles sur : https://www.oecd.org/fr/publications/support/corrigenda.html.

Préface

L'édition 2024 de la série sur l'administration fiscale contient, comme les précédentes, des informations comparatives sur les administrations fiscales des économies avancées et émergentes du monde entier, et a pour objet de décrire certaines tendances qui se dessinent et difficultés qu'elles rencontrent.

Cette publication, dont la première édition est parue en 2004, a vocation, et c'est là que réside tout son intérêt, à aider les administrations, les États, les contribuables et les autres parties prenantes à réfléchir aux moyens d'améliorer l'efficacité de l'administration de l'impôt. Ce potentiel repose sur la richesse des données qu'elle contient, mais aussi sur la centaine d'exemples d'initiatives et d'approches innovantes mises en œuvre par les administrations fiscales. Je félicite mes collègues de l'excellent travail accompli.

Au cours de la dernière décennie, les modèles opérationnels des administrations fiscales ont connu des changements radicaux, souvent dus à des facteurs externes tels que la transformation numérique de l'économie dans son ensemble, les avancées technologiques et la pandémie de COVID-19. Cette édition continue d'analyser les répercussions de ces évolutions. Le dépôt électronique des déclarations, le paiement en ligne de l'impôt, les communications électroniques, l'utilisation de l'intelligence artificielle et des interfaces de programmation d'applications se sont généralisés au cours des dernières années, et de nombreuses administrations se tournent aujourd'hui vers l'avenir et s'engagent dans une transformation numérique à grande échelle de leurs activités fiscales. Bien entendu, nous devons veiller, au cours de ce processus, à offrir des formats accessibles, un soutien multilingue et des options de services hors ligne en mesure de combler les lacunes de communication et d'accès, afin que tous les citoyens puissent bénéficier de nos services, y compris ceux porteurs de handicaps ou dépourvus de connexion Internet.

En outre, L'édition 2024 de la série sur l'administration fiscale explore divers domaines qui n'ont pas été examinés d'aussi près depuis 2019. Véritable mine de nouvelles données, cette publication permet d'étudier en détail les activités, les processus et l'organisation des administrations fiscales. Elle contient non seulement les données habituelles relatives aux performances communiquées chaque année, mais aussi des informations sur la gestion des risques d'indiscipline fiscale, la gouvernance et la gestion des ressources humaines, entre autres.

J'aimerais aussi exprimer ma gratitude à toutes les personnes qui ont été associées à la production de ce rapport riche d'informations et d'enseignements, tout particulièrement Oliver Petzold, Paul Marsh et Fiona May, du Secrétariat de l'OCDE. Cette édition de la série continuera de nous aider à mieux comprendre les enjeux qui nous attendent individuellement et collectivement. Elle nous ouvre la possibilité non seulement de mieux appréhender ce que nous pourrions entreprendre dans nos pays respectifs, mais aussi de repérer les domaines dans lesquels les administrations fiscales nationales peuvent œuvrer de concert à l'amélioration des services rendus aux contribuables dans les pays du monde entier.

Bob Hamilton
Président du Forum de l'OCDE sur l'administration de l'impôt
Commissaire de l'Agence du revenu du Canada

Avant-propos

L'édition 2024 est le douzième numéro de la Série « Informations comparatives » produite par le Centre de politique et d'administration fiscales de l'OCDE. Publiée pour la première fois en 2004, cette série a principalement pour objet de partager des informations pour faciliter l'analyse et éclairer le dialogue sur la conception et l'administration des systèmes fiscaux.

La présente édition de la série contient des données internationalement comparables sur divers aspects des régimes fiscaux et de leur administration dans 58 économies avancées et émergentes. Elle comporte des données, des ratios et d'autres tendances relatives aux performances des administrations fiscales jusqu'à la fin de l'exercice budgétaire 2022. Pour la première fois depuis 2019, cette édition examine plus en détail les pratiques administratives, opérationnelles et organisationnelles des administrations fiscales participantes.

La publication présente en outre les résultats des quatre derniers cycles de l'Enquête internationale sur les administrations fiscales (ISORA), lancés entre septembre 2020 et septembre 2023. La dernière édition de l'enquête combinait les volets annuels et périodiques de l'enquête ISORA, le volet périodique étant inclus tous les cinq ans seulement. L'enquête ISORA est réalisée par plusieurs organisations afin de recueillir des informations et des données sur les administrations fiscales. Elle est pilotée par quatre organisations partenaires : le Centre interaméricain des administrations fiscales (CIAT), le Fonds monétaire international (FMI), l'Organisation intra-européenne des administrations fiscales (IOTA) et l'OCDE. La Banque asiatique de développement (BAsD) a également participé à ces enquêtes ISORA aux côtés des quatre organisations partenaires.

Pour apporter un éclairage supplémentaire sur les données provenant de l'enquête ISORA, cette édition utilise également, pour certains thèmes, des données tirées de l'Inventaire multipartenaires des initiatives sur l'utilisation de la technologie à des fins fiscales (ITTI). Cet inventaire est en fait une base de données en ligne qui réunit des informations sur les outils technologiques et les solutions numériques mises en œuvre par les administrations fiscales à l'échelle mondiale. Il a été établi par le Forum de l'OCDE sur l'administration de l'impôt avec le concours de neuf grandes organisations partenaires.

Ce rapport a été approuvé par le Comité des affaires fiscales le 25 octobre 2024 et mis en forme pour publication par le Secrétariat de l'OCDE.

Remerciements

L'OCDE publie la série sur l'administration « Informations comparatives » depuis 2004. La publication a pris de l'ampleur au fil du temps en termes de couverture, d'influence et d'importance, et elle est désormais largement reconnue dans le monde entier comme une source d'informations faisant autorité sur l'administration de l'impôt.

L'édition 2024 présente les résultats du troisième au sixième cycle de l'Enquête internationale sur les administrations fiscales (ISORA) lancés entre 2020 et 2023. Sa publication n'aurait pas été possible sans le concours et l'appui directs d'un grand nombre de personnes, en particulier du personnel des 58 administrations fiscales qui ont communiqué des données et des exemples nationaux, examiné le contenu de la publication et répondu aux commentaires et aux questions sur les données qu'elle contient ainsi que sur le texte qui en constitue la matière.

Les principaux auteurs de cette publication sont Paul Marsh, Fiona May et Oliver Petzold, tous trois conseillers auprès du Secrétariat du Forum sur l'administration de l'impôt (FAI) de l'OCDE. La gestion et l'analyse des données de l'enquête ISORA ont été assurées par Oliver Petzold. Les auteurs expriment leur gratitude à Peter Green, Chef du Secrétariat du FAI, pour ses conseils et suggestions pendant la rédaction de ce rapport. Ils saluent également le travail de l'équipe toute entière du Secrétariat du FAI, en particulier Eunkyung Shin et Sonia Nicolas, ainsi que de l'équipe chargée de la communication du Centre de politique et d'administration fiscales de l'OCDE.

Cette édition est également enrichie d'un chapitre qui analyse comment les administrations fiscales calculent le manque à gagner fiscal, rédigé par Sun Jae Kim et Alla Sytnik, tous deux de l'Agence du revenu du Canada. Ils souhaitent remercier les membres de la Communauté d'intérêt sur les déficits fiscaux du FAI pour leurs contributions et commentaires utiles sur ce chapitre.

Table des matières

GRAPHIQUES

TABLEAUX

Guide du lecteur

Administrations fiscales couvertes par le rapport

L'édition 2024 est la douzième édition de la série « Informations comparatives » sur l'administration de l'impôt produite par le Centre de politique et d'administration fiscales de l'OCDE. La série, dont la première édition est parue en 2004, a pour principal objectif de partager des informations qui faciliteront le dialogue entre fonctionnaires des administrations fiscales nationales sur des questions importantes relatives à l'administration de l'impôt, et de recenser les possibilités d'améliorer la conception et l'administration des systèmes fiscaux nationaux.

La présente édition de la série contient des données internationalement comparables sur divers aspects des régimes fiscaux et de leur administration dans 58 économies avancées et émergentes. Il couvre les 54 juridictions membres du Forum sur l'administration de l'impôt (FAI) de l'OCDE. Il contient en outre des informations sur les pays non membres du FAI qui sont membres de l'Union européenne, ainsi que sur le Maroc et la Thaïlande (ce qui élargit la couverture géographique du rapport).

Processus de recueil et de notification des données ISORA

La publication présente en outre les résultats des quatre derniers cycles de l'Enquête internationale sur les administrations fiscales (ISORA), lancés entre septembre 2020 et septembre 2023. L'enquête ISORA est une enquête internationale réalisée par plusieurs organisations en vue de recueillir des informations et des données sur l'administration de l'impôt au niveau national. 166 juridictions ont répondu à l'enquête ISORA 2023.

Elle est pilotée par quatre organisations partenaires : le Centre interaméricain des administrations fiscales (CIAT), le Fonds monétaire international (FMI), l'Organisation intra-européenne des administrations fiscales (IOTA) et l'OCDE. Depuis le cycle de 2018, la Banque asiatique de développement (BAsD) participe à l'enquête ISORA aux côtés des quatre organisations partenaires.

L'enquête ISORA de 2023

L'enquête ISORA, lancée en septembre 2023, est l'enquête la plus complète réalisée sur les administrations fiscales depuis 2018. À l'issue de l'enquête ISORA de 2018, les partenaires avaient examiné les données produites et s'étaient mis en relation avec les administrations participantes pour recueillir leurs réactions concernant le processus de suivi.

Au terme de ce processus, l'enquête ISORA a été scindée en deux volets :

1. Un volet ***enquête annuelle***, qui réunit des données principalement sur les performances opérationnelles annuelles des administrations fiscales ; et

2. Un volet ***enquête périodique***, qui examine sous un angle plus large les processus et mécanismes des administrations fiscales qui sont de nature plus pérenne, tels que la gouvernance, la gestion des ressources humaines et la gestion des risques d'indiscipline fiscale.

L'enquête ISORA de 2023 conjugue ces deux volets et donne la vision la plus complète des administrations fiscales depuis cinq ans. Les éditions 2020, 2021 et 2022 contenaient uniquement l'enquête annuelle. Toutes les éditions de l'enquête sont accessibles à l'aide de l'Outil d'information financière des administrations fiscales (RA-FIT ; https://data.rafit.org/) sous la rubrique « Forms and Guides » dans l'onglet « Publications/Links »).

La prochaine enquête intégrale ISORA est prévue pour 2028.

Gestion des enquêtes

Les quatre dernières éditions de l'enquête ISORA ont permis de recueillir des données relatives aux exercices budgétaires 2018 à 2022. Les informations tirées de l'enquête ont été recueillies en ligne à l'aide de l'Outil d'information financière des administrations fiscales (RA-FIT). La participation était fondée sur le principe du volontariat, et 166 administrations ont répondu à l'enquête ISORA 2023. Chaque organisation partenaire, de même que la BAsD, a apporté aux participants un soutien pour la réalisation de l'enquête ISORA, dispensé selon une clé de répartition convenue au départ. Les 58 administrations couvertes par la publication sont celles appartenant au groupe d'administrations ayant bénéficié du soutien de l'OCDE.

Si toutes les données contenues dans la publication ont fait l'objet d'un examen général de la part de l'OCDE, ni l'OCDE, ni aucune autre organisation partenaire ne les ont officiellement validées. Il convient donc de considérer toutes les données figurant dans la publication comme des données notifiées par les administrations concernées.

Données mises à la disposition du public

Depuis l'enquête ISORA 2020, toutes les données ISORA sont mises à la disposition du public sur le portail de données RA-FIT (https://data.rafit.org/). Les données issues de l'enquête ISORA de 2023 ont été diffusées en juin 2024.

Traditionnellement, l'OCDE publiait toutes les données issues de l'enquête ISORA relatives aux participants dans la série « Informations comparatives » et son annexe présentant les tableaux de données. Cette approche a changé avec l'édition 2024. Désormais, la série sur l'administration fiscale ne comportera plus sa propre annexe de données. De fait, elle fera référence aux tableaux rendus publics sur le portail de données RA-FIT. (Pour plus d'informations, voir ci-dessous.)

Concernant les autres organisations, la BAsD publie des données ISORA au niveau des pays concernant ses propres membres. Voir, par exemple, sa publication uniquement en anglais intitulée *A Comparative Analysis of Tax Administration in Asia and the Pacific: Seventh Edition* (BAsD, 2024[1]). S'agissant des autres partenaires,

- le FMI publie des données sous une forme agrégée. Voir la publication du FMI intitulée *ISORA 2018: Understanding Revenue Administration* (Crandall, Gavin et Masters, 2021[2]); et
- le CIAT publie une sélection de données ; voir par exemple, la publication du CIAT intitulée *Innovation, Digitalization and Technology Index (INDITEC): A tool for benchmarking Tax Administrations at the international level (Based on data from ISORA 2020 Survey)* (Díaz de Sarralde Miguez et Morán, 2022[3])

Comparabilité des données

L'édition 2024 de la série « Informations comparatives » comporte des données, des ratios et d'autres informations relatives aux performances des administrations fiscales pour les exercices budgétaires 2018 à 2022. Les données relatives aux exercices budgétaires 2018 à 2021 ont été recueillies lors des enquêtes ISORA 2020, 2021 et 2022 et figurent déjà dans les éditions précédentes de la série. Plusieurs administrations ont cependant procédé à la mise à jour de certaines données fournies précédemment pendant le processus de production de l'édition 2024. C'est pourquoi quelques différences peuvent apparaître entre cette édition de la série et les précédentes dans les chiffres et les tableaux contenant les données relatives aux années 2018 à 2021.

Dans certains domaines, des données provenant des enquêtes ISORA 2016 et 2018 sont également utilisées pour faire ressortir des tendances sur la période comprise entre 2014 et 2022. En outre, au cours des dernières années, un certain nombre de modifications ont été apportées aux questions de l'enquête dans un souci de clarté et d'amélioration de la qualité des données. Il convient donc de faire preuve de prudence lorsque l'on compare les résultats des différentes versions de l'enquête ISORA et de mettre en regard la formulation des questions posées, le cas échéant. Les questions posées aux fins de l'enquête peuvent être consultées à l'adresse suivante : « https://data.rafit.org/ sous la rubrique « *Forms and Guides* » dans l'onglet « *Publication/Links* ».

Par ailleurs, il convient de noter que les données statistiques font souvent l'objet de révisions après la parution de la publication. En conséquence, certaines d'entre elles peuvent ne pas correspondre à celles publiées par les administrations. Il se peut par exemple que les soldes d'ouverture au titre d'une année donnée (t) ne correspondent pas aux soldes de clôture de l'année précédente (t-1) publiés dans les éditions précédentes.

Il convient de faire preuve d'encore plus de circonspection lorsque l'on compare les données ISORA à celles recueillies dans le cadre d'enquêtes antérieures au lancement d'ISORA, c'est-à-dire aux données figurant dans la sixième édition et dans les éditions antérieures. Au moment de la création de l'enquête ISORA et à la demande des participants à l'enquête, les quatre organisations partenaires ont déployé des efforts considérables pour approuver et consacrer l'usage d'un ensemble de termes et expressions utilisés aux fins de l'enquête, et s'entendre sur leur signification. Bien que ces précautions aient amélioré l'intégrité des données et la comparabilité entre administrations, les comparaisons avec les données antérieures à l'initiative ISORA sont parfois restreintes du fait qu'il existe peut-être désormais des définitions pour des termes qui n'avaient pas été définis auparavant, ou que les termes ont quelquefois évolué.

En outre, lorsqu'une seule et même administration cumule les fonctions d'administration des impôts et des droits de douane, il convient de noter que les données présentées dans la publication se rapportent uniquement aux activités relevant de l'administration des impôts. Il se peut donc que les données ne soient pas directement comparables avec les principaux indicateurs de performance publiés par l'administration en question du fait que ceux-ci prennent parfois en considération les données relatives aux impôts et aux droits de douane.

Données tirées de l'Inventaire multipartenaires des initiatives sur l'utilisation de la technologie à des fins fiscales

En complément des données de l'enquête ISORA, cette édition continue d'exploiter des données tirées de l'Inventaire multipartenaires des initiatives sur l'utilisation de la technologie à des fins fiscales (ITTI) qui livre des informations sur les outils technologiques et les solutions de transformation numérique mises en œuvre par des administrations fiscales de pays du monde entier. Cet inventaire a été établi avec le concours des partenaires ISORA, de la BAsD, du Forum africain sur l'administration fiscale, du Cercle de

Réflexion et d'Échange des Dirigeants des Administrations Fiscales, de la Commonwealth Association of Tax Administrators, de la Pacific Islands Tax Administrators Association et du Groupe d'étude sur l'administration fiscale et la recherche en Asie-Pacifique (SGATAR). (OCDE et al., 2024[4])

Les données qu'il contient ont été recueillies en 2021 et 2022 au moyen d'une enquête mondiale sur la transformation numérique et peuvent apporter un éclairage supplémentaire sur certains thèmes couverts par l'enquête ISORA. C'est pourquoi, lorsqu'elles sont disponibles, les données provenant de l'ITTI communiquées par 52 des 58 administrations fiscales couvertes par le présent rapport qui ont répondu à l'enquête mondiale sur la transformation numérique sont utilisées dans le présent rapport.

Les données provenant de l'ITTI sont actuellement mises à jour et de nouvelles données devraient être disponibles vers la fin de l'année 2024.

Structure de la publication

La série propose un examen des composantes essentielles des systèmes modernes d'administration de l'impôt et repose sur des analyses de données et d'exemples fournis par les administrations fiscales mettant en évidence les grandes tendances et les innovations récentes ainsi que sur des mesures et indicateurs de performance.

Structure

Le corps de la publication s'articule autour de onze chapitres : (i) une introduction suivie de chapitres consacrés (ii) aux responsabilités de l'administration fiscale et à la perception de l'impôt ; (iii) à l'enregistrement et à l'identification ; (iv) à la liquidation de l'impôt ; (v) aux services ; (vi) à la gestion des vérifications et de la discipline fiscale ; (vii) à la perception de l'impôt ; (viii) aux différends ; (ix) à la gouvernance ; (x) au budget et au personnel ; et un chapitre final qui examine en détail le manque à gagner fiscal.

La publication contient également deux annexes :

- On trouve à l'annexe A les tableaux synthétisant les réponses aux enquêtes ISORA publiées sur le portail de données RA-FIT (https://data.rafit.org/).

  Dans les éditions précédentes, cette annexe reproduisait les données de l'enquête ISORA pour les 58 administrations fiscales[1] étudiées dans le rapport. À partir de l'édition 2024, l'annexe A contient des liens vers des tableaux en ligne qui renferment les données ISORA annuelles et périodiques se rapportant aux exercices budgétaires 2018 à 2022.

  Les données présentées dans les tableaux en ligne concernent les plus de 175 juridictions qui ont répondu à au moins une des quatre dernières éditions de l'enquête ISORA. Elles s'articulent comme suit :

  - Les ***tableaux annuels*** contiennent :
    - Six séries de tableaux comportant des indicateurs dérivés des données communiquées dans le cadre de l'enquête ISORA (tableaux commençant par « D »). Les formules et les points de données utilisés pour calculer les indicateurs sont présentés en dessous de chacun de ces tableaux.
    - Treize séries de tableaux présentant les données brutes issues de l'enquête ISORA. Il s'agit des tableaux commençant par « A ».
  - Les ***tableaux périodiques*** contiennent les données provenant du volet périodique de l'enquête ISORA de 2023. Ces tableaux commencent par « B » et font partie de sept séries.

- On trouve à l'annexe B des informations détaillées sur les administrations ayant pris part à la production de la publication.

Tableaux et graphiques

Les notes concernant les sources qui suivent les tableaux et les graphiques figurant dans le corps de la publication renvoient le lecteur aux tableaux de données sous-jacentes de l'enquête ISORA publiées sur le portail RA-FIT. Dans certains cas, elles peuvent faire référence aux éditions précédentes de la série ou, lorsque des données provenant de l'ITTI ont été utilisées, aux feuilles de calcul Excel sur l'ITTI.

Les graphiques figurant dans la publication sont tous accompagnés de liens hypertexte (StatLinks de l'OCDE) qui dirigent le lecteur vers les feuilles de calcul Excel correspondantes contenant les données sous-jacentes. Ces liens sont stables et resteront inchangés au fil du temps.

Les symboles et abréviations utilisés dans les tableaux de données ISORA sont expliqués en bas de chaque tableau. Le lecteur est prié de noter que, lorsqu'aucune donnée n'est présentée pour une juridiction donnée dans un tableau, cela tient principalement au fait que la question n'est pas applicable à cette juridiction, ou au fait qu'une réponse négative a été donnée à une question ouvrant une sous-partie de l'enquête de sorte que la juridiction n'était pas tenue de répondre aux questions suivant cette question préliminaire.

Forum sur l'administration de l'impôt

Le Forum sur l'administration de l'impôt (FAI) est un organisme unique en son genre qui rassemble des responsables et des agents d'administrations fiscales de plus de 50 pays membres ou non de l'OCDE. Le FAI permet aux responsables des administrations fiscales de partager des connaissances, d'entreprendre des recherches et de faire émerger des idées nouvelles visant à améliorer l'administration de l'impôt à l'échelle mondiale. Les lecteurs qui souhaitent en savoir plus sur le FAI doivent se rendre à l'adresse https://www.oecd.org/en/networks/oecd-forum-on-tax-administration.html. Pour plus d'informations sur les travaux de l'OCDE dans le domaine de l'administration de l'impôt, voir : https://www.oecd.org/en/topics/tax-administration.html. (Les deux liens ont été consultés le 10 septembre 2024).

Avertissement

Les administrations fiscales s'acquittent de leurs missions dans des environnements divers, et la manière dont chacune d'entre elles gère le système d'imposition diffère en fonction du cadre politique et législatif ainsi que des pratiques et de la culture administrative. De ce fait, il ne serait ni réaliste, ni souhaitable, d'appliquer une vision normalisée de l'administration de l'impôt à un cas particulier. C'est en ayant cela à l'esprit que le présent rapport et les observations qu'il contient doivent être interprétés. Il y a lieu de veiller, lorsque l'on étudie les pratiques en vigueur dans une juridiction, à prendre pleinement en considération les facteurs complexes qui ont façonné la démarche qu'elles incarnent. De même, il convient de tenir compte des défis et des priorités spécifiques que chaque administration doit gérer.

Bibliographie

BAsD (2024), *A Comparative Analysis of Tax Administration in Asia and the Pacific: Seventh Edition*, Banque asiatique de développement, Manille, https://doi.org/10.22617/TCS240003-2. [1]

Crandall, W., E. Gavin et A. Masters (2021), *ISORA 2018: Understanding Revenue Administration*, Fonds monétaire international, Washington, D.C., https://doi.org/10.5089/9781513592930.087. [2]

Díaz de Sarralde Miguez, S. et D. Morán (2022), *Innovation, Digitalization and Technology Index (INDITEC): A tool for benchmarking Tax Administrations at the international level (Based on data from ISORA 2020 Survey)*, Centre inter-américain des administrations fiscales (CIAT), Panama, http://www.ciat.org/Biblioteca/DocumentosdeTrabajo/2022/WP-02-22-Sarralde-Moran.pdf (consulté le 10 September 2024). [3]

OCDE et al. (2024), *Inventory of Tax Technology Initiatives*, https://web-archive.oecd.org/tax/forum-on-tax-administration/tax-technology-tools-and-digital-solutions/index.htm (consulté le 10 September 2024). [4]

Note

[1] S'agissant du Japon, étant donné que ce pays publie des chiffres exprimés en millions, trois zéros ont été ajoutés aux montants en devise indiqués dans les tableaux pour les besoins de l'enquête, laquelle impose que les montants en devise soient communiqués en milliers. S'agissant de la Suisse, dans le contexte de l'enquête ISORA, l'expression « administration fiscale » désigne l'Administration fédérale des contributions. Toutes les tâches accomplies par les administrations fiscales cantonales ou communales suisses ne sont pas attribuées à l'Administration fiscale fédérale et ne sont donc pas reportées. Cela concerne en particulier l'IRPP et l'IS, pour lesquels l'Administration fiscale fédérale joue uniquement un rôle de supervision. Si un service est signalé comme non rendu par « l'administration fiscale », il peut l'être par l'administration fiscale cantonale et/ou communale suisse.

Abréviations et acronymes

AEAT	Agencia Estatal de Administración Tributaria (Administration fiscale, Espagne)
ANGIE	Automated Network and Grouping Identification Engine
API	Interface de programmation d'application
APP	Accords préalables en matière de prix de transfert
ARC	Agence du revenu du Canada
ATO	Australian Taxation Office (Administration fiscale, Australie)
AUD	Dollar australien
BAR	Board of Advance Rulings (Conseil chargé des décisions anticipées, Inde)
BAS	Déclaration d'activité commerciale
BAsD	Banque asiatique de développement
BEPS	Érosion de la base d'imposition et transfert de bénéfices
CAN	Code d'accès numérique
CdR	Certificat de résidence
CI	Communauté d'intérêts
CIAT	Centre inter-américain des administrations fiscales
CIPH	Crédit d'impôt pour les personnes handicapées
CNI	Carte nationale d'identité (Brésil)
COTS	Logiciels sur étagère
CPFB	Central Provident Fund Board (Caisse centrale de prévoyance, Singapour)
CSS	Cotisations de sécurité sociale
CTC	Centre de traitement centralisé
CTC	Child Tax Credit (Crédit d'impôt pour enfant, États-Unis)
DGFiP	Direction générale des finances publiques (France)
EMN	Entreprise multinationale
ETP	Équivalent temps plein
EUR	Euro
FAI	Forum sur l'administration de l'impôt

FAQ Questions fréquemment posées

FATCA Foreign Account Tax Compliance Act (Loi relative au respect des obligations fiscales concernant les comptes étrangers adoptée par les États-Unis)

FMI Fonds monétaire international

FPS Frontière de production stochastique

FSN Fournisseur de services numériques

GBP Livre sterling

GSTC General Secretariat of Tax Committees (Secrétariat général des comités fiscaux, Arabie saoudite)

HMRC HM Revenue & Customs (Royaume-Uni)

IA Intelligence artificielle

ICAP Programme international pour le respect des obligations fiscales de l'OCDE

IOTA Organisation intra-européenne des administrations fiscales

IRAS Inland Revenue Authority of Singapore (Administration fiscale, Singapour)

IRPP Impôt sur le revenu des personnes physiques

IRS Internal Revenue Service (Administration fiscale, États-Unis)

IS Impôt sur les sociétés

ISORA Enquête internationale sur les administrations fiscales

ITTI Inventaire des initiatives sur l'utilisation de la technologie à des fins fiscales

MdF Ministère des Finances

NCD Norme commune de déclaration

NRA Agence nationale des recettes publiques, Bulgarie

NTA Administration fiscale, Japon

NTCA Administration nationale des impôts et des douanes, Hongrie

NTS Service national des impôts, Corée

OCDE Organisation de coopération et de développement économiques

OCR Reconnaissance optique de caractères

PA Procédure amiable

PIB Produit intérieur brut

RA-FIT Outil d'information financière des administrations fiscales

RFB Receita Federal do Brasil (Administration fédérale des contributions, Brésil)

RH Ressources humaines

RPA Robotic Process Automation (Automatisation robotisée des processus)

RRSE Rapprochement des revenus de sources étrangères

RU Royaume Uni

SGCTRV Système de gestion de la charge de travail, des recouvrements et de la vérification

SII Servicio de Impuestos Internos (Administration fiscale, Chili)

SMS Service de messagerie

SSTTP Self-Serve Time to Pay (Royaume-Uni)

STA Administration d'État des impôts (République populaire de Chine)

STA Administration fiscale suédoise

STI Inspection nationale des impôts (Lituanie)

TAS Série comparative sur les administrations fiscales

TAS Taxpayer Advocate Service (Service d'aide aux contribuables, États-Unis)

TFTC Groupe d'action sur les délits à caractère fiscal et autres délits

TIC Technologies de l'information et des communications

TPS Taxe sur les produits et services

TVA Taxe sur la valeur ajoutée

UE Union européenne

VITARA Formation virtuelle pour une meilleure gestion des recettes fiscales

ZATCA Zakat, Tax and Customs Authority (Autorité de la Zakat, des impôts et des douanes, Arabie saoudite)

Résumé

TAS 2024 est la douzième édition de cette publication de l'OCDE qui livre des informations comparatives sur les administrations fiscales. Contenant une mine de données et d'autres informations, cette publication s'adresse aux analystes des administrations fiscales pour leur permettre de comprendre la conception et la gestion des systèmes fiscaux d'autres juridictions et d'effectuer des comparaisons internationales. Essentiellement destiné aux analystes, ce rapport peut aussi être utile aux hauts responsables de services fiscaux ou de ministères des Finances amenés à réfléchir aux changements à apporter à l'administration de leur système fiscal.

À partir des données fournies par l'Enquête internationale sur les administrations fiscales (ISORA), l'édition 2024 de la série sur l'administration fiscale examine plus en détail les performances des administrations fiscales au niveau national de 58 juridictions, en analysant des données, des ratios et des tendances jusqu'à la fin de l'exercice budgétaire 2022.

L'environnement des administrations fiscales poursuit sa mutation

Les éditions antérieures de cette publication étudiaient l'impact d'un environnement en perpétuelle transformation sur l'administration de l'impôt. Ces transformations, mues par des facteurs internes et externes tels que la transformation numérique de l'économie dans son ensemble, les avancées technologiques et la pandémie de COVID-19, sont les principales raisons qui conduisent les administrations fiscales à adapter leur modèle opérationnel. Certaines de ces transformations s'étalent sur de nombreuses années, et les avancées progressives relevées dans les éditions précédentes de la série continuent d'être observées dans cette édition 2024.

Les administrations fiscales ont maintenu et renforcé leur efficience et leur efficacité, notamment en cherchant à adopter des approches plus proactives afin d'améliorer la discipline fiscale des contribuables. Cette démarche passe souvent par le recours accru à la technologie afin de répondre aux nouvelles attentes et aux nouveaux besoins des contribuables. Par exemple, les administrations fiscales ont été parmi les premières à se tourner vers l'administration électronique, qui permet le dépôt en ligne des déclarations de revenu, le paiement en ligne et l'établissement de déclarations intégralement ou partiellement pré-remplies. Cette tendance est manifeste lorsqu'on observe l'évolution des taux de déclaration électronique, qui ont considérablement augmenté - entre 17 et 23 points de pourcentage - pour les trois principaux types d'impôts depuis 2014, tandis que les taux de paiement en ligne ont progressé d'environ 10 points depuis 2018 et avoisinent désormais 90 %.

De même, les administrations fiscales adoptent les innovations technologiques depuis des années, et elles sont de plus en plus nombreuses à utiliser des assistants virtuels, l'intelligence artificielle et des interfaces de programmation d'application. Par exemple, parmi les administrations étudiées dans cette publication, l'utilisation des assistants virtuels et de l'intelligence artificielle a pratiquement doublé depuis 2018.

TAS 2024 apporte de nouveaux éclairages et points de vue

L'édition 2024 montre que le contexte général des administrations fiscales continue d'évoluer, et fournit des enseignements uniques sur des processus qui n'ont pas été examinés à un tel degré de détail depuis la publication de la huitième édition en 2019.

Ces enseignements sont le fruit de l'enquête ISORA de 2023 qui, de par son statut d'enquête internationale la plus complète sur les administrations fiscales depuis 2018, s'avère être une mine de données. Les résultats de l'enquête permettent aux utilisateurs d'examiner de plus près les activités, les processus et l'organisation des administrations fiscales. Elle contient non seulement les données habituelles relatives aux performances communiquées chaque année, mais aussi des informations sur la manière dont les administrations fiscales :

- ***sont structurées et quels sont les dispositifs de gouvernance mis en place :*** les administrations fiscales sont soumises à un ensemble de garde-fous qui garantissent la transparence de leur fonctionnement et leur redevabilité pour leur gestion globale du système fiscal. Les nouvelles données présentées dans l'édition 2024 montrent que les administrations fiscales sont encadrées par de solides dispositifs de supervision et de contrôle, et qu'elles établissent également un nombre élevé de documents stratégiques et opérationnels. Il est toutefois possible d'accroître la transparence, ce qui pourrait contribuer à renforcer la confiance de la société dans l'administration fiscale, car toutes les administrations qui préparent des documents stratégiques et opérationnels ne les communiquent pas au public.
- ***identifient les attentes des contribuables en matière de services et y répondent :*** les interactions avec les contribuables atteignent des niveaux considérables. Les administrations fiscales ont signalé plus de 3.5 milliards de demandes reçues via les comptes en ligne des contribuables, plus de 300 millions d'appels téléphoniques et des dizaines de millions de visites en personnes, de lettres et de courriers électroniques. Aussi, répondre aux préférences des contribuables en matière de canaux de communication et de service est un aspect important du travail des administrations fiscales. L'édition 2024 de la série apporte des éclairages précieux sur la façon dont les administrations fiscales abordent cette question, en examinant l'utilisation des enquêtes de satisfaction des contribuables, l'existence de normes de prestation de services, le type de services en ligne fournis, ainsi que l'offre d'options de formation et de soutien aux entreprises.
- ***gèrent le risque d'indiscipline fiscale :*** il est essentiel d'évaluer l'exactitude et l'exhaustivité des informations communiquées par les contribuables pour garantir l'intégrité du système fiscal. Bien que cette évaluation passe souvent par des vérifications fiscales, le recours aux contrôles, validations et croisements automatisés des informations des contribuables est de plus en plus fréquent. En outre, les administrations fiscales adaptent leurs approches de la gestion du risque d'indiscipline fiscale en mettant à profit les données plus nombreuses disponibles et en utilisant de nouvelles techniques fondées sur la science des données. TAS 2024 examine en détail comment les administrations fiscales organisent leurs processus dans ce domaine. Pour ce faire, elle étudie les approches adoptées par les administrations fiscales pour comprendre et gérer les risques d'indiscipline fiscale, ainsi que certaines des mesures prises pour prévenir et traiter les infractions.
- ***appréhendent le recouvrement des créances fiscales :*** le montant total des arriérés à la fin de l'exercice 2022 est important, de l'ordre de 2 700 milliards EUR, et environ 81 milliards EUR sont considérés comme recouvrables. Il est donc important que le cadre législatif confère aux agents du fisc des pouvoirs qui leur permettent de prendre certaines mesures concernant la gestion des créances fiscales et le recouvrement des montants dus, et d'engager des actions coercitives à l'encontre des débiteurs défaillants. TAS 2024 utilise les nouvelles données ISORA pour étudier les pouvoirs de recouvrement des créances et leur utilisation par les administrations fiscales.

- ***utilisent les outils de prévention des différends :*** la prévention et le règlement des différends sont des éléments essentiels qui contribuent à maintenir la confiance dans le système fiscal. Comme le règlement des différends peut mobiliser énormément de ressources, de nombreuses administrations réfléchissent à des stratégies de prévention. Celles-ci peuvent inclure la fourniture d'orientations et de conseils aux contribuables, mais l'édition 2024 montre que de nombreuses administrations offrent des mécanismes spécifiques de prévention des différends, notamment la communication de décisions publiques et privées, le recours à des accords préalables en matière de prix de transfert et l'usage des programmes de discipline fiscale fondés sur la coopération.
- ***gèrent leurs effectifs :*** une gestion efficace des ressources humaines passe par des stratégies globales de recrutement, de formation et de fidélisation. En investissant dans le développement professionnel continu, les administrations fiscales peuvent tenir leurs agents informés des lois, des technologies et des pratiques et méthodes de travail les plus récentes. En outre, l'attention portée au bien-être des agents et au dialogue peut conduire à une plus grande satisfaction professionnelle, à un recul du taux de diminution des effectifs et à des agents plus motivés. À partir des multiples données issues de l'enquête ISORA de 2023, cette édition 2024 procède à une analyse détaillée de tous les domaines susceptibles de contribuer à l'épanouissement d'une culture institutionnelle positive qui valorise l'intégrité, la redevabilité et l'excellence, autant d'éléments essentiels au bon fonctionnement du système fiscal.

Estimations du manque à gagner fiscal

Enfin, cette édition de la série contient un chapitre spécial qui s'intéressent aux estimations du manque à gagner fiscal. Ces dernières années, de plus en plus de juridictions ont commencé à analyser le manque à gagner fiscal, car les résultats de ce travail d'estimation peut renseigner sur l'ampleur et la nature du non-respect des obligations fiscales, les tendances émergentes et la santé générale du système fiscal. Reconnaissant que les estimations du manque à gagner fiscal sont complexes, l'étude spéciale donne un aperçu des principaux aspects de ce concept et fournit des exemples de recherches internationales sur ce sujet.

1 Introduction

Le présent chapitre propose un aperçu du contenu de l'édition 2024 de la série de l'OCDE sur les administrations fiscales.

La manière dont les administrations fiscales ont modulé leurs réponses à l'environnement en constante évolution dans lequel elles s'acquittent de leur mission a été un thème récurrent des éditions précédentes de la série de l'OCDE sur les administrations fiscales. Ces mutations ont souvent été induites par des facteurs externes, tels que la transformation numérique de l'économie au sens large, l'innovation technologique et la pandémie de COVID-19. En réaction, les administrations fiscales ont revu leurs modèles de fonctionnement afin de relever ces défis et de trouver de nouveaux moyens de répondre à l'évolution des attentes des contribuables en matière de services, tout en aidant leur personnel à s'adapter à aux nouveaux modèles opérationnels et aux nouvelles technologies et modalités d'organisation du travail.

Certaines de ces transformations s'étalent sur de nombreuses années, et les avancées progressives relevées dans les éditions précédentes de la série continuent d'être observées dans cette édition 2024. Cette édition s'intéresse également à un certain nombre d'aspects supplémentaires en se basant sur de multiples données complémentaires obtenues dans le cadre de l'enquête internationale sur les administrations fiscales (ISORA) de 2023 qui n'ont pas été recueillies depuis 2018. Grâce à ces données périodiques, recueillies tous les cinq ans seulement, l'édition 2024 apporte, entre autres, un éclairage supplémentaire sur la façon dont les administrations fiscales :

- sont structurées et sur les dispositifs de gouvernance mis en place ;
- comprennent et gèrent le risque d'indiscipline fiscale ;
- préviennent et traitent les infractions ;
- identifient les préférences des contribuables en matière de services et y répondent ; et
- gèrent leur personnel.

Parallèlement à l'enquête ISORA de 2023, les administrations fiscales des pays couverts par le rapport étaient invitées à fournir des exemples de pratiques novatrices qu'elles mettent en œuvre à l'appui de la réalisation de leurs objectifs. Elles ont fourni plus d'une centaine d'exemples riches d'enseignements sur un large éventail de sujets. Si ces exemples ne constituent pas une base de comparaison entre les administrations fiscales au même titre que les données ISORA dans certaines circonstances, ils apportent néanmoins un éclairage supplémentaire sur les données et donnent un aperçu de la ligne stratégique qui guidera à l'avenir les administrations fiscales à l'échelle mondiale.

Par ailleurs, la présente édition de la série sur les administrations fiscales continue d'utiliser des informations issues de l'Inventaire multipartenaires des initiatives sur l'utilisation de la technologie à des fins fiscales (ITTI) (OCDE et al., 2024[1]). Cet inventaire rassemble des données sur la transformation numérique des administrations fiscales du monde entier, et cette nouvelle source de données peut, par sa richesse, permettre de mieux comprendre les évolutions en cours en matière d'administration de l'impôt tout en facilitant l'apprentissage mutuel et la collaboration.

Indépendamment du contexte dans lequel une administration fiscale opère, ses missions essentielles demeurent les mêmes, à savoir le recouvrement en temps voulu du montant exact des impôts dus pour financer les services publics. Le ***chapitre 2*** aborde ce sujet de façon plus approfondie et contient des statistiques sur l'éventail et le montant des impôts et taxes dont les administrations assument la responsabilité. Il formule également des commentaires sur d'autres fonctions essentielles qui vont au-delà du recouvrement de l'impôt.

Le travail des administrations fiscales visant à s'assurer que tous les contribuables visés sont enregistrés et peuvent être identifiés, le cas échéant, de manière sûre et rapide, est la clé de la réalisation de cet objectif de recouvrement des recettes. Le ***chapitre 3*** décrit les travaux menés par les administrations fiscales dans ce domaine et montre que celles-ci sont de plus en plus engagées dans des projets sur l'identité numérique à l'échelle de l'ensemble de leurs services.

Dans le ***chapitre 4***, il est question de la liquidation de l'impôt, qui englobe toutes les activités liées au traitement des déclarations fiscales et au paiement de l'impôt. La réflexion porte sur l'utilisation des canaux électroniques pour le dépôt des déclarations et le paiement de l'impôt, et repose sur une description des efforts déployés par les administrations fiscales pour produire des déclarations préremplies ainsi que sur une analyse des taux de respect des délais, que ce soit pour le dépôt des déclarations ou le paiement de l'impôt.

Il est essentiel de fournir des services à la hauteur des attentes des contribuables et de les aider à honorer leurs obligations fiscales pour atteindre des niveaux élevés de discipline volontaire. Le ***chapitre 5*** apporte un éclairage sur les efforts déployés par les administrations fiscales dans ce domaine, et la façon dont elles encouragent les contribuables à utiliser des « applications en libre-service ». Celles-ci constituent un volet d'une mutation plus fondamentale dans le cadre de laquelle l'administration de l'impôt devient un processus fluide tendant de plus en plus, dès le stade de la conception, à exclure le non-respect de la législation et à alléger les formalités administratives.

La gestion de la conformité est au cœur du ***chapitre 6***, qui examine comment les administrations fiscales repèrent les risques d'indiscipline, souvent en utilisant des données et de nouveaux outils technologiques. Il décrit plus avant les actions engagées à l'encontre des contribuables qui ne respectent pas leurs obligations, en examinant les approches suivies pour prévenir et traiter les infractions avant et après le dépôt des déclarations fiscales.

Le ***chapitre 7*** propose une étude de la manière dont les administrations fiscales gèrent le recouvrement des créances fiscales et un examen des caractéristiques d'une fonction moderne de recouvrement des créances fiscales. Ce chapitre donne également un aperçu des pouvoirs de recouvrement disponibles et de la façon dont ils sont utilisés.

Il est toutefois inévitable que des différends surviennent entre les contribuables et l'administration fiscale, et le ***chapitre 8*** est consacré aux processus destinés à protéger les droits des contribuables et à garantir la présence de mécanismes de contrepouvoir face à l'administration fiscale.

Comme n'importe quel autre organisme de l'État, l'administration fiscale est comptable devant les citoyens et citoyennes. Le bon fonctionnement d'un système fiscal suppose que celui-ci soit équitable et impartial et qu'il soit soumis à des mécanismes de contrôle. Le ***chapitre 9*** examine le cadre dans lequel s'inscrit cette responsabilité, notamment les dispositifs institutionnels et les structures mises en place par l'État.

Les ressources mises à la disposition des administrations fiscales sont au cœur de l'ensemble du dispositif. On trouve dans le ***chapitre 10*** des informations sur les ressources dont disposent les administrations fiscales et la description de la façon dont celles-ci gèrent leur personnel.

Enfin, le ***chapitre 11*** de cette édition de la série contient une étude spéciale qui examine en détail la façon dont les administrations fiscales évaluent le manque à gagner fiscal, avec notamment un aperçu des principaux aspects de ce concept et des exemples de recherches internationales sur ce sujet.

Bibliographie

OCDE et al. (2024), *Inventory of Tax Technology Initiatives*, https://web-archive.oecd.org/tax/forum-on-tax-administration/tax-technology-tools-and-digital-solutions/index.htm (consulté le 10 September 2024). [4]

2 Responsabilités et perception de l'impôt

Le présent chapitre examine les performances des administrations fiscales dans l'accomplissement de leur mission principale de perception de l'impôt et l'exercice des autres responsabilités qui leur ont été confiées. Il contient des chiffres relatifs au montant total des recettes fiscales nettes perçues ainsi que d'autres informations clés concernant les activités des administrations couvertes par la présente publication.

Introduction

La mission première de l'administration fiscale est de percevoir des recettes fiscales afin de financer les services publics, mais avec le temps, les services fiscaux ont également été investis, dans de nombreux pays, d'autres responsabilités. La confiance dans la capacité avérée de l'administration fiscale à mettre en œuvre des processus administratifs complexes à grande échelle joue sans doute un rôle essentiel dans ces décisions. Ce chapitre propose un aperçu de l'ensemble des responsabilités confiées aux administrations fiscales et des recettes nettes perçues. Il analyse aussi le rôle des régimes de retenue à la source pour favoriser le respect des obligations fiscales en général.

Responsabilités des administrations fiscales

À quelques exceptions près, les pays ont centralisé la collecte des impôts directs et (de la plupart) des impôts indirects au sein d'un seul et même service de l'administration fiscale. Le Tableau 2.1 résume les catégories de recettes dont les administrations fiscales couvertes par la présente publication assument la responsabilité. On trouvera davantage de précisions sur les mécanismes institutionnels mis en place par les administrations fiscales dans le chapitre 9.

Tableau 2.1. Catégories de recettes dont le recouvrement incombe à l'administration fiscale, 2022

Pourcentage d'administrations dans lesquelles le recouvrement des catégories de recettes suivantes incombe à l'administration fiscale

Impôt sur le revenu des personnes physiques	Impôt sur les sociétés	Taxe sur la valeur ajoutée	Droits d'accise - intérieurs	Taxes sur les véhicules à moteur	Impôts fonciers	Impôt sur la fortune	Impôts sur les mutations par décès, les successions et les donations	Autres impôts sur les biens et services	Cotisations de sécurité sociale	Droits de douane
98.3	100.0	94.8	63.8	46.6	44.8	24.1	48.3	55.2	39.7	44.8

Source : CIAT, IOTA, FMI, OCDE, Enquête internationale sur les administrations fiscales, tableaux A.1 Catégories de recettes dont le recouvrement incombe à l'administration fiscale : impôt sur le revenu et impôts sur les biens et services, A.2 Catégories de recettes dont le recouvrement incombe à l'administration fiscale : autres impôts et taxes, A.3 Catégories de recettes dont le recouvrement incombe à l'administration fiscale : autres impôts et taxes (suite), CSS, recettes non fiscales, A.4 Impôts à la source prélevés par les employeurs et administrations fiscales et douanières intégrées, https://data.rafit.org/regular.aspx?key=74180893 (consulté le 10 septembre 2024).

Fonctions autres que la perception des recettes

En dehors de leurs fonctions traditionnelles en matière fiscale, de nombreux États ont assigné aux administrations fiscales d'autres domaines de compétence (y compris des responsabilités partagées dans certains domaines). Certaines de ces fonctions supplémentaires sont assez étroitement liées aux tâches fondamentales accomplies par une administration fiscale, mais certaines administrations déclarent être chargées de gérer des programmes et des activités de plus vaste portée.

Le Tableau 2.2. illustre certaines fonctions assumées par les administrations fiscales en plus de la collecte des recettes. Voici les plus fréquentes :

- Administration de fonctions d'évaluation de la valeur cadastrale pour d'autres composantes de l'administration et, dans certaines juridictions, administration des impôts immobiliers
- Collecte de recettes provenant des loteries, jeux de hasard, jeux et casinos

- Paiement de prestations au titre de divers programmes d'aide ou de protection sociale, dont certains sont intégrés à des composantes du système fiscal
- Gestion des plans d'épargne-retraite du secteur public

Certaines de ces fonctions impliquent l'utilisation de la législation fiscale de la juridiction et des processus administratifs de l'administration fiscale. Elles consistent en règle générale à procurer des avantages économiques aux contribuables (assimilables à des prestations sociales, par exemple) ou à recouvrer des sommes dues au Trésor public au titre de prêts consentis par l'État ou de créances détenues par l'État (prêts étudiants ou allocations pour enfant à charge par exemple). Dans d'autres situations, il s'agit de missions/fonctions moins directement liées au système fiscal, comme par exemple la surveillance de certaines activités de jeu ou la tenue de registres concernant la population.

Tableau 2.2. Fonctions assumées par l'administration fiscale en plus de la collecte des recettes, 2022

Pourcentage d'administrations qui assument la responsabilité des fonctions suivantes

Prestations sociales	Allocations pour enfant à charge	Évaluation immobilière	Prêts étudiants	Registre d'état civil	Épargne-retraite	Loteries, jeux de hasard, jeux, casinos	Tenue du registre foncier	Registre automobile
13.8	8.6	27.6	8.6	5.2	12.1	27.6	6.9	1.7

Source : CIAT, IOTA, FMI, OCDE, Enquête internationale sur les administrations fiscales, tableau B.2 Fonctions autres que la perception des recettes, https://data.rafit.org/regular.aspx?key=74180913 (consulté le 10 septembre 2024).

Bien qu'il soit porteur d'économies d'échelle et de gamme utiles, l'élargissement du champ de compétences des administrations fiscales peut aussi compromettre leur mission essentielle, qui est de recouvrer les recettes nécessaires pour financer les biens et les services publics. Il suppose donc d'établir une gouvernance solide, un système de gestion des risques efficace et des ressources suffisantes.

Encadré 2.1. Exemples nationaux : Les autres fonctions de l'administration fiscale

Brésil : Le programme Sinter : système national de gestion de l'information territoriale

Le programme Sinter est un système public géré par l'Administration fédérale des contributions brésilienne (RFB), qui rassemble les données géospatiales et budgétaires sur les biens immobiliers urbains et ruraux. Il englobe aussi les informations juridiques fournies par les notaires et les registres fonciers, car au Brésil la propriété d'un bien n'est acquise que par l'enregistrement de l'acte auprès des services du cadastre.

Il a été créé pour répondre au besoin de l'État brésilien de disposer d'informations fiables et complètes sur les biens immobiliers urbains et ruraux. Ces informations étaient fragmentées entre des milliers de systèmes répartis à l'échelle de l'ensemble du gouvernement fédéral, des États, du district fédéral, des municipalités et des services du cadastre.

Cette initiative marque le lancement du cadastre de l'État brésilien (CIB) - un code d'identification national unique attribué aux biens disposant d'informations géospatiales lorsque les données sont intégrées dans le système.

Étant donné que le programme Sinter utilise des données géoréférencées pour localiser correctement les biens qui y sont enregistrés, il procure les avantages suivants :

- amélioration de l'environnement des entreprises ;
- informations sur les efforts de régularisation des terres et cartographie des zones de déforestation et des foyers d'incendies illégaux dans la forêt tropicale amazonienne, les peuples autochtones et d'autres communautés traditionnelles ;
- aide à la lutte contre l'accaparement des terres, le blanchiment d'argent, la fraude fiscale et la contrebande de minerais ;
- renforcement de la sécurité juridique pour les parties impliquées dans une négociation concernant des biens auquel un code d'enregistrement au cadastre est associé ; et
- disponibilité en temps utile d'informations fiables et complètes sur les biens immobiliers à l'appui d'une planification stratégique et efficace des politiques publiques.

Italie : Services numériques immobiliers

L'administration fiscale italienne a pris des mesures en vue d'améliorer ses services immobiliers, d'accroître la transparence du marché et d'améliorer les services numériques rendus aux contribuables.

Sur le site web de l'administration, il est possible de connaître les prix déclarés lors des ventes immobilières réalisées depuis 2019, et de consulter les principales caractéristiques des biens vendus. En parcourant la carte nationale et en sélectionnant le filtre approprié (période, taille, lieu, etc.), les biens immobiliers qui ont été achetés et vendus s'affichent accompagnés du prix d'achat et de vente.

Il existe également l'application mobile OMI, qui renseigne sur les prix moyens de vente et de location pour différents types de biens immobiliers, et qui est mise à jour tous les six mois par l'Observatoire du marché immobilier de l'administration fiscale italienne. L'interface permet à l'utilisateur de rechercher les biens qui l'intéressent sur une carte interactive, et d'obtenir une estimation de leur prix.

Corée : Bureau de gestion des avantages fiscaux

Pour aider ses citoyens les plus vulnérables, la Corée encourage activement la création d'une infrastructure de protection sociale à l'échelle de l'ensemble de l'administration. En réponse, le Service national des impôts (NTS) a renforcé ses fonctions de gestion des avantages fiscaux avec la mise en place du Bureau de gestion des avantages fiscaux.

Ce Bureau est chargé de gérer les programmes du crédit d'impôt au titre des revenus du travail et du crédit d'impôt pour enfant à charge, destinés à soutenir les ménages à faible revenu. Le premier programme vise à soutenir la participation des personnes à faible revenu au marché du travail, en versant un revenu subordonné à l'exercice d'une activité, tandis que le second couvre les dépenses de garde d'enfants. En outre, ce Bureau gère le « programme d'identification des revenus en temps réel », qui réunit en temps utile des informations sur les revenus des travailleurs ayant besoin de prestations sociales et les communique aux organismes concernés.

En 2023, le nombre de ménages bénéficiant des crédits d'impôt au titre des revenus du travail et pour enfant à charge a été multiplié par huit, et un ménage sur cinq en bénéficiait. Des améliorations ont été apportées récemment, notamment l'utilisation des technologies de l'information pour aider les personnes âgées et handicapées à demander ces crédits d'impôt, et le renforcement continu des services fiscaux chargés des prestations sociales.

Grâce au système d'identification des revenus en temps réel, le NTS collecte chaque mois des renseignements sur les revenus, non seulement pour les salariés à temps plein, mais aussi pour les travailleurs occupant des emplois atypiques, comme les travailleurs indépendants des plateformes. En communiquant ces renseignements aux organismes d'assurance sociale, le NTS contribue à identifier en temps voulu les personnes qui ont besoin de prestations sociales.

Source : Brésil (2024), Italie (2024) et Corée (2024).

Responsabilités en matière d'enquête sur les délits fiscaux

La recherche de solutions pour combattre la délinquance fiscale est une priorité absolue, car le blanchiment de capitaux, la corruption, le financement du terrorisme et d'autres délits à caractère financier menacent les intérêts stratégiques, politiques et économiques de tous les pays. Les administrations fiscales, de par leur rôle de filtrage de l'accès à un système financier sain, occupent une place essentielle dans le dispositif de lutte contre ces activités et sont en possession d'informations qui pourraient être cruciales pour la réussite d'une enquête pénale en matière fiscale.

Il existe toute une palette d'approches organisationnelles pour mener des enquêtes sur des délits fiscaux, et l'enquête ISORA continue d'examiner le rôle des administrations fiscales dans ce processus. Comme le montrent les données, un peu plus de la moitié des administrations fiscales couvertes par cette publication participent à la réalisation d'enquêtes sur des délits fiscaux (tableau A.87.). La plupart de ces administrations fiscales ont la double responsabilité de mener et de diriger des enquêtes sur les délits fiscaux tandis que les autres sont exclusivement chargées de mener les enquêtes, mais sous la direction ou l'autorité d'une autre instance comme la police ou le ministère public (voir le Tableau 2.3.).

Dans les circonstances où les administrations fiscales n'ont pas le pouvoir de mener les enquêtes, elles sont confiées à une autre autorité, comme la police ou le ministère public. Il peut s'agir également d'un organisme spécialisé, établi en dehors de l'administration fiscale.

Tableau 2.3. Rôle des administrations dans les enquêtes sur les délits fiscaux, 2022

En pourcentage des administrations étudiées

L'administration fiscale a la responsabilité de diriger et de mener les enquêtes sur les délits fiscaux	L'administration fiscale a la responsabilité de mener les enquêtes sous la direction ou l'autorité d'un autre organisme	Un autre organisme extérieur à l'administration fiscale a la responsabilité de mener les enquêtes sur les délits fiscaux
43.1	17.2	44.8

Note : Dans certaines juridictions, l'approche organisationnelle en matière d'enquête sur les délits fiscaux peut être fonction de l'infraction fiscale commise ou des poursuites pénales engagées. Dans ces circonstances, une administration peut avoir sélectionné plusieurs réponses possibles. C'est la raison pour laquelle les pourcentages dépassent 100 %.
Source : CIAT, IOTA, FMI, OCDE, Enquête internationale sur les administrations fiscales, tableau A.87 Enquêtes sur les délits fiscaux : rôle de l'administration, https://data.rafit.org/regular.aspx?key=74180895 (consulté le 10 septembre 2024).

On trouvera des renseignements complémentaires sur les raisons qui justifient l'adoption d'une stratégie nationale de lutte contre la délinquance fiscale et sur la conception de telles stratégies dans le rapport de l'OCDE de 2024 intitulé *« Définir une stratégie nationale de lutte contre la délinquance fiscale : principaux éléments et aspects à prendre en considération »* (OCDE, 2024[1]). Ce rapport analyse les pratiques des membres du Groupe d'action de l'OCDE sur les délits à caractère fiscal et autres délits (TFTC), qui comprend des agents de nombreuses administrations fiscales.

Encadré 2.2. Australie : Cadre de réaction aux fraudes massives

L'administration fiscale australienne (ATO) a mis en place un cadre proactif qui permet de détecter et de contrer les fraudes massives qui peuvent provoquer une défaillance systémique des contrôles et entraîner de lourdes conséquences.

Ce cadre attribue à un haut responsable de l'ATO la responsabilité de gérer les fraudes externes graves. Conjugué à l'établissement de comités aux responsabilités bien définies en cas de fraude massive, ce cadre offre un dispositif de gouvernance et de redevabilité qui permet de mobiliser toutes les composantes de l'administration pour contrer la fraude.

Ce cadre a une visée préventive. Il s'appuie sur les renseignements et les données rassemblés dans un système d'alerte précoce afin de déceler les signes avant-coureurs d'une fraude. Cette approche permet de faire des projections et de tester des scénarios possibles. Grâce à la possibilité de prévoir les risques de fraude à l'avenir, l'ATO peut élaborer des parades à un stade précoce, soit en modulant immédiatement les approches et les contrôles pour faire face à des événements potentiels, soit en élaborant une réponse au cas où le pire des scénarios se concrétise.

Pour limiter les fraudes, l'ATO mise aussi sur les activités de prévention en renforçant les contrôles systémiques. Si nécessaire, il élabore un argumentaire d'investissement à l'appui de ces activités.

La conception du cadre de réaction aux fraudes massives fait fond sur l'expérience tirée des réponses à des fraudes de grande ampleur et à des incidents de violation de données qui se sont produits dans le passé, et s'inspire des bonnes pratiques issues des mécanismes de gestion des incidents mis en place par le Commonwealth et par d'autres pays.

Source : Australie (2024).

Recettes perçues

La présente section porte sur les recettes nettes perçues par les administrations fiscales ainsi que sur un certain nombre d'autres chiffres clés concernant leurs activités.

Dans l'ensemble, l'augmentation des recettes fiscales observée dans la dernière édition de cette publication s'est poursuivie. Entre 2021 et 2022, les recettes recouvrées ont progressé dans la quasi-totalité des juridictions couvertes. La hausse moyenne reste très significative (+17.3 % en moyenne, voir Tableau 2.4.), et s'inscrit dans le prolongement de la reprise vigoureuse de l'activité économique après la pandémie de COVID-19, au cours de laquelle de nombreux États ont imposé des mesures de confinement et la fermeture forcée de nombreuses entreprises qui ont eu des effets négatifs sur le chiffre d'affaires et les bénéfices imposables.

Tableau 2.4. Variation du montant total des recettes nettes perçues, 2018-22

Évolution	Entre 2018 et 2019	Entre 2019 et 2020	Entre 2020 et 2021	Entre 2021 et 2022
Hausse (pourcentage d'administrations)	96.5	22.8	94.7	96.5
Baisse (pourcentage d'administrations)	3.5	77.2	5.3	3.5
Pourcentage moyen de variation	+6.2	-3.8	+17.2	+17.3

Note : Le tableau est basé sur les données des juridictions couvertes par cette publication. Les données relatives à l'Inde ont été exclues, car les informations relatives à l'*Indirect Tax Board* n'étaient disponibles qu'à partir de l'exercice 2021.
Source : CIAT, IOTA, FMI, OCDE, Enquête internationale sur les administrations fiscales, tableau A.5 Recettes nettes perçues par l'administration fiscale : total, https://data.rafit.org/regular.aspx?key=74180904 (consulté le 10 septembre 2024).

Les recettes nettes perçues par les administrations fiscales représentent en moyenne 22 % du PIB

Dans sa base de données des Statistiques des recettes publiques mondiales (OCDE, 2023[2]), l'OCDE s'efforce généralement de publier des données internationalement comparables sur les recettes fiscales perçues par ses membres et par un certain nombre d'autres juridictions à tous les niveaux d'administration. Comme les informations contenues dans la base de données des Statistiques des recettes publiques mondiales reposent sur des données notifiées au niveau d'un pays, et non au niveau d'une administration, les administrations fiscales ont été invitées, dans le cadre de l'enquête ISORA, à fournir toute une série d'informations sur leurs activités de perception de recettes. Celles-ci montrent bien l'importance de l'administration fiscale pour l'économie de chaque pays.

En 2022, les recettes nettes perçues par les administrations fiscales figurant dans le présent rapport représentent, en pourcentage du produit intérieur brut (PIB), entre moins de 10 % et plus de 40 % dans le cas du Danemark et de la Suède. En moyenne, elles s'établissent à 22 % du PIB (voir Graphique 2.1)

Graphique 2.1. Recettes nettes perçues en pourcentage du produit intérieur brut, 2022

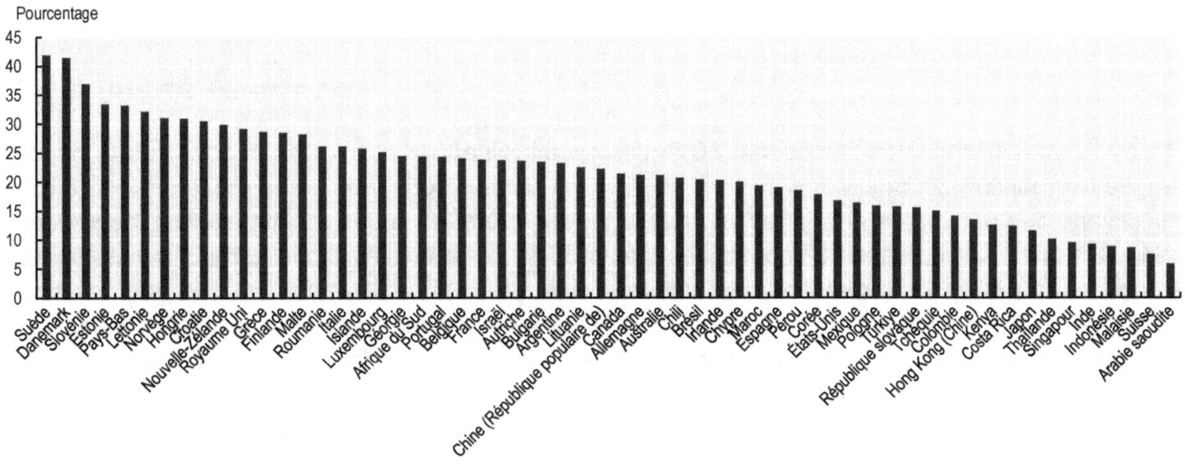

Source : CIAT, IOTA, FMI, OCDE, Enquête internationale sur les administrations fiscales, tableau D.1 Ratios de recettes : recettes rapportées aux recettes publiques globales et au PIB, https://data.rafit.org/regular.aspx?key=74180898 (consulté le 10 septembre 2024).

StatLink https://stat.link/1t0nmz

Les recettes nettes perçues par les administrations fiscales représentent en moyenne 62 % des recettes totales du pays

Dans 42 pays, les recettes nettes perçues par l'administration fiscale représentent plus de 50 % du montant total des recettes publiques en 2022, ce qui fait de l'administration fiscale le premier organisme de recouvrement des recettes publiques dans près des trois quarts des juridictions couvertes par le présent rapport. En moyenne, les recettes nettes perçues par les administrations dans les pays couverts par ce rapport représentent 62 % des recettes totales du pays (voir Graphique 2.2.)

Graphique 2.2. Recettes nettes perçues, en pourcentage des recettes publiques totales, 2022

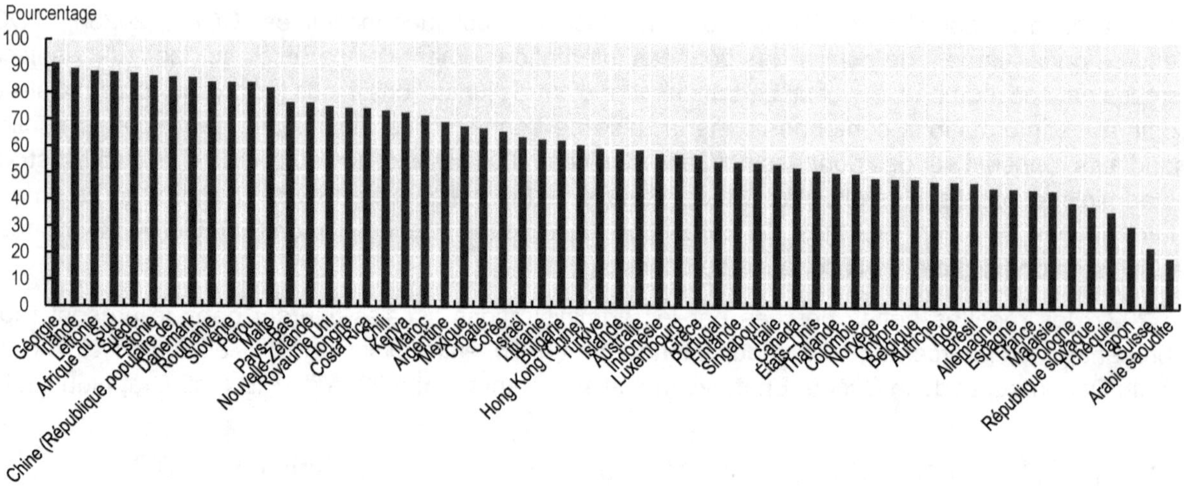

Source : CIAT, IOTA, FMI, OCDE, Enquête internationale sur les administrations fiscales, tableau D.1 Ratios de recettes : recettes rapportées aux recettes publiques globales et au PIB, https://data.rafit.org/regular.aspx?key=74180898 (consulté le 10 septembre 2024).

StatLink https://stat.link/fy8jra

La taxe sur la valeur ajoutée représente 30 % des recettes nettes recouvrées et constitue la principale catégorie d'impôt collecté pour 43 % des administrations fiscales couvertes par le présent rapport. L'impôt sur le revenu des personnes physiques vient ensuite, et génère 26 % des recettes nettes recouvrées, ce qui en fait la principale catégorie d'impôt collecté pour 36 % des administrations. L'impôt sur les bénéfices des sociétés (19 %) et les cotisations de sécurité sociale (10 %) constituent les autres grandes sources de recettes, comme le montre le Graphique 2.3. Dans de nombreux pays, les cotisations de sécurité sociale ne sont pas perçues par les administrations fiscales et sont donc sous-représentées dans les chiffres des recettes nettes moyennes de tous les pays couverts par la présente publication. Lorsqu'elles sont perçues par l'administration fiscale, elles constituent souvent l'une des principales sources de recettes fiscales (voir tableau D.4.).

Graphique 2.3. Recettes nettes moyennes perçues (en pourcentage) par grande catégorie de source de recettes, 2022

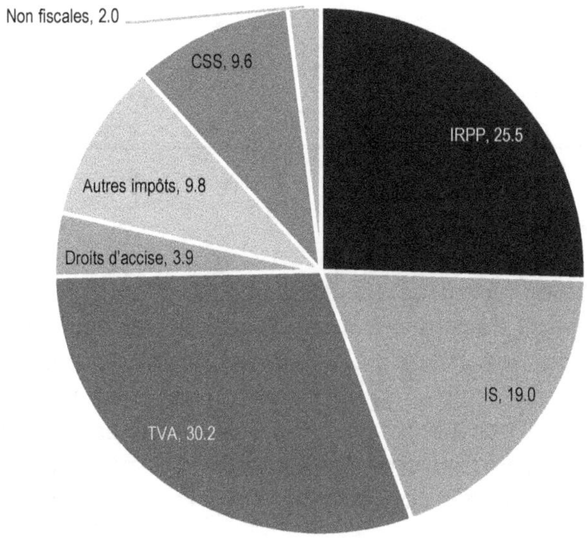

Sources : CIAT, IOTA, FMI, OCDE, Enquête internationale sur les administrations fiscales, tableaux D.2 Ratios de recettes : recettes fiscales rapportées au PIB et recettes non fiscales rapportées aux recettes totales, D.3 Structure de l'impôt et part des CSS : IRPP, IS et TVA, et D.4 Structure de l'impôt et part des CSS : accises, autres impôts et CSS, https://data.rafit.org/regular.aspx?key=74180898 (consulté le 10 septembre 2024).

StatLink https://stat.link/zjr29o

Rationalisation de la perception des recettes fiscales : le prélèvement à la source

Les mécanismes de prélèvement à la source peuvent s'inscrire dans le cadre d'approches fondées sur le principe de la conformité dès la conception qui favorisent la discipline fiscale en général tout en allégeant sensiblement la charge pesant sur un grand nombre de contribuables dans la mesure où ceux-ci s'engagent à se plier à toute régularisation qui pourrait se révéler nécessaire après le paiement (lorsque la retenue à la source donne lieu à un trop-perçu ou au contraire à un moins-perçu). Contrairement à ce qui se passe dans un système de déclaration spontanée suivie du paiement de l'impôt, dans le mécanisme du prélèvement à la source, l'impôt est payé directement à l'administration fiscale, généralement par un tiers qui verse un revenu net au bénéficiaire (comme par exemple quand la retenue à la source est prélevée par l'employeur sur le salaire versé à un employé), ou par un intermédiaire se situant entre le payeur et le client.

Le dispositif de prélèvement à la source le plus répandu dans le monde concerne l'imposition des revenus du travail. Les autres exemples sont notamment les retenues à la source sur les intérêts, dividendes ou redevances. Selon le régime fiscal sous-jacent et la nature des paiements, la retenue à la source peut se décliner en une palette de dispositifs allant d'un système simple d'imposition à taux fixe universel à un système plus complexe adapté à la situation plus globale du contribuable. Le Tableau 2.5. illustre les catégories de revenus qui sont généralement soumis à une retenue à la source dans les juridictions couvertes par cette publication.

Tableau 2.5. Catégories de revenus généralement soumis à une retenue à la source, 2022

Pourcentage de juridictions

Salaire et traitement	Dividendes	Intérêts	Loyers	Revenu d'entreprise spécifique	Redevances, brevets	Ventes / achats d'actions	Ventes / achats de biens immobiliers	Autres catégories de revenus
91.4	82.8	77.6	39.7	34.5	67.2	29.3	25.9	43.1

Source : CIAT, IOTA, FMI, OCDE, Enquête internationale sur les administrations fiscales, tableau B.49 Retenues à la source, https://data.rafit.org/regular.aspx?key=74180917 (consulté le 10 septembre 2024).

Outre qu'ils permettent d'alléger les formalités, les systèmes de prélèvement à la source peuvent aussi favoriser la diminution du nombre de déclarations inexactes et de trop-perçus du fait que les tiers ou les intermédiaires chargés de collecter les impôts pour l'administration n'ont aucun droit sur les montants prélevés. Les défaillances restent certes possibles dans un tel système en cas d'erreur dans l'application des règles ou d'erreurs commises par les tiers ou les intermédiaires, sachant que ce sont eux qui fournissent les informations alimentant le système. Cependant, l'automatisation accrue, les méthodes plus perfectionnées de recoupement des données et les approches à l'échelle de l'ensemble de l'administration sont autant de moyens d'atténuer ces risques.

Pour permettre de comprendre l'importance de la retenue à la source dans le cas de l'imposition des revenus des personnes physiques, les administrations ayant pris part à l'enquête ISORA ont été invitées à estimer le pourcentage du total de l'impôt sur le revenu des personnes physiques faisant l'objet d'une retenue à la source effectuée par des tiers et versée ultérieurement à l'administration. Les administrations qui ont été en mesure de fournir ces informations estiment qu'environ 80 % du total des recettes de l'impôt sur le revenu des personnes physiques ont été retenues à la source en 2022, un chiffre qui est resté stable au cours des cinq dernières années (voir Tableau 2.6.).

Tableau 2.6. Pourcentage moyen d'impôt sur le revenu des personnes physiques prélevé à la source, 2018 à 2022

2018	2019	2020	2021	2022
79.2	78.7	80.7	80.6	80.5

Note : le tableau présente le pourcentage moyen d'impôt sur le revenu des personnes physiques prélevé à la source dans 39 juridictions qui ont été en mesure de fournir ces informations pour les années 2018 à 2022.
Source : CIAT, IOTA, FMI, OCDE, Enquête internationale sur les administrations fiscales, tableau D.40 Part des paiements électroniques et retenues à la source par des tiers, https://data.rafit.org/regular.aspx?key=74180902 (consulté le 10 septembre 2024).

Encadré 2.3. Exemples nationaux : Soutien aux processus de prélèvement à la source

Corée : Simplifier le processus de paiement de l'impôt sur le revenu au moyen des technologies numériques

Le NTS coréen a décidé d'élargir ses services d'assistance aux contribuables, en commençant par l'impôt sur les revenus du travail avant de passer à la déclaration des bénéfices commerciaux, dans le but de simplifier le processus de paiement de l'impôt.

En 2006, pour faciliter la déclaration des dépenses déductibles et des crédits d'impôt pour le calcul de l'impôt sur les salaires en fin d'année, le NTS a commencé à numériser des documents justificatifs tels que les primes d'assurance, frais médicaux et utilisation de la carte de crédit, en vue de les mettre à disposition des contribuables au format électronique. Ce service a soulagé les contribuables de la contrainte de réunir personnellement des pièces justificatives, en leur offrant la possibilité de transmettre les données réunies par le NTS à leurs agents chargés du prélèvement à la source (les employeurs).

Depuis 2022, avec le consentement des contribuables, le NTS a lancé un service qui communique directement les données nécessaires au calcul de l'impôt en fin d'année aux agents chargés du prélèvement à la source. Le processus de retenue à la source pour les employeurs s'en trouve simplifié, et ils peuvent s'acquitter plus efficacement de leurs obligations en la matière. Les contribuables, en particulier ceux qui perçoivent des revenus d'activité, peuvent finaliser leur déclaration d'impôt sur le revenu en vérifiant simplement les chiffres relatifs aux dépenses déductibles et au crédit d'impôt. Les contribuables ont moins besoin d'accéder au portail du NTS (Hometax) ou de se rendre dans les centres des impôts pour obtenir des pièces justificatives à l'appui de leurs déductions, réduisant les coûts de discipline fiscale associés au paiement de l'impôt en fin d'année.

Grâce à ces efforts, la NTS se rapproche de l'Administration fiscale 3.0. Les processus de prélèvements deviendront plus fluides et sans friction, en se fondant sur les systèmes naturels des contribuables.

Royaume-Uni : Améliorations apportées au système de retenue à la source de l'impôt sur les salaires

Au Royaume-Uni, ce sont près de 18 millions de personnes qui débutent chaque année un nouvel emploi, et une sur sept environ se voit attribuer un code fiscal incorrect en raison d'informations erronées ou manquantes. L'administration fiscale du Royaume-Uni (HMRC) reçoit environ un million d'appels par an de contribuables concernés par ce problème.

HMRC a apporté des améliorations au système contenant les dossiers de retenue à la source de l'impôt sur les salaires afin de déterminer les cas où un code fiscal semble incorrect, puis d'en émettre automatiquement un nouveau si HMRC détient suffisamment d'informations pour ce faire, sans devoir contacter le contribuable. De cette manière, le salarié perçoit le bon salaire et paie l'impôt correspondant beaucoup plus rapidement.

HMRC teste également la meilleure façon de rassurer les nouveaux contribuables concernés, et en contacte certains par courrier électronique et SMS pour leur faire savoir que HMRC est consciente du problème et s'efforce de le résoudre. Au cours du test, 681 SMS et courriels ont été envoyés aux usagers. Les taux de contact des usagers ayant reçu des courriels/SMS ont considérablement baissé - passant d'une moyenne de 28 % à seulement 1.2 % dans l'échantillon. L'échantillon étant restreint, une analyse plus poussée est en cours pour tester cette corrélation.

Source : Colombie (2024) et Royaume-Uni (2024).

Bibliographie

OCDE (2024), *Définir une stratégie nationale de lutte contre la délinquance fiscale : Principaux éléments et aspects à prendre en considération*, Éditions OCDE, Paris, https://doi.org/10.1787/46365e94-fr. [1]

OCDE (2023), *Base de données mondiale des statistiques des recettes publiques*, https://www.oecd.org/fr/data/datasets/global-revenue-statistics-database.html (consulté le 10 September 2024). [2]

3 Enregistrement et identification

L'enregistrement et l'identification des contribuables sont essentiels au bon fonctionnement d'un système fiscal. Ce chapitre s'intéresse à certains aspects importants de ces démarches.

Introduction

Un système fiscal efficace repose sur un dispositif complet d'enregistrement et d'identification des contribuables. Celui-ci constitue le fondement d'un large éventail d'activités essentielles relevant de l'administration des impôts, telles que les mécanismes d'autoliquidation, les régimes de taxe sur la valeur ajoutée et de retenue à la source, ainsi que les systèmes de déclaration de tiers et de rapprochement. Ce chapitre porte sur plusieurs aspects importants des démarches d'enregistrement et d'identification des contribuables, notamment les niveaux d'enregistrement, les canaux d'enregistrement, la gestion de l'identité et l'incidence de la transformation numérique sur ces services.

Niveaux d'enregistrement

On ne saurait sous-estimer l'importance fondamentale d'un système efficace d'enregistrement fiscal. Ces processus doivent permettre à la fois de gérer les contribuables qui « font partie du système » et de repérer ceux qui ne se sont pas encore enregistrés. Ils doivent en outre permettre de suivre et de déterminer les actions et les interventions nécessaires pour calculer l'impôt dû par les personnes physiques et morales, même dans les systèmes où la déclaration n'est pas obligatoire. Le Graphique 3.1. livre des informations sur le taux de contribuables individuels enregistrés en pourcentage de la population totale. Il montre que les taux d'enregistrement sont très variables, ce qui reflète dans bien des cas le niveau d'intégration de l'administration fiscale avec d'autres pans de l'administration, ainsi que les seuils de revenu établis aux fins de l'impôt.

Graphique 3.1. Enregistrement des contribuables redevables de l'impôt sur le revenu en pourcentage de la population, 2022

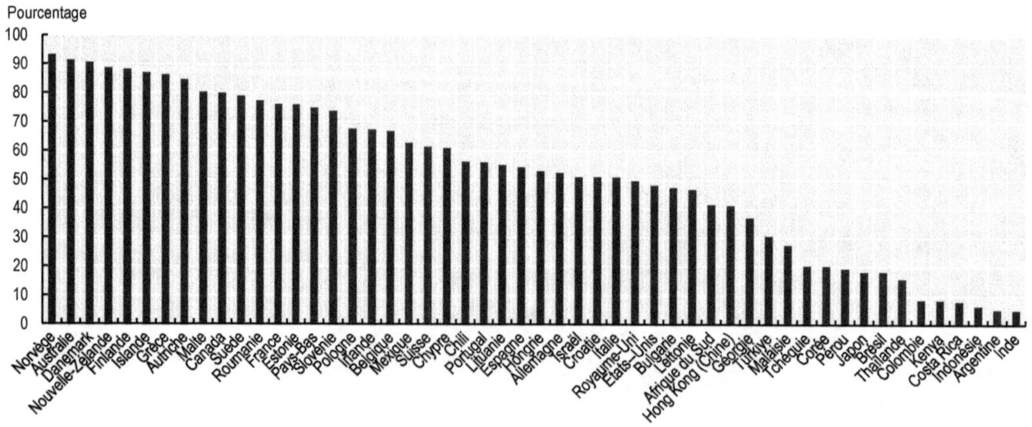

Source : CIAT, IOTA, FMI, OCDE, Enquête internationale sur les administrations fiscales, tableau D.19 Enregistrement des contribuables redevables de l'impôt sur le revenu, https://data.rafit.org/regular.aspx?key=74180900 (consulté le 10 septembre 2024).

StatLink https://stat.link/nyjxvs

Canaux d'enregistrement

Si la majorité des administrations sont les seules responsables du système d'enregistrement à des fins fiscales dans leur juridiction, les éditions précédentes de cette série ont montré que dans de nombreux pays, les procédures d'enregistrement peuvent aussi être engagées en dehors de l'administration fiscale par l'intermédiaire d'autres organismes publics (OCDE, 2019[1]).

S'agissant des modalités d'enregistrement des contribuables, presque toutes les administrations déclarent proposer plusieurs canaux aux contribuables et 97 % d'entre elles signalent qu'il est possible de s'enregistrer en ligne (voir Tableau 3.1). Par rapport aux données de l'édition 2017 de cette série (OCDE, 2017[2]), ce résultat traduit une augmentation de 27 points de pourcentage. L'enregistrement en personne reste un canal ou élément important du processus d'enregistrement (souvent du fait de la nécessité de fournir des preuves d'identité matérielles), mais la prépondérance des canaux en ligne devrait croître à mesure que les systèmes d'identité numérique deviennent plus élaborés.

Tableau 3.1. Disponibilité des canaux d'enregistrement pour les contribuables, 2022

Pourcentage d'administrations mettant à disposition le canal d'enregistrement indiqué

En ligne	Téléphone	Courriel	Courrier postal	En personne	Autre canal
96.6	53.4	56.9	63.8	93.1	37.9

Note : les canaux d'enregistrement ne sont pas toujours disponibles pour tous les types d'impôts ou pour tous les segments de contribuables.
Source : CIAT, IOTA, FMI, OCDE, Enquête internationale sur les administrations fiscales, tableau A.94 Canaux d'enregistrement : en ligne, par téléphone, par courriel, et tableau A.95 Canaux d'enregistrement : par courrier postal, en personne, autres, https://data.rafit.org/regular.aspx?key=74180896 (consulté le 10 septembre 2024).

Bien que l'enquête sous-jacente ne permette pas de déterminer si le canal d'enregistrement en ligne est disponible pour tous les types d'impôts ou pour tous les segments de contribuables, les juridictions déclarent toutefois l'intégrer dans leur processus de transformation numérique qui est en cours. De fait, dans une juridiction (l'Arabie saoudite), les contribuables ne peuvent s'enregistrer qu'en ligne (voir tableaux A.94 et A.95). Cette réorientation vers les canaux numériques pourrait également permettre des gains d'efficience supplémentaires, même si cela suppose, à mesure que le recours au numérique s'accélère, de porter une attention accrue aux personnes qui sont susceptibles de ne pas avoir accès aux services numériques.

Intégration avec d'autres composantes de l'administration

Compte tenu du rôle central que jouent l'enregistrement et l'identification des contribuables pour étayer le système fiscal, il est impératif pour la plupart des administrations fiscales de disposer de registres fiscaux actualisés. Comme l'ont montré les éditions précédentes, la grande majorité des administrations ont mis en place des programmes formels pour améliorer la qualité de leur registre fiscal (OCDE, 2019[1]).

Il n'est donc pas surprenant que d'autres organismes publics puissent souhaiter utiliser le registre de l'administration fiscale pour leurs besoins propres, à savoir fournir des services ou veiller au respect des lois et réglementations. Cette demande est à l'origine de la création de bases de données communes à l'ensemble de l'administration. Comme on le voit dans le Tableau 3.2, 70 % des administrations signalent l'existence de diverses bases de données de ce type, comme des registres de la population ou des entreprises. Ainsi qu'il est expliqué au chapitre 2, quelques administrations ont également indiqué être responsables de la gestion de bases de données communes à l'ensemble de l'administration, telles que le registre public de la population et/ou le registre foncier (voir tableau 2.2).

Encadré 3.1. Exemples nationaux : Intégration avec d'autres composantes de l'administration

Brésil : Projet de carte d'identité nationale

Le Brésil a progressé dans la mise en place de la carte d'identité nationale (CIN), un nouveau document d'identification disponible sous forme physique et numérique qui vise à permettre aux citoyens de s'identifier en toute sécurité et à relier les différents services publics, y compris ceux liés à l'impôt. Cette initiative a permis de centraliser le système d'identification civile du Brésil, sachant que les cartes d'identité étaient auparavant délivrées au niveau de l'État et plus sujettes à la fraude et à d'autres activités illégales. En janvier 2024, environ 3 millions de CIN avaient déjà été émises.

Le projet s'est largement appuyé sur les données de l'administration fiscale fédérale (*Receita Federal do Brasil*, RFB), avec le numéro du registre des contribuables utilisé comme numéro d'identification pour chaque carte. Une fois qu'une CIN physique a été émise, le titulaire peut également obtenir une version numérique sur le portail en ligne de l'administration, lequel dispose d'un système d'authentification unique pour tous les sites web et applications de l'administration, facilitant ainsi l'accès des citoyens aux services publics. La CIN s'accompagne d'un code QR pouvant être scanné facilement et rapidement, ce qui offre plus de sécurité aux citoyens. Celui-ci permet de vérifier l'authenticité de la carte et de savoir si elle a été volée ou perdue. La carte facilite également le processus d'identification des personnes ayant des besoins particuliers.

Brésil : Portail des entreprises REDESIM

Le portail des entreprises REDESIM (*Portal de Negócios da Redesim*, PNR) a réformé le modèle traditionnel d'interaction entre l'administration fiscale brésilienne et les citoyens dans le cadre des procédures de création, de constitution et d'immatriculation de sociétés.

L'ensemble des fonctionnalités du portail, dont la validation automatique et la possibilité d'évaluer les services, ont été standardisées à l'échelle du pays, dans l'ensemble des États. L'ensemble des formalités (enregistrement, conformité, validation, immatriculation, identification, obtention d'autorisations) s'effectuent étape par étape, en une seule fois, et chaque entreprise se voit attribuer un numéro d'identité unique. Le PNR joue un rôle crucial dans la mise en œuvre des réformes des impôts sur la consommation en permettant le partage des données, la simplification des services, l'intégration des différents organismes publics et l'établissement de bases de données plus précises. L'utilisateur bénéficie ainsi d'une meilleure expérience et la prestation des services publics s'en trouve améliorée.

Source : Brésil (2024).

Tableau 3.2. Partage de données entre administrations : disponibilité et nature des bases de données, 2022

Pourcentage de juridictions

Existence de bases de données communes à l'ensemble de l'administration	Le cas échéant, nature des bases de données communes à l'ensemble de l'administration				
	Registre d'état civil	Registre foncier	Registre des entreprises	Registre automobile	Autre
70.0	71.4	62.9	82.9	68.6	28.6

Note : ce graphique se fonde sur les données provenant de 52 juridictions étudiées dans ce rapport et qui figurent dans la base de données ITTI.
Source : OCDE et al. (2024), Inventaire multipartenaires des initiatives sur l'utilisation de la technologie à des fins fiscales https://web-archive.oecd.org/temp/2023-03-09/618463-data-management.htm, tableau DM3 (consulté le 10 septembre 2024).

Cette intégration avec d'autres pans de l'administration continue de progresser, les États prenant conscience de la possibilité d'utiliser les informations détenues par les administrations fiscales, comme l'adresse des contribuables et leurs coordonnées bancaires, pour contacter les citoyens et les entreprises ou pour verser directement des prestations ou des aides (OCDE, 2020[3]). Du fait de cette collaboration renforcée entre les organismes publics, nombre d'entre eux procèdent à l'intégration (partielle) de leurs systèmes informatiques afin que l'enregistrement fiscal fasse partie intégrante des autres démarches entreprises par les contribuables. À titre d'exemple, l'enregistrement fiscal peut être simultané à l'enregistrement d'une société ou à la déclaration de naissance d'un enfant. On constate en outre que les identités numériques créées par les contribuables dans le cadre du processus d'enregistrement permettent de plus en plus d'avoir accès à des services fournis par d'autres composantes de l'administration ou par des tiers (voir Tableau 3.3).

Tableau 3.3. Utilisations de l'identité numérique, 2022

Pourcentage d'administrations ayant mis en place le processus indiqué

Catégorie de contribuable	Les contribuables doivent utiliser une identité numérique approuvée pour accéder aux services numériques sécurisés	L'identité numérique utilisée pour accéder aux services peut être fournie *(plusieurs réponses possibles)*			L'identité numérique fournie par l'administration fiscale donne également accès aux services	
		par l'administration fiscale	par un autre organisme public	par un organisme du secteur privé	d'un autre organisme public	d'un organisme du secteur privé
Personne physique	100.0	68.6	62.7	39.2	37.1	14.3
Entreprise	94.1	66.7	50.0	35.4	46.9	9.4

Note : ce tableau se fonde sur les données provenant de 52 juridictions étudiées dans ce rapport et qui figurent dans la base de données ITTI. Aux fins de l'enquête ITTI, on entend par identité numérique une représentation électronique d'une personne physique ou d'une entreprise qui permet de la distinguer suffisamment des autres dans le cadre d'échanges en ligne. L'identité numérique comprend les caractéristiques qui sont associées à un identifiant utilisé pour authentifier la personne ou l'entreprise.
Source : OCDE et al. (2024), Inventaire multipartenaires des initiatives sur l'utilisation de la technologie à des fins fiscales, https://web-archive.oecd.org/temp/2023-03-09/618377-digital-identity.htm, tableaux DI1 et DI2 (consulté le 10 septembre 2024).

Gestion de l'identité

Toutes les administrations fiscales, par obligation légale ou en vertu de saines pratiques commerciales, déploient des efforts considérables pour assurer la sécurité des renseignements sur les contribuables. Outre les procédures internes visant à empêcher les tentatives illégales d'obtenir des informations et à garantir la protection des droits des contribuables, toutes les administrations ont mis en place des procédures pour s'assurer que la personne à qui elles ont affaire est bien le contribuable ou son mandataire. De plus en plus, ces approches, qui très souvent ont été étendues à l'authentification à plusieurs facteurs, utilisent des informations biométriques propres au contribuable.

Ainsi, en ce qui concerne les services en ligne, le Tableau 3.4 montre que les administrations recourent à des méthodes d'authentification pour vérifier l'identité numérique. Le type de méthode utilisé varie. Comme on peut le voir dans le Tableau 3.4, l'authentification par mot de passe est utilisée par 87 % des administrations, suivie de l'authentification à plusieurs facteurs et de l'authentification par application mobile. Quelques administrations ont indiqué recourir également à la reconnaissance faciale ou à l'empreinte digitale pour vérifier l'identité numérique d'un contribuable. La moitié des administrations ont précisé que la méthode d'authentification utilisée dépendait du niveau de sécurité exigé pour le type d'échange en question.

Tableau 3.4. Authentification de l'identité numérique et autorisation, 2022

Pourcentage d'administrations ayant mis en place le processus indiqué

Méthodes d'authentification utilisées par l'administration fiscale						Application de différentes méthodes d'authentification en fonction du niveau de sécurité requis par certains types d'échanges	Les contribuables peuvent autoriser un tiers à accéder aux services numériques
Authentification par mot de passe	Carte d'identité	Application mobile	Reconnaissance faciale	Empreinte digitale	Authentification à plusieurs facteurs		
86.5	38.5	42.3	13.5	13.5	61.5	50.0	86.5

Note : ce graphique se fonde sur les données provenant de 52 juridictions étudiées dans ce rapport et qui figurent dans la base de données ITTI.
Source : OCDE et al. (2024), Inventaire multipartenaires des initiatives sur l'utilisation de la technologie à des fins fiscales, https://web-archive.oecd.org/temp/2023-03-09/618377-digital-identity.htm, tableaux DI5 et DI6 (consulté le 10 septembre 2024).

Les administrations fiscales sont confrontées aux mêmes difficultés que d'autres organisations lorsqu'elles ont affaire à des personnes physiques ou morales qui sont susceptibles de faire un usage abusif de renseignements personnels pour se faire passer pour des contribuables à des fins de fraude. L'essor des générateurs d'images et de voix fondés sur l'intelligence artificielle (IA) va compliquer encore la situation. Compte tenu du caractère persistant et, dans de nombreux cas, organisé de cette activité, les administrations doivent consacrer des efforts considérables à la prévention de l'usurpation d'identité.

Encadré 3.2. Exemples nationaux : Gestion de l'identité

Chili : Plateforme destinée aux représentants numériques

Le Chili a mis en place une nouvelle plateforme destinée aux représentants numériques. Celle-ci permet aux utilisateurs (personnes physiques comme morales) de déléguer l'accomplissement de démarches fiscales à des tierces parties mandatées, appelées « représentants numériques ».

La plateforme a été fusionnée avec l'ensemble des services numériques publics et vise à :

- uniformiser l'expérience de ceux qui recourent aux services numériques de l'administration fiscale et d'autres organismes publics ;
- améliorer la traçabilité des démarches numériques menées auprès de l'administration ;

- créer un système informatique centralisé à l'échelle de l'ensemble de l'administration afin d'éviter les doublons et de réduire les coûts ;
- doter les citoyens d'une identité numérique unique leur permettant d'accéder à l'ensemble des services publics.

Inde : Système de vérification électronique

En Inde, les contribuables peuvent se conformer à toutes leurs obligations fiscales par voie numérique grâce à un système en ligne de vérification électronique appelé « e-Verification », qui permet aux utilisateurs de confirmer leur identité et d'effectuer des tâches en ligne.

Les utilisateurs peuvent vérifier en ligne leur déclaration au titre de l'impôt sur le revenu, ainsi que les documents soumis, les réponses et les demandes en lien avec leur déclaration. Grâce à ce système, les contribuables n'ont plus besoin de déposer en personne leur déclaration et de se rendre dans un bureau pour s'identifier. Le processus de vérification de l'identité est également beaucoup plus rapide, car automatisé.

L'utilisateur peut confirmer son identité par l'un des moyens suivants :

- certificat numérique de signature électronique avec jeton d'authentification matériel ;
- mot de passe dynamique généré par une autorité administrative (*Unique Identification Authority of India*) et partagé via message texte ;
- code de vérification électronique généré par le biais d'un service de vérification activé par la banque du contribuable ou un guichet automatique bancaire (méthode hors ligne).

Depuis la mise en place du système « e-Verification », les niveaux de respect des obligations fiscales ont considérablement augmenté, passant de 13 % en 2014-15 à 93 % en 2022-23. Le délai moyen de traitement des déclarations d'impôt sur le revenu a été ramené de 84 jours en 2019-20 à 10 jours en 2023-24.

Pays-Bas : Passeport d'entreprise

L'administration fiscale des Pays-Bas a collaboré avec la Coalition néerlandaise pour la technologie de chaîne de blocs (*Dutch Blockchain Coalition*), la Chambre de commerce, l'Association des notaires et le secteur bancaire dans le cadre d'une initiative public-privé visant à déterminer si un passeport d'entreprise pouvait simplifier le processus de création d'une entreprise et permettre à celle-ci de commercer avec d'autres entreprises et consommateurs.

Le passeport d'entreprise crée un cadre de confiance qui définit les règles d'une interface en ligne permettant aux entrepreneurs de vérifier des données et de les partager avec des parties concernées, telles que des banques, des compagnies d'assurance et l'administration fiscale. Il peut être créé à l'issue d'un rendez-vous en ligne avec un notaire. L'interface, qui comprend une application d'aide à l'utilisateur, un portefeuille et l'identité numérique de la personne morale, permet à l'entrepreneur de recevoir et de stocker des informations, comme un numéro de TVA, en un seul endroit. Ces informations peuvent facilement être partagées avec de tierces parties, notamment avec une banque lors de l'ouverture d'un compte bancaire.

Ce système présente des avantages considérables pour le client, tels que la sécurité juridique de l'identité des partenaires commerciaux, la réduction des demandes de documents en double de la part des différentes parties et la possibilité de partager des données en toute sécurité avec les partenaires commerciaux.

Source : Chili (2024), Inde (2024) et Pays-Bas (2024).

Approches communes de l'identité numérique

À mesure que l'identité numérique gagne en importance pour le fonctionnement du système fiscal, il devient de plus en plus nécessaire de créer des identités numériques qui peuvent être :

- partagées entre les différentes composantes de l'administration ;
- interopérables entre les administrations ;
- utilisées entre l'administration et des tierces parties.

La mise en place de ces approches communes favorisera de plus en plus la conception de nouveaux services pouvant réduire les charges qui pèsent sur les contribuables, mais aussi permettre aux tierces parties de transmettre des informations directement aux administrations fiscales et leur fournir des gisements de données plus précises.

À titre d'exemple, alors que les entreprises multinationales et celles impliquées dans le commerce international étaient auparavant les seules concernées, les petites et moyennes entreprises et les particuliers perçoivent désormais de plus en plus de revenus provenant de pays autres que leur pays de résidence. Du fait de la multiplication des places de marché en ligne et de l'essor des plateformes d'économie du partage/à la demande, il n'a jamais été aussi simple, par exemple, de louer des maisons de vacances ou de vendre des biens et des services à l'étranger via des plateformes en ligne.

Les administrations fiscales et les entreprises sont confrontées à une multitude de difficultés pour accompagner cette évolution et y faire face, l'enjeu principal étant la reconnaissance de l'identité d'un client commun par la plateforme et l'administration fiscale. En conséquence, des travaux ont été entrepris dans le cadre de l'Administration fiscale 3.0 (OCDE, 2024[4])pour étudier comment la coopération entre les administrations et les plateformes peut être approfondie par une intégration des systèmes d'identification numérique d'une administration fiscale dans les applications utilisées par les plateformes. Cette intégration permet de renforcer la confiance dans l'identité d'un client commun, ce qui peut favoriser le respect des obligations fiscales par les plateformes en ligne et réduire la charge administrative pesant sur les entreprises.

Encadré 3.3. Royaume-Uni : Identifiants décentralisés

L'administration fiscale du Royaume-Uni (HMRC) étudie le recours aux identifiants décentralisés (DID), une technologie web novatrice qui permet aux individus et aux organisations de générer et de stocker leurs propres identifiants uniques à l'aide d'un système fiable, et de les utiliser pour confirmer leur identité. Les DID offrent un accès plus simple et plus direct aux services, l'utilisateur pouvant par exemple se connecter à un service sans avoir à fournir un nom d'utilisateur, un mot de passe ou d'autres informations. L'utilisation de cette technologie a des implications majeures en matière de sécurité des données et de respect de la vie privée.

Le recours aux DID fait actuellement l'objet d'un projet exploratoire qui vise à cerner et à démontrer les possibilités et les implications potentielles pour HMRC si cette technologie était plus largement acceptée et utilisée.

HMRC prévoit de tester un concept qui permettrait à des personnes et des organisations extérieures à l'administration d'utiliser des DID pour s'identifier et accéder aux services publics. Ce concept mettra l'accent sur l'identité, mais d'autres utilisations à des fins fiscales seront également examinées. Il existe déjà plusieurs cadres qui permettent le recours à l'identité décentralisée.

Il s'agit d'un domaine qui connaît une évolution rapide et dans lequel des logiciels libres et propriétaires se développent rapidement. À l'issue de ce test, HMRC aura une meilleure compréhension des possibilités offertes par les DID.

Source : Royaume-Uni (2024).

Bibliographie

OCDE (2024), *Administration fiscale 3.0 : La transformation numérique de l'administration de l'impôt*, Éditions OCDE, Paris, https://doi.org/10.1787/6c010f8f-fr. [4]

OCDE (2020), « Tax administration responses to COVID-19: Assisting wider government », *OECD Policy Responses to Coronavirus (COVID-19)*, Éditions OCDE, Paris, https://doi.org/10.1787/0dc51664-en. [3]

OCDE (2019), *Tax Administration 2019 : Comparative Information on OECD and other Advanced and Emerging Economies*, Éditions OCDE, Paris, https://doi.org/10.1787/74d162b6-en. [1]

OCDE (2017), *Tax Administration 2017 : Comparative Information on OECD and Other Advanced and Emerging Economies*, Éditions OCDE, Paris, https://doi.org/10.1787/tax_admin-2017-en. [2]

OECD et al. (2024), *Inventory of Tax Technology Initiatives*, https://webarchive.oecd.org/tax/forum-on-tax-administration/tax-technology-tools-and-digitalsolutions/index.htm (consulté le 10 Septembre 2024). [5]

4 Liquidation de l'impôt

Ce chapitre examine la fonction de liquidation de l'impôt, qui englobe toutes les activités liées au traitement des déclarations fiscales et aux paiements. Il étudie l'utilisation des canaux électroniques pour le dépôt et le paiement, décrit les efforts déployés par les administrations fiscales pour fournir des déclarations préremplies et examine le taux de respect des délais de dépôt des déclarations et de paiement de l'impôt.

Introduction

La fonction de liquidation de l'impôt englobe toutes les activités liées au traitement des déclarations d'impôt, y compris l'émission des avis d'imposition, les remboursements et les déclarations. Elle inclut également le traitement et la comptabilisation des paiements. Ces activités demeurent un domaine d'intérêt qui connaît des évolutions notables, les administrations cherchant à réduire les coûts des processus faisant intervenir des volumes de données importants.

Comme indiqué dans les éditions précédentes de cette série, l'adoption généralisée du dépôt et du paiement en ligne par les contribuables aide les administrations à réduire leurs coûts et à améliorer les services qu'elles fournissent aux contribuables. Cette tendance se poursuit, et la gamme des services d'appui et d'options proposés ne cesse de s'étendre.

Par ailleurs, les administrations fiscales gèrent un éventail de plus en plus large de données qu'elles collectent par voie électronique, y compris auprès d'un nombre croissant d'organisations tierces. Cette évolution facilite une utilisation plus intelligente des données et des déclarations préremplies plus complètes, grâce à l'usage de l'intelligence artificielle et de l'apprentissage automatique. Elle contribue aussi à élaborer plus en amont des stratégies en matière de discipline fiscale capables de minimiser ou de prévenir les erreurs dans les déclarations. En plus d'actualiser les informations sur l'utilisation des canaux électroniques pour le dépôt et le paiement, ce chapitre :

- décrit les efforts déployés par les administrations pour fournir des déclarations préremplies aux particuliers et aux entreprises, y compris dans certains cas l'élargissement de cette approche aux déclarations entièrement préremplies pour les personnes physiques et les entreprises ;
- examine les taux de respect des délais de dépôt et de paiement ; et
- donne des exemples de la façon dont la technologie et l'application des sciences des données améliorent les processus de dépôt, de paiement et de remboursement.

Utilisation de canaux électroniques pour le dépôt et le paiement

Afin d'accroître le recours aux systèmes de dépôt et de paiement par voie électronique, de nombreuses juridictions ont également rendu obligatoire l'utilisation de ces canaux pour la plupart des contribuables (ou pour la plupart des employeurs dans le cas de retenues à la source). Le Tableau 4.1 montre que dans les juridictions couvertes par la présente publication, le dépôt et le paiement par voie électronique sont plus souvent imposés aux entreprises qu'aux particuliers. L'utilisation des canaux de dépôt électronique est obligatoire pour l'impôt sur les bénéfices des sociétés (IS), la retenue à la source par les employeurs (PAYE, *Pay as you earn*) et la taxe sur la valeur ajoutée (TVA) dans environ trois quarts des juridictions, tandis que pour l'impôt sur le revenu des personnes physiques (IRPP), elle ne l'est que dans la moitié des juridictions. De même, le paiement électronique est obligatoire dans environ deux tiers des juridictions pour l'IS, la retenue à la source et la TVA, et dans environ la moitié des juridictions pour l'IRPP.

Tableau 4.1. Obligation de dépôt et de paiement par voie électronique pour la plupart des contribuables, par type d'impôt, 2022

Pourcentage de juridictions

Dépôt électronique				Paiement électronique			
Impôt sur le revenu des personnes physiques	Impôt sur les sociétés	Retenue à la source de l'employeur	Taxe sur la valeur ajoutée	Impôt sur le revenu des personnes physiques	Impôt sur les sociétés	Retenue à la source de l'employeur	Taxe sur la valeur ajoutée
52.6	74.1	75.9	81.8	47.4	60.3	63.0	69.1

Source : CIAT, IOTA, FMI, OCDE, Enquête internationale sur les administrations fiscales, tableau B.30 Genre du contribuable déclaré ; dépôt et paiement électroniques obligatoires, https://data.rafit.org/regular.aspx?key=74180917 (consulté le 10 septembre 2024).

Bien que l'utilisation des canaux électroniques devienne obligatoire à mesure que la transformation numérique continue de transformer la vie quotidienne, il n'est pas surprenant que les taux d'utilisation effective des canaux de dépôt et de paiement par voie électronique soient nettement plus élevés et continuent de croître. De fait, la mise en œuvre de ces canaux est désormais intégrée dans un grand nombre d'administrations et, par conséquent, ces taux devraient rester stables et n'augmenter que progressivement à l'avenir.

Le Tableau 4.2 présente les taux moyens de dépôt électronique dans les juridictions qui ont communiqué des données sur les canaux utilisés par les contribuables pour déposer leurs déclarations entre 2018 et 2022. Au cours de cette période, environ 95 % des entreprises ont déposé leurs déclarations par voie électronique. Pour les déclarations d'impôt sur le revenu des personnes physiques, ce chiffre est également d'environ 90 %. Il convient en outre de noter que, dans un grand nombre d'administrations, 100 % des déclarations sont d'ores et déjà déposées en ligne pour les principaux types d'impôts (tableaux D.26 et D.27).

Tableau 4.2. Taux moyens de dépôt électronique (en pourcentage) par type d'impôt, 2018-22

Type d'impôt	2018	2019	2020	2021	2022
Impôt sur le revenu des personnes physiques (46 juridictions)	82.1	84.5	87.8	88.2	89.5
Impôt sur les bénéfices des sociétés (45 juridictions)	91.8	92.5	93.5	94.2	94.7
Retenue à la source par les employeurs (35 juridictions)	–	–	–	–	94.4
Taxe sur la valeur ajoutée (41 juridictions)	94.0	95.8	96.7	97.4	98.2

Note : le tableau présente les taux moyens de dépôt électronique des déclarations pour les juridictions qui ont été en mesure de fournir ces informations pour les années 2018 à 2022. Le nombre de juridictions pour lesquelles des données étaient disponibles est indiqué entre parenthèses. En ce qui concerne la déclaration des retenues à la source par l'employeur, la question correspondante a été introduite dans l'enquête ISORA de 2023 et les données ne sont donc disponibles que pour l'année 2022.
Source : CIAT, IOTA, FMI, OCDE, Enquête internationale sur les administrations fiscales, tableau D.26 Dépôt électronique : IS et IRPP et tableau D.27 Dépôt électronique : retenues à la source et TVA, https://data.rafit.org/regular.aspx?key=74180901 (consulté le 10 septembre 2024).

Si l'on examine l'évolution des taux de dépôt électronique sur la période 2014-22 ressortant du Tableau 4.3, il apparaît clairement que ces taux ont sensiblement augmenté – entre 17 et 23 points de pourcentage – pour les trois principaux types d'impôts. (Il convient de noter que le tableau ne prend en compte que les informations provenant des juridictions pour lesquelles des données étaient disponibles pour les deux années 2014 et 2022, ce qui explique les différences entre les moyennes de 2022 présentées dans les Tableaux 4.2 et 4.3.)

Tableau 4.3. Taux moyens de dépôt électronique (en pourcentage) par type d'impôt, 2014 et 2022

Type d'impôt	2014	2022	Différence en points de pourcentage
Impôt sur le revenu des personnes physiques (31 juridictions)	64.5	87.4	+22.9
Impôt sur les bénéfices des sociétés (31 juridictions)	78.4	95.2	+16.8
Taxe sur la valeur ajoutée (29 juridictions)	81.8	99.0	+17.2

Note : le tableau présente les taux moyens de dépôt électronique des déclarations pour les juridictions qui ont été en mesure de fournir ces informations pour les années 2014 et 2022. Le nombre de juridictions pour lesquelles des données étaient disponibles est indiqué entre parenthèses.
Source : CIAT, IOTA, FMI, OCDE, Enquête internationale sur les administrations fiscales, tableau D.26 Dépôt électronique : IS et IRPP et tableau D.27 Dépôt électronique : retenues à la source et TVA, https://data.rafit.org/regular.aspx?key=74180901 (consulté le 10 septembre 2024) ; et OCDE (2017), *Tax Administration 2017: Comparative Information on OECD and Other Advanced and Emerging Economies*, Tableau A.8., https://doi.org/10.1787/tax_admin-2017-en.

S'agissant des taux de paiement électronique qui ressortent du Tableau 4.4, environ 90 % des paiements, mesurés en nombre et en valeur, ont été effectués par voie électronique en 2022. Il s'agit d'une hausse significative par rapport à 2018. Le pourcentage de paiements en ligne en valeur est légèrement supérieur au pourcentage de paiements en ligne en nombre, ce qui laisse penser que ce sont surtout les gros contribuables qui utilisent ce canal de paiement. (En raison d'une modification de la définition de la question de l'enquête sous-jacente, les comparaisons de l'évolution des taux de paiement électronique depuis 2014 ne seraient pas fiables.)

Tableau 4.4. Taux moyens de paiement électronique (en pourcentage) en nombre et en valeur des paiements, 2018-22

Type de mesure	2018	2019	2020	2021	2022
Pourcentage en nombre de paiements (48 juridictions)	80.3	82.5	86.6	88.7	90.0
Pourcentage en valeur des paiements (48 juridictions)	84.8	86.1	88.6	90.4	91.9

Note : le tableau présente les taux moyens de paiement électronique pour les juridictions qui ont été en mesure de fournir ces informations pour les années 2018 à 2022. Le nombre de juridictions pour lesquelles des données étaient disponibles est indiqué entre parenthèses.
Source : CIAT, IOTA, FMI, OCDE, Enquête internationale sur les administrations fiscales, tableau D.40 Part des paiements électroniques et retenues à la source par des tiers, https://data.rafit.org/regular.aspx?key=74180902 (consulté le 10 septembre 2024).

Dans un certain nombre de juridictions, le volume des déclarations déposées sur formulaire papier et des paiements effectués par des moyens non électroniques demeure élevé. Dans les juridictions qui ont communiqué des données, plus de 70 millions de déclarations (pour l'IRPP, l'IS, la retenue à la source et la TVA) ont été déposées sur formulaire papier (tableaux A.48, A.52, A.56 et A.61).

On peut s'attendre à ce que ce chiffre diminue encore au fil du temps, car de plus en plus d'administrations prennent des mesures pour encourager les contribuables à utiliser les plateformes électroniques lorsque c'est possible. Cela permettra non seulement de réduire les coûts administratifs, mais aussi d'alléger la charge administrative pesant sur les contribuables au fil du temps.

Encadré 4.1. Exemples nationaux : Canaux électroniques de dépôt et de paiement

Canada : Formulaire en ligne pour la déclaration de la taxe sur les logements sous-utilisés

La taxe sur les logements sous-utilisés correspond à un prélèvement annuel de 1 % sur la valeur des biens immobiliers résidentiels vacants ou sous-utilisés au Canada. Elle devrait concerner essentiellement les propriétaires non-résidents et non canadiens.

Hormis ceux qui avaient un compte sur l'un des portails numériques de l'Agence du revenu du Canada (ARC), les non-résidents ne disposaient auparavant d'aucun canal de dépôt électronique. Pour encourager et faciliter le dépôt électronique de la déclaration de la taxe sur les logements sous-utilisés, un formulaire électronique a été mis au point afin de permettre le dépôt électronique à l'aide d'un code d'accès numérique. Cette méthode, qui s'avère plus efficace que le dépôt d'une déclaration « papier », est une initiative novatrice de l'ARC, car les données du formulaire électronique sont directement liées au système de traitement sans qu'il soit nécessaire de procéder à une saisie manuelle des données.

Les particuliers et les entreprises peuvent obtenir instantanément un code d'accès numérique en ligne en fournissant certaines informations. En cas de difficulté, le contribuable est invité à contacter un service d'assistance spécialement chargé de répondre aux questions. Une fois toutes les vérifications préétablies effectuées, la déclaration peut être traitée automatiquement sans qu'aucune intervention manuelle ne soit nécessaire.

En novembre 2023, l'ARC avait reçu environ 30 000 déclarations déposées par cette méthode.

Espagne : Débits directs dans l'espace unique de paiement en euros

L'Espagne a mis en place des mesures visant à faciliter le respect par les contribuables vivant à l'étranger de leurs obligations de paiement à l'égard de l'Agence fiscale espagnole (AEAT).

Des avancées réglementaires et techniques ont été réalisées afin que les contribuables puissent payer leurs impôts par prélèvement automatique sur des comptes situés dans leur juridiction de résidence, à condition que l'entité soit située dans l'espace unique de paiement en euros (SEPA). Les contribuables n'ont ainsi plus besoin d'avoir un compte bancaire en Espagne.

On trouvera de plus amples informations sur le site suivant :

https://sede.agenciatributaria.gob.es/Sede/en_gb/ayuda/consultas-informaticas/pago-impuestos-deudas-tasas-ayuda-tecnica/aplazamiento-fraccionamiento-deudas.html (consulté le 10 septembre 2024).

Source : Canada (2024) et Espagne (2024).

Déclarations préremplies

Au cours des deux dernières décennies, la préparation de déclarations préremplies a été l'une des innovations majeures en matière de conception des déclarations fiscales, souvent pour les contribuables soumis à l'impôt sur le revenu. Cette approche consiste pour les administrations à « préremplir » la déclaration ou le compte en ligne du contribuable avec des informations provenant de tiers. La déclaration préremplie peut être vérifiée par le contribuable et déposée par voie électronique ou sur papier. (Le Tableau 4.5 montre qu'un nombre croissant d'administrations préremplissent les déclarations au titre de l'IRPP.)

Le volume d'informations prérenseignées étant généralement déterminé par l'éventail des sources de données électroniques dont dispose l'administration, il est essentiel, dans cette approche, que le cadre législatif prévoie la communication de données détaillées et actualisées par des tiers couvrant autant d'informations pertinentes afférentes aux contribuables que possible. La complexité des cadres juridiques qui régissent les obligations fiscales peut faire obstacle à une automatisation plus poussée du calcul de l'impôt ; aussi, certaines administrations fiscales envisagent d'utiliser une législation dans un format lisible par machine afin d'automatiser le processus de calcul au moyen d'algorithmes, avec à la clé une réduction du nombre d'erreurs et moins de contraintes pour les contribuables.

Tableau 4.5. Taux de préremplissage des déclarations au titre de l'IRPP, 2018-22

En pourcentage des administrations qui préremplissent les déclarations au titre de l'IRPP

2018	2019	2020	2021	2022	Différence en points de pourcentage (2018-22)
78.9	80.7	84.2	87.7	87.7	+8.8

Source : CIAT, IOTA, FMI, OCDE, Enquête internationale sur les administrations fiscales (ISORA), tableau A.99 Préremplissage des déclarations au titre de l'IRPP : renseignements sur les revenus - renseignements personnels et salaires, https://data.rafit.org/regular.aspx?key=74180896 (consulté le 10 septembre 2024).

Les partisans de la déclaration préremplie ont d'abord encouragé son utilisation dans les régimes fiscaux individuels qui autorisaient relativement peu de déductions et de crédits, et qui se prêtaient à une vérification à l'aide de sources de données tierces. Les progrès des technologies fondées sur des règles, les obligations de communication d'informations et l'application des techniques fondées sur la science des données permettent désormais d'envisager une application plus large de cette approche. Par exemple, les réponses à l'enquête montrent que, dans de nombreux pays, les déclarations au titre de l'IRPP sont préremplies avec différentes informations sur le revenu, ainsi que sur les dépenses déductibles comme les dons, les frais de scolarité et d'études et les primes d'assurance (voir Tableau 4.6 et Tableau 4.7).

Tableau 4.6. Catégories d'informations sur le revenu provenant de tierces parties et utilisées pour préremplir les déclarations ou les avis d'imposition au titre de l'IRPP, 2022

En pourcentage des administrations qui préremplissent les déclarations au titre de l'IRPP

Informations personnelles du contribuable	Salaire et traitement	Retraite	Intérêts	Dividendes	Plus/moins-values	Autres revenus
98.0	88.0	82.0	54.0	50.0	40.0	72.0

Source : CIAT, IOTA, FMI, OCDE, Enquête internationale sur les administrations fiscales (ISORA), tableau A.99 Préremplissage des déclarations au titre de l'IRPP : renseignements sur les revenus - renseignements personnels et salaires, tableau A.100 Préremplissage des déclarations au titre de l'IRPP : renseignements sur les revenus - pensions, intérêts et dividendes, et tableau A.101 Préremplissage des déclarations au titre de l'IRPP : renseignements sur les revenus - plus et moins-values et autres revenus, https://data.rafit.org/regular.aspx?key=74180896 (consulté le 10 septembre 2024).

Tableau 4.7. Catégories de dépenses fiscalement déductibles utilisées pour préremplir les déclarations ou les avis d'imposition au titre de l'IRPP, 2022

En pourcentage des administrations qui préremplissent les déclarations au titre de l'IRPP

Dons	Frais de scolarité et d'études	Garde d'enfants	Certaines primes d'assurance	Dépenses médicales et de santé (autres que primes d'assurance)	Cotisations de retraite et épargne-retraite	Intérêts sur prêts et emprunts hypothécaires	Autres dépenses
36.0	30.0	26.0	48.0	30.0	52.0	40.0	48.0

Source : CIAT, IOTA, FMI, OCDE, Enquête internationale sur les administrations fiscales (ISORA), tableau A.102 Préremplissage des déclarations au titre de l'IRPP : renseignements sur les dépenses - dons, frais de scolarité et d'études, dépenses de garde d'enfants, tableau A.103 Préremplissage des déclarations au titre de l'IRPP : renseignements sur les dépenses - primes d'assurance, frais médicaux et de santé, et cotisations de retraite, et tableau A.104 Préremplissage des déclarations au titre de l'IRPP : renseignements sur les revenus - intérêts et autres dépenses, https://data.rafit.org/regular.aspx?key=74180896 (consulté le 10 septembre 2024).

Dans un nombre croissant de pays, la déclaration au titre de l'IRPP est désormais entièrement préremplie, et le contribuable doit ensuite soit l'accepter (éventuellement par accord tacite passé un certain délai), soit fournir des informations supplémentaires qui peuvent conduire à un ajustement à la hausse ou à la baisse (tableau A.53). Dans leur forme la plus aboutie, des déclarations préremplies complètes sont produites pour la majorité des revenus des contribuables. En outre, l'existence de solutions et d'approches technologiques, telles que les systèmes de facturation électronique, permet aux administrations fiscales d'envisager l'utilisation de déclarations préremplies non seulement pour l'IRPP, mais aussi pour l'IS, les retenues à la source et la TVA (tableaux A.49, A.57 et A.62).

L'Encadré 4.2 présente les dernières évolutions en matière de préremplissage des déclarations intervenues dans certains pays.

Encadré 4.2. Exemples nationaux : Évolutions en matière de préremplissage des déclarations

Australie : Déclaration d'activité commerciale préremplie

L'administration fiscale australienne (ATO) exploite les données fournies par les employeurs pour améliorer leur expérience de déclaration et simplifier leurs obligations fiscales.

Les entreprises sont tenues de remplir une déclaration d'activité commerciale pour communiquer certaines informations à l'ATO tout au long de l'année si elles sont inscrites à la taxe sur les produits et les services ou procèdent à versements d'acomptes ou à des retenues à la source. Lorsqu'un contribuable dépose une déclaration d'activité commerciale en ligne via les services de l'ATO, le montant des retenues à la source déclaré à l'ATO est ensuite prérenseigné dans la case correspondante de la déclaration d'activité. L'employeur peut valider ce montant ou le modifier si celui-ci doit être revu à la hausse ou à la baisse.

L'ATO expérimente également l'utilisation des données du système de paie « Single Touch Payroll » (STP) fournies par les employeurs pour comptabiliser les montants des retenues à la source effectuées lorsqu'un contribuable n'a pas déposé sa déclaration d'activité commerciale dans les délais. Lorsqu'un employeur a déclaré les montants des retenues à la source via le STP mais n'a pas soumis sa déclaration d'activité pour cette période, l'ATO enverra une lettre de rappel à l'employeur l'incitant à soumettre sa déclaration d'activité, ou si le montant des retenues à la source n'a pas changé, elle inscrira celui-ci sur le compte client de l'employeur.

En l'absence de réponse, le montant des retenues à la source sera enregistré sur le compte client, et si l'employeur n'a pas d'autres obligations déclaratives, la déclaration d'activité commerciale sera considérée comme terminée. Le client devra toutefois déposer une déclaration d'activité si d'autres obligations déclaratives lui incombent, comme la taxe sur les produits et les services.

Cette stratégie permet de garantir des conditions équitables entre les employeurs respectueux des règles et ceux qui ne le sont pas. Ceux qui retardent le dépôt de leur déclaration d'activité pour se soustraire à leurs obligations de déclaration et de paiement des retenues à la source ne bénéficieront plus d'un avantage déloyal par rapport à ceux qui déclarent et paient en temps voulu.

Canada : Procédure de demande de crédit d'impôt pour personnes handicapées entièrement numérique

En mai 2023, l'ARC a accéléré et simplifié la procédure de demande de crédit d'impôt pour personnes handicapées (CIPH) que devaient suivre les personnes handicapées et les professionnels de la santé, en mettant en place une nouvelle procédure entièrement numérique.

Les personnes souhaitant demander un tel crédit d'impôt peuvent désormais remplir la première partie du formulaire en ligne dans « Mon dossier ». Pour simplifier encore le processus de demande et gagner du temps, la partie du formulaire qui s'adresse au demandeur est préremplie avec les informations déjà renseignées dans les dossiers de l'ARC. Une fois le formulaire rempli, le demandeur reçoit un numéro de référence à usage unique qu'il enverra à son médecin, lequel pourra l'utiliser pour remplir la deuxième partie du formulaire.

À partir des commentaires reçus de professionnels de la santé indiquant que le formulaire de demande de CIPH n'était pas suffisamment transparent quant aux informations demandées, l'ARC a mis en place des échelles psychométriques, des menus déroulants et des boutons radio pour rendre le formulaire plus dynamique et pour recueillir des informations plus pertinentes au moyen de questions ciblées en utilisant des techniques de communication proactive des renseignements. En appliquant des modalités de conception des expériences client et utilisateur, l'application numérique permet de mieux répondre aux besoins du client.

Les réactions de la communauté médicale ont été extrêmement positives, le résultat le plus quantifiable étant une diminution de 60 % du nombre de lettres de clarification envoyées.

Chine (République populaire de) : Rapprochement annuel de l'impôt sur les bénéfices des sociétés

Pour réduire le temps nécessaire à l'évaluation de l'impôt et améliorer la commodité des services fournis aux contribuables, la République populaire de Chine a instauré un nouveau modèle de remboursement découlant du rapprochement annuel de l'impôt sur les sociétés. Ce nouveau modèle vise notamment à :

- simplifier le processus de remboursement de sorte qu'après le dépôt de la déclaration par le contribuable, le système estime le montant à rembourser et notifie le contribuable, qui n'a plus qu'à l'accepter par un clic dans le système, au lieu de saisir une à une les informations concernant la demande de remboursement d'impôt. Ces informations sont en outre transmises automatiquement au département du Trésor, ce qui permet de réaliser des gains d'efficience considérables ;
- mettre en place un système de vérification intelligent permettant la vérification automatique du risque lié au contribuable. Si celui-ci remplit les conditions requises pour bénéficier d'un remboursement d'impôt, le remboursement d'impôt sera traité automatiquement comme indiqué ci-dessus ; dans le cas contraire, il sera traité selon le processus habituel de remboursement par les agents des services fiscaux ;

- raccourcir le cycle de remboursement de sorte que l'examen du remboursement puisse être achevé le jour où le contribuable dépose sa déclaration, soit un délai beaucoup plus court que le cycle normal de 30 jours.

Ce modèle a non seulement amélioré l'expérience pratique des contribuables, mais il a également permis d'alléger la charge administrative des agents des services fiscaux.

Pays-Bas : Déclaration fiscale simplifiée

Depuis 2022, les Pays-Bas ont mis en place un système de déclaration fiscale électronique simplifiée (IRPP) pour les contribuables dont la situation fiscale est simple.

Auparavant, ces contribuables devaient remplir un formulaire de déclaration qui contenait toutes les questions possibles concernant le revenu et qui n'était que partiellement prérempli. Ils n'ont désormais n'ont plus qu'à répondre à un nombre limité de questions par oui ou non et à confirmer les informations préremplies concernant leur revenu et, le cas échéant, leur patrimoine immobilier. Si les contribuables ne sont pas d'accord avec les informations préremplies, ils ont la possibilité de remplir une déclaration fiscale normale.

Ce système a permis d'alléger considérablement la charge administrative pesant sur les contribuables, sachant que 86.5 % d'entre eux estiment que le nouveau service constitue une amélioration.

Source : Australie (2024), Canada (2024), Chine (République populaire de) (2024) et Pays-Bas (2024).

À mesure que le volume de données disponibles pour renseigner les déclarations augmente, les administrations fiscales peuvent élaborer des techniques prédictives afin de détecter les erreurs commises par les contribuables lorsqu'ils finalisent leur déclaration et prévenir les infractions. Les éditions précédentes illustrent cette évolution par des exemples. Voir, par exemple, l'Encadré 4.3 dans l'édition 2022 de la Série sur l'administration fiscale (OCDE, 2022[1]). Ces mesures peuvent être associées à des techniques incitatives, créant ainsi des approches radicalement nouvelles de la discipline fiscale en intégrant le travail de contrôle « en amont » dans les processus de l'administration fiscale, comme le souligne l'Encadré 4.3.

Encadré 4.3. Exemples nationaux : Détection des erreurs

Hongrie : Système de TVA électronique

Le 1er janvier 2024, l'Administration nationale des impôts et des douanes (DIAN) de Hongrie a lancé son système de TVA électronique, qui vise à réduire la charge administrative liée à l'établissement des déclarations de TVA. Le nouveau système de dépôt des déclarations combine trois innovations :

1. Les données collectées par la DIAN sur la base des transactions sont renvoyées au client. Les utilisateurs peuvent ainsi consulter et trier les données provenant des caisses enregistreuses en ligne, des factures électroniques et des déclarations en douane en vue de remplir une déclaration fiscale.
2. Un algorithme appliqué aux données disponibles permet à la DIAN de recommander aux clients la ligne appropriée de la déclaration fiscale pour chaque transaction.
3. Dans le cadre de la fonction dite de contrôle *ex ante*, des règles de validation sont appliquées à la liste des pièces justificatives et à l'ébauche de déclaration fiscale préparée ainsi qu'il est décrit ci-dessus, ce qui permet (avant le dépôt de la déclaration) d'attirer l'attention sur des erreurs précédemment détectées lors d'un contrôle *ex post*. Ce service devrait réduire sensiblement le nombre de déclarations incorrectes déposées.

Le système vise à répondre aux besoins d'un large éventail de clients avec deux interfaces différentes. Une interface web conviviale a été développée pour les micro et petites entreprises, tandis qu'un canal de machine à machine peut être utilisé par les grandes entreprises, afin de garantir la compatibilité requise pour la communication automatisée entre le système de TVA électronique et le logiciel de gestion. L'utilisation du nouveau service est actuellement facultative.

Pour en savoir plus, voir le lien suivant : https://youtu.be/zqr8gHiBMnI (consulté le 25 octobre 2024).

Espagne : Autocorrection des erreurs dans les déclarations de revenu des personnes physiques

Afin d'améliorer le niveau de discipline fiscale et de réduire la charge administrative pesant sur les contribuables, ceux-ci ont la possibilité, à compter de 2024, de rectifier certaines erreurs commises dans leur déclaration de revenu. La rectification se fait au moyen d'un formulaire d'autoliquidation complémentaire prérempli par l'administration fiscale espagnole (AEAT), que le contribuable peut consulter puis décider d'accepter ou de contester. La possibilité de rectification sera offerte à la fois pendant la période de déclaration volontaire et à l'issue de cette période.

Ce système ne permet pas de corriger toutes les erreurs, mais uniquement celles qui résultent de divergences entre les données directement renseignées dans la déclaration de revenu ayant servi au calcul de l'impôt par l'AEAT et celles déclarées par le contribuable.

Source : Hongrie (2024) et Espagne (2024).

Respect des délais de dépôt des déclarations

Même en tenant compte des innovations liées aux régimes de déclaration préremplie ou d'absence de déclaration, le dépôt d'une déclaration de revenu reste le principal moyen par lequel l'impôt est calculé et devient exigible. En conséquence, le taux de respect des délais de dépôt des déclarations est considéré comme une mesure efficace de la santé du système fiscal et de la performance de l'administration fiscale proprement dite.

Jusqu'à présent, l'enquête ISORA mesurait le taux de respect des délais de dépôt en rapportant le nombre de déclarations reçues dans les délais au nombre total de déclarations attendues. L'enquête de 2023 a ajouté un nouveau point de données permettant également de calculer le taux de respect des délais de dépôt des déclarations par rapport au nombre total de déclarations reçues.

Le Tableau 4.8 résume les taux de respect des délais pour les administrations qui sont en mesure de fournir des renseignements ventilés par type d'impôt. En ce qui concerne le taux de respect des délais de dépôt rapporté au nombre de **déclarations attendues**, hors déclarations au titre de l'IS, les taux avoisinent 85 %. La situation est à peu près la même lorsque l'on calcule le taux de respect des délais de dépôt par rapport au nombre de **déclarations reçues** : les taux de respect des délais de dépôt pour l'IRPP, les retenues à la source et la TVA s'élèvent à environ 90 %, tandis que celui pour l'IS est inférieur de 5 points de pourcentage. Les taux plus faibles observés pour l'IS peuvent s'expliquer par une plus grande complexité du système d'imposition des sociétés et par les délais liés à la préparation des états financiers et des rapports annuels.

Comme on pouvait s'y attendre, les taux de respect des délais de dépôt exprimés en pourcentage du nombre de déclarations reçues dans les délais sont nettement supérieurs aux taux de respect des délais exprimés en proportion du nombre de déclarations attendues.

Tableau 4.8. Taux moyens de respect des délais de dépôt des déclarations (en pourcentage) par type d'impôt, 2018-22

Type d'impôt	Déclarations reçues dans les délais en pourcentage **des déclarations attendues**						Déclarations reçues dans les délais en pourcentage **des déclarations reçues**	
	Nombre de juridictions	2018	2019	2020	2021	2022	Nombre de juridictions	2022
Impôt sur le revenu des personnes physiques	36 juridictions	88.3	85.7	85.6	84.8	84.3	50 juridictions	90.3
Impôt sur les sociétés	39 juridictions	76.6	77.4	76.5	77.4	75.9	50 juridictions	85.4
Retenue à la source de l'employeur	25 juridictions	88.0	87.6	86.3	87.1	86.9	39 juridictions	93.2
Taxe sur la valeur ajoutée	42 juridictions	86.7	85.9	85.5	84.6	85.8	49 juridictions	89.4

Note : le tableau présente les taux moyens de respect des délais de dépôt pour les juridictions qui ont pu fournir les données concernant les déclarations attendues pour les années 2018 à 2022 et celles concernant les déclarations reçues pour l'année 2022. Le nombre de juridictions pour lesquelles des données étaient disponibles est indiqué dans le tableau.

Source : CIAT, IOTA, FMI, OCDE, Enquête internationale sur les administrations fiscales, tableau D.22 Taux de déclarations reçues dans les délais : IS, tableau D.23 Taux de déclarations reçues dans les délais : IRPP, tableau D.24 Taux de déclarations reçues dans les délais : retenues à la source, et tableau D.25 Taux de déclarations reçues dans les délais : TVA, https://data.rafit.org/regular.aspx?key=74180900 (consulté le 10 septembre 2024).

Le Tableau 4.9 montre l'évolution des taux de respect des délais de dépôt des déclarations, qui, du fait des séries chronologiques disponibles, sont exprimés en pourcentage des déclarations attendues. En moyenne, ce taux est resté globalement stable entre 2014 et 2022, même si les données sous-jacentes relatives au respect des délais de dépôt révèlent d'importantes variations des taux de respect des délais de dépôt entre pays. Il convient de noter que le tableau prend uniquement en compte les informations provenant des juridictions qui ont été en mesure de fournir des données pour les deux années 2014 et 2022, ce qui explique les différences entre les moyennes de 2022 présentées dans le Tableau 4.8 et le Tableau 4.9.

Tableau 4.9. Taux moyens de respect des délais de dépôt des déclarations (en pourcentage) par type d'impôt, 2014 et 2022

Déclarations reçues dans les délais en pourcentage des déclarations attendues

Type d'impôt	2014	2022	Différence en points de pourcentage	Nombre de juridictions dans lesquelles le taux de respect des délais de dépôt a **diminué**	Nombre de juridictions dans lesquelles le taux de respect des délais de dépôt a **augmenté**
Impôt sur le revenu des personnes physiques (38 juridictions)	86.1	85.7	-0.4	18	20
Impôt sur les bénéfices des sociétés (36 juridictions)	80.0	78.5	-1.5	17	19
Retenue à la source par les employeurs (18 juridictions)	86.9	90.0	+3.1	10	8
Taxe sur la valeur ajoutée (37 juridictions)	86.0 (2016)	85.8	-0.2	23	14

Note : le tableau présente les taux moyens de respect des délais de dépôt pour les juridictions qui ont pu fournir ces informations pour les années 2014 et 2022. Le nombre de juridictions pour lesquelles des données étaient disponibles est indiqué entre parenthèses. Pour la TVA, le tableau compare les données relatives aux années 2016 et 2022, car la question correspondante a été modifiée dans l'enquête ISORA 2018.
Source : CIAT, IOTA, FMI, OCDE, Enquête internationale sur les administrations fiscales, tableau D.22 Taux de déclarations reçues dans les délais : IS, tableau D.23 Taux de déclarations reçues dans les délais : IRPP, tableau D.24 Taux de déclarations reçues dans les délais : retenues à la source, et tableau D.25 Taux de déclarations reçues dans les délais : TVA, https://data.rafit.org/regular.aspx?key=74180900 (consulté le 10 septembre 2024) ; OCDE (2017), *Tax Administration 2017: Comparative Information on OECD and Other Advanced and Emerging Economies*, tableau A.6., https://doi.org/10.1787/tax_admin-2017-en ; et OCDE (2019), *Tax Administration 2019: Comparative Information on OECD and Other Advanced and Emerging Economies*, tableau D.12., https://doi.org/10.1787/74d162b6-en.

La variation des taux de respect des délais de dépôt (exprimés en pourcentage des déclarations reçues) par juridiction apparaît également dans :

- le Graphique 4.1., qui montre la fourchette des taux de respect des délais de dépôt des déclarations pour les principaux types d'impôts. Dans un certain nombre de juridictions, cette fourchette est importante ;
- le Graphique 4.2., qui montre les taux de respect des délais de dépôt des déclarations au titre de l'IRPP et de l'IS.

Graphique 4.1. Fourchette de résultats en matière de respect des délais de dépôt des déclarations pour les principaux types d'impôts, 2022

Déclarations reçues dans les délais en pourcentage des déclarations reçues

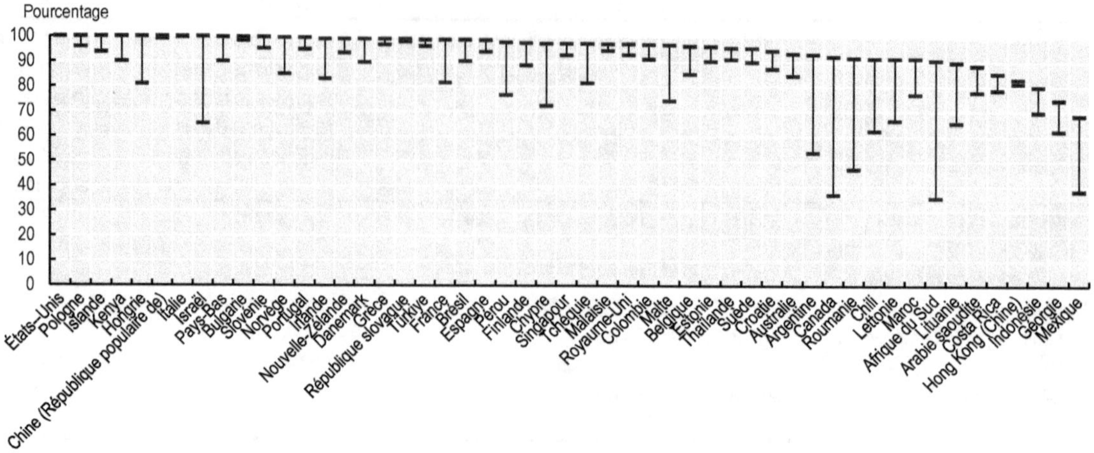

Note : le graphique illustre, pour chaque juridiction, la fourchette des résultats en matière de respect des délais de dépôt des déclarations en 2022 pour les quatre types d'impôts suivants : IRPP, IS, retenues à la source par l'employeur et TVA (le cas échéant). Il ne couvre que les juridictions pour lesquelles des informations étaient disponibles pour au moins deux types d'impôts.

Source : CIAT, IOTA, FMI, OCDE, Enquête internationale sur les administrations fiscales, tableau D.22 Taux de déclarations reçues dans les délais : IS, tableau D.23 Taux de déclarations reçues dans les délais : IRPP, tableau D.24 Taux de déclarations reçues dans les délais : retenues à la source, et tableau D.25 Taux de déclarations reçues dans les délais : TVA, https://data.rafit.org/regular.aspx?key=74180900 (consulté le 10 septembre 2024).

StatLink https://stat.link/ydn876

Graphique 4.2. Taux de respect des délais de dépôt des déclarations concernant l'IRPP et l'IS, 2022

Déclarations reçues dans les délais en pourcentage des déclarations reçues

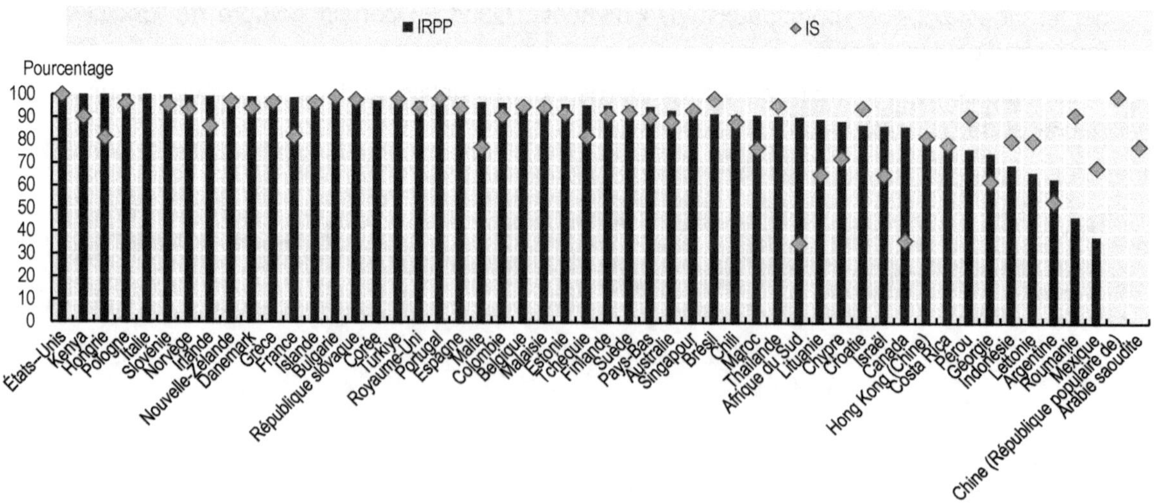

Source : CIAT, IOTA, FMI, OCDE, Enquête internationale sur les administrations fiscales, tableau D.22 Taux de déclarations reçues dans les délais : IS, et tableau D.23 Taux de déclarations reçues dans les délais : IRPP, https://data.rafit.org/regular.aspx?key=74180900 (consulté le 10 septembre 2024).

StatLink https://stat.link/r93xn4

Compte tenu de leur impact sur les taux de conformité, de nombreuses administrations fiscales ont recours aux techniques relevant des sciences comportementales pour tenter de réduire les délais et les erreurs lors d'établissement des déclarations. Les résultats sont prometteurs, et l'envoi de messages incitatifs aux étapes clés du processus de remplissage peut améliorer le respect des délais de dépôt. Cela permet non seulement d'améliorer les taux de conformité, mais aussi de libérer des ressources qui peuvent être employées à d'autres usages. Le chapitre 6 contient de plus amples informations sur l'utilisation des éclairages comportementaux.

Respect des délais de paiement

Le paiement de l'impôt représente l'une des interactions les plus courantes entre les contribuables et les administrations fiscales, en particulier pour les entreprises qui sont généralement tenues d'effectuer divers paiements à intervalles réguliers, couvrant à la fois leurs propres obligations fiscales et celles de leurs salariés. Les administrations continuent d'élargir l'éventail des options de paiement électronique à la disposition des contribuables et d'accroître leur utilisation. Ces progrès font non seulement baisser les coûts pour l'administration, mais peuvent aussi accroître le pourcentage des paiements effectués dans les délais et réduire le nombre d'arriérés de paiement en améliorant l'accès et l'expérience du contribuable. L'intégration croissante d'options de paiement dans les systèmes naturels des contribuables constitue une évolution remarquable. Cette évolution accroît la fluidité du processus de paiement pour les contribuables qui peuvent utiliser leur logiciel bancaire ou comptable existant à cette fin.

Jusqu'à présent, et à l'instar du respect des délais de dépôt des déclarations, l'enquête ISORA mesurait le respect des délais de paiement en rapportant le montant des paiements reçus dans les délais au montant total des paiements dus. L'enquête de 2023 a ajouté un nouveau point de données permettant également de calculer le taux de respect des délais de paiement par rapport au montant total des paiements reçus.

Les Tableaux 4.10 et 4.11 résument les taux de respect des délais de paiement pour les administrations qui sont en mesure de fournir des informations par type d'impôt. Le Tableau 4.10 montre que la légère réduction des taux de respect des délais de paiement (exprimé en pourcentage des **paiements dus**) qui peut être observée en 2020 et 2021 est également visible en 2022 pour l'IRPP, les retenues à la source et la TVA. Seul le taux moyen de respect des délais de paiement pour l'IS a retrouvé son niveau antérieur à la pandémie. Hormis pour l'IRPP, les taux se situent environ entre 85 et 89 %. De même, si l'on regarde les taux de respect des délais de paiement exprimés en proportion des **paiements reçus**, les taux pour l'IS, les retenues à la source et la TVA sont d'environ 90 %, tandis que le taux pour l'IRPP est d'environ 85 %.

Tableau 4.10. Taux moyens de respect des délais de paiement (en pourcentage) par type d'impôt, 2018-22

Type d'impôt	Paiements effectués dans les délais en pourcentage des **paiements dus**						Paiements effectués dans les délais en pourcentage des **paiements reçus**	
	Nombre de juridictions	2018	2019	2020	2021	2022	Nombre de juridictions	2022
Impôt sur le revenu des personnes physiques	29 juridictions	81.7	81.1	78.7	75.8	76.8	35 juridictions	84.4
Impôt sur les sociétés	31 juridictions	84.4	84.2	81.5	82.3	83.8	36 juridictions	89.2
Retenue à la source de l'employeur	28 juridictions	94.4	94.2	91.0	90.8	89.7	32 juridictions	91.6
Taxe sur la valeur ajoutée	31 juridictions	87.8	87.9	86.3	86.1	85.5	33 juridictions	89.5

Note : le tableau présente les taux moyens de respect des délais de paiement pour les juridictions qui ont pu fournir les données concernant le montant des paiements dus pour les années 2018 à 2022 et celles concernant le montant des paiements reçus pour l'année 2022. Le nombre de juridictions pour lesquelles des données étaient disponibles est indiqué dans le tableau.
Source : CIAT, IOTA, FMI, OCDE, Enquête internationale sur les administrations fiscales, tableau D.36 Taux de paiements reçus dans les délais : IS, tableau D.37 Taux de paiements reçus dans les délais : IRPP, tableau D.38 Taux de paiements reçus dans les délais : retenues à la source, et tableau D.39 Taux de paiements reçus dans les délais : TVA, https://data.rafit.org/regular.aspx?key=74180902 (consulté le 10 septembre 2024).

Si l'on regarde le Tableau 4.11. qui montre les variations des taux moyens de respect des délais de paiement entre 2014 et 2022, on constate que les taux ont diminué pour tous les types d'impôt. Toutefois, si l'on examine les données par juridiction, il apparaît clairement que les juridictions où les taux sont en baisse sont aussi nombreuses que celles où ils sont en hausse. Il convient en outre de noter que le nombre d'administrations qui ont été en mesure de fournir des données sur le respect des délais de paiement est très faible.

Tableau 4.11. Taux moyens de respect des délais de paiement (en pourcentage) par type d'impôt, 2014 et 2022

Paiements reçus dans les délais en pourcentage des paiements dus

Type d'impôt	2014	2022	Différence en points de pourcentage	Nombre de juridictions dans lesquelles le taux de respect des délais de paiement a **diminué**	Nombre de juridictions dans lesquelles le taux de respect des délais de paiement a **augmenté**
Impôt sur le revenu des personnes physiques (16 juridictions)	80.7	77.3	-3.4	10	6
Impôt sur les bénéfices des sociétés (16 juridictions)	90.1	86.7	-3.4	8	8
Retenue à la source par les employeurs (14 juridictions)	93.0	90.2	-2.8	6	8
Taxe sur la valeur ajoutée (18 juridictions)	88.8	88.3	-0.5	8	10

Note : le tableau présente les taux moyens de respect des délais de dépôt pour les juridictions qui ont pu fournir ces informations pour les années 2014 et 2022. Le nombre de juridictions pour lesquelles des données étaient disponibles est indiqué entre parenthèses. Les données relatives au Costa Rica ont été exclues du calcul car elles fausseraient les ratios moyens.
Source : CIAT, IOTA, FMI, OCDE, Enquête internationale sur les administrations fiscales, tableau D.36 Taux de paiements reçus dans les délais : IS, tableau D.37 Taux de paiements reçus dans les délais : IRPP, tableau D.38 Taux de paiements reçus dans les délais : retenues à la source, et tableau D.39 Taux de paiements reçus dans les délais : TVA, https://data.rafit.org/regular.aspx?key=74180902 (consulté le 10 septembre 2024) ; et OCDE (2017), *Tax Administration 2017: Comparative Information on OECD and Other Advanced and Emerging Economies*, tableau A.9, https://doi.org/10.1787/tax_admin-2017-en.

Premièrement, l'éventail des résultats en matière de respect des délais de paiement ressortant du Graphique 4.3. met en évidence un écart significatif entre les principaux types d'impôts pour un certain nombre de juridictions, dans certains cas supérieur à 30 points de pourcentage.

Graphique 4.3. Fourchette de résultats en matière de respect des délais de paiement pour les principaux types d'impôts, 2022

Paiements reçus dans les délais en pourcentage des paiements reçus

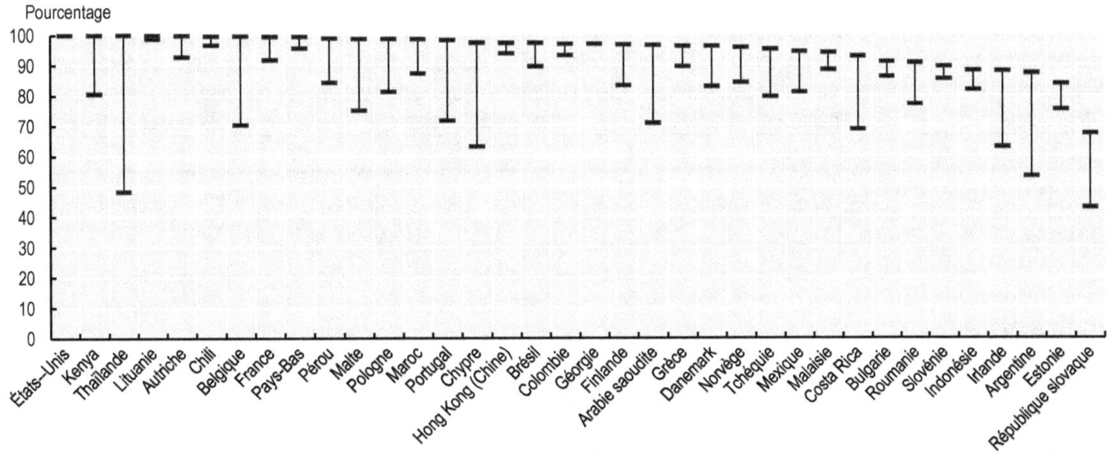

Note : le graphique illustre, pour chaque juridiction, la fourchette des résultats en matière de respect des délais de paiement en 2022 pour les quatre types d'impôts suivants : IRPP, IS, retenues à la source par l'employeur et TVA (le cas échéant). Il ne couvre que les juridictions pour lesquelles des informations étaient disponibles pour au moins deux types d'impôts.
Source : CIAT, IOTA, FMI, OCDE, Enquête internationale sur les administrations fiscales, tableau D.36 Taux de paiements reçus dans les délais : IS, tableau D.37 Taux de paiements reçus dans les délais : IRPP, tableau D.38 Taux de paiements reçus dans les délais : retenues à la source, et tableau D.39 Taux de paiements reçus dans les délais : TVA, https://data.rafit.org/regular.aspx?key=74180902 (consulté le 10 septembre 2024).

StatLink https://stat.link/k0zrj1

Les prochaines éditions de ce rapport continueront de suivre ces tendances, et l'amélioration du respect des délais de paiement demeurera une priorité pour les administrations compte tenu des recettes en jeu, sachant que nombre d'administrations fiscales indiquent investir des ressources dans ce domaine afin de faciliter les paiements et de réduire les délais.

Remboursements et crédits

Au regard de la conception des principaux impôts administrés (IRPP, IS et TVA), il est inévitable qu'un certain nombre de contribuables paient un montant d'impôt supérieur à ce qu'ils doivent. Les versements d'impôt excédentaires représentent une charge pour les contribuables en termes de « coût d'opportunité », et un problème lancinant pour les entreprises dont les marges sont étroites et pour qui les flux de trésorerie sont primordiaux. Tout retard dans le remboursement d'impôts légitimement trop payés peut donc entraîner des « coûts » importants pour les contribuables.

Le Tableau 4.12 illustre les différences de traitement des remboursements de TVA et révèle que la majorité des administrations remboursent immédiatement les trop-versés. Cette rapidité est bénéfique aux entreprises, mais les administrations fiscales doivent rester attentives aux risques de fraude. Les régimes fiscaux dans lesquels les remboursements d'impôt sont fréquents revêtent un attrait particulier pour les fraudeurs (notamment par le biais d'attaques criminelles organisées), ce qui nécessite des approches efficaces fondées sur les risques pour identifier les demandes de remboursement potentiellement frauduleuses.

Tableau 4.12. Traitement des remboursements de TVA, 2022

Pourcentage de juridictions dans lesquelles ...			
les remboursements de TVA sont effectués de façon automatique et immédiate	les remboursements de TVA sont effectués immédiatement sous réserve de disponibilité des fonds	les remboursements de TVA sont portés au crédit du compte du contribuable, jusqu'au moment où le contribuable peut légalement en demander le paiement	les remboursements de TVA sont portés au crédit du compte du contribuable, jusqu'au moment où le contribuable peut légalement en demander le paiement, sous réserve de disponibilité des fonds
60.0	1.8	34.5	3.6

Source : CIAT, IOTA, FMI, OCDE, Enquête internationale sur les administrations fiscales, tableau A.72 Traitement de la plupart des remboursements de TVA approuvés, https://data.rafit.org/regular.aspx?key=74180910 (consulté le 14 juin 2024).

Bibliographie

OCDE (2022), *Administration fiscale 2022 : Informations comparatives sur les pays de l'OCDE et autres économies avancées et émergentes*, Éditions OCDE, Paris, https://doi.org/10.1787/6f55a020-fr. [1]

OECD (2019), *Tax Administration 2019: Comparative Information on OECD and other Advanced and Emerging Economies*, OECD Publishing, Paris, https://doi.org/10.1787/74d162b6-en. [2]

OECD (2017), *Tax Administration 2017: Comparative Information on OECD and Other Advanced and Emerging Economies*, OECD Publishing, Paris, https://doi.org/10.1787/tax_admin-2017-en. [3]

5 Services

Ce chapitre examine comment les administrations fiscales ont réalisé leurs objectifs en matière de discipline fiscale grâce aux services efficaces et efficients qu'elles proposent aux contribuables, le plus souvent au moyen de la technologie. Celle-ci favorise en effet le respect spontané des obligations fiscales par les contribuables en facilitant la lisibilité de celles-ci, la déclaration des revenus imposables et les paiements.

Introduction

L'accès pour le contribuable à tout un éventail de services efficaces et faciles à utiliser tels que des initiatives dans le domaine éducatif, des orientations précises, des messages appropriés ou des outils de calcul est essentiel pour favoriser le respect des obligations. En proposant des services adaptés pour satisfaire les contribuables et les autres parties prenantes, on améliore le niveau de participation, la confiance des contribuables et dans le système fiscal en général. En conséquence, quatre des cinq administrations étudiées dans cette publication adoptent une approche stratégique en matière de services et d'assistance aux contribuables, comme le montre le Tableau 5.1.

Tableau 5.1. Stratégie en matière de services et d'assistance et normes de prestation de services, 2022

En pourcentage des administrations

Existence d'une stratégie officielle en matière de services et d'assistance	Si oui, la stratégie est publiée	Un ensemble officiel de normes de prestation de services est établi	Si oui, un ensemble de normes est publié
78.9	71.1	84.5	61.2

Source : CIAT, IOTA, FMI, OCDE et Enquête internationale sur les administrations fiscales, Tableau B.4 Sélection de pratiques de gouvernance : plans, rapports et normes ; et organigramme, https://data.rafit.org/regular.aspx?key=74180913 (consulté le 10 septembre 2024) et Tableau B.46 Analyse fondée sur le genre de la satisfaction des contribuables et de la stratégie en matière de services et d'assistance, https://data.rafit.org/regular.aspx?key=74180919 (consulté le 10 septembre 2024).

Par ailleurs, comme l'indique le Tableau 5.1, près de 85 % des administrations fiscales ont adopté un ensemble officiel de normes de prestation de services et la majeure partie d'entre elles les publient. Le fait de susciter l'engagement des administrations envers la prestation de services et les tenir pour responsables à l'égard de ces normes renforcera également la confiance des parties prenantes et encouragera concrètement les contribuables à respecter leurs obligations. Le Tableau 5.2 contient certains liens renvoyant à des engagements et normes de services.

Tableau 5.2. Liens vers certains engagements et normes de prestation de services

Juridiction	Liens (consultés le 10 septembre 2024)
Australie	https://www.ato.gov.au/about-ato/commitments-and-reporting/service-commitments
Canada	https://www.canada.ca/en/revenue-agency/services/about-canada-revenue-agency-cra/service-standards-cra.html
Hong Kong (Chine)	https://www.ird.gov.hk/eng/abo/pam32.htm
Irlande	https://www.revenue.ie/en/corporate/information-about-revenue/customer-service/service-standards/index.aspx
Italie	https://www.agenziaentrate.gov.it/portale/web/guest/agenzia/amministrazione-trasparente/servizi-erogati/carta-servizi/la-qualita-dei-servizi/il-monitoraggio

La discipline fiscale peut certes être grandement influencée par des éléments qui échappent au contrôle des administrations fiscales tels que la situation économique, l'évolution des éléments déclaratifs (comme le passage d'une activité salariée à un travail indépendant) et l'équité perçue des politiques fiscales. Pour favoriser le respect des obligations dans le cadre de leur offre de services, les administrations fiscales peuvent toutefois prendre en considération un certain nombre de domaines :

- comprendre et répondre aux préférences des contribuables ;
- favoriser le libre-service ;
- proposer des initiatives de formation et de soutien ; et
- fournir des services collaboratifs.

Ce chapitre examine ces domaines plus en détail. Il formule également des observations sur l'importance de proposer un ensemble de services inclusifs afin de garantir des conditions d'accès équitable à tous les citoyens, y compris ceux porteurs de handicaps ou dépourvus de connexion Internet.

Comprendre et répondre aux préférences des contribuables

Les interactions avec les contribuables atteignent des niveaux considérables. Les administrations fiscales ont signalé plus de 3.5 milliards de demandes reçues via les comptes en ligne des contribuables et plus de 300 millions d'appels téléphoniques (voir le Tableau 5.4). Néanmoins, contrairement à de nombreux autres services publics, les contacts individuels périodiques des contribuables avec les administrations fiscales sont souvent très limités et ils interviennent, pour certains d'entre eux, dans des situations stressantes où les sommes en jeu sont élevées ou comportent des risques de sanctions. Les attentes de la plupart des contribuables en matière d'accès aux services et de temps de réponse ont évolué, notamment à la suite de la pandémie de COVID-19 et au regard de la transformation numérique continue de l'économie.

Les enquêtes de satisfaction des contribuables peuvent contenir des informations précieuses pour les administrations fiscales concernant les attentes des contribuables en matière de services ainsi que des éclairages sur la perception des services. Le Tableau 5.3 montre que près de 85 % des administrations fiscales déclarent mesurer la satisfaction des particuliers et 75 % celle des entreprises. Ce pourcentage est inférieur pour ce qui est de la mesure de la satisfaction des intermédiaires fiscaux, 56 % des administrations fiscales effectuant des enquêtes de satisfaction auprès de ce groupe de parties prenantes. Lorsqu'elles effectuent ces enquêtes de satisfaction, un peu plus de la moitié des administrations fiscales publient les résultats pour ces trois groupes. L'Encadré 5.1 contient des exemples d'administrations qui comprennent les préférences des contribuables et y répondent.

Tableau 5.3. Conduite d'enquêtes de satisfaction des contribuables, 2022

En pourcentage des administrations

Particuliers			Entreprises			Intermédiaires fiscaux		
	Si oui...			Si oui...			Si oui...	
Réalisation d'enquêtes	Recours à un fournisseur externe	Résultats rendus publics	Réalisation d'enquêtes	Recours à un fournisseur externe	Résultats rendus publics	Réalisation d'enquêtes	Recours à un fournisseur externe	Résultats rendus publics
84.2	64.6	58.3	75.4	58.1	55.8	56.1	62.5	56.3

Source : CIAT, IOTA, FMI, OCDE, Enquête internationale sur les administrations fiscales, tableau B.45 Enquêtes de satisfaction, https://data.rafit.org/regular.aspx?key=74180919 (consulté le 10 septembre 2024).

Encadré 5.1. Exemples nationaux : Comprendre les préférences des contribuables et y répondre

République tchèque : Monnaie fonctionnelle

Une monnaie fonctionnelle désigne généralement la monnaie utilisée par une entreprise pour effectuer la plupart de ses opérations. En République tchèque, outre la couronne tchèque, il est possible d'utiliser actuellement l'euro, le dollar américain ou la livre sterling. En 2024, le pays a adopté la Loi sur la comptabilité afin d'alléger la charge administrative et de mieux harmoniser la comptabilité tchèque avec les cadres comptables internationaux, en réduisant les conflits avec le droit européen. Elle permet aux entreprises d'utiliser pour leur comptabilité une monnaie fonctionnelle autre que la couronne tchèque.

Même si un contribuable peut tenir sa comptabilité dans une monnaie autre que la couronne tchèque, la base d'imposition et le montant d'impôt en lui-même continueront d'être libellés en couronnes tchèques dans la déclaration d'impôt sur le revenu des sociétés, la législation prévoyant des dispositions spéciales pour convertir la monnaie fonctionnelle lors du calcul de l'impôt. À l'avenir, la liste des monnaies fonctionnelles devrait être complétée. Par ailleurs, le montant des impôts à payer sera calculé, puis administré dans la monnaie fonctionnelle.

Royaume-Uni : Transformation numérique concernant l'allocation pour enfant à charge

L'administration fiscale du Royaume-Uni (HMRC) a permis à des milliers de parents de faire leur demande d'allocation pour enfant à charge en ligne et de limiter ainsi les délais d'attente et les coûts pour le contribuable. Entre février et septembre 2023, ces nouveaux services ont été consultés plus de 2.7 millions de fois. La HMRC a réduit la nécessité pour les contribuables d'imprimer ou d'envoyer par courrier des formulaires, ce qui a permis de ramener le temps d'attente (entre la demande et le paiement) de dix-neuf jours à trois jours seulement pour la plupart des demandeurs.

Pour améliorer les relations avec les contribuables et les rassurer quant à l'avancement de leurs demandes en ligne, la HRMC développe l'utilisation des communications numériques. Elle communique ainsi aux clients les informations dont ils ont besoin au moment opportun, en utilisant le canal de leur choix. Les contribuables consultent principalement la HMRC pour « connaître l'état d'avancement de leur demande » et les avis recueillis par l'administration auprès des contribuables montrent qu'ils ont besoin d'être rassurés dans le cadre de leurs interactions en ligne.

La nouvelle technologie adoptée en 2024 permettra à la HMRC d'apporter un soutien ciblé aux contribuables, notamment par l'envoi de messages textuels et d'alertes les invitant à effectuer une démarche et leur confirmant qu'une mesure a bien été prise, sans avoir à appeler l'administration. En janvier 2024, la HMRC a commencé à envoyer à certains demandeurs de l'allocation pour enfant à charge un SMS leur confirmant que leur demande a bien été traitée et les invitant à consulter d'autres informations en ligne, ce qui réduit les contacts nécessaires avec la HMRC.

Source : République tchèque (2024) et Royaume-Uni (2024).

Pour répondre aux préférences des contribuables, il est important de bien diversifier les canaux proposés. Le Tableau 5.4 met clairement en évidence la transition vers le numérique qui s'est opérée depuis la pandémie de COVID-19, avec une augmentation significative persistante de l'utilisation des canaux de communication en ligne. Le déclin des visites en personne dans les locaux de l'administration fiscale s'est interrompu en 2022. Leur nombre reste toutefois nettement en deçà des niveaux d'avant la pandémie. L'assistance numérique, par le biais notamment de robots conversationnels, est devenue un canal de communication important dans bon nombre de juridictions. Les données confirment une évolution structurelle se traduisant par l'abandon des canaux ouverts aux horaires de travail au profit de ceux qui peuvent être utilisés 24 heures sur 24 et 7 jours sur 7.

Tableau 5.4. Demande de service par canal, 2018-22

Type de canal		En nombre de juridictions	2018	2019	2020	2021	2022
En ligne via le compte du contribuable	Nombre total	30	1 076 833 409	1 245 565 136	1 837 708 162	2 418 962 911	3 535 474 264
	Variation en pourcentage			+15.7	+47.5	+31.6	+46.2
Appels téléphoniques	Nombre total	51	327 203 283	312 515 920	307 606 424	346 034 546	317 564 223
	Variation en pourcentage			-4.5	-1.6	+12.5	-8.2
En personne	Nombre total	35	109 620 990	109 052 857	48 699 279	41 594 555	51 484 632
	Variation en pourcentage			-0.5	-55.3	-14.6	+23.8
Courrier postal	Nombre total	15	35 039 012	35 166 408	31 998 546	35 602 576	39 389 387
	Variation en pourcentage			+0.4	-9.0	+11.3	+10.6
Courriel	Nombre total	27	11 237 613	12 673 006	17 366 766	20 062 665	30 997 857
	Variation en pourcentage			+12.8	+37.0	+15.5	+54.5
Assistance numérique	Nombre total	30	11 022 155	21 310 120	30 673 147	52 669 925	60 661 905
	Variation en pourcentage			+93.3	+43.9	+71.7	+15.2

Note : Le tableau ne reprend que les juridictions pour lesquelles des données étaient disponibles pour les années 2018 à 2022. Le nombre de juridictions pour lesquelles des données étaient disponibles est indiqué dans le tableau.
Source : CIAT, IOTA, FMI, OCDE, Enquête internationale sur les administrations fiscales, Tableaux A.96 Demandes reçues par l'administration : suivi et nombre de demandes reçues par canal – en ligne et assistance numérique, A.97 Demandes reçues par l'administration : nombre de demandes reçues par canal – par téléphone et courriel et A.98 Demandes reçues par l'administration : nombre de demandes reçues par canal – par courrier postal et en personne, https://data.rafit.org/regular.aspx?key=74180896 (consulté le 10 septembre 2024).

Le fait de comprendre quels canaux les contribuables utilisent et de quelle manière permettra aux administrations fiscales d'adapter, si nécessaire, leurs offres de services utilisés par les contribuables. Comme le montre le Tableau 5.5, la grande majorité des administrations ont recours à des statistiques sur l'utilisation des canaux de service pour créer de nouveaux services ou améliorer ceux qui existent et pour anticiper la demande de services afin d'adapter l'affectation du personnel.

Tableau 5.5. Recours aux statistiques sur l'utilisation des canaux de service, 2022

En pourcentage des administrations

Recours aux statistiques sur l'utilisation des canaux de service...			
Encourager les contribuables à adopter les services (p. ex., promouvoir le libre-service)	Créer de nouveaux services ou améliorer ceux qui existent	Anticiper la demande de services pour ajuster la répartition du personnel	Réduire les interruptions de service dues à des défaillances des technologies de l'information et des communications
86.2	89.7	79.3	75.9

Source : CIAT, IOTA, IMF, OCDE, Enquête internationale sur les administrations fiscales, Tableau B.39 Canaux de service : statistiques sur l'utilisation des canaux de service, https://data.rafit.org/regular.aspx?key=74180919 (consulté le 10 septembre 2024).

Encadré 5.2. Royaume-Uni : Suppression des envois postaux

L'administration fiscale du Royaume-Uni (HMRC) réduit la quantité d'envois postaux aux contribuables afin d'accélérer et de simplifier les communications avec les clients tout en abaissant les coûts. Elle met aussi en œuvre des améliorations commerciales visant à aider le client dans son parcours numérique.

En 2023/24, la HMRC a cessé l'envoi de lettres rappelant aux contribuables utilisant depuis peu le système d'auto-évaluation leur première date limite de dépôt des déclarations, de courriers concernant l'auto-évaluation, de notifications sur le remboursement de l'impôt sur les sociétés ou de brochures pour les employeurs sur le paiement de la retenue à la source. Ces modifications ont supprimé près de 5.2 millions de courriers générés par la HMRC.

L'administration fiscale du Royaume-Uni entend s'inspirer de ces résultats obtenus en 2024/25 pour :

- supprimer les impressions inutiles ;
- prévoir des versions numériques des documents imprimés pour les contribuables qui utilisent ses services en ligne ;
- améliorer le contenu pour les contribuables, par des indications plus claires sur les canaux numériques et par des instructions, par exemple en utilisant des QR codes.

Source : Royaume-Uni (2024).

Favoriser les services en libre accès

Les administrations fiscales poursuivent le développement de leur offre en libre-service et élargissent leur éventail de services en accès libre, dont, par exemple, la possibilité de s'enregistrer, d'effectuer ses déclarations et de payer en ligne, ainsi qu'une gamme d'outils interactifs. Il en résulte des gains d'efficience pour les administrations fiscales, ainsi que la possibilité d'offrir aux contribuables des services se rapprochant d'une disponibilité 24 heures sur 24 et 7 jours sur 7. Plus de 85 % des administrations déclarent utiliser les données des canaux de service pour encourager les contribuables à adopter les services, notamment en favorisant le libre-service (voir le Tableau 5.5).

Le Tableau 5.6 illustre certains services en ligne proposés par les administrations. Alors que l'enquête ISORA s'intéressait à l'accès à ces services en ligne, l'Inventaire multipartenaires des initiatives sur l'utilisation de la technologie à des fins fiscales (ITTI) contient des informations supplémentaires indiquant si le demandeur reçoit une réponse automatique (lorsque les critères prédéfinis sont remplis), notamment en cas de demande de report de délais ou de facilités de paiement. Voir le Tableau 5.7. L'envoi de ces réponses automatiques, sans intervention humaine, est caractéristique de ces services véritablement en libre accès.

Dans le contexte de l'utilisation croissante de la technologie et de la personnalisation accrue des services, les administrations fiscales ont fait davantage porter leurs efforts sur l'expérience d'utilisation des contribuables. Cette démarche s'est également accompagnée d'une amélioration des services centrés sur le contribuable qui permet d'obtenir de meilleurs résultats pour les administrations comme pour les contribuables. Comme indiqué au chapitre 10, un grand nombre d'administrations, soit environ 70 % d'entre elles, ont recours à des spécialistes de la conception d'interfaces utilisateurs afin d'avoir la garantie que les services sont faciles à utiliser (voir le tableau 10.4).

Tableau 5.6. Fourniture de services en ligne, 2022

En pourcentage des administrations

Assistants virtuels (p. ex. robots conversa-tionnels)	Calculateur des impôts	Espace personnel en ligne donnant accès à « l'ensem-ble des informa-tions du contribu-able »	Demande de report de délais	Demande de facilités de paiement	Échanges sécurisés avec le contribuable	Téléchargement de fichiers sur les systèmes de l'administration fiscale	Dépôt de réclama-tions fiscales	Accès aux informations sur le contribuable saisies par des tierces parties
63.8	82.8	84.5	70.7	79.3	89.7	93.1	87.9	75.9

Source : CIAT, IOTA, FMI, OCDE, Enquête internationale sur les administrations fiscales, Tableaux B.41, Canaux de service : services en ligne – partie 1, et B.42 Canaux de service : services en ligne – partie 2, https://data.rafit.org/regular.aspx?key=74180919 (consulté le 10 septe mbre 2024) et Tableau A.110 Technologies innovantes : mise en œuvre et utilisation – identification à l'échelle de l'ensemble de l'administration, technologie d'authentification numérique et assistants virtuels, https://data.rafit.org/regular.aspx?key=74180897 (consulté le 10 septembre 2024).

Tableau 5.7. Services en ligne avec réponses automatisées, 2022

Pourcentage d'administrations qui envoient des réponses automatisées (lorsque les critères prédéfinis sont remplis), en pourcentage de celles qui proposent les services en ligne concernés.

Type d'impôt	**Identification fiscale :** le déclarant reçoit une réponse automatique accompagnée du numéro d'identification fiscale.	**Dépôt des déclarations fiscales :** les déclarations sont traitées automatiquement et l'avis d'imposition est adressé au contribuable sans aucune intervention humaine.	**Demande de report de délais :** le demandeur reçoit une réponse automatique lui indiquant si sa demande de report de délais a été acceptée ou rejetée.	**Demande de facilités de paiement** : le demandeur reçoit une réponse automatique lui indiquant si sa demande de facilités de paiement a été acceptée ou rejetée.
Impôt sur le revenu des personnes physiques	51.0	68.6	5.9	33.3
Impôt sur les sociétés	55.8	51.9	5.8	30.8
Taxe sur la valeur ajoutée	42.9	49.0	6.1	26.5

Note : Le tableau indique le nombre d'administrations qui envoient des réponses automatiques dans le cadre de services en ligne lorsque les critères prédéfinis sont remplis, en pourcentage des administrations qui proposent ces services en ligne. Ces pourcentages reposent sur les données ITTI provenant de 52 juridictions étudiées dans ce rapport et qui ont répondu à l'enquête mondiale sur la transformation numérique.
Source : OCDE et al. (2024), Inventaire multipartenaires des initiatives sur l'utilisation de la technologie à des fins fiscales, https://web-archive.oecd.org/temp/2023-03-09/618462-digital-identity.htm, tableaux TT1, TT2 et TT3 (consulté le 10 septembre 2024).

Encadré 5.3. Exemples nationaux : Améliorer les services en libre accès

Bulgarie : Transmission des données des contribuables

L'administration fiscale bulgare (National Revenue Agency, NRA) a adopté un nouveau service qui permet aux contribuables de transmettre automatiquement des données via leurs propres systèmes plutôt que de devoir se connecter au site de la NRA et de télécharger les fichiers. Elle utilise pour cela une interface de programmation d'applications publique ou la communication entre les systèmes. Le processus peut ainsi s'exécuter automatiquement dans les systèmes de traitement des données des clients et aide les contribuables à se conformer à leurs obligations.

Canada : Échange sécurisé de fichiers

L'Agence du revenu du Canada (ARC) a mis en place une initiative intitulée « Zone de dépôt sécurisée » (ZDS) afin de faciliter l'échange sécurisé de fichiers contenant jusqu'à 10 Go de données entre l'ARC et les contribuables. Cette initiative contribue à répondre au besoin crucial de sécurité concernant le partage des données contenues dans des fichiers volumineux.

La ZDS offre une solution pratique et économique pouvant être mise en œuvre dans de nombreux contextes administratifs et permettant d'échanger rapidement et efficacement des informations sensibles. En adoptant ce dispositif, l'ARC a amélioré la rapidité et la sécurité des échanges de fichiers par voie numérique entre ses programmes et ses contribuables. Cette approche garantit un partage sécurisé des informations sensibles et réduit le risque de violation des données.

La mise en œuvre de cette initiative a permis à l'ARC d'obtenir des résultats concrets. La ZDS simplifie la réception des informations sur une plateforme unique, réduit le temps nécessaire au partage des données, abaisse le risque lié au partage d'informations fiscales sensibles par le biais de méthodes moins sécurisées et garantit que chaque transfert de fichier comporte une piste de vérification.

Chine (République populaire de) : Moderniser la perception de l'impôt sur le revenu des personnes physiques

L'administration d'État des impôts a modernisé le processus de perception de l'impôt sur le revenu des personnes physiques. Cette démarche vise à accélérer la transformation numérique et à améliorer le système de perception de l'impôt sur le revenu des personnes physiques, avec à la clé une meilleure expérience des contribuables et des administrations fiscales. Ses principales caractéristiques sont les suivantes :

- Application mobile : l'introduction d'une application fiscale mobile a facilité le dépôt des déclarations de revenus en décomposant les déclarations imprimées complexes en plusieurs éléments compréhensibles. Des innovations telles que les formulaires préremplis et le calcul automatique des paiements ont permis aux citoyens de se conformer plus facilement à leurs obligations, en améliorant l'efficacité du dépôt des déclarations de revenus et en réduisant le besoin de formulaires imprimés.
- Mécanismes d'échange d'informations entre les ministères : l'échange d'informations entre les ministères permet de vérifier les données fournies par le contribuable. Ce dispositif facilite la tâche des contribuables lors d'une demande d'allocations, de remboursement et de déduction supplémentaire spéciale.
- Approches comportementales : les méthodes fondées sur les approches comportementales ont été utilisées pour envoyer des messages et rappels personnalisés aux contribuables afin de les encourager à respecter leurs obligations fiscales. Une fonction récapitulative annuelle aide les contribuables à mémoriser les dates de dépôt et échéances fiscales importantes, en favorisant

la sensibilisation et en transformant la contrainte liée aux obligations fiscales en une date marquante.

- Plateforme de messagerie web : une nouvelle plateforme est en cours de construction afin d'apporter une assistance personnalisée aux contribuables qui ont des questions sur les politiques fiscales ou le fonctionnement du système fiscal. Programmé à l'aide de l'intelligence artificielle, un assistant virtuel répond aux questions éventuelles des contribuables. Ces initiatives sont destinées à améliorer l'expérience des contribuables.

Costa Rica : Système intégré d'administration de l'impôt

Le Costa Rica a investi des sommes considérables dans la mise en œuvre d'une nouvelle plateforme d'administration fiscale dénommée Système intégré d'administration de l'impôt (TRIBU-CR), afin d'améliorer les services en ligne de l'administration fiscale. Elle proposera des services tels que l'identification, la déclaration, le paiement, le traitement des demandes, les consultations et le traitement des réclamations. Elle permettra également l'échange automatique de renseignements avec les pays de l'OCDE. Le dispositif TRIBU-CR commencera à fonctionner en 2025.

Portugal : Certification en ligne de la résidence fiscale

Le Portugal a simplifié la procédure de dépôt du certificat de résidence fiscale. Il s'agit d'un document obligatoire délivré par l'administration fiscale portugaise qui certifie qu'un contribuable a sa résidence fiscale au Portugal aux fins de l'application des conventions concernant les doubles impositions. Depuis le 1er janvier 2022, les contribuables n'ont plus besoin d'envoyer les formulaires au service des impôts afin qu'il y appose son cachet et les signe.

Ils peuvent faire à la place une demande de certificat de résidence sur le site web de l'administration fiscale portugaise et, dès lors qu'ils remplissent les conditions requises, le certificat est immédiatement disponible pour être téléchargé ou imprimé. Cette nouvelle procédure de délivrance d'un certificat de résidence fiscale a sensiblement allégé les contraintes administratives pesant sur les contribuables qui n'ont plus à manipuler physiquement les documents puisque la procédure est gérée par voie électronique.

Afin de sécuriser le formulaire, l'administration a mis en place des mécanismes de validation susceptibles d'être contrôlés à tout moment par les administrations fiscales étrangères et les contribuables.

Ce dispositif a également permis de réduire les contraintes imposées aux contribuables portugais qui ont besoin d'un certificat de résidence alors qu'ils sont situés dans des juridictions étrangères. En effet, toutes les parties aux conventions de double imposition avec le Portugal ont été informées de cette nouvelle procédure. Il suffit aux contribuables de compléter les formulaires de la juridiction étrangère où ils résident, de joindre le certificat de résidence et d'adresser les documents aux autorités compétentes.

Espagne : Service d'assistance et d'information multicanal destiné spécialement aux non-résidents

L'Espagne a mis en place un nouveau service d'information et d'assistance en matière fiscale destiné aux non-résidents sans établissement stable (impôt sur le revenu des non-résidents, TVA des entreprises non établies, impôts sur les successions et les donations et paiement par virement depuis l'étranger), qui utilise divers canaux à distance (rendez-vous téléphonique, assistant virtuel disponible en espagnol et en anglais, messagerie et formulaires en ligne). Ce service assuré par des fonctionnaires spécialisés est disponible de 9 heures à 19 heures.

Source : Bulgarie (2024), Canada (2024), Chine (République populaire de) (2024), Costa Rica (2024), Portugal (2024) et Espagne (2024).

Assistants virtuels

L'édition précédente de cette série soulignait le fait que les administrations sont de plus en plus nombreuses à déclarer utiliser des assistants virtuels ou numériques pour répondre aux questions des contribuables et favoriser l'utilisation des services en libre accès. Les données du Tableau 5.4 sur la demande de service par canal confirment cette tendance, tout comme celles du Tableau 5.8 qui montrent une progression significative (plus 29 points de pourcentage entre 2018 et 2022) et une utilisation désormais courante de ces services dans de nombreuses administrations.

Tableau 5.8. Utilisation des assistants virtuels, de l'intelligence artificielle et des interfaces de programmation d'applications, 2018 à 2022

Pourcentage des administrations utilisant cette technologie

État d'avancement de la mise en œuvre et de l'utilisation	Assistants virtuels (p. ex. robots conversationnels)			Intelligence artificielle (IA), y compris apprentissage automatique			Interfaces de programmation d'applications (API)		
	2018	2022	Différence en points de pourcentage	2018	2022	Différence en points de pourcentage	2018	2022	Différence en points de pourcentage
La technologie est mise en œuvre et utilisée	34.5	63.8	+29.3	29.8	63.8	+34.0	79.0	96.6	+17.6
La technologie en est au stade de la mise en œuvre pour une utilisation future	13.8	17.2	+3.4	15.8	24.1	+8.3	7.0	3.4	-3.6
La technologie n'est pas utilisée, y compris dans les situations où la mise en œuvre n'a pas débuté	51.7	19.0	-32.7	54.4	12.1	-42.3	14.0	0.0	-14.0

Source : CIAT/ IOTA/FMI/OCDE, Enquête internationale sur les administrations fiscales (ISORA), Tableaux A.108 Technologies innovantes : mise en œuvre et utilisation – blockchain, intelligence artificielle et informatique en nuage, A.109 Technologies innovantes : mise en œuvre et utilisation – science des données, robotisation des processus automatisés et API et A. 110 Technologies innovantes : mise en œuvre et utilisation – identification à l'échelle de l'ensemble de l'administration, technologie d'authentification numérique et assistants virtuels, https://data.rafit.org/regular.aspx?key=74180897 (consulté le 10 septembre 2024).

Compte tenu de leur succès, le développement de ces services se poursuit, les juridictions étudiant de quelle manière utiliser les progrès de l'intelligence artificielle (IA) pour offrir des niveaux de services toujours plus élevés. Le Graphique 5.1 montre que 40 % des administrations qui ont un assistant virtuel utilisent l'IA sous une forme ou une autre afin d'améliorer le service. Le système est ainsi en mesure de répondre aux questions plus complexes posées par les contribuables et/ou d'apporter des réponses plus personnalisées. Comme on le constate tout au long de ce rapport, cette fonction s'inscrit dans une tendance plus générale consistant à utiliser l'IA au sein des administrations fiscales.

Graphique 5.1. Type d'assistants virtuels, 2022

En pourcentage des administrations

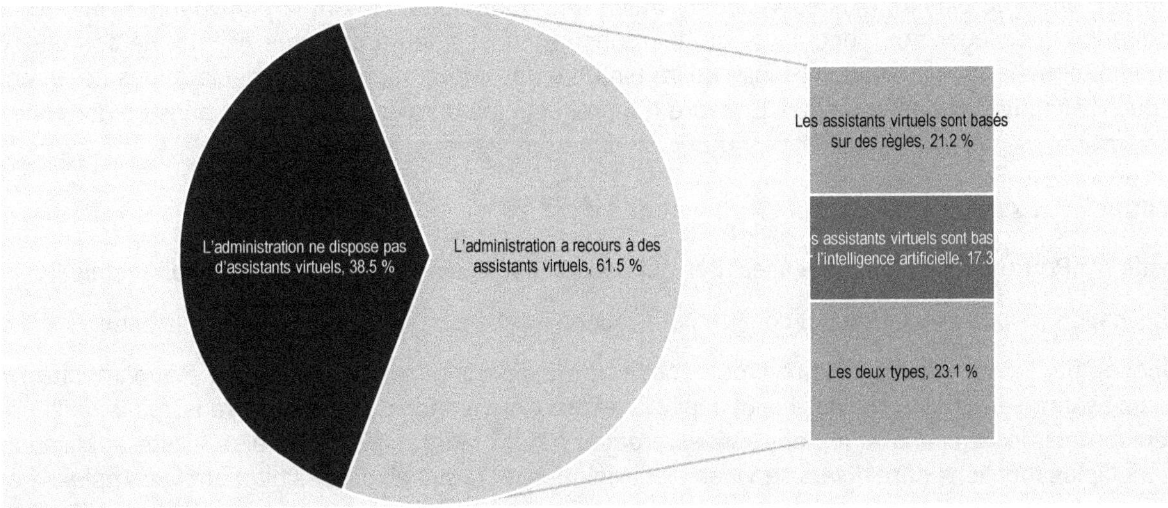

Note : Ces pourcentages reposent sur les données ITTI de 52 juridictions couvertes par ce rapport, qui ont répondu à l'enquête mondiale sur la transformation numérique.

Source : OCDE et al. (2024), Inventaire multipartenaires des initiatives sur l'utilisation de la technologie à des fins fiscales, https://web-archive.oecd.org/temp/2023-03-09/618462-taxpayer-touchpoints.htm, tableau TT5 (consulté le 10 septembre 2024).

StatLink https://stat.link/lv1c92

Encadré 5.4. Türkiye : Assistant fiscal numérique

La Türkiye a mis en place un service de messagerie en ligne pour communiquer rapidement des informations actualisées et aisément accessibles sur la législation fiscale, et améliorer ainsi l'efficacité de l'administration et l'expérience des clients.

L'assistant fiscal numérique (GIBI) s'appuie sur l'intelligence artificielle (IA) et ses services sont accessibles 24 heures sur 24 et 7 jours sur 7. Il répond aux questions d'ordre général, sans caractère personnel et non spécifiques à un dossier, et il donne des indications générales sur les services électroniques. Il permet également aux contribuables d'exécuter certaines fonctions en ligne, notamment des paiements.

Le GIBI est accessible à partir du site web de l'administration fiscale, de l'application mobile GIB ou des applications de messagerie. Il actualise et améliore constamment ses réponses grâce à l'apprentissage automatique.

Source : Türkiye (2024).

Applications mobiles

On constate une poursuite de la tendance récente à l'utilisation croissante des applications mobiles par les administrations fiscales, observée dans d'autres éditions de cette publication. Les applications mobiles permettent aux contribuables d'accéder aux services lorsqu'ils sont en déplacement et offrent ainsi une flexibilité supplémentaire et des services en libre accès.

Elles sont principalement employées pour la communication d'informations et d'instructions, mais deviennent aussi de plus en plus capables de traiter des opérations, et sont le principal moyen pour les contribuables d'accéder aux documents qui les concernent et à leurs comptes fiscaux personnels, de communiquer avec l'administration fiscale, de transmettre des informations et des déclarations de revenus ainsi que d'effectuer des paiements. L'Encadré 5.5 présente les dernières évolutions dans ce domaine.

Encadré 5.5. Exemples nationaux : Applications mobiles

Croatie – mPorezna : Simplifier le respect des obligations fiscales à l'aide d'une application mobile

L'application mobile mPorezna est conçue pour rationaliser et simplifier les processus fiscaux.

Proposée par l'administration fiscale croate, cette application originale constitue une étape importante vers un système fiscal plus accessible et convivial et améliore la façon dont les citoyens, les travailleurs indépendants, les artisans et les entreprises croates gèrent leurs activités fiscales. Cette application aux multiples fonctions offre divers services électroniques, et réduit ainsi sensiblement la complexité et les coûts liés au respect des obligations fiscales. Elle fournit des informations actualisées sur les obligations fiscales, les reports de délais et d'autres informations pertinentes, et permet ainsi aux utilisateurs de rester informés et de respecter leurs obligations. L'application mPorezna prend également en charge la transmission numérique de divers formulaires fiscaux, ce qui réduit la paperasserie administrative et accélère l'ensemble du processus.

Les utilisateurs de l'application mPorezna ont accès instantanément aux informations et services liés aux impôts. Qu'il s'agisse de vérifier le solde de leur compte fiscal, de télécharger des codes à barres en 2D pour les paiements ou d'examiner les formulaires transmis, l'application garantit une gestion facilitée des impôts à payer. Elle prend également en charge la transmission numérique de divers formulaires fiscaux, ce qui réduit les formalités administratives et accélère l'ensemble du processus. En outre, l'application favorise la responsabilité fiscale, car elle permet aux utilisateurs de vérifier les factures émises en scannant le QR code et de signaler directement les erreurs à l'administration fiscale.

Cette démarche volontariste s'inscrit dans le contexte plus vaste de la transformation numérique, en permettant une gestion plus accessible et aisée du respect des obligations à une époque dominée par les technologies mobiles. Disponible dans les magasins d'applications, mPorezna représente une avancée décisive vers un système de gestion fiscale plus accessible, plus efficace et plus convivial.

Hongrie : Application mobile

L'Administration hongroise des impôts et des douanes (NTCA) s'engage à réduire les charges administratives en intensifiant la transformation numérique.

En 2022, près d'un demi-million de contribuables ont utilisé l'application mobile de la NTCA. Grâce aux dernières améliorations, ils peuvent désormais accéder à tout instant à l'interface d'information générale des contribuables de la NTCA, qui leur permet de consulter des informations utiles telles que les données actualisées de leur compte fiscal, les volumes de marchandises qu'ils peuvent importer dans le pays ou exporter en franchise de taxes, les prix actuels du carburant et les données relatives à leur contrat de travail.

Par ailleurs, d'autres développements de cette plateforme ont permis de déployer des services complets pour le respect des obligations fiscales. Une interface utilisateur simplifiée a ainsi été élaborée et le système de paiement a été amélioré pour permettre aux contribuables de payer plus facilement la taxe sur les véhicules, grâce à l'adoption en 2024 d'une fonction légale de demande d'échelonnement des paiements. Une fonction de notification a été également intégrée dans l'application mobile. Elle envoie des messages d'alerte sur le smartphone du contribuable pour l'informer des changements intervenus dans sa situation professionnelle (heures de travail, par exemple).

Pour plus d'informations, reportez-vous à la page suivante : https://www.youtube.com/watch?v=WBOzHOAzq6Y (consulté le 10 septembre 2024).

Royaume-Uni : Enregistrer les numéros d'assurance nationaux dans une application mobile et dans les portefeuilles numériques

La HMRC a aidé un plus grand nombre de contribuables à utiliser les services en libre accès par le biais des canaux numériques. Au cours des douze derniers mois, 3.28 millions de contribuables ont utilisé l'application de la HMRC 77.9 millions de fois, soit une hausse de 73 % par rapport aux douze mois précédents. L'application de la HMRC a obtenu des notes comprises entre 4.7 et 4.8/5 sur les boutiques d'applications en ligne.

L'administration a également permis aux contribuables de retrouver et d'enregistrer plus facilement leur numéro d'assurance nationale (NINO). Pour la première fois, elle a lancé une fonction innovante permettant aux particuliers d'enregistrer leur NINO dans le portefeuille numérique de leurs appareils. Plus de 335 000 contribuables ont enregistré leur NINO dans un portefeuille numérique et quelque 700 000 contribuables ont également consulté ou téléchargé un courrier relatif à ce numéro. Ces améliorations contribueront à réduire les appels téléphoniques de particuliers qui ont oublié leur numéro NINO et permettront à la HMRC de limiter l'envoi de courriers imprimés.

Source : Croatie (2024), Hongrie (2024) et Royaume-Uni (2024).

Initiatives d'éducation et de soutien

L'éducation des contribuables revêt deux aspects différents : le premier a trait à la compréhension par les contribuables de leurs propres obligations et de leurs capacités à les respecter et le second concerne les autres actions de sensibilisation au rôle de l'impôt dans la société. Ils sont tous deux d'importants facteurs de respect spontané des obligations fiscales. Il est généralement reconnu que le fait d'agir sur les opinions, les attitudes et les normes exerce une influence efficace et efficiente sur le respect des obligations fiscales. À cet égard, la plupart des administrations fiscales déclarent mettre en œuvre des initiatives éducatives et près de la moitié d'entre elles proposent des services fiscaux gratuits aux personnes à faible revenu et aux entreprises nouvellement créées (voir le Tableau 5.9.).

En pratique, cela se concrétise notamment par la mise à disposition de matériels numériques et de modules d'apprentissage en ligne, par des campagnes d'information (y compris sur les réseaux sociaux), par des conférences et des actions de sensibilisation. La quasi-totalité des administrations fiscales a reconnu l'importance des médias sociaux pour informer les citoyens, 95 % d'entre elles déclarant y avoir recours pour diffuser des informations et environ 75 % d'entre elles déclarant les utiliser de manière interactive (voir tableau B.40).

Tableau 5.9. Initiatives d'éducation et de soutien aux entreprises, 2022

En pourcentage des administrations

Services d'éducation pour les enfants, les jeunes et les étudiants	Services d'éducation pour les nouvelles entreprises	Services fiscaux gratuits pour les personnes physiques à faible revenu	Services fiscaux gratuits pour les nouvelles entreprises	Éducation des contribuables ou campagnes de sensibilisation ciblant un genre particulier
86.0	66.7	47.4	49.1	8.8

Source : CIAT, IOTA, FMI, OCDE, Enquête internationale sur les administrations fiscales, Tableau B.47 Éducation des contribuables, https://data.rafit.org/regular.aspx?key=74180919 (consulté le 10 septembre 2024).

Les éditions précédentes de cette série, tout comme les autres rapports de l'OCDE, ont présenté de nombreux exemples d'initiatives d'éducation et de soutien aux entreprises. Par exemple :

- Les chapitres 6 et 7 du rapport *Administration fiscale 2019* (OCDE, 2019[1]) contenaient des descriptions détaillées expliquant comment le Canada et le Japon éduquent les futurs contribuables.
- L'édition 2021 du document *Édifier une culture fiscale, civique et citoyenne : un ouvrage de référence mondial sur l'éducation des contribuables* (OCDE, 2021[2]) analyse un ensemble de données issues de 140 initiatives d'éducation des contribuables et vise à aider les administrations fiscales à élaborer et mettre en œuvre des initiatives d'éducation des contribuables. Elle met également en lumière le rôle actif que peut jouer l'éducation des contribuables dans l'édification de la culture fiscale d'un pays et l'amélioration du civisme fiscal, défini comme la motivation intrinsèque du paiement de l'impôt.
- Le rapport de 2023 intitulé *Communication and Engagement with SMEs : Supporting SMEs to Get Tax Right* (OCDE, 2023[3]) examine les stratégies de communication que les administrations fiscales peuvent mettre en place pour aider les petites et moyennes entreprises (PME) à remplir leurs obligations fiscales et analyse les divers outils et canaux dont disposent les administrations fiscales, notamment les programmes d'éducation.

Encadré 5.6. Exemples nationaux : Initiatives d'éducation et de soutien.

Canada : Programme de soutien au respect des obligations fiscales

L'ARC emploie une approche graduelle pour lutter contre l'indiscipline fiscale et dissuader les contribuables aussi tôt que possible en mobilisant les moyens appropriés, notamment des actions de communication, d'éducation et de sensibilisation en faveur de la discipline fiscale.

L'ARC mène ses actions en partant du principe que la plupart des contribuables, lorsqu'ils en ont la possibilité et bénéficient des services adéquats, respecteront leurs obligations fiscales. Reconnaissant que le système fiscal est complexe et que le respect spontané des obligations fiscales est plus efficace que la répression, l'ARC s'attache de plus en plus à aider les contribuables à respecter leurs obligations à travers une démarche axée sur l'éducation.

Pour lutter contre l'indiscipline fiscale, l'administration fiscale fournit un service aux contribuables en adaptant ses interventions aux circonstances, tout en restant professionnelle, transparente, équitable et honnête dans sa façon de traiter le contribuable. C'est pourquoi les stratégies de respect des obligations fiscales restent axées sur l'utilisation croissante d'approches privilégiant la sensibilisation et l'éducation, conçues pour informer les contribuables de leurs obligations déclaratives et de leurs droits potentiels.

On peut citer en exemple le Programme de soutien au respect des obligations fiscales qui vise à améliorer le respect spontané des obligations et à lutter contre l'indiscipline fiscale par une approche axée sur l'éducation. Ce programme comble le fossé entre les activités de sensibilisation et de contrôle, en aidant les particuliers et les entreprises à comprendre et à respecter leurs obligations fiscales tout en évitant de coûteuses activités de vérification.

Il aide les contribuables à corriger leurs erreurs dans les déclarations déposées en intervenant de manière plus efficace que les contrôles traditionnels. Il représente une évolution dans les activités d'éducation des contribuables dans la mesure il procure des renseignements personnalisés et un soutien individuel. L'ARC peut ainsi réserver ses activités plus traditionnelles et complètes en matière de respect des obligations, telles que les contrôles, aux dossiers plus sérieux ou complexes.

Chili : Encourager la responsabilité sociale au sein des groupes d'entreprises

Le Chili juge essentiel de favoriser la responsabilité des contribuables en matière de paiement de l'impôt. Le service des impôts chilien (SII) s'attache tout particulièrement à instiller cette responsabilité au sein des groupes d'entreprises.

Pour favoriser la sensibilisation et un comportement responsable en matière de paiement de l'impôt, le SII a mis au point des outils destinés à réduire les risques de non-respect des obligations de la part des groupes d'entreprises et à mettre en évidence l'importance des contributions fiscales de chaque entité pour le pays. Il a ainsi recensé un ensemble de bonnes pratiques que les entreprises devraient prendre en compte pour garantir le respect des obligations. En outre, il publie un rapport sur la contribution fiscale de chaque groupe d'entreprises, qui décrit en détail comment ses impôts sont utilisés pour financer le budget de l'État.

En créant des outils et des rapports qui montrent l'intérêt de s'acquitter de ses obligations, le SII encourage un effort collectif pour faire avancer le pays et suscite un sens de la responsabilité sociale au sein des groupes d'entreprises.

Chine (République populaire de) : TaxExpress

En 2023, la STA a lancé TaxExpress, un service destiné à aider les contribuables à comprendre le fonctionnement de la fiscalité internationale. Ce service vise à faciliter les flux d'investissements, de technologies et de ressources entre les pays.

Ses principales caractéristiques sont les suivantes :

- Communication : TaxExpress permet aux contribuables de contacter l'administration fiscale lorsqu'ils ont des questions ou préoccupations. S'ils ont souscrit à l'offre, les contribuables ont également accès à des mises à jour des politiques par courrier électronique ou par écrit.
- Produits fondés sur le savoir : ils sont accessibles et régulièrement mis à jour sur le site web de la STA, ainsi que sur ses comptes sur les réseaux sociaux.
- Prix de transfert : des ressources supplémentaires ont été attribuées aux programmes de la STA sur les prix de transfert, une mesure accueillie favorablement par les contribuables.
- Profils par pays : des profils fiscaux par pays ont été établis pour 105 juridictions afin d'aider les contribuables à respecter leur obligation de diligence raisonnable dans le cadre de leurs activités à l'étranger.
- Droit fiscal international : les principaux dossiers de droit fiscal international ont été publiés, ce qui peut être utile lors du règlement des différends.
- Questions fréquemment posées (FAQ) : une page réservée aux FAQ a été publiée. Elle recense les réponses aux questions les plus fréquemment posées au service téléphonique de la STA.

France : Utiliser les réseaux sociaux pour communiquer avec les jeunes contribuables

Dans le cadre d'une stratégie de communication plus vaste, la Direction générale des finances publiques (DGFIP) a commencé à utiliser ses comptes sur les réseaux sociaux pour susciter l'intérêt des jeunes.

En 2023, elle a publié une vidéo expliquant comment remplir une déclaration d'impôt plus rapidement qu'une chorégraphie. La DGFIP a également réalisé des clips de courte durée présentant un jeune artiste qui chante des tubes de musique pop pour inciter les contribuables à remplir leurs obligations fiscales. Le contenu se voulait à la fois informatif et humoristique. La diffusion de vidéos adaptées sur les réseaux sociaux bénéficie d'une plus grande visibilité auprès des jeunes contribuables que le contenu publié auparavant sur le site web de la DGFiP.

Ces vidéos ont généré des dizaines de milliers de vues et ont suscité l'attention des médias. Elles complètent utilement les moyens de communication de la DGFIP.

Inde : Forums d'accueil des contribuables

Les forums d'accueil des contribuables sont des espaces conçus pour sensibiliser la population à la fiscalité et améliorer ses connaissances financières. Ils sont installés dans des villes indiennes de classes 2 et 3, afin de mieux faire connaître la Direction de l'impôt sur le revenu, notamment sa gestion des services aux contribuables et ses actions en faveur du respect spontané des obligations. La Direction a mis en place des forums d'accueil des contribuables dans plusieurs villes à travers tout le pays, notamment à Gorakhpur, Bhagalpur, Cuttack, Jhansi et Vishakhapatnam. D'autres forums devraient voir le jour à Shillong et Udaipur.

Ils sont établis dans des lieux largement fréquentés par le public, tels que des parcs, des centres de congrès, des salles communales, des salons régionaux, etc. Ils comportent divers stands servant chacun un objectif précis :

- Un stand d'information pour diffuser les principales informations et actualités dans le domaine de la fiscalité.
- Un stand dédié aux réclamations pour aider les contribuables et régler toute question ou préoccupation en lien avec les impôts.
- Un stand à visée éducative afin de promouvoir l'éducation fiscale et de donner de précieux conseils en matière de planification fiscale et de respect des obligations.

En outre, le forum d'accueil des contribuables comporte un espace réservé aux enfants qui propose des jeux de société, des puzzles, des jeux de réalité virtuelle et des bandes dessinées sur la fiscalité, et pose ainsi les fondements de l'éducation financière dès le plus jeune âge.

Au sein des forums, les contribuables peuvent consulter des brochures et des informations importantes sur la fiscalité s'affichant sur des écrans LED dans le but d'éduquer et d'éclairer les contribuables qui visitent les forums.

En proposant à la fois des brochures interactives et informatives et un slogan percutant « chaque contribuable est un bâtisseur de la nation », le forum s'efforce de donner aux contribuables les connaissances nécessaires pour prendre des décisions en connaissance de cause.

Irlande : Module d'introduction à l'impôt

La discipline fiscale repose sur une appréciation et une compréhension claires du système fiscal et des obligations qui en découlent de la part des contribuables. Le module d'introduction à l'impôt est une ressource pédagogique élaborée pour donner aux étudiants un aperçu des principaux impôts qui pourraient les concerner tout au long de leur vie personnelle et professionnelle.

Selon l'analyse par l'administration des contacts avec les contribuables, la classe d'âge comprise entre 16 et 20 ans correspond à un groupe ayant des interactions fréquentes avec l'administration, alors qu'il n'a pas fait l'objet de communications ciblées de sa part. Ce module vise à améliorer l'éducation fiscale, à encourager l'utilisation des services en ligne de l'administration fiscale, à faire comprendre aux jeunes l'utilité sociale des impôts et à leur donner les moyens de gérer leurs propres impôts. Ses principaux objectifs sont les suivants :

- recenser, dialoguer et collaborer avec les parties prenantes concernées ;
- mener des projets pilotes dans des établissements scolaires diversifiés, notamment en ville/à la campagne, mixtes/non mixtes, publics/privés.
- réaliser des enquêtes et des questionnaires et constituer des groupes de réflexion pour recueillir de précieux avis.

Les résultats ont été très positifs. Parmi les étudiants qui ont suivi ce module, on constate :

- une progression de 49 % dans la compréhension de la procédure d'identification auprès des services fiscaux lorsqu'ils commencent à travailler ;
- une progression de 41 % dans la compréhension des modalités d'utilisation des services en ligne de l'administration fiscale ;
- une progression de 37 % dans la compréhension d'une feuille de paie ;
- une progression de 29 % dans la compréhension du calcul de l'impôt.

Il s'agit parfois de la première interaction d'un jeune avec un service public. Ce premier contact positif lui donne confiance et le rassure au regard de ses relations futures, ce qui améliore la confiance dans l'administration et se traduit par des avantages durables pour tous les organismes publics.

Italie : Éducation fiscale

En Italie, l'éducation des jeunes en matière de fiscalité occupe une place importante. Depuis 2004, l'administration fiscale italienne travaille en partenariat avec le ministère de l'Éducation pour promouvoir le projet « L'impôt et l'école ». Ce projet prévoit des visites dans les écoles et dans les locaux de l'administration fiscale, des concours et la participation à des événements institutionnels et au niveau international, comme la semaine de l'éducation financière ou « Global Money Week ». Les enfants sont initiés à l'univers de la fiscalité sous diverses formes interactives, notamment des histoires, des bandes dessinées, des jeux et des clips vidéo.

Depuis 2017, l'administration fiscale italienne participe également au projet TAXEDU de la Commission européenne, qui vise à informer les jeunes citoyens européens sur la fiscalité et son incidence sur leur vie. Un portail destiné aux jeunes de 9 à 25 ans a été mis en place afin de leur fournir des informations sur divers aspects liés à la fiscalité, dont le contenu et le langage sont adaptés à leur âge. Le portail est actualisé régulièrement à l'aide de jeux, de ressources d'apprentissage en ligne et de clips de microapprentissage afin que les jeunes Européens puissent découvrir les différents aspects de la fiscalité et les questions qui y sont associées de manière amusante et agréable. Des matériels de formation spécifiques sont également dédiés aux enseignants.

Italie : Campagnes et stratégie de communication numérique sur l'impôt

Ces dernières années, la stratégie de l'administration fiscale italienne en matière de communication sur les réseaux sociaux et sur internet s'est progressivement réorientée pour se concentrer davantage sur les besoins des contribuables. Elle ne se contente donc pas d'être informative, mais remplit également sa mission institutionnelle consistant à améliorer les services fournis aux contribuables.

L'administration fiscale italienne utilise une approche ciblée passant par des actions de communication intégrées, afin de s'adapter à l'utilisation des réseaux sociaux par les contribuables. Par cette démarche volontariste, elle sensibilise les contribuables à la possibilité d'utiliser ses services de manière plus souple.

Sur cette base, elle a choisi de renforcer sa présence institutionnelle en ligne et sur les plateformes des réseaux sociaux, ce qui lui a permis d'obtenir des résultats encourageants. Les tutoriels vidéo en ligne pour aider les contribuables à utiliser de nouveaux services ont ainsi enregistré plus de 6 millions de vues.

Conformément à sa stratégie de communication numérique, l'administration mène des actions de communication intégrées sur différents sujets, telles que les déclarations de revenus préremplies, la facturation électronique obligatoire et les services en ligne.

Ces derniers mois, elle a mené des campagnes à la fois sur son site web et sur les réseaux sociaux pour faire la promotion des lieux où les contribuables peuvent trouver des informations accessibles afin de les aider à s'acquitter de leurs obligations fiscales.

En touchant des millions de contribuables supplémentaires, l'administration fiscale italienne a amélioré sa crédibilité et sa visibilité, tout en faisant preuve d'ouverture et en renforçant le dialogue avec les contribuables.

Türkiye : Communication avec les nouveaux contribuables pour améliorer le respect spontané des obligations

La Türkiye suit plusieurs approches de communication pour améliorer le respect spontané des obligations fiscales par les contribuables nouvellement établis qui sont assujettis à l'impôt sur le revenu des personnes physiques et à l'impôt sur les sociétés. Les contribuables sont recensés sur une base mensuelle et les documents leur sont remis lors de la visite d'un fonctionnaire.

Ils reçoivent les documents d'information suivants :

- Des lettres rappelant aux contribuables redevables de l'impôt sur le revenu leurs obligations et droits fondamentaux et indiquant les canaux par lesquels ils peuvent contacter l'administration fiscale.
- Des brochures expliquant brièvement et clairement les droits et obligations des contribuables.
- Des cartes de communication contenant des informations décrivant comment les contribuables peuvent communiquer avec l'administration fiscale.

Des messages textuels ont été également envoyés pour féliciter les entreprises nouvellement créées pour le début de leurs activités, et étaient accompagnés d'un lien d'accès à une « vidéo d'information pour les contribuables nouvellement établis » préparée par l'administration fiscale.

Source : Canada (2024), Chili (2024), Chine (République populaire de) (2024), France (2024), Inde (2024), Irlande (2024), Italie (2024) et Türkiye (2024).

Services collaboratifs

À mesure que les services numériques mis au point par les administrations fiscales gagnent du terrain, les administrations sont de plus en plus nombreuses à reconnaître que ces services offrent des possibilités :

- de décloisonnement avec les autres organismes publics afin d'offrir une expérience du service à l'échelle de l'ensemble de l'administration ; et
- de collaboration avec des développeurs tiers pour se raccorder aux systèmes des contribuables.

Services publics décloisonnés

Les administrations fiscales déclarent opérer de manière décloisonnée avec les autres organismes publics afin d'améliorer l'expérience du service à l'échelle de l'ensemble de l'administration, y compris par le biais d'approches de « collecte unique pour une utilisation multiple ». Elles occupent à cet égard une place particulière au sein de la sphère publique, puisqu'elles détiennent souvent des informations vérifiées et à jour sur l'identité des contribuables, sont impliquées dans la réception et le versement de paiements ainsi que la réception et l'envoi d'informations à des tiers (comme les institutions financières et les employeurs).

Le Tableau 5.10 présente deux exemples de services publics décloisonnés. Dans bon nombre de juridictions, l'identification fiscale ou le paiement de l'impôt s'inscrivent désormais dans un processus d'enregistrement plus vaste, ce qui permet de réduire et de simplifier les charges administratives. Un certain nombre d'exemples nationaux de ces services décloisonnés ont ainsi été inclus dans les éditions précédentes de cette série, notamment dans l'encadré 1.7 de l'édition 2019 (OCDE, 2019[1]). Par ailleurs, l'exemple présenté dans l'Encadré 5.7 montre comment l'administration fiscale de Singapour (Inland Revenue Authority of Singapore) a mis sur pied une équipe qui met en relation l'administration fiscale et l'écosystème administratif au sens large.

Tableau 5.10. Services publics décloisonnés, 2022

En pourcentage des juridictions ayant mis en place le service indiqué

Type d'impôt	L'identification fiscale fait partie d'un processus plus vaste d'enregistrement	Le paiement des impôts s'effectue sur un portail global de paiement en ligne
Impôt sur le revenu des personnes physiques	49.0	39.2
Impôt sur les sociétés	63.5	36.5
Taxe sur la valeur ajoutée	40.8	34.7

Note : Ce graphique se fonde sur les données ITTI provenant de 52 juridictions étudiées dans ce rapport et qui ont répondu à l'enquête mondiale sur la transformation numérique.
Source : OCDE et al. (2024), Inventaire multipartenaires des initiatives sur l'utilisation de la technologie à des fins fiscales, https://web-archive.oecd.org/temp/2023-03-09/618462-digital-identity.htm, tableaux TT1, TT2 et TT3 (consulté le 10 septembre 2024).

Encadré 5.7. Singapour : Création d'une équipe de partenariat avec l'écosystème numérique

En accordant une plus large place à la transformation de l'écosystème fiscal et dans un souci d'adaptabilité organisationnelle, l'administration fiscale de Singapour (IRAS) a lancé un groupe de réflexion pilote sur l'écosystème numérique (TF).

Ce groupe se compose de deux équipes de projet transversales chargées de gérer les aspects de l'offre et de la demande de numérisation au sein de l'écosystème fiscal pendant une durée de deux ans. Après le succès du groupe de réflexion pilote, l'IRAS a créé une équipe spécialisée dénommée « Équipe chargée des partenariats avec l'écosystème numérique » (Digital Ecosystem and Partnership Team - DEPT), regroupant des fonctionnaires d'horizons très divers, qui sont compétents dans le domaine des services aux entreprises, des technologies de l'information, de la gestion des données, de la commercialisation et des relations avec les parties prenantes, et possèdent des connaissances en fiscalité et en gestion des aides financières.

La DEPT a été le fer de lance de la participation de l'écosystème fiscal et a accéléré le développement de solutions numériques qui facilitent l'exécution fluide des obligations fiscales. Elle a ainsi permis l'interopérabilité des systèmes en créant des liens avec l'écosystème administratif au sens large, en s'appuyant sur les initiatives existantes à l'échelle de l'ensemble de l'administration et en nouant des partenariats avec d'autres organismes publics afin de faciliter la transmission sans heurt des données via les logiciels de comptabilité ou de gestion de la paie. Un effet de réseau a également été obtenu par la création d'un réseau auto-organisé, en tenant à jour une liste des développeurs logiciels qui ont intégré avec succès leurs logiciels dans l'IRAS.

La DEPT a permis à l'IRAS de favoriser un écosystème numérique plus robuste et interconnecté, en encourageant l'adoption généralisée de solutions numériques par les contribuables et les intermédiaires fiscaux, et en améliorant l'efficience et l'efficacité globales des processus garantissant le respect des obligations fiscales par les entreprises et les particuliers.

Source : Singapour (2024).

Collaboration avec des développeurs tiers

L'intégration des services et des processus dans les systèmes naturels utilisés tant par les contribuables dans leur vie quotidienne que par les entreprises contribuera à améliorer le respect des obligations fiscales, à alléger les charges administratives et à dégager du temps que les entrepreneurs pourront consacrer au développement de leur entreprise. La plupart de ces systèmes naturels sont mis au point par des développeurs tiers et bon nombre d'administrations encouragent les collaborations avec ces développeurs afin de favoriser le développement de nouveaux services. Outre l'intégration de services, un certain nombre d'administrations créent également des systèmes naturels qui aideront les contribuables à remplir leurs obligations fiscales, soit directement, soit en collaboration avec des tiers (voir le Tableau 5.11).

Tableau 5.11. Collaboration avec des développeurs tiers, 2022

En pourcentage des administrations

Création de progiciels à destination des contribuables		Intégration des échanges fiscaux au sein de systèmes tiers		
			Si oui,	
L'administration crée des progiciels pour aider les contribuables à s'acquitter de leurs obligations fiscales	L'administration participe au développement de progiciels avec des tiers	L'administration développe des API	L'administration propose une bibliothèque d'API en accès libre en vue d'une utilisation par des tiers	L'administration participe au développement d'API avec des tiers
57.7	48.1	84.6	75.0	56.8

Note : Ce graphique se fonde sur les données ITTI provenant de 52 juridictions étudiées dans ce rapport et qui ont répondu à l'enquête mondiale sur la transformation numérique.
Source : OCDE et al. (2024), Inventaire multipartenaires des initiatives sur l'utilisation de la technologie à des fins fiscales, https://web-archive.oecd.org/temp/2023-03-09/618462-taxpayer-touchpoints.htm, tableau TT7 (consulté le 10 septembre 2024).

La connexion entre le système de l'administration fiscale et les systèmes naturels des contribuables est généralement assurée par des interfaces de programmation d'applications. Les API permettent d'assurer la connectivité entre les systèmes, les personnes et les objets sans donner un accès direct et jouent un rôle clé pour favoriser de nombreux services innovants. C'est dans ce contexte que près de 85 % des administrations fiscales créent désormais des API et que les trois quarts d'entre elles les mettent à la disposition de développeurs tiers. Par ailleurs, près de 60 % des administrations participent au processus de développement conjoint des API avec des tiers.

Le rapport de l'OCDE intitulé *Unlocking the digital economy — a guide to unlocking application programming interfaces in government* (OCDE, 2019[4]) donne un aperçu des pratiques, techniques et normes utilisées pour offrir aux contribuables des services numériques efficaces qui répondent aux besoins actuels en utilisant des API. À mesure que ces services offerts par les API se sophistiquent et jouent un rôle plus déterminant pour fournir aux contribuables des services de qualité, les administrations fiscales doivent investir davantage dans la gestion et le contrôle de leurs API. L'Encadré 5.8 contient des exemples des dernières évolutions enregistrées dans l'administration en ce qui concerne les API et la collaboration avec des développeurs tiers.

Encadré 5.8. Exemples nationaux : Utiliser des API et collaborer avec des développeurs tiers pour améliorer les services proposés

Australie : Collaborer avec des tiers pour fournir de nouveaux services

Dans le cadre de l'engagement pris, l'administration fiscale australienne (Australian Taxation Office, ATO) reste très attachée au renforcement des relations avec ses partenaires fournisseurs de services numériques (FSN). Les FSN jouent un rôle essentiel dans l'administration de l'impôt et les systèmes de retraite et il est déterminant de collaborer dès le départ avec eux pour mener à bien de nouvelles initiatives. L'industrie du logiciel poursuit son évolution dans le cadre de ses innovations technologiques et de son objectif d'intégration dans des plateformes financières.

Le groupe de travail stratégique de l'ATO a pour mission de consulter un large spectre de représentants de l'industrie sur un vaste éventail de sujets stratégiques ayant un impact sur l'avenir du secteur. Parmi les exemples de sujets abordés en 2024, on peut citer l'alignement des paiements sur les obligations déclaratives, l'utilisation de l'IA dans les logiciels, l'adoption plus généralisée de la facturation électronique et la poursuite de l'évolution du cadre de sécurité des opérations des PSN afin d'améliorer l'intégrité des services de l'ATO et de l'écosystème au sens large.

Australie : Orientations pour un concept de logiciel

L'ATO envisage de développer un écosystème principalement centré sur le numérique qui utilise les systèmes naturels des petites entreprises pour mieux sensibiliser les citoyens à l'impôt et améliorer leurs connaissances. Dans cette optique, elle a mis au point des orientations pour un concept de logiciel qui visent à :

- Intégrer des orientations et des outils fiscaux de haute qualité, générés par le système, dans les systèmes naturels utilisés par les petites entreprises pour gérer leurs activités ;
- Fournir des orientations en temps réel ;
- Améliorer le processus décisionnel et la compréhension des conséquences fiscales potentielles des transactions.

L'ATO collabore avec des partenaires numériques et des fiscalistes afin d'élaborer conjointement une solution destinée à améliorer l'accès à ses orientations et conseils actuels destinés au public ainsi que leur utilisation. Pour y parvenir, elle intègre des messages et outils d'orientation dans les services logiciels utilisés par les fiscalistes et les petites entreprises. Ce concept concorde avec les éléments constitutifs du futur système fiscal (administration et application des règles fiscales) et se rapproche de la vision Administration fiscale 3.0 de l'OCDE.

Les orientations pour le concept de logiciel comportent deux parties, vérifiant :

- le concept global et le cadre de conception conjointe avec les partenaires numériques et les fiscalistes de l'ATO afin d'encourager l'innovation et d'aider ainsi les contribuables à éviter les erreurs ;
- le concept consistant à se concentrer sur un domaine de risque ou une partie de la loi qui est complexe et difficile à comprendre pour les contribuables ou leurs conseillers.

Brésil : Intégration dans les systèmes naturels des contribuables : Integra Accountant

Le projet « Integra Contador » vise à intégrer numériquement les systèmes de comptabilité privés au sein de l'administration fiscale brésilienne. En simplifiant et en accélérant les processus comptables, notamment l'enregistrement des sociétés, le traitement des factures, le calcul des salaires, l'établissement de formulaires fiscaux et la fourniture de rapports financiers, le projet vise à réduire les délais de traitement et de réponse en contribuant à créer un environnement plus efficace et plus sûr pour les entreprises, les prestataires de services et l'administration fiscale.

Le projet a déjà donné des résultats prometteurs en 2023, en traitant efficacement de vastes bases de données d'informations, y compris les déclarations fiscales. La poursuite du développement de ce projet vise à améliorer le respect des obligations fiscales, tout en stimulant les partenariats entre les secteurs public et privé.

Singapour : Une solution tout-en-un pour la paie

La solution tout-en-un pour la paie (« One-Stop Payroll » - OSP) représente une avancée significative dans les efforts de collaboration des pouvoirs publics avec les différents acteurs de l'écosystème.

L'IRAS, le ministère de la Main-d'œuvre (MOM), la Caisse centrale de prévoyance (Central Provident Fund Board - CPFB), les développeurs logiciels et les employeurs ont collaboré pour mettre au point un service numérique intégré. Ce service permet aux employeurs d'honorer leurs obligations légales en matière de paie auprès de plusieurs organismes à partir d'un logiciel de paie unique. Jusqu'ici, les employeurs étaient tenus de soumettre plusieurs documents séparés à des organismes publics différents, dans des formats et à des fréquences variables, ce qui représentait une charge réglementaire considérable.

L'initiative OSP offre aux employeurs une solution unique leur permettant de transmettre ces documents facilement à partir de leur système de gestion de la paie/des RH, intégré en toute transparence dans les systèmes de l'IRAS, du CPFB et du MOM au moyen d'interfaces de programmation d'applications. Cette initiative génère des bénéfices tangibles, notamment des gains de temps et d'argent pour les entreprises. Elle permet également aux développeurs de logiciels et aux partenaires de l'écosystème d'améliorer et de développer les fonctionnalités de leurs solutions. Du point de vue de l'administration dans son ensemble, cette approche de la prestation de services axée sur l'employeur et le citoyen est déterminante pour permettre aux employeurs de transmettre des documents exacts dans les délais impartis. Elle réduit concrètement les contraintes administratives qui leur sont imposées et limite le recours à des processus de vérification de la conformité et de contrôle, en favorisant, à terme, un environnement réglementaire plus efficace.

Suède : Transmission de la déclaration d'impôt sur le revenu d'une société à responsabilité limitée par le biais d'une interface de programmation d'application (API)

Alors qu'elle proposait au départ uniquement des déclarations de revenus imprimées, l'administration fiscale suédoise (STA) a développé progressivement ses services numériques, et il est désormais possible de déposer la déclaration de revenus complète d'une société à responsabilité limitée par le biais d'une interface de programmation d'application (API). Cette évolution dans le temps a connu trois étapes :

- Étape 1 – Dépôt de la déclaration de revenu par voie électronique ou par transfert de fichier, mais seules certaines parties pouvaient être transmises numériquement.
- Étape 2 - À partir de 2021, le dépôt de la déclaration de revenus peut s'effectuer par transfert de fichier, y compris les pièces jointes, la signature numérique et les autres éléments.
- Étape 3 - À partir de 2023, la déclaration de revenus peut être remplie directement dans le programme de déclaration de revenu de l'entreprise et être signée numériquement.

La STA propose encore tous les services mentionnés plus haut, y compris les déclarations d'impôt imprimées. Tous les services sont encore utilisés par les entreprises, mais le recours à des services plus modernes gagne progressivement du terrain. Selon l'administration, le nombre de déclarations imprimées recule chaque année, de même que l'utilisation de services ne comportant qu'une partie numérique.

Suède : Concept de « codage des règles »

La STA a étudié comment appliquer le concept de « codage des règles » pour faciliter la discipline fiscale des petites et moyennes entreprises.

Elle propose désormais une solution technique qui permet aux développeurs de systèmes pour les entreprises d'intégrer des orientations juridiques dans leurs systèmes. La STA crée des fichiers lisibles par machine basés sur des règles, ainsi que des spécifications écrites dans différents domaines de la législation fiscale, sous la forme de données ouvertes. Lorsqu'ils sont utilisés avec un moteur de règles, les fichiers de règles combinés avec les données présentes dans le système de l'entreprise permettent d'automatiser davantage le processus de respect des obligations.

Un élément clé de cette démarche tient au fait que la STA se contente de mettre à disposition les fichiers de règles et n'est pas contrainte de développer ses propres services ou applications. Le processus interne permet aux juristes de la STA de créer indépendamment des fichiers de règles et de les mettre à la disposition du public sans avoir à mobiliser une assistance technique. Cela est rendu possible par le développement d'un éditeur de règles que les experts peuvent utiliser pour convertir les arbres décisionnels en code lisible par machine. À ce jour, la STA a mis à la disposition des utilisateurs des fichiers de règles et des spécifications dans trois domaines juridiques différents, ainsi qu'une interface de programme d'application.

Même s'il est déjà disponible et en production, le concept est toujours en phase de développement et s'enrichit régulièrement grâce aux retours d'expérience des développeurs de systèmes pour les entreprises.

Source : Australie (2024), Brésil (2024), Singapour (2024) et Suède (2024).

Administration inclusive

Les administrations fiscales devraient envisager de fournir un ensemble complet de services afin de garantir des conditions d'accès équitable à tous les citoyens, y compris ceux porteurs de handicaps, dépourvus de connexion Internet ou qui ne parlent aucune des langues officielles de la juridiction. Le fait d'offrir des formats accessibles, un soutien multilingue et des options de services hors ligne contribue à combler les lacunes de communication et d'accès, et à promouvoir une société plus inclusive. Ces mesures peuvent favoriser le renforcement de la confiance dans le système et le respect spontané des obligations.

Comme le montre le Tableau 5.12, la plupart des administrations en tiennent compte dans la conception de leurs services. Presque toutes les administrations prévoient des dispositions spéciales pour les contribuables porteurs de handicaps. Bien que l'on constate une transition de plus en plus marquée vers les services électroniques pour des raisons de commodité et de rentabilité, certains contribuables n'y ont pas accès ou ne savent pas bien les utiliser. En conséquence, plus de 80 % des administrations proposent des services spécifiques pour aider les contribuables désavantagés face au numérique. Par ailleurs, plus de 60 % des administrations veillent à ce que leurs services en ligne soient accessibles aux utilisateurs atteints de déficiences visuelles, auditives, motrices ou cognitives[1].

Le Tableau 5.12 montre également que la plupart des administrations fournissent des services dans des langues non officielles, et garantissent ainsi à tous les contribuables l'accès aux informations essentielles nécessaires pour se conformer à leurs obligations fiscales. L'Encadré 5.9 contient un exemple expliquant comment les autorités aident les travailleurs étrangers à leur arrivée en Finlande.

Tableau 5.12. Services inclusifs, 2022

Pourcentage d'administrations qui proposent ces services

Dispositions spéciales pour les contribuables porteurs de handicaps	Services spéciaux pour les contribuables désavantagés face au numérique	Services téléphoniques dans des langues non officielles	Informations sur le site web/les applications mobiles dans des langues non officielles
91.4	81.0	53.4	72.4

Source : CIAT, IOTA, FMI, OCDE, Enquête internationale sur les administrations fiscales, Tableau B.40 Canaux de service : éléments de l'approche axée sur les services, https://data.rafit.org/regular.aspx?key=74180919 (consulté le 10 septembre 2024).

Encadré 5.9. Finlande : Application « Work Help Finland »

« Work Help Finland » est une application mobile développée conjointement par l'École supérieure de police (Police University College) et les autorités publiques finlandaises. Elle permet aux travailleurs étrangers qui arrivent en Finlande d'accéder à des informations sur leurs droits et obligations dans le domaine du travail. Elle contribue à lutter contre l'exploitation liée au travail, la traite des êtres humains et le travail non déclaré en donnant accès aux travailleurs à des informations importantes et aisément compréhensibles, regroupées au même endroit. Elle est disponible en vingt-six langues et peut être téléchargée gratuitement.

L'administration fiscale finlandaise a participé au projet en contribuant au contenu fiscal de l'application. Work Help Finland contient des informations élémentaires sur les droits fiscaux en Finlande, sur l'incidence de la durée du séjour sur l'impôt, sur la carte d'imposition finlandaise et sur la manière de l'obtenir, ainsi que sur les modalités de demande d'une carte d'identité finlandaise. Les réglementations spéciales concernant certains groupes de travailleurs sont également abordées. Par ailleurs, l'application contient des liens d'accès au site web de l'administration fiscale et à ses pages en anglais.

Source : Finlande (2024).

Les administrations fiscales réfléchissent également à la manière d'aider les contribuables qui se trouvent dans une situation personnelle difficile, en développant, par exemple, de nouveaux services ou en leur apportant un soutien personnalisé. L'Encadré 5.10 contient deux exemples et le chapitre 13 de l'édition 2019 de cette série décrit le service d'aide aux contribuables de l'ATO (« Dispute Assist »), qui soutient les personnes vulnérables et les petites entreprises dans le cadre d'une procédure de contestation (OCDE, 2019[1]).

Encadré 5.10. Exemples nationaux : Inclusion

Australie : Contribuables vulnérables

L'ATO constate que les contribuables en situation de vulnérabilité et dans l'incapacité de s'acquitter de leurs paiements sont de plus en plus nombreux. Même si ses efforts ont surtout porté sur le recouvrement de créances après la pandémie de COVID-19, l'ATO maintient une approche équilibrée permettant à la fois de repérer les contribuables en difficulté et de moduler l'aide qui leur est destinée.

Pour mieux aider ceux qui en ont besoin, l'ATO a invité les contribuables qui rencontrent des difficultés de paiement à la contacter rapidement pour solliciter de l'aide. Cela permet une nouvelle approche consistant à limiter et mieux cibler les contacts, afin que les contribuables bénéficient d'un soutien personnalisé et puissent se remettre sur la bonne voie.

Les conséquences de la vulnérabilité peuvent varier et il est difficile de la définir compte tenu de la complexité et de la diversité des situations dans lesquelles les contribuables peuvent se trouver. L'ATO s'efforce donc de comprendre ses contribuables, à travers les facteurs ou les obstacles qui les empêchent de payer, de se loger ou de participer à la vie sociale, notamment les maladies graves, les troubles de santé mentale, les catastrophes naturelles, la violence familiale ou domestique et des niveaux d'aide et de connaissances insuffisants.

Elle s'emploie à élaborer un cadre plus simple pour aider ces contribuables. Elle a ainsi proposé d'adopter de nouveaux produits permettant de suspendre les mesures de recouvrement au moment où des contribuables vulnérables sollicitent une aide ou des conseils professionnels. Des équipes de soutien et d'assistance supplémentaires sont également à la disposition de contribuables vulnérables qui se trouvent dans des situations plus complexes et difficiles.

Canada : Mieux aider les exécuteurs testamentaires à déclarer les revenus des contribuables décédés

Le règlement des impôts d'une personne décédée peut être complexe et chargé d'émotion. À l'automne 2020, l'ARC s'est entretenue avec des exécuteurs testamentaires afin de comprendre les besoins et les difficultés qu'ils rencontrent lorsqu'ils déclarent les revenus d'une personne décédée.

L'administration maintient son engagement à faciliter la compréhension et les diverses étapes du processus. Par exemple :

- Elle a amélioré le contenu du site web Canada.ca afin de faciliter la recherche, la navigation et l'utilisation des informations utiles pour régler les impôts d'une personne décédée. Par rapport au contenu précédent, on observe pour le nouveau :
  - une progression de 55 % du nombre de personnes jugeant le contenu pertinent ;
  - une progression de 41 % du nombre de personnes ayant accompli leur tâche avec succès ;
  - une progression de 31 % de la facilité d'utilisation déclarée.
- Les agents du centre d'appel sont mieux armés et disposent de ressources spécialisées pour aider les exécuteurs testamentaires. Les temps d'attente du centre d'appel sont publiés en ligne afin que les exécuteurs testamentaires puissent choisir en connaissance de cause le meilleur moment pour appeler.
- Les particuliers peuvent envoyer un SMS en ligne à un représentant du service de l'ARC pour obtenir des réponses aux questions générales sur la manière de régler les impôts d'une personne décédée.

Les enseignements tirés de ce projet sur l'expérience des clients et les commentaires des utilisateurs continuent d'inspirer des améliorations concrètes du service.

Source : Australie (2024) et Canada (2024).

Bibliographie

OCDE (2023), *Communication and Engagement with SMEs : Supporting SMEs to Get Tax Right*, Forum de l'OCDE sur l'administration de l'impôt, Éditions OCDE, Paris, https://doi.org/10.1787/f183d70a-en. [3]

OCDE (2021), *Édifier une culture fiscale, civique et citoyenne Un ouvrage de référence mondial sur l'éducation des contribuables, Seconde édition*, Éditions OCDE, Paris, https://doi.org/10.1787/66dd237b-fr. [2]

OCDE (2019), *Tax Administration 2019 : Comparative Information on OECD and other Advanced and Emerging Economies*, Éditions OCDE, Paris, https://doi.org/10.1787/74d162b6-en. [1]

OCDE (2019), *Unlocking the Digital Economy - A Guide to Implementing Application Programming Interfaces in Government*, Éditions OCDE, Paris, https://doi.org/10.1787/56697aa7-en. [4]

OECD et al. (2024), *Inventory of Tax Technology Initiatives*, https://webarchive.oecd.org/tax/forum-on-tax-administration/tax-technology-tools-and-digitalsolutions/index.htm (consulté le 10 Septembre 2024). [5]

Notes

[1] Voir : OCDE et al. (2024), Inventaire multipartenaires des initiatives sur l'utilisation de la technologie à des fins fiscales https://web-archive.oecd.org/temp/2023-03-09/618462-taxpayer-touchpoints.htm, tableau TT4 (consulté le 10 septembre 2024).

6 Gestion du risque de non-respect des obligations fiscales

L'une des principales fonctions des administrations fiscales consiste à évaluer l'exactitude et l'exhaustivité des informations déclarées par les contribuables. Ce chapitre examine de plus près les activités des administrations fiscales dans ce domaine, notamment la manière dont elles comprennent et appréhendent les risques d'indiscipline fiscale, et dont elles préviennent et traitent les infractions. Il propose enfin une analyse des approches permettant d'évaluer la charge administrative pesant sur les contribuables.

Introduction

La fonction de contrôle, de vérification et d'enquête évalue l'exactitude et l'exhaustivité des informations déclarées par les contribuables. Elle mobilise en moyenne 30% des effectifs de l'administration fiscale et vérifie que les obligations fiscales ont été respectées. Bien que cette évaluation passe souvent par des vérifications fiscales, le recours aux contrôles, validations et croisements automatisés des informations des contribuables est de plus en plus fréquent. L'exécution et la visibilité de ces mesures et des autres activités liées à la discipline fiscale sont essentielles pour favoriser le respect spontané des obligations fiscales, notamment grâce à leurs effets sur la perception de l'équité du système fiscal et à leur caractère dissuasif. Ce chapitre offre ainsi une analyse des éléments suivants :

- la façon dont les administrations fiscales gèrent les risques d'indiscipline fiscale, y compris les différentes approches qu'elles adoptent pour prévenir et traiter les infractions ;
- les mesures prises par les administrations fiscales en matière de discipline fiscale, dont les vérifications et les enquêtes visant la délinquance fiscale ; et
- l'importance de l'évaluation et de la réduction de la charge de conformité pour les contribuables.

La gestion des risques d'indiscipline fiscale

Le processus de gestion des risques d'indiscipline fiscale, tel que décrit dans la note d'orientation de l'OCDE de 2004 consacrée à cette question (*Compliance Risk Management: Managing and Improving Tax Compliance*) (OCDE, 2004[1]), est restée globalement inchangé au fil du temps. Les principales étapes de ce processus, synthétisées dans le graphique 6.1., constituent toujours un modèle pour la gestion des risques d'indiscipline fiscale. Plusieurs rapports de l'OCDE ont depuis exploré les différents aspects de ce cadre et proposé des orientations et des exemples de bonnes pratiques. Le rapport de l'OCDE publié en 2017 sur l'évolution de l'environnement de la discipline fiscale et le rôle des contrôles (*The Changing Tax Compliance Environment and the Role of Audit* (OCDE, 2017[2])) analysait les changements successifs intervenus au sein des administrations fiscales qui, pris dans leur ensemble, ont changé la nature de cet environnement de respect des obligations fiscales, et ont ainsi permis une gestion plus ciblée de la discipline fiscale.

Graphique 6.1. Processus de gestion des risques d'indiscipline fiscale

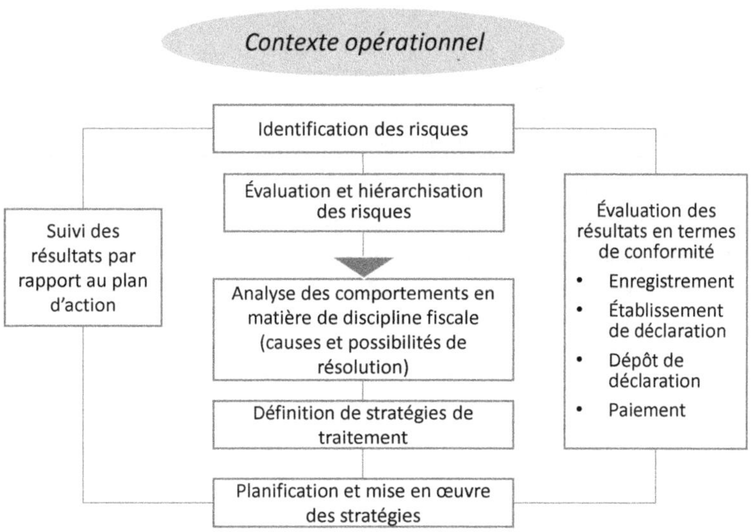

Source : OCDE (2004), Compliance Risk Management: Managing and Improving Tax Compliance, https://www.oecd.org/content/dam/oecd/en/topics/policy-issues/tax-administration/compliance-risk-management-managing-and-improving-tax-compliance.pdf (consulté le 12 septembre 2024).

S'appuyant sur le volume important de nouvelles données sur les approches en matière de gestion des risques d'indiscipline fiscale recueillies dans le cadre de l'édition 2023 de l'Enquête internationale sur les administrations fiscales (ISORA), cette section examine la manière dont les administrations organisent leurs processus dans ce domaine. Pour ce faire, elle étudie les approches adoptées par ces administrations pour **comprendre** et **gérer** les risques d'indiscipline fiscale, ainsi que certaines des mesures prises pour **prévenir** et **traiter** les infractions.

Comprendre les risques d'indiscipline fiscale

Environ 85 % des administrations déclarent disposer d'une stratégie officielle de gestion des risques d'indiscipline fiscale. La quasi-totalité d'entre elles ont adopté des approches dédiées afin d'identifier, d'évaluer et de hiérarchiser les principaux risques. Près de 30 % de ces administrations ont fait état des risques d'indiscipline fiscale identifiés et environ un quart ont publié les résultats obtenus dans le traitement de ces risques (voir le Tableau 6.1.). La publication de ces résultats repose sur le fait qu'elle contribuerait à renforcer les stratégies de respect de la réglementation en permettant une meilleure sensibilisation des contribuables à l'égard des risques potentiels et en dissuadant ceux qui envisageraient de se dérober à leurs obligations. Ensemble, elles peuvent également rassurer le public sur le fait que l'indiscipline fiscale est bien un problème pris en compte par l'administration. L'exemple présenté dans l'Encadré 6.1. décrit le nouveau modèle automatisé de gestion des risques développé par l'Australie pour identifier les risques internationaux dans le marché du patrimoine privé.

Tableau 6.1. Stratégie de gestion des risques d'indiscipline fiscale, 2022

En pourcentage des administrations étudiées

Il existe une stratégie officielle de gestion des risques d'indiscipline fiscale	Si oui, ...							
	Cette stratégie repose sur une procédure officielle de mise en évidence, d'évaluation et de hiérarchisation des principaux risques	Si oui, ...						
		Domaines couverts par cette procédure :					Les risques sont régulièrement rendus publics	Les résultats obtenus dans le traitement de ces risques sont régulièrement rendus publics
		Déclaration	Traitement des paiements	Recouvrement de l'impôt	Vérification/Contrôle	Services aux contribuables		
84.5	98	89.6	68.8	72.9	100	66.7	29.2	27.1

Source : Centre interaméricain des administrations fiscales (CIAT), Organisation intra-européenne des administrations fiscales (IOTA), Fonds monétaire international (FMI) et OCDE, Enquête internationale sur les administrations fiscales (ISORA), tableau B.20 « Gestion des risques d'indiscipline fiscale : stratégie », https://data.rafit.org/regular.aspx?key=74180916 (consulté le 10 septembre 2024).

Encadré 6.1. Australie – Risques internationaux sur les marchés privés

L'administration fiscale australienne (*Australian Taxation Office*, ATO) a développé un modèle automatisé de gestion des risques internationaux afin de mettre en évidence les risques fiscaux internationaux sur le marché du patrimoine privé. Ce modèle associe des règles de risque personnalisées à des rapprochements de données et à des analyses de tendances, de manière à identifier les risques les plus courants dans les entreprises privées, parmi lesquels :

- les opérations de financement entre parties liées ;
- la relocalisation d'actifs incorporels ;
- la qualification erronée d'accords de service ;
- les restructurations d'entreprises ; et
- les risques relatifs aux sociétés étrangères contrôlées.

Ce modèle permet à l'ATO de classer les contribuables par niveau de risque international, de sorte que les ressources puissent être affectées en priorité aux cas les plus graves. Il permet également de limiter les interventions manuelles et d'identifier les risques en temps réel, réduisant par là même les problèmes liés à la période d'examen (délais légaux de prescription).

L'utilisation de ce nouveau modèle de gestion des risques constitue une évolution importante pour l'ATO, dans la mesure où les autorités fiscales ont toujours cherché à identifier les risques internationaux les plus significatifs liés aux grandes entreprises multinationales en s'appuyant à la fois sur des informations publiques et des données issues des déclarations pays par pays, lesquelles n'existent souvent pas dans le cas des groupes privés. Face à l'augmentation du nombre et de la taille des entreprises privées à l'échelle mondiale (principalement en raison de l'extensibilité des entreprises technologiques), cette approche ciblée permet à l'ATO d'améliorer la précision et l'efficacité de l'identification des risques internationaux présentés par les entreprises privées et de compléter les modèles de gestion des risques internationaux existants.

Source : Australie (2024).

Analyse du manque à gagner fiscal

Les mesures du manque à gagner fiscal connaissent une utilisation croissante, notamment pour les taxes sur la valeur ajoutée (TVA). Les juridictions reconnaissent en effet de plus en plus les avantages d'estimations détaillées en matière de non-conformité dans leurs systèmes fiscaux, y compris en termes d'identification des risques d'indiscipline fiscale et de compréhension des facteurs sous-jacents.

L'estimation du manque à gagner fiscal est un exercice complexe qui repose sur deux approches principales :

- les **méthodes descendantes**, qui utilisent des données macroéconomiques agrégées, constituent un moyen relativement peu onéreux de produire ce type d'estimation ; et
- les **méthodes ascendantes**, qui incluent des informations issues de vérifications fiscales, mobilisent davantage de ressources mais permettent de donner une vision plus précise des pertes de recettes en fonction des segments et des types d'impôts.

Deux tiers des 58 administrations étudiées dans ce rapport ont indiqué avoir elles-mêmes, ou un autre organisme public, produit des estimations périodiques du manque à gagner fiscal pour un ou plusieurs des principaux types d'impôts, celles portant sur l'écart de TVA étant les plus courantes. Environ la moitié des juridictions qui réalisent ces estimations les mettent au moins en partie à la disposition du public (voir le Tableau 6.2.).

Le chapitre 11 propose une présentation détaillée des estimations du manque à gagner fiscal par les autorités membres du Forum sur l'administration de l'impôt de l'OCDE (FAI), laquelle couvre notamment les méthodes utilisées, les différentes composantes du manque à gagner fiscal et l'utilisation de l'analyse du manque à gagner fiscal par les administrations fiscales.

Tableau 6.2. Analyse du manque à gagner fiscal, 2022

En pourcentage des administrations étudiées

L'administration ou un autre organisme public produit des estimations périodiques du manque à gagner fiscal pour...				Rapports publiés sur le manque à gagner fiscal (en pourcentage des administrations ou organismes publics produisant des estimations)
Impôt sur le revenu des personnes physiques	Impôt sur les sociétés	Taxe sur la valeur ajoutée	Autres impôts	
38.6	34.5	65.5	32.8	55.3

Source : Centre interaméricain des administrations fiscales (CIAT), Organisation intra-européenne des administrations fiscales (IOTA), Fonds monétaire international (FMI) et OCDE, Enquête internationale sur les administrations fiscales (ISORA), tableau B.24 « Gestion des risques d'indiscipline fiscale : manque à gagner fiscal », https://data.rafit.org/regular.aspx?key=74180916 (consulté le 10 septembre 2024).

Encadré 6.2. Bulgarie – Mesure de l'influence des facteurs externes sur la discipline fiscale et le manque à gagner fiscal

L'agence nationale des recettes publiques (*National Revenue Agency*, NRA) a mis en œuvre un projet en faveur de l'amélioration de ses capacités dans le développement d'outils et de méthodes d'analyse, et ce, afin de déterminer l'ampleur de l'indiscipline fiscale.

Ce projet s'appuie sur des modèles économétriques pour comprendre les principaux facteurs affectant le comportement des contribuables et prévoir l'évolution de l'indiscipline fiscale en Bulgarie. Trois modèles axés sur les domaines suivants ont été élaborés : l'économie souterraine, l'impôt sur le revenu des personnes physiques (IRPP) et la taxe sur la valeur ajoutée (TVA). Ces modèles permettent de mesurer l'étendue de l'économie souterraine au niveau national et le manque à gagner fiscal en recettes de TVA et d'IRPP, mais aussi d'en estimer les causes.

Ils sont par ailleurs utilisés de façon régulière par la NRA afin d'évaluer et de prévoir les niveaux de discipline fiscale, et de déterminer les mesures adaptées pour améliorer le respect des obligations fiscales.

Pour plus d'informations, reportez-vous à la page suivante : https://reform-support.ec.europa.eu/publications-0/strengthening-tax-compliance-assessing-external-context-and-taxpayers-behaviour_en#files (consulté le 10 septembre 2024).

Source : Bulgarie (2024).

Vérifications aléatoires

Près des deux tiers des administrations fiscales participantes déclarent avoir mis en place des programmes de vérification aléatoire (voir le Tableau 6.3.). En plus de renforcer d'éventuels effets dissuasifs, ces programmes permettent de parvenir à une compréhension plus fine des risques d'indiscipline fiscale et d'améliorer par là même les systèmes de profilage des risques. Près de la moitié des administrations ayant établi ce type de programmes indiquent également utiliser les données recueillies pour produire des estimations du manque à gagner fiscal. Les administrations qui n'ont pas recours à des programmes de vérification aléatoire invoquent souvent la charge importante qu'ils font peser sur les contribuables, en particulier sur les contribuables présentant de faibles risques qui n'auraient autrement pas fait l'objet d'un contrôle.

Tableau 6.3. Vérifications aléatoires, 2022

En pourcentage des administrations étudiées

	Si oui, l'objectif de ces vérifications aléatoires est de :					
L'administration réalise des vérifications aléatoires	Vérifier le respect des obligations fiscales dans certains secteurs	Améliorer les systèmes de gestion des risques	Produire des estimations du manque à gagner fiscal	Mesurer les effets des vérifications fiscales sur le comportement des contribuables	Permettre uniquement une vérification à des fins de dissuasion	Autre
63.8	70.3	75.7	56.8	37.8	51.4	21.6

Source : Centre interaméricain des administrations fiscales (CIAT), Organisation intra-européenne des administrations fiscales (IOTA), Fonds monétaire international (FMI) et OCDE, Enquête internationale sur les administrations fiscales (ISORA), tableau B.36 « Vérifications et contrôles : vérifications aléatoires », https://data.rafit.org/regular.aspx?key=74180918 (consulté le 10 septembre 2024).

Améliorer la disponibilité des données

Face au nombre croissant de données stockées par voie électronique et au recours à de nouveaux processus et techniques pour faciliter le transfert, le stockage et l'intégration des données, la quantité de données dont disposent les administrations fiscales pour faire respecter les obligations et qui peuvent les aider à appréhender les domaines porteurs de risques et à promouvoir la discipline fiscale a considérablement augmenté. Les sources de données les plus couramment utilisées sont notamment :

- les ***données provenant de dispositifs***, c'est-à-dire les données pouvant être recueillies auprès de dispositifs qui enregistrent les transactions comme les caisses enregistreuses en ligne et les ordinateurs de bord des taxis et poids lourds, ainsi que les enregistrements des barrières et ponts-bascules ;
- les ***données des banques, commerçants ou services de paiement intermédiaires et prestataires de services***, qui permettent de vérifier directement les revenus ou actifs déclarés par les contribuables. Certains pays reçoivent déjà régulièrement les détails ou les totaux des transactions des contribuables ;
- les ***données recueillies auprès des fournisseurs***, dans la mesure où la collecte de données auprès de fournisseurs, directement ou par l'intermédiaire des contribuables, permet de dresser un tableau plus complet de leurs activités et de leurs revenus. Cela est rendu possible grâce à l'utilisation accrue de systèmes de facturation électronique qui, ainsi que le souligne le chapitre 4, permettent à certaines administrations fiscales de préremplir les déclarations ;
- les ***données des clients***, lesquelles sont le plus facilement accessibles lorsque le nombre de clients est limité et connu, même si des mécanismes permettant de tirer parti des données de clients sont de plus en plus souvent utilisés, notamment pour la vérification des recettes en espèces ;

- les ***données non structurées sur les contribuables***, correspondant au un nombre croissant de traces électroniques observées sur l'internet et sur les réseaux sociaux relatives à des activités et transactions d'entreprises ;
- les ***données détenues par d'autres organismes publics***, notamment pour l'octroi de permis, à des fins réglementaires ou de sécurité sociale, qui peuvent être utiles pour vérifier les déclarations fiscales ou évaluer les risques ;
- les ***données de partenaires internationaux***, dans la mesure où les échanges internationaux de données réalisés dans le cadre des *normes internationales d'échange automatique de renseignements en matière fiscale* (OCDE, 2023[3]) et des *déclarations pays par pays* (OCDE, 2015[4]) augmentent considérablement le volume de données disponibles concernant les activités internationales et fournissent des informations utiles pour les procédures de vérification et de sélection des affaires, voire pour l'établissement de déclarations préremplies.

Ces évolutions découlent en grande partie des avancées technologiques et de la transformation numérique de l'économie. Les administrations fiscales peuvent contribuer à promouvoir davantage la dématérialisation et la transformation numérique des activités commerciales, comme illustré dans l'Encadré 6.3.

Encadré 6.3. Japon – Promotion de la transformation numérique des entreprises grâce aux parties prenantes

Afin d'améliorer la précision et la vitesse des opérations générales des entreprises, l'administration fiscale japonaise a commencé à promouvoir leur dématérialisation.

Jusqu'à lors, elle avait principalement axé ses efforts sur la dématérialisation des procédures fiscales. La dématérialisation de différentes tâches quotidiennes (de facturation ou de comptabilité, par exemple) pourrait toutefois améliorer la précision globale et la productivité des opérations commerciales générales.

L'administration fiscale entretient des relations avec un grand nombre de parties prenantes, qu'il s'agisse d'organismes privés apparentés, de fiscalistes ou d'organisations économiques locales. Pour œuvrer en faveur de la transformation numérique des entreprises, il est plus que jamais essentiel de coopérer avec ces organisations, mais aussi avec les agences et ministères compétents.

L'administration fiscale japonaise continuera d'œuvrer à la transformation numérique de la société dans son ensemble en développant la coopération et la collaboration avec les organisations concernées, et ce, afin d'imprimer une dynamique en faveur de la dématérialisation dans les entreprises (notamment à travers la déclaration conjointe sur la dématérialisation ou la déclaration sur la promotion des règlements par écritures), mais également en renforçant la coopération et la collaboration avec d'autres ministères et agences, afin d'améliorer la sensibilisation aux solutions de facturation numérique et aux diverses subventions disponibles, et d'en encourager l'utilisation.

Source : Japon (2024).

Le Tableau 6.4. présente les types de revenus pour lesquels des informations de paiement au niveau individuel sont généralement communiquées à l'administration. Sans surprise, la quasi-totalité des administrations reçoivent des informations sur le versement des salaires et traitements. Viennent ensuite les informations sur le paiement de dividendes et d'intérêts, qui sont communiquées à environ 80 % des administrations. Si l'on examine les données au niveau des juridictions, il apparaît qu'un grand nombre d'administrations sont destinataires d'informations complètes sur le versement des revenus, ce qui permet l'adoption de régimes de déclarations préremplies (voir le chapitre 4) et rend plus difficile toute sous-déclaration par les contribuables (voir également le tableau B.50.).

Tableau 6.4. Types de revenus généralement soumis à une déclaration d'informations de paiement au niveau individuel, 2022

En pourcentage des juridictions étudiées

Salaires et traitements	Dividendes	Intérêts	Loyers	Revenus d'entreprise spécifiques	Redevances et droits de brevets	Ventes ou achats d'actions	Ventes ou achats de biens immobiliers	Autres types de revenus
93.1	79.3	77.6	47.4	54.4	64.9	54.4	50.9	47.4

Source : Centre interaméricain des administrations fiscales (CIAT), Organisation intra-européenne des administrations fiscales (IOTA), Fonds monétaire international (FMI) et OCDE, Enquête internationale sur les administrations fiscales (ISORA), tableau B.50 « Notification des modalités de paiement », https://data.rafit.org/regular.aspx?key=74180917 (consulté le 10 septembre 2024).

Face aux volumes considérables de données disponibles, les administrations fiscales investissent dans des systèmes pour l'importation, le stockage et la gestion de données tierces. Le Tableau 6.5. recense les types de données tierces pour lesquels les administrations disposent de tels systèmes. Environ 80 % des administrations exploitent des données douanières, d'organismes de sécurité sociale ou relatives à la vente et à la propriété de biens. Près de la moitié importent, stockent et gèrent également des données de prestataires en ligne.

Tableau 6.5. Gestion de données tierces, 2022

En pourcentage des administrations étudiées

Des systèmes d'importation, de stockage et de gestion de données tierces sont disponibles pour…							
Données douanières	Données boursières	Données de l'organisme de sécurité sociale	Données de prestataires en ligne (sur l'internet)	Données des services collectifs (électricité, par exemple)	Données relatives à la vente et la propriété de biens	La qualité des données fournies par des tiers est systématiquement vérifiée	Si oui, les résultats sont régulièrement communiqués aux fournisseurs tiers
80.7	39.7	79.3	48.3	31	79.3	77.6	71.1

Source : Centre interaméricain des administrations fiscales (CIAT), Organisation intra-européenne des administrations fiscales (IOTA), Fonds monétaire international (FMI) et OCDE, Enquête internationale sur les administrations fiscales (ISORA), tableau B.51 « Données tierces », https://data.rafit.org/regular.aspx?key=74180918 (consulté le 10 septembre 2024).

Grâce à la transformation numérique en cours, davantage de données fiscales deviennent également disponibles à partir des systèmes d'entreprise des contribuables, dont notamment les systèmes de facturation électronique ou les dispositifs qui enregistrent et transfèrent des données aux administrations. Comme le montre le Tableau 6.6., la moitié des administrations reçoivent des données de dispositifs fiscaux ou de caisses enregistreuses électroniques, et pour les deux tiers d'entre elles ces données leur sont transférées automatiquement. Une faible part des administrations (environ 15 %) reçoivent également des données d'autres dispositifs, comme les taximètres.

Tableau 6.6. Facturation électronique et dispositifs enregistrant les transactions, 2022

En pourcentage des administrations étudiées

Certaines catégories de contribuables sont tenues de recourir à une solution de facturation électronique qui transfère les données à l'administration fiscale	L'administration reçoit des données de dispositifs enregistrant les transactions	Si oui, type de dispositif et de transfert de données :			
		Dispositifs fiscaux ou caisses enregistreuses électroniques		Autres dispositifs (p. ex. : taximètres)	
		Transfert automatique de données	Transfert de données à la demande	Transfert automatique de données	Transfert de données à la demande
37.9	50	62.1	37.9	6.9	24.1

Source : Centre interaméricain des administrations fiscales (CIAT), Organisation intra-européenne des administrations fiscales (IOTA), Fonds monétaire international (FMI) et OCDE, Enquête internationale sur les administrations fiscales (ISORA), tableaux A.105 « Approches en matière de discipline fiscale : facturation électronique » et A.106 « Programmes de discipline fiscale : dispositifs d'enregistrement des transactions », https://data.rafit.org/regular.aspx?key=74180897 (consulté le 10 septembre 2024).

Encadré 6.4. Exemples d'adoption de la facturation électronique et de dispositifs enregistrant les transactions

Lituanie – Sous-système intelligent de caisses enregistreuses électroniques

L'inspection nationale des impôts (*Valstybinė Mokesčių Inspekcija*, VMI) a mis en œuvre un projet visant la création et le déploiement d'un sous-système intelligent de caisses enregistreuses électroniques (i.EKA), constituant l'une des sept parties du projet d'établissement d'un système intelligent d'administration fiscale en Lituanie. Le projet i.EKA a pour objectif de réduire la charge administrative qui pèse sur les entreprises, d'améliorer l'efficacité de la VMI et de réduire la taille de l'économie souterraine, et ce, en modernisant et en optimisant l'utilisation des caisses enregistreuses par la création et la mise en œuvre de nouveaux services électroniques :

- l'enregistrement à distance des caisses enregistreuses et autres points de vente, permettant aux entreprises d'établir automatiquement un passeport technique électronique, d'enregistrer en ligne des moyens de paiement, de signaler un changement de condition, de corriger les données d'enregistrement et de gérer les certificats numériques nécessaires pour assurer la saisie et le transfert des transactions ;
- la fiscalisation virtuelle des caisses enregistreuses et autres points de vente, permettant le transfert direct et automatique des données des récépissés de caisses enregistreuses et autres moyens de paiement (p. ex. : montant des opérations ou taux et montant de TVA) aux autorités fiscales, et établissant par là même un journal électronique de l'ensemble des transactions pour chaque caisse.

La mise en œuvre de ces services a permis un contrôle plus efficace de l'enregistrement comptable des revenus et un examen en temps réel des données recueillies par les caisses enregistreuses, mais a aussi rendu possible la génération de rapports transversaux à partir des données gérées par le sous-système i.EKA. Les données collectées par les caisses enregistreuses peuvent être utilisées à des fins de comparaison avec les données déclarées par les contribuables de manière à déterminer l'existence de risques potentiels. Les clients des entreprises enregistrées peuvent vérifier non seulement la bonne transmission de leurs données d'encaissement à la VMI, mais aussi l'exactitude des données communiquées. En cas de divergence, les clients peuvent effectuer un signalement pour suspicion d'infraction.

Arabie saoudite – Facturation électronique (projet Fatoora)

La facturation électronique a été introduite dans le cadre de la renaissance économique que connaît actuellement l'Arabie saoudite et des efforts déployés par le pays en matière de transformation numérique, dont le projet national de facturation électronique (Fatoora) mis en œuvre par l'autorité de la Zakat, des impôts et des douanes (*Zakat, Tax, and Customs Authority*, ZATCA).

Ce projet s'est déroulé en deux étapes distinctes :

- une première phase, à partir du 4 décembre 2021, axée sur la génération des factures électroniques et comprenant des dispositions sur le traitement de ces factures et l'importance du travail de comptabilité ; et
- une seconde phase, à partir du 1er janvier 2023, axée notamment sur l'intégration des systèmes de facturation électronique des contribuables avec le portail de facturation électronique (Fatoora) de la ZATCA. Lors de cette phase, la transmission des factures et des notes de crédit/débit électroniques devient obligatoire, au même titre que leur partage avec la ZATCA.

Mise en œuvre par plus de 300 000 contribuables s'appuyant sur les solutions de génération, de transmission et de stockage de factures électroniques de plus de 700 fournisseurs différents, la facturation électronique a eu plusieurs effets positifs en Arabie saoudite.

Les principaux effets observés sont ainsi :

- la suppression totale des factures au format papier depuis la phase nº 1 ;
- la génération de plus de 950 millions de factures électroniques, avec un taux de réussite de 98 % ;
- un traitement des factures par Fatoora en moins de 0.1 seconde grâce à des solutions entièrement automatisées.

La facturation électronique a joué un rôle essentiel dans les plans de transformation numérique de l'administration, tels que définis dans la stratégie « *Vision 2030* » du royaume. Cette initiative témoigne de l'engagement de la ZATCA en faveur de l'adoption des technologies numériques, du soutien à l'économie numérique et de son rôle en tant que facilitateur essentiel en devenant à terme une organisation d'administration fiscale de stature internationale.

Source : Lituanie (2024) et Arabie saoudite (2024).

Compte tenu du volume croissant de données gérées par les administrations fiscales, la mise en œuvre de mécanismes de protection et de gestion des données constitue aujourd'hui une pratique courante, mais aussi une fonction clé. Ces mécanismes soutiennent des processus plus larges de gouvernance des données et contribuent à leur tour à renforcer la confiance des contribuables dans le système et à améliorer le respect des obligations légales (voir le Tableau 6.7.). Par ailleurs, les systèmes de données étant de plus en plus connectés, la cybersécurité devient un enjeu croissant. L'édition 2023 de la présente publication présentait quelques exemples émanant d'administrations fiscales dans ce domaine (voir Administration fiscale 2023, encadré 10.5.). (OCDE, 2023[5]).

Tableau 6.7. Gouvernance des données, 2022

Pourcentage d'administrations ayant mis en place le processus indiqué

Une stratégie intégrée de gestion des données a été élaborée	La qualité des données communiquées est évaluée	Un cadre d'utilisation éthique des données a été mis en place	L'accès aux données utilisateurs et leur sécurité sont contrôlés	Les accès non autorisés sont détectés automatiquement	Un responsable de la protection des données a été engagé	Il existe une unité de cybersécurité	Des parties externes sont mandatées pour vérifier la sécurité des systèmes
66	88	74	100	84.3	90.2	90.2	82

Note : ce tableau se fonde sur les données provenant de 52 juridictions étudiées dans ce rapport et qui figurent dans la base de données ITTI.
Source : OCDE et al. (2024), Inventaire (multipartenaires) des initiatives sur l'utilisation de la technologie à des fins fiscales (ITTI) https://web-archive.oecd.org/temp/2023-03-09/618463-data-management.htmhttps://www.oecd.org/tax/forum-on-tax-administration/tax-technology-tools-and-digital-solutions/, tableau DM4 (consulté le 10 septembre 2024).

Discipline fiscale et genre

L'enquête ISORA 2023 a également cherché à déterminer si les administrations fiscales avaient commencé à étudier la question de la discipline fiscale par genre. Déterminer s'il existe une différence entre les genres en matière de discipline fiscale peut aider les administrations à mieux adapter leurs programmes de discipline fiscale, mais aussi à traiter les causes sous-jacentes par le biais de services aux contribuables et de campagnes de sensibilisation sur mesure.

Seules huit administrations ont ainsi déclaré recueillir des données ventilées par genre sur la discipline fiscale des contribuables et six d'entre elles ont procédé à une analyse du respect des obligations fiscales par genre. Il est intéressant de noter que la moitié de ces administrations ont conclu de cette analyse qu'il n'était aucunement nécessaire de modifier la manière dont elles gèrent leur système fiscal.

Tableau 6.8. Collecte de données ventilées par genre sur la discipline fiscale des contribuables particuliers, 2022

En pourcentage des administrations étudiées

Des données ventilées par genre sont recueillies sur la discipline fiscale des contribuables	Si oui, ...			
	L'administration a procédé à une analyse du respect des obligations fiscales par genre	Si oui, des modifications ont été opérées suite à cette analyse		
		Oui	Pas encore	Inutile
13.8	75	16.7	33.3	50

Source : Centre interaméricain des administrations fiscales (CIAT), Organisation intra-européenne des administrations fiscales (IOTA), Fonds monétaire international (FMI) et OCDE, Enquête internationale sur les administrations fiscales (ISORA), tableau B.21 « Gestion des risques d'indiscipline fiscale : données ventilées par genre », https://data.rafit.org/regular.aspx?key=74180916 (consulté le 10 septembre 2024).

Gérer les risques d'indiscipline fiscale

Science des données

Ces dernières années, l'application de l'analytique de données avancée à la gestion des risques s'est beaucoup développée et le ciblage des risques est de plus en plus courant :

- Le Tableau 6.9. montre que 80 % des administrations fiscales déclarent utiliser les données massives dans le cadre de leurs activités et que la quasi-totalité de celles qui exploitent des données massives le font à des fins d'amélioration de leurs travaux liés à la discipline fiscale.
- Parmi les 58 administrations fiscales considérées dans ce rapport, presque toutes indiquent recourir aux sciences des données ou à des outils d'analyse, les autres administrations préparant actuellement la mise en œuvre de ces outils (voir le Tableau 6.10.).
- De la même manière, le recours à l'intelligence artificielle (apprentissage automatique y compris) pour l'évaluation des risques et la détection des fraudes est déjà effectif ou en cours d'adoption pour près de la moitié des administrations étudiées dans la présente publication (voir le Tableau 6.9.).

Le recours à des techniques analytiques de plus en plus sophistiquées pour développer les ensembles de données permet une gestion plus ciblée des risques et l'élaboration de mesures d'intervention, y compris par des processus automatisés. Par ailleurs, le rapport de l'OCDE *Advanced Analytics for Tax Administration: Putting data to work* (OCDE, 2016[6]) offre des conseils pratiques sur la façon dont les administrations fiscales peuvent utiliser l'analytique pour favoriser la discipline fiscale et la prestation de services.

Tableau 6.9. Utilisation des données massives et de l'intelligence artificielle à des fins d'analyse, 2022

En pourcentage des administrations étudiées

Utilisation des données massives							Utilisation de l'intelligence artificielle (IA)	
	Si oui, les données massives sont utilisées à des fins de :							
L'administration exploite des données massives	Amélioration de la conformité	Identification des tendances	Prévision stratégique	Prévision des recettes	Fourniture de nouveaux services	Autre	Utilisation de l'IA dans les processus d'évaluation des risques	Utilisation de l'IA pour la détection des cas de fraude et d'évasion fiscales
80	97.5	72.5	47.5	60	45	17.5	52.9	49

Note : ces pourcentages reposent sur les données ITTI provenant de 52 juridictions étudiées dans ce rapport et qui ont répondu à l'enquête mondiale sur la transformation numérique.
Source : OCDE et al. (2024), Inventaire (multipartenaires) des initiatives sur l'utilisation de la technologie à des fins fiscales (ITTI), https://web-archive.oecd.org/temp/2023-03-09/618463-data-management.htm, tableau DM3 et https://web-archive.oecd.org/temp/2023-03-09/618466-tax-rule-management-and-application.htm, tableau TRM3 (consultés le 10 septembre 2024).

Encadré 6.5. Exemples d'utilisation de l'intelligence artificielle et de données à des fins d'analyse

Australie – Renforcement des capacités dans les domaines de l'entreprise, des technologies et de l'analytique de données

L'administration fiscale australienne (*Australian Taxation Office*, ATO) est l'un des plus grands consommateurs de données tierces en Australie.

Pour permettre à l'ATO de concrétiser la vision décrite dans le rapport de l'OCDE sur l'administration fiscale 3.0, l'ATO s'est engagée dans un programme de modernisation. Celui-ci a déjà permis la réalisation de ses objectifs initiaux grâce à la mise en œuvre de capacités innovantes, parmi lesquelles :

- La méthodologie d'exécution agile Nexus, qui repose sur l'adoption d'une méthode de mise en œuvre Nexus au sein d'un cadre agile élargi, afin de faciliter une meilleure collaboration entre les membres des équipes chargées de l'architecture et de la production, et par là même d'accélérer la vitesse d'exécution. Ceci a permis de faire évoluer la culture en passant d'une exécution monolithique des systèmes à la publication rapide et itérative de versions axées sur la valeur.

  (*Note : le cadre Nexus s'appuie sur le cadre agile de collaboration Scrum pour permettre à plusieurs équipes de travailler conjointement sur un même projet tout en minimisant les dépendances entre équipes et les difficultés d'intégration. Nexus met l'accent sur une intégration et une exécution ininterrompues afin de garantir que les équipes contribuent à la production de résultats cohérents et intégrés à la fin de chaque étape.*)
- Des capacités transversales renforcées pour l'avenir. L'ATO a créé des équipes pluridisciplinaires dont les membres disposent de compétences croisées spécifiques aux consommateurs, ingénieurs et producteurs de données. Ceci a permis de réduire les dépendances liées aux compétences et d'assurer une conception rapide et continue.

Une approche fondée sur les modèles afin d'améliorer les capacités de l'ATO en matière de données. L'ATO a adopté une approche axée sur les usages afin d'intégrer des modèles à ses nouvelles capacités, lesquelles reposent sur deux composants principaux :

- les modèles de solutions, constituant des solutions de bout en bout réutilisables pour des caractéristiques de données spécifiques dans le but d'atteindre des résultats définis ;
- les modèles de composants, qui sont des modèles réutilisables, axés sur la configuration, utilisés au sein d'une application afin de répondre à des exigences communes et répétitives (p. ex., les modèles réutilisables pour l'intégration de flux de données dans plusieurs cas d'utilisation).

L'ATO a constaté une baisse des délais de développement à la fin de sa première phase d'exécution et observé que ses nouveaux modèles de données étaient prisés dans nombreux cas d'utilisation, dont l'administration d'affaires fiscales particulièrement complexes reposant sur des solutions entièrement automatisées.

Finlande – Centres de statut

L'administration fiscale finlandaise a récemment réformé son mode de fonctionnement et, dans ce cadre, a créé des centres de statut de sorte à déterminer dans quelle mesure ses activités permettent d'atteindre les objectifs fixés. À ces fins, des données sur les activités et les objectifs sont recueillies et comparées de façon centralisée, permettant ainsi aux agents de prendre des décisions éclairées et de définir de nouveaux objectifs sur la base d'éléments probants.

Des milliers d'agents de l'administration fiscale ont activement recours aux centres de statut, y compris dans le cadre de réunions d'équipe lors desquelles les réussites, les difficultés et les enseignements peuvent être identifiés pour orienter les prochaines étapes. La communication et le partage de données sont essentiels pour promouvoir des décisions fondées sur des données probantes, soutenir la réalisation des objectifs de l'administration et trouver des solutions aux éventuelles difficultés.

Les centres de statut ont permis d'accroître la confiance et les interactions au sein des équipes et dans l'ensemble de l'administration. L'accès à toutes les données et informations pertinentes permet d'attirer l'attention sur tout éventuel problème, de centrer les discussions sur la recherche de solutions et de définir des objectifs en connaissance de cause.

France – L'intelligence artificielle au service de la lutte contre la fraude à l'impôt sur les revenus fonciers

La direction générale des Finances publiques (DGFiP) a commencé à utiliser l'intelligence artificielle (IA) pour la détection de la fraude fiscale et les premiers résultats s'avèrent positifs.

La DGFiP utilise en particulier l'IA afin de calculer le niveau des loyers devant être déclarés aux fins de l'impôt sur le revenu découlant à la fois de biens possédés et mis en location. Un modèle a été créé afin d'estimer la valeur locative de chaque bien à partir d'un algorithme d'apprentissage automatique qui analyse et met en corrélation le montant des loyers déclarés, les caractéristiques des biens loués et les données socioéconomiques relatives aux quartiers dans lesquels ces biens sont situés (salaire médian, composition des foyers, densité de logements sociaux, etc.).

Ce modèle est alors appliqué à l'ensemble des bâtiments à usage d'habitation proposés à la location et le montant total estimé des loyers perçus par chaque propriétaire bailleur est comparé aux loyers déclarés, ce qui permet à la DGFiP de déceler toute fraude potentielle ou dissimulation partielle des revenus locatifs.

Il s'agit du premier modèle développé afin de cibler spécifiquement la fraude fiscale commise par des particuliers et son application aux dossiers sélectionnés pour vérification a permis une régularisation à la hausse dans près de 50 % des cas. Bien que le soutien de prestataires de service ait été nécessaire pour mener à bien ce projet, les compétences requises en matière de sciences des données ont depuis été développées au sein de la DGFiP.

Japon – L'intelligence artificielle et l'analytique de données dans le domaine de la fiscalité

L'administration fiscale japonaise œuvre à améliorer l'efficacité et le niveau de sophistication du recouvrement de l'impôt grâce à l'IA, et ce, afin de détecter les contribuables présentant un risque élevé de déclarer leurs revenus de façon erronée, mais aussi d'accroître ses recettes en prélevant davantage d'impôt.

L'administration fiscale recueille des données de sources très variées : déclarations fiscales et états financiers transmis par les contribuables, renseignements fournis par des tiers et informations issues de contrôles fiscaux. Ces données sont ensuite analysées à l'aide de méthodes d'apprentissage automatique et d'analyse statistique de sorte à déterminer quels contribuables sont le plus susceptibles de manquer à leurs obligations de déclaration fiscale. À partir des résultats de cette analyse, l'administration fiscale est capable de réaliser des vérifications fiscales et des mesures de conformité avec davantage d'efficacité.

En 2022 par exemple, l'IA a permis de déterminer que le montant moyen d'impôt supplémentaire dû par contrôle de l'impôt sur les sociétés et sur la consommation pour les petites et moyennes entreprises était 40 % supérieur au montant d'impôt réellement perçu. Le problème réside en partie dans les difficultés rencontrées par les centres d'impôt régionaux pour joindre les contribuables, même après avoir cherché à les contacter par téléphone ou réalisé des visites en personne. L'IA est ainsi utilisée pour déterminer la méthode de contact à privilégier entre courriers, appels téléphoniques et visites en personne, en s'appuyant sur des informations comme l'historique des communications avec les contribuables et leurs déclarations fiscales.

Source : Australie (2024), Finlande (2024), France (2024) et Japon (2024).

Tableau 6.10. Évolution de l'application des outils de sciences des données, de l'intelligence artificielle et la robotisation des processus automatisés entre 2018 et 2022

En pourcentage des administrations étudiées

	Science des données/ outils analytiques			Intelligence artificielle, dont l'apprentissage automatique			Robotisation des processus automatisés		
État d'avancement de la mise en œuvre et de l'utilisation	2018	2022	Différence en points de pourcentage	2018	2022	Différence en points de pourcentage	2018	2022	Différence en points de pourcentage
Technologie mise en œuvre et utilisée	71.9	96.6	+24.7	29.8	63.8	+34.0	22.8	58.6	+35.8
Technologie dans la phase de mise en œuvre en vue d'un usage ultérieur	19.3	3.4	−15.9	15.8	24.1	+8.3	14	6.9	−7.1
Technologie non utilisée, y compris lorsque sa mise en œuvre n'a pas commencé	8.8	0	−8.8	54.4	12.1	−42.3	63.2	34.5	−28.7

Source : Centre interaméricain des administrations fiscales (CIAT), Organisation intra-européenne des administrations fiscales (IOTA), Fonds monétaire international (FMI) et OCDE, Enquête internationale sur les administrations fiscales (ISORA), tableaux A.108 « Technologies innovantes : mise en œuvre et utilisation – blockchain, intelligence artificielle et informatique en nuage » et A.109 « Technologies innovantes : mise en œuvre et utilisation – science des données, robotisation des processus automatisés et API », https://data.rafit.org/regular.aspx?key=74180897 (consulté le 10 septembre 2024).

Face à l'utilisation de plus en plus courante de l'analytique de données par les administrations fiscales du monde entier, aussi bien dans les pays développés qu'en développement, le Forum sur l'administration de l'impôt de l'OCDE a développé un *Modèle de maturité de l'analytique de données* (OCDE, 2022[7]) afin d'aider ces administrations à évaluer leur utilisation et leurs capacités en matière d'analytique, et ce, en apportant des éclairages sur le statut actuel et en identifiant les domaines de faiblesses et de forces. Comme le montre le Graphique 6.2., ce modèle a été appliqué par plus de 40 administrations fiscales et les résultats des auto-évaluations ainsi réalisées permettent de guider et d'étayer leurs stratégies dans le domaine de l'analytique de données.

Graphique 6.2. Résultat des auto-évaluations du Modèle de maturité de l'analytique de données

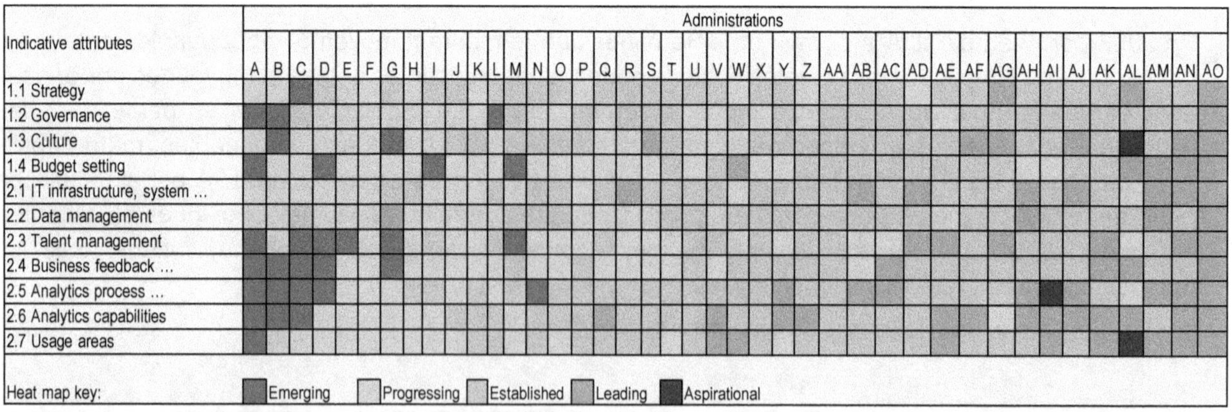

Source : OCDE (2022), Modèle de maturité de l'analytique de données, https://www.oecd.org/en/topics/sub-issues/comparative-analysis-of-tax-administrations/tax-maturity-models.html (consulté le 10 septembre 2024).

Programmes d'éducation des contribuables

Une autre approche de la gestion ciblée des risques consiste à créer des unités chargées d'examiner les dossiers fiscaux de certains segments de contribuables. Les deux domaines dans lesquels les administrations fiscales ont jugé utile de gérer certains groupes de contribuables de manière segmentée sont les gros contribuables et les contribuables fortunés. La mobilisation de ressources de l'administration pour gérer ces groupes en particulier est motivée par plusieurs facteurs :

- ***Importance des risques d'indiscipline fiscale*** : en raison de la nature et du type de transactions, des activités à l'étranger, des possibilités et stratégies visant à réduire les créances fiscales et, dans le cas des grandes entreprises, des différences entre les bénéfices comptables et les bénéfices calculés à des fins fiscales.
- ***Complexité des transactions et de la fiscalité*** : compte tenu, en particulier, de l'importance des intérêts en jeu et, dans le cas des contribuables fortunés, de la combinaison entre leurs affaires publiques et privées.
- ***Intégrité du système fiscal*** : étant donné l'importance de pouvoir donner aux parties prenantes des garanties sur les activités entreprises à l'égard de ces groupes de contribuables.

En outre, en ce qui concerne les gros contribuables, un petit nombre d'entre eux sont généralement redevables d'une part disproportionnée des recettes fiscales recouvrées. En moyenne 44 % des recettes nettes collectées, y compris les retenues à la source sur les revenus des employés, proviennent d'entreprises concernées par les services/programmes dédiés aux gros contribuables, alors qu'ils ne concernent pourtant que 1.7 % des entreprises (Tableau 6.11.). Les données par pays montrent que dans la plupart des cas entre 30 % et 60 % des recettes nettes totales ont été recouvrées auprès de contribuables concernés par ces services/programmes (voir le Graphique 6.3.).

Tableau 6.11. Importance des services/programmes dédiés aux gros contribuables, 2022

ETP consacrés aux dossiers des gros contribuables en pourcentage des ETP totaux	Contribuables personnes morales gérés par les services/programmes dédiés aux gros contribuables en pourcentage des contribuables personnes morales actifs	Pourcentage des recettes nettes gérées par les services/programmes dédiés aux gros contribuables rapporté au total des recettes nettes perçues par l'administration fiscale	ETP affectés aux contrôles, aux enquêtes et aux autres vérifications employés dans les services/programmes dédiés aux gros contribuables en pourcentage des ETP totaux de ces services/programmes	Valeur totale des redressements établis par les services/programmes dédiés aux gros contribuables en pourcentage de la valeur totale des redressements établis à la suite de vérifications
3.9	1.7	43.8	62.1	31.8

Note : le tableau présente les pourcentages moyens dans les juridictions qui ont été en mesure de fournir ces informations.
Source : Centre interaméricain des administrations fiscales (CIAT), Organisation intra-européenne des administrations fiscales (IOTA), Fonds monétaire international (FMI) et OCDE, Enquête internationale sur les administrations fiscales (ISORA), tableaux D.17 « Ratios service/programme dédié aux gros contribuables : équivalents temps plein (ETP) » et D.18 « Ratios service/programme dédié aux gros contribuables : entreprises, redressements établis et recettes nettes gérées », https://data.rafit.org/regular.aspx?key=74180900 (consulté le 10 septembre 2024).

Graphique 6.3. Part des recettes fiscales gérées dans le cadre des services/programmes dédiés aux gros contribuables, 2022

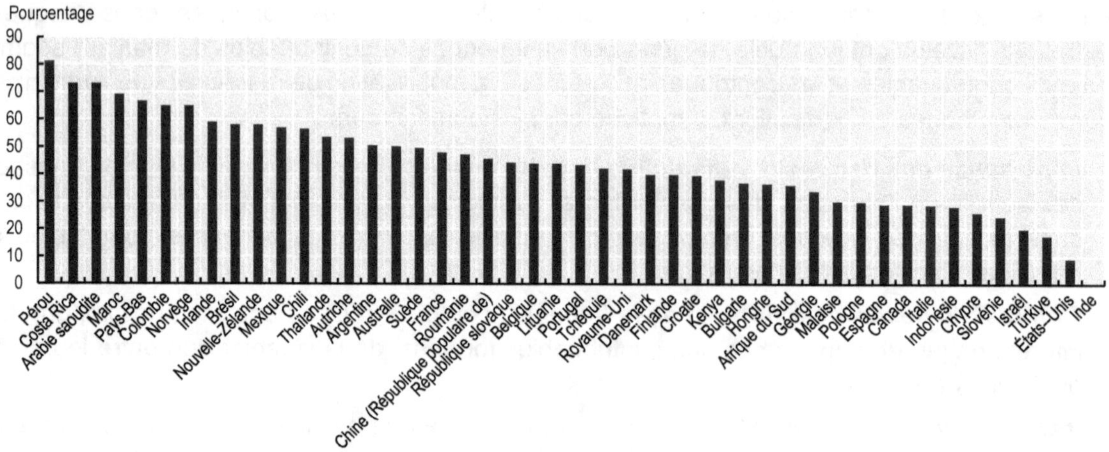

Source : Centre interaméricain des administrations fiscales (CIAT), Organisation intra-européenne des administrations fiscales (IOTA), Fonds monétaire international (FMI) et OCDE, Enquête internationale sur les administrations fiscales (ISORA), tableau D.18 « Ratios service/programme dédié aux gros contribuables : entreprises, redressements établis et recettes nettes gérées », https://data.rafit.org/regular.aspx?key=74180900 (consulté le 10 septembre 2024).

StatLink https://stat.link/lqgca0

Si la gestion de ces groupes de contribuables est souvent prise en charge dans le cadre d'un programme, bon nombre de juridictions les intègrent dans une structure, laquelle nécessite un service dédié aux gros contribuables ou une unité responsable des contribuables fortunés. Comme le montrent le Tableau 6.12. et le Tableau 6.13., le périmètre d'activité de ces unités varie considérablement et va des activités traditionnelles de contrôle aux approches multiservices, lesquelles peuvent également couvrir les programmes de discipline fiscale fondée sur la coopération (voir le chapitre 8 pour plus d'informations à ce sujet). Cependant, en moyenne, plus de 60 % des agents de l'administration fiscale employés dans les services ou par les programmes dédiés aux gros contribuables effectuent des travaux de contrôle, d'enquête et autres missions de vérification (voir le Tableau 6.11.).

Les principaux critères déterminant la prise en charge des contribuables par des services dédiés aux gros contribuables ou leur inclusion à des programmes spécifiques aux gros contribuables et aux contribuables fortunés sont les suivants (par ordre d'importance) :

- ***Gros contribuables*** : recettes/chiffre d'affaires, secteur économique et montant des impôts (tableau B.16) ;
- ***Contribuables fortunés*** : actifs/patrimoine et revenus (tableau B.17).

Tableau 6.12. Services/programmes dédiés aux gros contribuables : existence et fonctions exercées, 2022

En pourcentage des administrations étudiées

Il existe un service/programme dédié aux gros contribuables	Si oui, fonctions exercées :					
	Enregistrement	Traitement des déclarations et des paiements	Services	Vérification	Recouvrement des arriérés d'impôts	Règlement des différends
87.9	51	62.7	94.1	100	62.7	72.5

Source : Centre interaméricain des administrations fiscales (CIAT), Organisation intra-européenne des administrations fiscales (IOTA), Fonds monétaire international (FMI) et OCDE, Enquête internationale sur les administrations fiscales (ISORA), tableaux A.34 « Service/Programme dédié aux gros contribuables : présence d'une structure spécifique et recettes collectées », A.35 « Service/Programme dédié aux gros contribuables : enregistrement, traitement des déclarations et des paiements et services » et A.36 « Service/Programme dédié aux gros contribuables : contrôles, recouvrement des créances et règlement des différends », https://data.rafit.org/regular.aspx?key=74180907 (consulté le 10 septembre 2024).

Tableau 6.13. Programmes dédiés aux contribuables fortunés : existence et fonctions exercées, 2022

En pourcentage des administrations étudiées

Il existe un programme dédié aux contribuables fortunés	Si oui, ...						
	Intégré à un service/programme dédié aux gros contribuables	Fonctions exercées :					
		Enregistrement	Traitement des déclarations et des paiements	Services	Vérification	Recouvrement des arriérés d'impôts	Règlement des différends
39.7	65.2	34.8	43.5	91.3	39.1	39.1	43.5

Source : Centre interaméricain des administrations fiscales (CIAT), Organisation intra-européenne des administrations fiscales (IOTA), Fonds monétaire international (FMI) et OCDE, Enquête internationale sur les administrations fiscales (ISORA), tableaux A.40 « Service/Programme dédié aux contribuables fortunés : présence d'une structure spécifique et recettes collectées », https://data.rafit.org/regular.aspx?key=74180907 (consulté le 10 septembre 2024) et B.18 « Service/Programme dédié aux contribuables fortunés : fonctions, personnel et contribuables », https://data.rafit.org/regular.aspx?key=74180915 (consulté le 10 septembre 2024).

Planification des risques futurs

S'il est essentiel que les administrations fiscales soient conscientes des risques actuels d'indiscipline fiscale et préparent des stratégies de réponse appropriées, il est également important qu'elles comprennent quels peuvent être les risques futurs et qu'elles les préviennent. L'accès accru aux données et les capacités dont disposent les administrations fiscales pour les traiter et les analyser leur permettent d'évaluer les risques futurs avec plus de fiabilité.

La capacité à identifier, comprendre et gérer les risques dans un environnement évoluant rapidement est un facteur crucial du succès et de la résilience de l'administration fiscale. Le Tableau 6.9. met en évidence le nombre important d'administrations fiscales qui réalisent des prévisions, grâce auxquelles elles sont capables d'anticiper les nouveaux risques d'indiscipline fiscale et d'élaborer les stratégies appropriées pour y remédier. Cela se traduit par la création de programmes de gestion des risques perfectionnés qui permettent d'intégrer la gestion des risques dans l'ensemble de l'organisation plutôt que de la cloisonner.

Encadré 6.6. Finlande – Activités de prospective

L'administration fiscale finlandaise mène systématiquement des activités de prospective et ses hauts responsables reçoivent par conséquent des informations sur ces activités quatre fois par an afin de déterminer si la stratégie en place doit être mise à jour.

Les groupes participant aux activités de prospective partagent également des données sur l'avenir qui sont utilisées par d'autres services de l'administration afin d'établir un panorama général de l'évolution de l'environnement opérationnel. Au nombre de sept, ces groupes sont spécialisés dans les domaines suivants : les relations avec les clients, l'expérience des contribuables et les parties prenantes ; l'évolution du travail ; les technologies ; l'expérience de l'utilisateur ; l'administration publique ; les enjeux politiques, économiques, sociologiques, technologiques, juridiques et environnementaux ; et les observations émanant du service à la clientèle.

Pour encourager leur utilisation généralisée, ces informations sont proposées dans le centre de statut de la direction. Des sessions autour d'un café sont par ailleurs organisées chaque mois afin d'aborder les activités de prospective en cours et de former le personnel de l'administration.

Les activités de prospective de l'administration fiscale contribuent ainsi à favoriser une culture de collaboration et bénéficient d'importants effets de réseau. Cette collaboration s'étend à d'autres autorités publiques et aux autorités fiscales d'autres pays, de sorte à disposer d'un aperçu précis de la situation actuelle et à identifier les difficultés à venir.

Source : Finlande (2024).

La planification des risques futurs nécessite également des administrations fiscales qu'elles relèvent un certain nombre de défis qui, s'ils n'étaient pas pris en compte, pourraient remettre en cause tous leurs efforts déployés. Face à la complexité et à l'évolution des lois et réglementations, des transactions numériques et des activités transfrontières, les administrations fiscales peuvent éprouver des difficultés à identifier et lutter efficacement contre les risques d'indiscipline fiscale. À cet égard, l'édition 2023 de l'enquête ISORA invitait les administrations fiscales à indiquer le niveau de complexité de différents défis en matière de gestion des risques d'indiscipline fiscale liés aux questions de fiscalité internationale.

Le Tableau 6.14. synthétise les vues des administrations fiscales et montre que ce sont les enjeux liés aux ressources humaines (RH) qui suscitent le plus d'inquiétude. Le recrutement de personnes disposant des compétences, de l'expérience et des connaissances adaptées pour gérer les questions de fiscalité internationale est une tâche perçue comme « très difficile » par plus de la moitié des administrations. Près de 40 % des administrations considèrent également qu'il est « très difficile » de fidéliser ces effectifs.

Tableau 6.14. Défis en matière de gestion des risques d'indiscipline fiscale liés aux questions de fiscalité internationale, 2022

En pourcentage des administrations étudiées

Défis	Niveau de difficulté		
	Très difficile	Assez difficile	Facile
Recruter des personnes disposant des compétences, de l'expérience et des connaissances adaptées	55.2	43.1	1.7
Fidéliser les employés disposant des compétences, de l'expérience et des connaissances adaptées	37.9	62.1	0
Obtenir des données à des fins d'identification, d'analyse et de gestion des risques d'indiscipline fiscale	19	72.4	8.6
Exploiter des données à des fins d'identification, d'analyse et de gestion des risques d'indiscipline fiscale	19	65.5	15.5
Élaborer un plan efficace d'amélioration de la discipline fiscale	19	67.2	13.8
Disposer du cadre législatif adapté	20.7	65.5	13.8
Établir une structure opérationnelle efficace	8.6	79.3	12.1

Source : Centre interaméricain des administrations fiscales (CIAT), Organisation intra-européenne des administrations fiscales (IOTA), Fonds monétaire international (FMI) et OCDE, Enquête internationale sur les administrations fiscales (ISORA), tableau B.22 « Gestion des risques d'indiscipline fiscale : caractérisation des défis liés aux questions de fiscalité internationale », https://data.rafit.org/regular.aspx?key=74180916 (consulté le 10 septembre 2024).

Prévenir l'indiscipline fiscale

Les administrations fiscales sont largement tributaires de l'attitude positive des contribuables à l'égard de leurs obligations de déclaration et de paiement de l'impôt. L'expression « respect spontané des obligations fiscales » est à ces fins souvent utilisée. Cette discipline fiscale s'avère particulièrement importante lorsque les administrations fiscales dépendent fortement de la disposition des contribuables à déclarer eux-mêmes, de façon complète et exacte, leurs revenus imposables et les faits générateurs de l'impôt, d'une part, et à s'acquitter de l'impôt dû, d'autre part.

Tel que mis en évidence au chapitre 5, la discipline fiscale peut être grandement influencée par des éléments qui échappent au contrôle des administrations fiscales. Elles peuvent néanmoins adopter tout un ensemble d'approches fondées sur les services pour encourager le respect spontané des obligations fiscales et prévenir par là même l'indiscipline en la matière. De manière générale, ces approches sont mises en œuvre avant le dépôt des déclarations fiscales et consistent notamment à :

- rappeler aux contribuables le calendrier de déclaration et de paiement de l'impôt ;
- faciliter l'accès des contribuables aux données tierces déjà recueillies, par exemple grâce aux régimes de déclarations préremplies ou par le biais de portails pour les contribuables ;
- mettre en œuvre des campagnes ciblées pour encourager le respect des obligations fiscales ; et
- proposer des initiatives de formation et de soutien.

Faciliter les communications avec les contribuables peut également s'avérer particulièrement bénéfique, comme le montre l'exemple présenté dans l'Encadré 6.7.

Encadré 6.7. Espagne – Simplification des communications avec les contribuables

L'un des principaux objectifs de l'agence fiscale espagnole (*Agencia Estatal de Administración Tributaria*, AEAT) consiste à promouvoir le respect spontané des obligations fiscales auprès des contribuables. L'AEAT a pour cela mis en place un projet de simplification du contenu et de la structure de ses communications avec les particuliers, basé sur les améliorations suivantes :

- l'introduction d'une page de garde reprenant en termes simples les principales informations relatives au document communiqué, à son destinataire et aux actions demandées au contribuable ;
- une réduction de la longueur des documents afin de rationaliser les informations ;
- une simplification des formulaires de réponse joints pour faciliter la tâche des contribuables ;
- la mise en place de services aux contribuables par téléphone (sur rendez-vous uniquement) et par messagerie en ligne.

Ce projet a déjà eu des retombées positives, dont une hausse du taux de réponse de 20.2 %, une amélioration de la réputation de l'AEAT et une diminution de la charge administrative pour ses agents.

Source : Espagne (2024).

Les administrations fiscales ont en outre à leur disposition des approches non axées sur les services susceptibles d'influer sur la discipline fiscale. Environ un tiers des administrations ont par exemple indiqué communiquer aux contribuables des informations sur les interventions de mise en conformité prédéfinies (voir le Tableau 6.15.). Le fait de savoir qu'une intervention de l'administration fiscale est possible peut inciter les contribuables à accorder davantage d'attention à leurs obligations fiscales.

Tableau 6.15. Exemples d'interventions avant le dépôt des déclarations, 2022

Pourcentage d'administrations mettant en œuvre ce type d'intervention

Faciliter l'accès des contribuables aux données tierces déjà recueillies	Mettre en œuvre des campagnes pour encourager le respect des obligations fiscales	Rappeler aux contribuables les délais de dépôt des déclarations	Fournir des informations sur les interventions de mise en conformité prédéfinies	Autres interventions
74.1	81	96.6	34.5	36.2

Source : Centre interaméricain des administrations fiscales (CIAT), Organisation intra-européenne des administrations fiscales (IOTA), Fonds monétaire international (FMI) et OCDE, Enquête internationale sur les administrations fiscales (ISORA), tableau B.26 « Gestion des risques d'indiscipline fiscale : interventions avant le dépôt des déclarations », https://data.rafit.org/regular.aspx?key=74180916 (consulté le 10 septembre 2024).

Les administrations ont également indiqué contacter les contribuables par courrier postal, par messagerie électronique et sur les réseaux sociaux afin de leur rappeler leurs obligations fiscales et les encourager à s'y conformer. Ces communications peuvent être mises en œuvre par l'envoi massif d'un message générique ou sous la forme de courriers préventifs personnalisés adressés aux contribuables ayant déjà manqué à certaines obligations fiscales par le passé. La mise en place d'appels téléphoniques aux contribuables considérés à haut risque est également une pratique adoptée par certaines administrations.

Dans le cas des grandes entreprises, les administrations fiscales ont également indiqué avoir recours à des programmes de discipline fiscale fondée sur la coopération, ainsi qu'à des accords préalables en matière de prix de transfert. Ces approches de lutte contre l'indiscipline fiscale sont décrites plus en détail dans le chapitre 8.

Éclairages comportementaux et messages incitatifs

L'utilisation d'éclairages comportementaux constitue une autre approche de la lutte contre l'indiscipline fiscale. Il s'agit d'un domaine de recherche interdisciplinaire qui utilise des principes issus des sciences comportementales telles que la psychologie, les neurosciences et l'économie comportementale pour comprendre comment les individus intègrent les informations, les traitent et y réagissent. Ces principes peuvent être utilisés pour concevoir des politiques et des interventions pratiques basées sur le comportement humain. Ils peuvent s'avérer particulièrement puissants lorsqu'ils sont conjugués aux enseignements tirés de l'analyse des volumes de plus en plus importants de données dont dispose l'administration fiscale, générées en interne et en externe. Les messages incitatifs envoyés aux contribuables dans le cadre du processus de dépôt des déclarations fiscales afin de leur signaler d'éventuels problèmes ou erreurs dans les montants déclarés en sont un exemple.

Près de la moitié des administrations déclarent employer des chercheurs en sciences comportementales (voir le tableau 10.4.) et le rapport *Behavioural Insights for Better Tax Administration: A Brief Guide*, élaboré en 2021 par la Communauté d'intérêts sur les approches comportementales du Forum sur l'administration de l'impôt de l'OCDE, en présente de nombreux exemples pratiques (OCDE, 2021[8]).

Encadré 6.8. Exemples d'utilisation d'éclairages comportementaux et de messages incitatifs

Australie – Modernisation des modèles de gestion des risques liés aux taxes sur les produits et services

Le projet de modernisation des modèles de gestion des risques liés aux taxes sur les produits et services (*Contemporising Goods and Services Tax Risk Models*, CGRM) a permis le développement d'un système d'envoi de messages en temps quasi réel pour la déclaration des taxes sur les produits et services, et ce, afin de prévenir les problèmes de discipline fiscale avant qu'ils n'apparaissent, en soutenant les contribuables qui souhaitent remplir dûment leurs obligations et en les aidant à limiter les anomalies potentielles.

Les modèles basés sur les données développés par l'ATO contribuent à réduire les erreurs que peuvent commettre les contribuables lors de l'enregistrement en ligne de leurs déclarations d'activité commerciale (*Business Activity Statements*, BAS).

L'ATO s'appuie sur les données disponibles pour déterminer les erreurs probables ou identifiées dans les BAS soumises en ligne, puis génère un message incitatif invitant les contribuables concernés à vérifier leurs BAS avant d'envoyer toute demande de remboursement.

Ce modèle reflète l'un des axes prioritaires du plan de l'ATO consacré aux entreprises pour 2023-24 (*ATO Corporate Plan*), lequel vise à améliorer les performances des petites entreprises en matière de fiscalité grâce à une approche donnant la primauté au numérique et à la diffusion d'orientations générées automatiquement pour minimiser les erreurs.

Ce cadre pourra être élargi à l'avenir de sorte à inclure de nouveaux messages incitatifs personnalisés qui aideront les contribuables à éviter les écueils.

Cette initiative a produit des résultats impressionnants dès les deux premières années :

- Première année (2021-22) : 196 000 messages incitatifs ont été envoyés à 102 000 contribuables. Cet effort initial a permis aux contribuables de rectifier d'éventuelles erreurs avant de soumettre leurs BAS et s'est traduit par l'autocorrection et la sécurisation de 51.1 millions AUD de recettes.

- Deuxième année (2022-23) : 543 000 messages incitatifs ont été envoyés à 217 000 contribuables. Cet effort initial a permis aux contribuables de rectifier d'éventuelles erreurs avant de soumettre leurs BAS et s'est traduit par l'autocorrection et la sécurisation de 43.2 millions AUD de recettes.

République populaire de Chine – Promotion de la discipline fiscale grâce aux éclairages comportementaux

De nouvelles méthodes fondées sur les approches comportementales ont été déployées en République populaire de Chine (ci-après la « Chine ») dans le cadre du processus de déclaration fiscale. L'administration d'État des impôts (*State Taxation Administration*, STA) a testé l'envoi de différents types de messages et de rappels aux contribuables dans le but d'augmenter le nombre de déclarations fiscales déposées.

Compte tenu de l'immensité du territoire chinois et des différences régionales en termes de comportement, plusieurs provinces ont été choisies pour prendre part à une première série d'essais. Cette expérience pilote a révélé que la diffusion de messages et de rappels par téléphone, par SMS et via l'application officielle consacrée à l'impôt sur le revenu a permis une augmentation de 13 % du nombre déclarations déposées. La STA a par ailleurs constaté que les contribuables issus des milieux socioéconomiques les plus favorisés étaient davantage susceptibles de répondre favorablement aux messages et rappels les incitant à déposer leurs déclarations fiscales. Il est également apparu que les messages employant un ton positif (soit encourageant les contribuables à remplir leurs déclarations fiscales) étaient plus efficaces que les messages employant un ton négatif (soit rappelant aux contribuables les conséquences d'un défaut de déclaration et les pénalités encourues).

République slovaque – Notifications en ligne visant à favoriser le respect des obligations fiscales

La République slovaque encourage ses contribuables à s'acquitter spontanément de leurs obligations fiscales en leur adressant des notifications en ligne. Ces notifications peuvent avoir pour objet de leur rappeler de payer un impôt et tout autre créance en souffrance, ou de signaler d'éventuelles erreurs dans leurs déclarations fiscales afin qu'ils puissent les corriger. Ce dispositif concerne aussi bien les particuliers que les entreprises.

La notification en ligne des contribuables permet à l'administration fiscale d'augmenter à peu de frais le niveau de respect spontané des obligations fiscales des contribuables et par là même de renforcer l'efficacité de ses activités. Elle permet en outre aux contribuables de faire part de leurs éventuels commentaires et d'améliorer ainsi la qualité des services aux contribuables proposés par l'administration fiscale.

Türkiye – Recours aux éclairages comportementaux pour renforcer la discipline fiscale

Les services proposés par l'administration fiscale turque font l'objet d'une forte demande. Afin de garantir aux contribuables une réponse rapide et de réduire la charge de travail de ses agents, l'administration turque a expérimenté l'utilisation d'éclairages comportementaux afin d'envoyer des SMS à certains groupes et améliorer ainsi le niveau de discipline fiscale :

- Contribuables redevables de l'impôt sur le revenu des personnes physiques : des SMS ont été envoyés aux contribuables qui n'avaient pas payé leur impôt sur le revenu afin de leur rappeler la date limite de la période de déclaration. Une fois cette échéance passée, les contribuables n'ayant pas déposé de déclaration ont été identifiés et un nouveau message expliquant la procédure à suivre leur a été adressé. Les contribuables qui avaient déposé leur déclarations sans pour autant effectuer de paiement ont quant à eux reçu un message exposant la procédure de règlement et faisant état de leurs dettes en cours.

- Contribuables détenteurs de véhicules motorisés : des SMS ont été adressés aux contribuables concernés afin de les informer du début de la période de déclaration. Les contribuables en défaut de paiement ont quant à eux reçu des messages de rappel à intervalles réguliers, et ce, jusqu'à la fin de la période de déclaration. Une fois cette échéance passée, des messages de remerciement ont été envoyés aux contribuables ayant dûment réglé leurs impôts.

Source : Australie (2024), République populaire de Chine (2024), République slovaque (2024) et Türkiye (2024).

Programmes de notation des contribuables

Un nombre croissant d'administrations indiquent avoir mis en place des programmes de notation des contribuables afin d'encourager au respect des obligations fiscales en favorisant la responsabilisation des contribuables en matière de paiement de l'impôt et en proposant des indicateurs pour mesurer leur niveau de discipline fiscale. Pour inciter encore davantage au respect des obligations fiscales, ces mesures sont parfois accompagnées d'un système de récompense. L'Encadré 6.8. présente les dernières évolutions relatives à ce type de programmes.

Encadré 6.9. Exemples de programmes de notation des contribuables

Géorgie – Programme de notation du comportement des contribuables

Pour favoriser la confiance et le dialogue entre les autorités fiscales et les contribuables, la Géorgie a mis en place un programme de notation du comportement des contribuables. Ce programme évalue leur niveau général de discipline fiscale et vise à améliorer le respect des obligations fiscales en favorisant la responsabilisation des contribuables en matière de paiement de l'impôt. Il concerne principalement les contribuables assujettis à la TVA et les entreprises de taille moyenne.

Pour mesurer le niveau de conformité des contribuables, ce programme s'appuie sur les quatre indicateurs suivants :

1. Enregistrement fiscal ;
2. Déclaration des revenus dans les délais impartis ;
3. Exactitude et exhaustivité des informations déclarées ;
4. Responsabilité budgétaire.

Les contribuables sont notés sur une échelle de 10 points et disposent au départ du montant maximal de points. Des points sont ensuite déduits en fonction du degré de conformité des contribuables à ces indicateurs. Les explications correspondantes sont en outre disponibles en ligne. Des évaluations sont réalisées chaque mois et les contribuables peuvent consulter leur notation depuis un portail en ligne, ainsi qu'un historique des notations pour les exercices antérieurs. Les contribuables ont aussi la possibilité de faire part de leurs commentaires sur la notation obtenue à partir d'un formulaire dédié. Des projets sont à l'étude pour permettre aux contribuables de partager leurs notations avec des publics spécifiques, voire de les rendre accessibles à tous.

Lettonie – Système de notation des contribuables

La Lettonie a adopté un dispositif de notation des contribuables pour les entreprises afin de leur permettre de suivre et d'améliorer leurs performances en matière de discipline fiscale. Toute entreprise peut ainsi consulter la notation qui lui est attribuée à partir de son profil dans le système de déclaration électronique, accompagnée d'une explication sur la manière dont cette notation est calculée.

Les différents niveaux de performance sont les suivants :

- A - Bonne performance – Contribuables fiables susceptibles d'être de bons partenaires de coopération.
- B - Possibilités d'améliorations – Contribuables remplissant leurs obligations de façon générale, avec une marge progression possible. Ces contribuables pourraient être de bons partenaires, mais une évaluation est nécessaire en termes de coopération afin de déterminer si l'entreprise enregistre ou non des créances fiscales importantes.
- C - En infraction – Contribuables exclus du registre des assujettis à la TVA ou dont l'activité économique est suspendue.
- N - En inactivité – Contribuables n'enregistrant aucune activité économique.
- J - Nouvelle inscription – Contribuables ayant créé leur activité au cours des six derniers mois.

Les indicateurs sur lesquels s'appuient ces notations sont les suivants :

- Données d'enregistrement : possible procédure de faillite engagée, possible suspension de l'activité économique, possible exclusion du registre des assujettis à la TVA et antécédents des dirigeants en matière de discipline fiscale.
- Dépôt des déclarations et rapports dans les délais impartis.
- Paiement de l'impôt à échéance et en intégralité (en cas de créance, paiement échelonné de la dette fiscale).
- Pénalités (part limitée des amendes par rapport au montant total des paiements ; les pénalités ne concernent pas à des infractions graves).
- Évaluation des salaires (comparaison avec le salaire moyen du secteur ou de la région ; des salaires anormalement bas sont le signe d'un risque de salaires non déclarés, ce qui peut affecter la notation à la baisse).
- Informations indiquant des infractions (risques décelés lors d'évaluations des risques ou renseignements reçus dans le cadre d'échanges internationaux d'information).

Ces indicateurs permettent aux entreprises de comprendre sur quels aspects et de quelle manière elles peuvent améliorer leur notation. L'administration fiscale propose son soutien aux entreprises les mieux notées, mais applique des restrictions aux entreprises affichant une notation de niveau C.

Lituanie – Utilisation des profils de risque pour évaluer les risques d'indiscipline fiscale

L'administration fiscale lituanienne (*Valstybinė Mokesčių Inspekcija*, VMI) s'est dotée d'un système de profils internes de risque du contribuable (RISKIS) et de profils fiscaux externes (profils clients). Ces profils permettent une évaluation rapide, pratique et complète du comportement des contribuables grâce à l'utilisation de critères de risques et la visualisation de données agrégées.

Les RISKIS reposent sur 36 critères permettant de déterminer quels contribuables sont susceptibles de ne pas payer leurs impôts dans les délais impartis. Ces critères portent sur cinq aspects spécifiques : l'enregistrement, le dépôt de déclarations, le comportement, le contrôle et le paiement. Les résultats pour chaque critère sont affichés sur le principe des feux de signalisation : le rouge indique un risque élevé, l'orange représente un risque modéré et le vert signifie l'absence de risque. Le gris est quant à lui utilisé lorsqu'un contribuable ne peut être évalué sur la base du critère concerné. Des données pertinentes sont proposées pour chacun des critères afin de fournir des informations factuelles sur les motivations de la notation obtenue. Par exemple, si une anomalie est détectée en raison d'un défaut de déclaration fiscale, le nom du formulaire en question et l'échéance correspondante seront affichés.

Les différents graphiques et schémas proposés permettent aux utilisateurs de comprendre facilement le profil de risque de chaque contribuable. Les profils RISKIS offrent également une représentation graphique des dépendances.

Les profils clients reposent quant à eux sur 21 critères, comparables à ceux utilisés pour les profils RISKIS. La principale différence réside dans le fait que les profils clients peuvent être consultés par les contribuables concernés et leur donnent ainsi un aperçu des types de comportements considérés comme présentant un risque par la VMI. Toutes les entreprises ont accès à leur profils de contribuable et peuvent ainsi prendre des mesures afin d'atténuer les risques, d'opérer les modifications nécessaires et d'apparaître comme des entités moins risquées. Les entreprises ont également la possibilité de partager les informations de leur profil client avec des tiers.

Les montants forfaitaires des créances fiscales et des plans de règlement sont également inclus dans les profils RISKIS et les profils clients. L'ensemble des données pour ces deux types de profils sont en outre mises à jour de façon quotidienne.

République slovaque – Indice de fiabilité fiscale

Pour favoriser le respect des obligations fiscales, la République slovaque utilise un indice de fiabilité fiscale pour déterminer le niveau de conformité des entités imposables assujetties à l'impôt sur le revenu depuis au moins deux ans. Les contribuables sont évalués en fonction d'une série de critères dont les défauts de paiement de l'impôt, le dépôt tardif de déclarations fiscales ou encore les résultats des contrôles fiscaux. Sur la base d'un système de points, les contribuables se voient automatiquement affecter l'une des notations suivantes :

- Très fiable
- Fiable
- Peu fiable
- Non évalué

Une fois cette notation établie, elle est publiée en ligne et visible par tous. Les contribuables ont toutefois la possibilité de contester le résultat de cette évaluation. Pour récompenser les comportements vertueux et encourager la discipline fiscale, les contribuables les mieux notés bénéficient de certains avantages, comme une réduction de 50 % de la redevance inhérente à l'émission d'un avis contraignant. Des restrictions sont en revanche imposées aux contribuables considérés peu fiables, comme des délais plus courts pour l'envoi de documents nécessaires aux enquêtes ou contrôles fiscaux.

Source : Géorgie (2024), Lettonie (2024), Lituanie (2024) et République slovaque (2024).

Lutter contre l'indiscipline fiscale

En associant différents outils et techniques, les administrations fiscales sont en mesure de déterminer si un contribuable respecte ou non ses obligations fiscales. Il peut ainsi s'agir de programmes de rapprochement de données, de l'analytique de données et de l'utilisation d'algorithme (par exemple dans le cadre de modèles de gestion des risques d'indiscipline fiscale), de partage d'informations avec différents organismes publics ou encore de diagnostics des risques reposant sur la consultation de documents publics et des réseaux sociaux (voir également le Tableau 6.16.). L'Encadré 6.10. décrit certaines des avancées les plus récentes dans ce domaine.

Tableau 6.16. Exemples d'interventions suivant le dépôt de déclarations mais avant toute vérification formelle, 2022

Pourcentage d'administrations mettant en œuvre ce type d'intervention

Détection des incohérences grâce au recoupement de données avec des sources tierces	Recherche des anomalies ou des valeurs aberrantes par l'analytique de données afin d'inciter la communication d'information par les contribuables	Réalisation de diagnostics des risques	Demande d'un complément d'information	Autres interventions
91.4	81	87.9	82.9	41.4

Source : Centre interaméricain des administrations fiscales (CIAT), Organisation intra-européenne des administrations fiscales (IOTA), Fonds monétaire international (FMI) et OCDE, Enquête internationale sur les administrations fiscales (ISORA), tableau B.27 « Gestion des risques d'indiscipline fiscale : interventions après le dépôt des déclarations, et mesure de l'efficacité des interventions », https://data.rafit.org/regular.aspx?key=74180916 (consulté le 10 septembre 2024).

Encadré 6.10. Exemples d'interventions pour la mise en évidence des cas d'indiscipline fiscale

Australie – Moteur automatisé d'identification des groupes et réseaux

Le moteur automatisé d'identification des groupes et réseaux (*Automated Network and Grouping Identification Engine*, ANGIE) est une base de données orientées graphe automatisée et fondée sur des règles, s'appuyant sur les informations provenant d'un ensemble de sources internes et externes afin d'aider les agents de l'ATO à identifier et visualiser les réseaux et structures de groupes complexes, et à comprendre les relations qui existent entre des entités et les membres de groupes.

L'ANGIE remplace les systèmes existants utilisés pour établir des liens entre clients à partir des relations connues, et ce, dans des groupes définis (désignés par l'expression « groupes de clients »). Il affecte ensuite ces groupes à des populations afin qu'il soient examinés par les agents du service de l'ATO compétent en fonction du niveau de risque et leur permet de :

- dresser un aperçu précis, dynamique et personnalisable des populations et groupes de clients ;
- détecter les changements au sein d'un groupe de clients ou d'une population, y compris en termes d'entrées et de sorties ;
- visualiser et analyser la structure des groupes sur la durée et identifier automatiquement les évolutions importantes sur des périodes données ;
- interagir avec les bons contribuables en identifiant précisément les groupes de clients et en exerçant un contrôle efficace ;
- identifier les risques potentiels en déterminant les sources de revenu, les actifs détenus et les changements structurels.

L'ATO continue de développer l'ANGIE afin d'intégrer en priorité des analyses plus sophistiquées, des outils de visualisation plus puissants et un éventail plus large de populations. Ces évolutions permettront d'améliorer les performances, la fiabilité, la pertinence et la visibilité de l'ATO dans son ensemble, et de garantir ainsi que l'administration sera en mesure de mieux appréhender les comportements émergents et les réseaux toujours plus complexes.

Belgique – Système opérationnel intégré de données

La Belgique a mis en place un système opérationnel intégré de données (*Data Integrated Operational System*, DIOS) visant à permettre aux agents du service public fédéral Finances de remplir plus efficacement leurs missions quotidiennes. Le DIOS est une base de données sur les contribuables entièrement intégrée à partir de laquelle l'utilisateur peut extraire toutes les informations dont il a besoin pour réaliser les analyses nécessaires, et ce, de façon centralisée. Le DIOS offre les fonctionnalités suivantes :

- Les moteurs de recherche permettent de retrouver des contribuables à partir d'informations même incomplètes ou erronées (sans données d'identification exactes). Un contribuable peut également être identifié par l'intermédiaire d'autres dossiers, même s'il n'en est pas l'objet principal.
- La fonction d'analyse de réseau permet à l'utilisateur de bénéficier d'une représentation visuelle du réseau d'un contribuable.
- L'outil d'analyse des fiches de notation détecte automatiquement les comportements potentiellement suspects directement ou indirectement liés à un contribuable ou détenteur d'une licence.
- Les utilisateurs peuvent exporter les données sous forme de rapports standardisés afin de partager les résultats de leurs enquêtes de manière simple et facile à comprendre.
- Différents projets d'exploration des données ont été intégrés au système afin d'améliorer et d'optimiser l'utilisation des données de veille économique.

Canada – Programme de rapprochement des revenus de sources étrangères

L'Agence du revenu du Canada (ARC) a intégré à son programme de rapprochement des revenus de sources étrangères les données produites en vertu de la norme commune de déclaration (NCD) et de la Loi relative au respect des obligations fiscales concernant les comptes étrangers (*Foreign Account Tax Compliance Act*, FATCA).

Le rapprochement des revenus de sources étrangères concerne principalement les résidents particuliers canadiens présentant des risques de revenus non déclarés dans des pays étrangers et repose sur une comparaison entre les informations fournies dans les déclarations de revenus et des données de sources étrangères.

Un projet pilote a été mis en œuvre en 2023 afin d'augmenter la portée du rapprochement des revenus de sources étrangères grâce aux flux de données issues de la NCD et de la FATCA, tout en prévoyant l'examen de revenus potentiellement non déclarés dans 27 juridictions. Il a permis d'identifier environ 2 000 formulaires FATCA et NCD liés à des contribuables susceptibles de ne pas avoir inclus des intérêts et dividendes dans leurs déclarations. Ce projet pilote a produit des résultats positifs et ainsi offert un bon retour sur investissement.

Le programme de rapprochement des revenus de sources étrangères continuera d'intégrer les flux de données FATCA et NCD, d'assurer un suivi des performances de ces fichiers et d'étudier les possibilités de développement, le cas échéant.

Italie – Utilisation de modèles prédictifs dans le cadre des travaux liés à la discipline fiscale

Pour faciliter ses missions en matière de discipline fiscale, l'administration fiscale italienne a mis au point un modèle prédictif destiné à classer les contribuables en fonction de leur niveau de respect des obligations fiscales. Ce modèle s'appuie sur les données de contrôles fiscaux passés et génère un ensemble de notations utilisées pour classer les dossiers par ordre de priorité afin que soient réalisées des vérifications complémentaires.

Le processus déterminant quels contribuables feront l'objet d'un contrôle fiscal comporte plusieurs étapes :

1. Une évaluation des risques visant à détecter les comportements suspects et à identifier les cas présentant un risque élevé en vue d'un examen approfondi.
2. Une enquête sur ces cas à haut risque, consistant notamment en l'envoi d'un questionnaire aux intéressés ou d'une demande directe d'éclaircissements afin de lever d'éventuels doutes.
3. En cas d'infraction à la législation fiscale détectée au cours de cette enquête, l'administration demandera officiellement au contribuable concerné de régler un montant calculé en fonction de l'infraction visée.
4. Les contribuables peuvent choisir de payer directement cette somme ou d'engager une procédure de contentieux.

La méthodologie appliquée repose sur une modélisation de chaque étape du processus au moyen d'une distribution de probabilité appropriée. Les différents modèles sont ensuite combinés de sorte à produire une notation exprimant la rentabilité globale des enquêtes pour chaque contribuable sélectionné.

Source : Australie (2024), Belgique (2024), Canada (2024) et Italie (2024).

Sur la base de ces outils et techniques, une administration fiscale peut demander un complément d'informations (voir le Tableau 6.16.) ou donner aux contribuables la possibilité de faire une déclaration spontanée. Si nécessaire, une « action en matière de discipline fiscale » peut être engagée afin de déterminer si les contribuables se sont bien acquittés de leurs obligations fiscales.

L'accès accru aux données et l'adoption de modèles analytiques sophistiqués et de l'intelligence artificielle permettent aux administrations fiscales de mieux repérer les déclarations, demandes ou transactions qui peuvent nécessiter un examen plus approfondi ou être frauduleuses. En outre, ces modèles, dont bon nombre peuvent fonctionner en temps réel, permettent aux administrations d'effectuer des vérifications électroniques automatisées de toutes les déclarations ou de certaines transactions.

Le recours aux vérifications électroniques automatisées à partir d'approches fondées sur des règles pour traiter certains risques définis (comme le rejet automatique d'une demande, l'émission d'une lettre ou l'appariement d'une transaction) dote les administrations de moyens plus efficaces et efficients pour effectuer certaines activités de vérification. Comme le montre le Tableau 6.17., près de 80 % des administrations ont recours à des contrôles de conformité par des moyens électroniques dans le cadre du processus de dépôt des déclarations, parmi lesquelles :

- environ 60 % y ont recours lors du remplissage ou de l'envoi des déclarations, par exemple sous la forme d'invites ou de messages incitatifs en temps réel mettant en évidence toute information manquante ou toute déduction trop élevée ; et
- environ 85 % y ont recours après le dépôt des déclarations.

Tableau 6.17. Contrôles de conformité par des moyens électroniques, 2022

Pourcentage d'administrations adoptant ce type d'approche

Contrôles de conformité par des moyens électroniques mis en œuvre dans le cadre du processus de dépôt des déclarations	Si oui, ces contrôles sont réalisés ...		
	Lors du remplissage des déclarations	Au moment de l'envoi des déclarations	Après le dépôt des déclarations
79.3	60.9	63	84.8

Source : Centre interaméricain des administrations fiscales (CIAT), Organisation intra-européenne des administrations fiscales (IOTA), Fonds monétaire international (FMI) et OCDE, Enquête internationale sur les administrations fiscales (ISORA), tableau A.86 « Vérifications et contrôles : contrôles de conformité par des moyens électroniques », https://data.rafit.org/regular.aspx?key=74180894 (consulté le 10 septembre 2024).

Le type d'action mise en œuvre peut varier selon la gravité de chaque dossier et, comme l'illustre le Tableau 6.18., près de 90 % des administrations ont établi un cadre formel pour les interventions de discipline fiscale (ou sont en cours de développement d'un tel cadre), lequel cadre associe des vérifications traditionnelles à un système basé sur des catégories d'interventions, et offre ainsi une réponse cohérente et appropriée aux risques et aux comportements des contribuables.

Plus de 85 % des administrations indiquent apporter une réponse proportionnée à l'indiscipline fiscale, en appliquant par exemple des amendes et des pénalités progressives reflétant le degré de coopération des contribuables ou leurs antécédents en matière de respect des obligations fiscales. Environ 80 % des administrations indiquent par ailleurs que les contribuables peuvent bénéficier d'une certaine indulgence s'ils signalent d'éventuelles erreurs et omissions de manière précoce ou s'ils apportent leur entière coopération à l'administration fiscale (voir le Tableau 6.18.).

Tableau 6.18. Approches générales en faveur de la discipline fiscale, 2022

Pourcentage d'administrations adoptant ce type d'approche

Apporter une réponse proportionnée à l'indiscipline fiscale	Offrir des possibilité de corriger spontanément toute erreur ou omission dans les déclarations fiscales	Récompenser les contribuables signalant des erreurs ou omissions de manière précoce ou apportant leur entière coopération	Rappeler aux contribuables leurs obligations fiscales et les encourager à s'y conformer	Disposer d'un cadre formel pour les interventions de discipline fiscale (ou être en cours de développement d'un tel cadre)
86.2	98.3	82.8	94.8	89.7

Source : Centre interaméricain des administrations fiscales (CIAT), Organisation intra-européenne des administrations fiscales (IOTA), Fonds monétaire international (FMI) et OCDE, Enquête internationale sur les administrations fiscales (ISORA), tableau B.25 « Gestion des risques d'indiscipline fiscale : cadre d'intervention de l'administration fiscale », https://data.rafit.org/regular.aspx?key=74180916 (consulté le 10 septembre 2024).

Encadré 6.11. Exemples de contrôles de conformité automatisés

France – Projet de lecture optique des déclarations de succession

Le projet de lecture optique des déclarations de succession lancé par la DGFiP constitue une avancée importante dans l'amélioration du traitement administratif de ces formulaires à des fins fiscales. Cette initiative associe la technologie avancée de reconnaissance optique de caractères (*Optical Character Recognition*, OCR) avec les dernières technologies d'intelligence artificielle générative afin d'extraire et d'analyser les données financières contenues dans les déclarations de succession.

Ces déclarations, qui détaillent les actifs et les passifs d'une personne décédée, sont particulièrement complexes dans la mesure où elles contiennent tout un ensemble d'informations diverses, allant des détails personnels du défunt aux produits financiers qu'il détenait et qui pourraient avoir des conséquences fiscales. La capacité à interpréter et classifier ces informations avec précision s'avère essentielle pour une évaluation correcte et une perception adéquate des droits de succession.

La technologie d'OCR utilisée dans le cadre de ce projet a été adaptée pour prendre en charge le contenu particulièrement dense et souvent manuscrit des déclarations de succession. Elle permet d'extraire les informations nécessaires au calcul de l'impôt et apporte ainsi une réponse à deux des principaux défis en matière de fiscalité, à savoir la classification et l'analyse des actifs financiers.

L'IA générative améliore encore ce processus en interprétant les différents styles d'écriture et la terminologie juridique. Cette technologie reconnaît et interprète les termes spécifiques définissant les relations familiales et le contexte juridique des successions, et facilite la création d'une cartographie précise des lignées de succession et l'établissement des responsabilités fiscales de chaque héritier.

Cette initiative a permis une amélioration considérable des capacités de la DGFiP en matière d'application des réglementations et de la législation fiscale, et renforcé son efficacité dans ces activités. Par la numérisation et la structuration de la masse de données contenues dans les déclarations de succession, les risques d'erreur et d'évasion fiscale ont été réduits, favorisant ainsi le développement d'un système fiscal plus conforme et efficace.

Singapour – Modèle d'intermédiaire de fraude des sociétés éphémères

La fraude des sociétés éphémères (FSE) présente un risque important pour les finances publiques. Il s'agit d'une forme de fraude fiscale à la TVA ou à la taxe sur les produits et services (TPS) par laquelle un fournisseur malveillant collecte la TVA/TPS auprès de ses clients pour les ventes réalisées, mais sans la reverser aux autorités fiscales. En aval de la chaîne des transactions, les clients assujettis continuent quant à eux de demander des remboursements de TVA/TPS auprès des autorités fiscales pour les achats réalisés.

Pour lutter contre la fraude à la TVA/TPS, l'administration fiscale de Singapour (*Inland Revenue Authority of Singapore*, IRAS) s'est appuyée sur l'intelligence artificielle afin de développer une solution d'apprentissage automatique, le modèle d'intermédiaire de fraude des sociétés éphémères, destinée à détecter de manière préventive les entités agissant comme intermédiaires dans le cadre de FSE. Ce modèle permet à l'IRAS d'intervenir de façon précoce et d'interrompre la chaîne des transactions avant que d'autres actes frauduleux ne puissent être commis. Cette approche contredit la notion selon laquelle la FSE ne pourrait uniquement être détectée à la fin de la chaîne des transactions, lorsque les exportateurs cherchent à obtenir un remboursement indu de TVA/TPS.

Dans la mesure où le modèle cible directement les entités intermédiaires mises en place pour rendre opaque la chaîne des transactions de FSE, l'IRAS est capable d'identifier les entités complices et de mettre au jour l'intégralité de cette chaîne bien plus rapidement. L'IRAS a testé l'utilisation d'un outil d'apprentissage automatique appelé « DataRobot » afin d'évaluer les performances de différents modèles fondés sur différents algorithmes et de déterminer lequel offrait les meilleurs résultats. À ce jour, ce modèle d'intermédiaire de FSE a produit des résultats encourageants et apparaît trois fois plus efficace dans la détection des entités intermédiaires que les méthodes traditionnelles.

Source : France (2024) et Singapour (2024).

Dès lors qu'une incohérence ou anomalie a été identifiée ou que des échanges complémentaires avec un contribuable n'ont pas permis de corriger l'erreur ou le problème potentiel d'indiscipline fiscale visé, les administrations fiscales sont susceptibles d'engager une procédure de vérification. La portée et le degré de détail de cette vérification peut dépendre du problème concerné et des conclusions des échanges préalables avec le contribuable. Le Tableau 6.19. montre que la grande majorité des administrations fiscales ont à leur disposition différents mesures de vérification.

Tableau 6.19. Actions répressives après le dépôt des déclarations, 2022

Pourcentage d'administrations adoptant ce type d'action

Vérifications sur pièces	Vérifications d'un point précis	Vérifications à portée limitée	Vérifications complètes	Enquêtes pour fraude ou évasion fiscale
91.4	93.1	93.1	94.8	91.4

Source : Centre interaméricain des administrations fiscales (CIAT), Organisation intra-européenne des administrations fiscales (IOTA), Fonds monétaire international (FMI) et OCDE, Enquête internationale sur les administrations fiscales (ISORA), tableau B.28 « Gestion des risques d'indiscipline fiscale : actions répressives après le dépôt des déclarations », https://data.rafit.org/regular.aspx?key=74180916 (consulté le 10 septembre 2024).

Encadré 6.12. Exemples d'actions répressives mises en œuvre après le dépôt des déclarations

Inde – Prévention des demandes de remboursement à haut risque

Afin de réduire le nombre de demandes de remboursement irrégulières, la direction indienne des impôts tire parti de son système de renseignement et d'exploration des données pour réaliser des analyses fondées sur des règles spécifiques aux remboursements à haut risque (RHR). Elle partage ensuite les résultats de ces analyses avec le Centre de traitement centralisé (CTC) chargé d'assurer la gestion les déclarations de revenu. Le CTC suspend alors les remboursements visés jusqu'à ce que les contribuables confirment la régularité de leurs demandes de remboursement ou qu'ils modifient leurs déclarations. Grâce à cette approche, un grand nombre de contribuables ont réduit le montant de leurs demandes de remboursement.

Divers problèmes sont toutefois apparus au fil du temps, comme des retards dans le traitement des déclarations, une hausse du montant des intérêts payés par l'État sur les versements différés, une augmentation des charges d'intérêts imposées par l'État sur les paiements tardifs, etc. Par ailleurs, en raison de l'introduction d'une législation prévoyant des déductions supplémentaires, il s'avérait nécessaire d'adopter une nouvelle approche.

Dans le cadre cette nouvelle approche, les règles spécifiques aux RHR continuent d'être appliquées, mais lorsqu'un contribuable ne donne pas suite à une demande de complément d'information dans le délai défini, sa demande de remboursement est partagée avec les agents d'évaluation juridictionnels. Ces derniers déterminent alors si le remboursement peut être autorisé ou si un examen plus approfondi est nécessaire.

Lettonie – Simplification des instructions

Depuis 2023, la Lettonie a simplifié la manière dont elle mène ses inspections fiscales en passant de différents types de vérifications à un seul, à savoir le contrôle fiscal. Cette évolution facilite la collaboration avec les contribuables et permet une amélioration des niveaux de discipline fiscale.

Ce type de contrôle consiste dans un premier temps à vérifier certaines incohérences spécifiques, puis à donner aux contribuables la possibilité de fournir une explication avant d'apporter les modifications nécessaires. Si, lors du contrôle fiscal, des anomalies non corrigées sont détectées, le contribuable est informé des modalités de remboursement correspondant à ces anomalies et des pénalités de retard applicables. Ces informations sont réunies dans un compte rendu de contrôle fiscal.

Une pénalité est appliquée en cas de manipulation frauduleuse de caisses enregistreuses et des amendes sont prévues si des infractions importantes à la législation fiscale sont détectées.

Les contribuables ont également la possibilité de signer un accord volontaire de paiement dans les premières phases d'un contrôle fiscal et de bénéficier ainsi d'une réduction du montant des amendes jusqu'à 85 %, voire d'une exonération totale dans certains cas.

Source : Inde (2024) et Lettonie (2024).

Sanctions administratives en cas de non-déclaration par le contribuable

En cas de manquement aux obligations de divulgation d'informations ou de fausse déclaration, les administrations fiscales ont généralement à leur disposition toute une gamme de sanctions. L'objectif de ces sanctions consiste à dissuader les comportements relevant de l'indiscipline fiscale, à inciter au respect de certaines dispositions légales (le dépôt de déclarations fiscales, par exemple) et à pénaliser les contribuables indélicats.

Comme l'illustre le Tableau 6.20., la quasi-totalité des administrations fiscales imposent des sanctions administratives en cas de non-déclaration par les contribuables. Dans ce cas, elles appliquent le plus souvent le même cadre commun de sanctions utilisé pour les principaux types d'impôts. Près de 80 % des administrations tiennent compte du niveau de culpabilité des contribuables et un pourcentage similaire d'administrations sont dans certaines circonstances habilitées à annuler ou réduire les sanctions encourues. Un quart d'entre elles ont également la possibilité de rendre publiques des informations sur les contribuables ayant fait l'objet d'une sanction administrative pour défaut de déclaration.

Tableau 6.20. Sanctions administratives en cas de non-déclaration par le contribuable, 2022

En pourcentage des administrations étudiées

L'administration fiscale impose des sanctions administratives en cas de non-déclaration par le contribuable	Si oui :			
	Il existe un cadre commun de sanctions utilisé en cas de non-déclaration pour les principaux types d'impôts	Les sanctions imposées tiennent généralement compte du niveau de culpabilité des contribuables (niveau de responsabilité)	L'administration est dans certaines circonstances habilitée à annuler ou réduire les sanctions encourues	L'administration a la possibilité de rendre publiques certaines/toutes les informations relatives aux contribuables ayant fait l'objet d'une sanction administrative pour défaut de déclaration
96.6	92.9	78.6	82.1	25

Source : Centre interaméricain des administrations fiscales (CIAT), Organisation intra-européenne des administrations fiscales (IOTA), Fonds monétaire international (FMI) et OCDE, Enquête internationale sur les administrations fiscales (ISORA), tableau B.38 « Sanctions administratives en cas de non-déclaration par le contribuable : application et principaux dispositifs », https://data.rafit.org/regular.aspx?key=74180918 (consulté le 10 septembre 2024).

S'appuyant sur les données de l'enquête ISORA 2023, cette première partie du chapitre 6 visait à donner un aperçu complet des approches adoptées par les administrations en matière de gestion des risques d'indiscipline fiscale. Elle visait également à examiner leurs travaux en faveur d'une meilleure compréhension et d'un meilleur traitement de ces risques, ainsi que la façon dont les données et les sciences des données soutiennent ces processus, avant de s'intéresser aux mesures mises en œuvre pour prévenir les infractions et y remédier.

En ce qui concerne la prévention et le traitement de l'indiscipline fiscale, il est important de souligner que de nombreux autres chapitres comprennent également des informations sur le travail effectué par les administrations fiscales pour encourager la discipline fiscale, à travers notamment les régimes de déclarations préremplies (chapitre 4), les services aux contribuables (chapitre 5) et les mécanismes de prévention des différends (chapitre 7). Malgré le volume important de données recueillies dans le cadre de l'enquête périodique ISORA 2023, il convient de rappeler que cette première partie ne présentait qu'un échantillon des travaux mis en œuvre par les administrations pour assurer le respect des obligations fiscales.

La partie suivante de ce chapitre offre un aperçu des mesures prises par les administrations en faveur de la discipline fiscale et de leur évolution au cours des dernières années.

Mesurer l'efficacité des interventions

Mesurer l'efficacité des interventions en matière de discipline fiscale s'avère important à plusieurs titres, y compris pour optimiser l'affectation des ressources, améliorer le rapport coût-efficacité des interventions ou encore élaborer des interventions plus pertinentes et plus ciblées.

Comme le montre le Tableau 6.21., environ 70 % des administrations mesurent l'efficacité des interventions mises en œuvre avant la réalisation d'un contrôle fiscal. Ces approches incluent notamment le recours à des modèles statistiques pour évaluer les effets des interventions (taux de redressement, dépôts de déclarations supplémentaires, etc.), l'utilisation des sciences comportementales (p. ex., courriers incitatifs à destination de groupes témoins) ou encore le recensement du nombre de dossiers transmis pour vérification.

Une part importante des administrations ont par ailleurs établi des indicateurs afin de déterminer l'efficacité de leurs activités de contrôle, lesquels indicateurs sont principalement axés sur les vérifications fiscales ayant abouti à un résultat positif (93 %), puis sur le nombre de vérifications complémentaires effectuées (88 %) et enfin sur la portée de ces vérifications (74 %). D'autres indicateurs sont également utilisés, comme le nombre de litiges n'ayant donné lieu à aucune sanction suite à un contrôle, les changements positifs observés dans le comportement des contribuables suite à un contrôle ou toute autre intervention, ainsi que l'incidence du respect spontané des obligations fiscales des autres contribuables exerçant leurs activités dans le même secteur.

Dans les sections suivantes sont examinés certains indicateurs de performance liés aux vérifications fiscales et aux enquêtes en matière de délinquance fiscale.

Tableau 6.21. Mesure de l'efficacité des interventions, 2022

En pourcentage des administrations étudiées

Mesure de l'efficacité des interventions avant et après le dépôt des déclarations (mais avant un contrôle fiscal)	Indicateurs utilisés pour mesurer l'efficacité des actions répressives				Des normes de productivité des vérificateurs sont en place
	Portée de la vérification	Valeur des vérifications complémentaires demandées au cours d'un contrôle	Pourcentage de vérifications fiscales ayant abouti à un résultat positif	Autres indicateurs	
70.7	74.1	87.9	93.1	44.8	67.2

Source : Centre interaméricain des administrations fiscales (CIAT), Organisation intra-européenne des administrations fiscales (IOTA), Fonds monétaire international (FMI) et OCDE, Enquête internationale sur les administrations fiscales (ISORA), tableaux B.27 « Gestion des risques d'indiscipline fiscale : interventions après le dépôt des déclarations, et mesure de l'efficacité des interventions » et B.29 « Gestion des risques d'indiscipline fiscale : indicateurs d'efficacité de l'action répressive », https://data.rafit.org/regular.aspx?key=74180916 (consulté le 10 septembre 2024).

Vérifications

Les taux d'ajustement des vérifications sont en moyenne restés stables entre 2018 et 2022 (voir le Tableau 6.22.). Le Graphique 6.4. montre toutefois que ces taux varient de manière importante selon les administrations considérées dans ce rapport.

L'ampleur des vérifications ressort également de l'examen des redressements effectués. En moyenne, les redressements établis à la suite de vérifications représentent entre 3.4 % et 4.4 % des recettes totales collectées. Cette proportion n'a que peu évolué sur la période 2018-20, mais a enregistré une baisse en 2021 et 2022 (voir le Tableau 6.22.). Si l'on examine les données au niveau des juridictions, des différences considérables apparaissent entre les 54 administrations qui ont été en mesure de fournir des données (voir le Graphique 6.5.).

Tableau 6.22. Taux d'ajustement des vérifications et redressements établis, 2018-22

	2018	2019	2020	2021	2022
Taux d'ajustement des vérifications, en pourcentage (39 juridictions)	57.3	58.7	57.7	61.3	60.9
Redressements effectués dans le cadre d'une vérification en pourcentage des impôts recouvrés (48 juridictions)	4.1	4.1	4.4	3.8	3.4

Note : ce tableau répertorie les taux moyens d'ajustement des vérifications et les redressements effectués dans le cadre de vérifications fiscales (hors contrôles de conformité par des moyens électroniques) pour les juridictions qui ont été en mesure de fournir des informations pour les années 2018 à 2022. Le nombre de juridictions pour lesquelles des données étaient disponibles est indiqué entre parenthèses.
Source : Centre interaméricain des administrations fiscales (CIAT), Organisation intra-européenne des administrations fiscales (IOTA), Fonds monétaire international (FMI) et OCDE, Enquête internationale sur les administrations fiscales (ISORA), tableau D.46 « Ratios de vérification : taux de détection et redressements établis », https://data.rafit.org/regular.aspx?key=74180903 (consulté le 10 septembre 2024).

La ventilation par type d'impôt montre que le ratio entre les redressements effectués et les impôts recouvrés est plus élevé dans le cas de l'impôt sur les sociétés (IS). En moyenne, la part des redressements établis au titre de l'IS en pourcentage du montant de l'IS recouvré est d'environ 6 %. Dans le cas de la TVA, ce pourcentage est d'environ 3.5 %. Les taux relatifs à ces deux impôts applicables aux sociétés sont bien supérieurs à l'impôt sur le revenu des personnes physiques (1.6 %) et à l'impôt à la source prélevé par les employeurs (1 %) (voir le Graphique 6.6.).

Dans de nombreux pays, les redressements établis par l'intermédiaire des services/programmes dédiés aux gros contribuables représentent une part importante du montant total des redressements établis à la suite de vérifications (voir le Graphique 6.7.). En moyenne, les services/programmes dédiés aux gros contribuables contribuent ainsi à hauteur d'environ 30 % au total des redressements établis suite à des vérifications (voir le Tableau 6.11.).

Graphique 6.4. Taux d'ajustement des vérifications, 2022

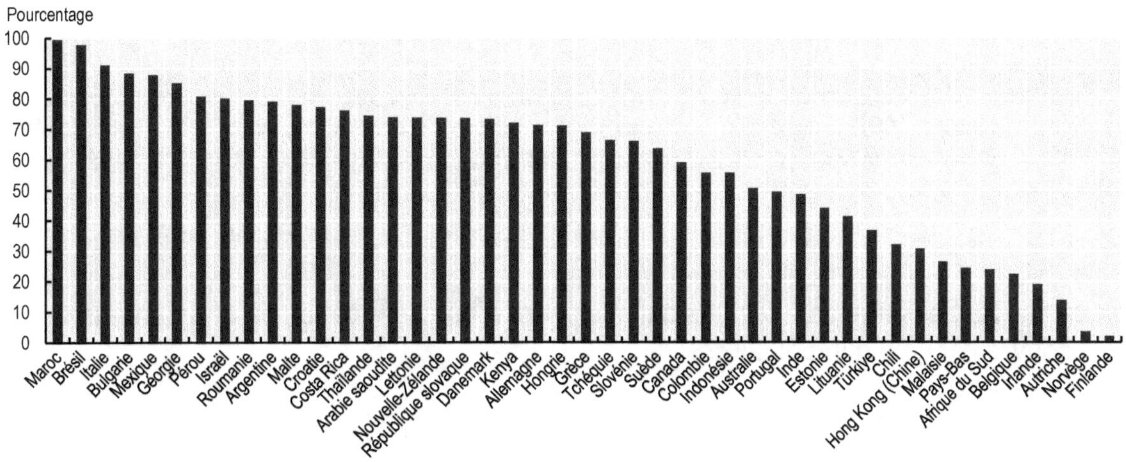

Source : Centre interaméricain des administrations fiscales (CIAT), Organisation intra-européenne des administrations fiscales (IOTA), Fonds monétaire international (FMI) et OCDE, Enquête internationale sur les administrations fiscales (ISORA), tableau D.46 « Ratios de vérification : taux de détection et redressements établis », https://data.rafit.org/regular.aspx?key=74180903 (consulté le 10 septembre 2024).

StatLink https://stat.link/r6l83e

Graphique 6.5. Redressements effectués dans le cadre d'une vérification en pourcentage des impôts recouvrés, 2022

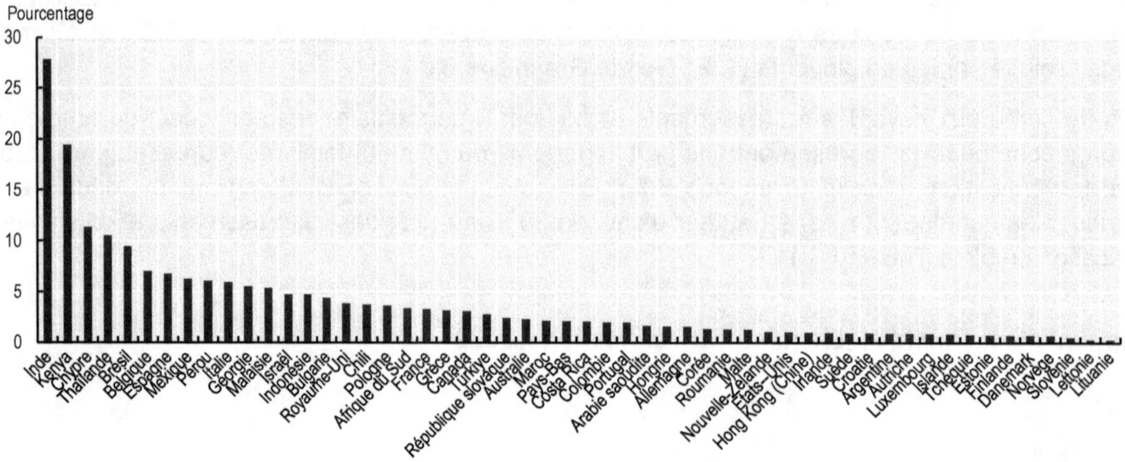

Source : Centre interaméricain des administrations fiscales (CIAT), Organisation intra-européenne des administrations fiscales (IOTA), Fonds monétaire international (FMI) et OCDE, Enquête internationale sur les administrations fiscales (ISORA), tableau D.46 « Ratios de vérification : taux de détection et redressements établis », https://data.rafit.org/regular.aspx?key=74180903 (consulté le 10 septembre 2024).

StatLink https://stat.link/d8rbzj

Graphique 6.6. Redressements effectués dans le cadre d'une vérification en pourcentage de l'impôt recouvré par type d'impôt, 2022

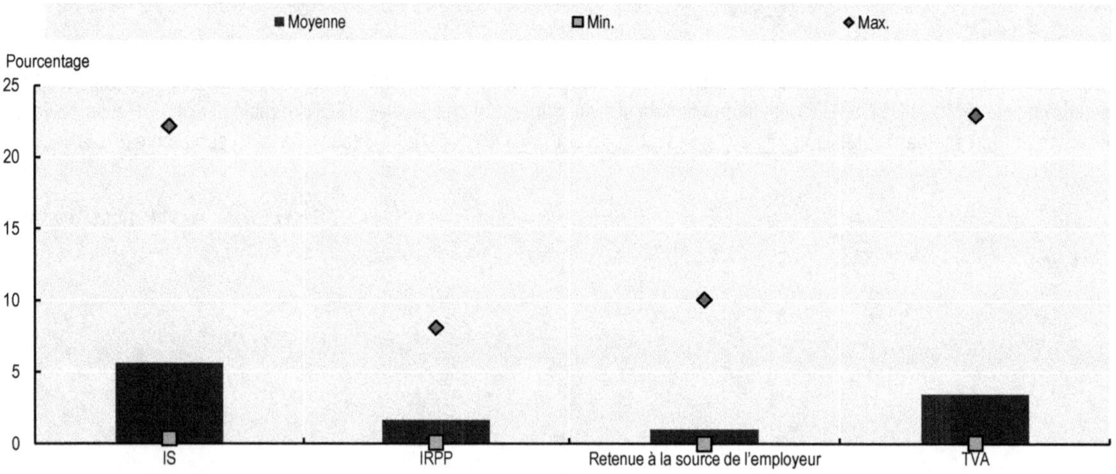

Note : les données relatives à l'IS pour l'Inde et le Kenya ont été exclues du calcul car elles fausseraient les ratios moyens.
Source : Centre interaméricain des administrations fiscales (CIAT), Organisation intra-européenne des administrations fiscales (IOTA), Fonds monétaire international (FMI) et OCDE, Enquête internationale sur les administrations fiscales (ISORA), tableaux D.47 « Ratios de contrôles : redressements établis par type d'impôt – IS et IRPP » et D.48 « Ratios de contrôles : redressements établis par type d'impôt – retenues à la source et TVA », https://data.rafit.org/regular.aspx?key=74180903 (consulté le 10 septembre 2024).

StatLink https://stat.link/35y4oe

Graphique 6.7. Redressements effectués dans le cadre de vérifications entreprises par les services/programmes dédiés aux gros contribuables, en pourcentage des redressements effectués dans le cadre de l'ensemble des vérifications, 2022

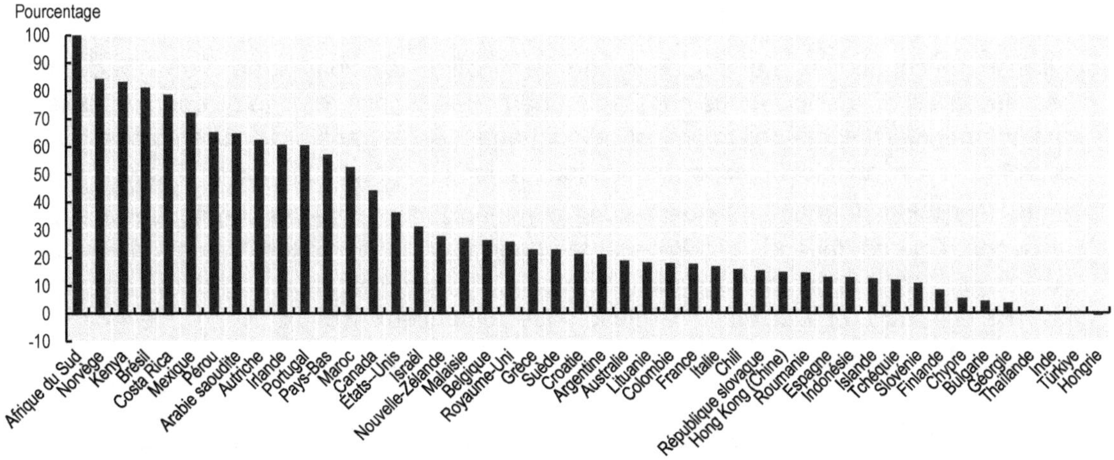

Source : Centre interaméricain des administrations fiscales (CIAT), Organisation intra-européenne des administrations fiscales (IOTA), Fonds monétaire international (FMI) et OCDE, Enquête internationale sur les administrations fiscales (ISORA), tableau D.18 « Ratios service/programme dédié aux gros contribuables : entreprises, redressements établis et recettes nettes gérées », https://data.rafit.org/regular.aspx?key=74180900 (consulté le 10 septembre 2024).

StatLink https://stat.link/s34z7f

Encadré 6.13. Exemples de procédures de vérification

Japon – Numérisation des demandes envoyées aux établissements financiers

Chaque année, l'administration fiscale japonaise adresse aux établissements financiers environ six millions de demandes d'information sur les dépôts et l'épargne de contribuables dans le cadre des procédures de vérification et de recouvrement de l'impôt.

Jusqu'au mois d'octobre 2021, l'administration procédait à ces demandes par courrier postal ou à l'occasion de visites sur site. Ces demandes sont désormais réalisées en ligne. Ce changement de méthode a permis de raccourcir de plusieurs semaines à 2.3 jours le délai de réponse moyen des établissements financiers pour une demande écrite. Par ailleurs, en supprimant la nécessité d'une correspondance écrite ou d'échanges sur site la charge administrative pesant à la fois sur l'administration fiscale et les établissements financiers a été considérablement réduite. L'administration fiscale compte poursuivre ses efforts pour augmenter le nombre d'établissements financiers qui prennent en charge ce service et élargir encore le recours aux demandes en ligne.

Portugal – Procédure de vérification numérique

Au Portugal, la procédure de vérification a fait l'objet d'une importante transformation numérique afin d'instaurer un environnement entièrement sans papier. Cette évolution passe par la numérisation complète de la documentation associée aux procédures de vérification fiscale. L'adoption de méthodologies numériques a permis d'améliorer l'efficacité des procédures de vérification douanière et fiscale, tout en facilitant et en renforçant la traçabilité et le contrôle du début à la fin des procédures.

Ceci s'est également traduit par une amélioration de la viabilité de l'autorité portugaise des impôts et des douanes. En réduisant la dépendance au papier et par là même la nécessité d'archives physiques, cette initiative a généré d'importantes baisses de coûts, tout en soutenant les efforts de préservation de l'environnement.

Ce projet offre en outre aux contribuables les avantages suivants :

Une transparence accrue. La procédure de vérification s'accompagne d'une documentation détaillée et est accessible étape par étape à partir de l'espace réservé aux contribuables sur le site internet de l'autorité des impôts et des douanes. Cette transparence renforcée contribue à accroître la confiance et la responsabilité tout au long du processus de vérification.

Une communication simplifiée. Les canaux de communication entre les contribuables et l'autorité des impôts et des douanes ont été adaptés pour fonctionner exclusivement dans le domaine numérique. Cette approche rationalisée raccourcit les délais des procédures de vérification, favorise l'efficacité et accélère la résolution des contentieux fiscaux.

Source : Japon (2024) et Portugal (2024).

Enquêtes sur les délits fiscaux

Comme indiqué au chapitre 2, un peu plus de la moitié des administrations fiscales couvertes par ce rapport participent à la réalisation d'enquêtes en matière de délinquance fiscale. Dans le cadre de l'enquête ISORA, celles-ci ont été invitées à fournir des informations sur le nombre de dossiers de délinquance fiscale déférés pour poursuites.

Le Tableau 6.23. reprend le nombre total de dossiers déférés à des fins de poursuites au cours de l'année fiscale pour les 30 administrations responsables de réaliser des enquêtes en matière de délinquance fiscale et qui ont été en mesure de fournir des données pour les années 2018 à 2022. Alors que le nombre de dossiers déférés pour poursuites était le même en 2018 et 2019, un recul significatif a été enregistré depuis 2020.

Les données au niveau des juridictions reflètent également ces variations : environ 75 % des administrations chargées de mener des enquêtes en matière de délinquance fiscale ont déféré un nombre décroissant de dossiers à des fins de poursuites ces dernières années (voir le tableau A.88).

Tableau 6.23. Évolution des dossiers de délinquance fiscale déférés pour poursuites entre 2018 et 2022

Année	Nombre de dossiers déférés pour poursuites au cours de l'année fiscale	Évolution en pourcentage (par rapport à l'année précédente)
2018	41 081	
2019	39 768	-3.2
2020	33 210	-16.5
2021	29 918	-9.9
2022	23 523	-21.4

Note : seules sont incluses les données relatives aux administrations chargées de mener les enquêtes sur les délits fiscaux et qui ont pu fournir des données sur l'ensemble de la période 2018-22.
Source : Centre interaméricain des administrations fiscales (CIAT), Organisation intra-européenne des administrations fiscales (IOTA), Fonds monétaire international (FMI) et OCDE, Enquête internationale sur les administrations fiscales (ISORA), tableau A.88 « Enquêtes sur les délits fiscaux : nombre de dossiers », https://data.rafit.org/regular.aspx?key=74180895 (consulté le 10 septembre 2024).

Charge de conformité

La principale mission des administrations fiscales consiste à lever des recettes pour financer les services publics, et ce, tout en évitant d'imposer des contraintes inutiles aux contribuables. La réduction des contraintes est une condition essentielle pour remplir cette mission, dans la mesure où elles peuvent avoir une incidence sur la disposition, voire dans certains cas sur la capacité, des contribuables à s'acquitter de leurs obligations fiscales. Des contraintes trop lourdes peuvent également se traduire par des coûts d'opportunité élevés pour les contribuables, et nuire par là même à la croissance économique.

Il ne fait aucun doute que les administrations fiscales ont conscience de l'importance d'une réduction des contraintes liées à la discipline fiscale, comme le montrent les améliorations apportées aux processus d'échange avec les contribuables, dont le paiement et le dépôt de déclarations en ligne, les régimes de déclarations préremplies, l'introduction de nouveaux canaux de communication ou l'amélioration des canaux existants, ou encore le développement des options en libre accès. Les nombreux exemples présentés dans cette édition et les précédentes de la série sur les administrations fiscales ne sont qu'un échantillon des efforts déployés par les administrations fiscales en ce sens.

Pour accompagner les améliorations en cours et mieux comprendre les points de friction, plus d'un tiers des administrations ont entamé une évaluation de la charge de conformité pesant sur les contribuables, et ce, sur une base annuelle pour la plupart d'entre elles. Le Tableau 6.24. montre en outre que :

- ***Les administrations mesurent la perception de la charge de conformité.*** Si le temps et l'argent consacrés au respect des obligations fiscales sont généralement considérés comme des indicateurs essentiels dans la mesure des contraintes imposées aux contribuables, ces derniers sont également attentifs à la charge mentale et cognitive induite. C'est la raison pour laquelle environ 85 % des administrations qui évaluent ces contraintes évaluent également la perception qu'ont les contribuables à l'égard de ces contraintes.
- ***La charge de conformité est contrôlée pour différents segments de contribuables.*** Reconnaissant que les contraintes ne sont pas les mêmes en fonction des différents segments de contribuables, plus de 80 % des administrations adoptent une approche segmentée dans la mesure des contraintes liées à la discipline fiscale.
- ***Des stratégies formelles sont mises en œuvre.*** L'évaluation de la charge de conformité n'étant qu'une première étape, plus de 70 % des administrations qui réalisent ces évaluations ont également mis en place une stratégie formelle visant à réduire les contraintes imposées aux contribuables.

Tableau 6.24. Évaluation de charge de conformité pour les contribuables, 2022

En pourcentage des administrations étudiées

	Si oui :						
	Fréquence des évaluations						
La charge de conformité imposée aux contribuables est évaluée	Chaque année	Tous les deux ans	Moins souvent	La perception des contraintes liées à la discipline fiscale est évaluée	Les évaluations sont réalisées par un prestataire tiers	La charge de conformité est contrôlée pour différents segments de contribuables	Il existe une stratégie formelle de réduction des contraintes liées à la discipline fiscale
36.8	57.1	14.3	28.6	85.7	61.9	81	71.4

Source : Centre interaméricain des administrations fiscales (CIAT), Organisation intra-européenne des administrations fiscales (IOTA), Fonds monétaire international (FMI) et OCDE, Enquête internationale sur les administrations fiscales (ISORA), tableau B.52 « Charge de conformité pour les contribuables », https://data.rafit.org/regular.aspx?key=74180919 (consulté le 10 septembre 2024).

Bibliographie

OCDE (2023), *Administration fiscale 2023 : Informations comparatives sur les pays de l'OCDE et autres économies avancées et émergentes*, Éditions OCDE, Paris, https://doi.org/10.1787/678bbe59-fr. [5]

OCDE (2023), *Normes internationales d'échange automatique de renseignements en matière fiscale - Cadre de déclaration des Crypto-actifs et mise à jour 2023 de la Norme commune de déclaration*, Éditions OCDE, Paris, https://www.oecd.org/fr/publications/normes-internationales-d-echange-automatique-de-renseignements-en-matiere-fiscale_3fb77a0b-fr.html. [3]

OCDE (2022), *Modèles de maturité de l'administration fiscale et de la délinquance fiscale de l'OCDE*, OCDE, Paris, https://www.oecd.org/fr/topics/sub-issues/comparative-analysis-of-tax-administrations/tax-maturity-models.html (consulté le 10 septembre 2022). [7]

OCDE (2021), *Behavioural Insights for Better Tax Administration : A Brief Guide*, Éditions OCDE, Paris, https://doi.org/10.1787/582c283e-en. [8]

OCDE (2017), *The Changing Tax Compliance Environment and the Role of Audit*, Éditions OCDE, Paris, https://doi.org/10.1787/9789264282186-en. [2]

OCDE (2016), *Advanced Analytics for Better Tax Administration : Putting Data to Work*, Éditions OCDE, Paris, https://doi.org/10.1787/9789264256453-en. [6]

OCDE (2015), *Documentation des prix de transfert et déclaration pays par pays, Action 13 - Rapport final 2015*, Projet OCDE/G20 sur l'érosion de la base d'imposition et le transfert de bénéfices, Éditions OCDE, Paris, https://doi.org/10.1787/9789264248502-fr. [4]

OCDE (2004), *Compliance Risk Management: Managing and Improving Tax Compliance*, OCDE, Paris, https://www.oecd.org/content/dam/oecd/en/topics/policy-issues/tax-administration/compliance-risk-management-managing-and-improving-tax-compliance.pdf. [1]

OECD et al. (2024), *Inventory of Tax Technology Initiatives*, https://webarchive.oecd.org/tax/forum-on-tax-administration/tax-technology-tools-and-digitalsolutions/index.htm (consulté le 10 Septembre 2024). [9]

7 Perception

Ce chapitre s’intéresse à la manière dont les administrations fiscales gèrent le recouvrement des impôts impayés et examine les caractéristiques d’une fonction moderne de recouvrement des créances fiscales. Il donne également un aperçu des pouvoirs des administrations fiscales en matière de recouvrement et de la façon dont ils sont utilisés. Il présente enfin des exemples d’approches suivies par les administrations visant à prévenir l’accumulation d’arriérés d’impôt.

Introduction

La fonction de recouvrement consiste à intervenir auprès des contribuables, et éventuellement à prendre des mesures à l'encontre de ceux qui ne produisent pas leurs déclarations à temps, ou n'effectuent pas un paiement à la date d'échéance. Malgré le déploiement des dispositifs de déclaration préremplie ou d'absence de dépôt de déclaration au cours des dernières années (voir chapitre 4), le dépôt d'une déclaration demeure obligatoire dans la majorité des juridictions étudiées dans cette publication. Même si en 2022, les taux moyens de respect des délais de dépôt se sont situés entre 76 % et 87 %, au moins 100 millions de déclarations n'ont pas été déposées à temps (voir tableaux 4.8. ainsi que A.47, A.51, A.55, et A.60). Il importe par conséquent que les administrations fiscales continuent de concentrer leurs efforts sur les moyens d'agir contre le dépôt tardif ou le défaut de déclaration.

En ce qui concerne le recouvrement des arriérés d'impôt, toutes les administrations participant à l'enquête, à l'exception d'une seule, ont indiqué affecter du personnel à cette tâche (l'administration fiscale chilienne a déclaré que le recouvrement des créances fiscales ne relevait pas de ses attributions ; voir tableau A.19). Selon les informations communiquées par les administrations fiscales, la fonction de recouvrement mobilise en moyenne 11 % environ du total des agents (voir chapitre 10).

Ce chapitre :

- examine brièvement les caractéristiques d'une fonction moderne de recouvrement des créances fiscales, ainsi que les éléments indispensables à une stratégie de gestion efficace dans ce domaine ;
- analyse les performances des administrations fiscales en matière de recouvrement des créances fiscales ;
- s'intéresse aux pouvoirs de recouvrement des administrations fiscales et à leur utilisation ; et
- fournit des exemples de stratégies mises en œuvre afin de prévenir l'accumulation de créances.

Caractéristiques d'une fonction de recouvrement des créances

Pour garantir un niveau élevé de respect volontaire des obligations fiscales et de confiance dans le système fiscal, les administrations doivent veiller à ce que leurs stratégies de recouvrement soient à la fois alignées sur les objectifs poursuivis et conformes aux attentes des contribuables quant à la gestion du système. Il s'agit non seulement de prendre des mesures fermes à l'encontre des contribuables qui manquent sciemment à leurs obligations, mais aussi de s'inspirer des principes de la relation client pour être plus à l'écoute de ceux souhaitant s'y conformer, mais qui pour certaines raisons, comme des problèmes de trésorerie passagers, en sont momentanément empêchés.

De plus en plus d'administrations fiscales adoptent une vision de bout en bout ou systémique de leurs processus, et cherchent à connaître les raisons pour lesquelles les déclarations n'ont pas été déposées ou les paiements n'ont pas été effectués. Elles analysent également l'historique du contribuable afin de mettre en évidence des schémas ou des anomalies. L'Encadré 7.1 présente certaines évolutions intervenues dans ce domaine.

Encadré 7.1. Exemples nationaux : Amélioration du recouvrement des créances fiscales

Canada : Système de gestion de la charge de travail des recouvrements et de la vérification

Le Système de gestion de la charge de travail des recouvrements et de la vérification (SGCTRV) marque une étape importante dans le processus de transformation de l'Agence du revenu du Canada (ARC).

Les travaux en cours visent principalement à concevoir un système de gestion des dossiers permettant aux programmes de recouvrement et de discipline fiscale d'optimiser les processus et d'améliorer les opérations. Le SGCTRV adopte une démarche horizontale axée sur la création de valeur, favorisant le développement de nouvelles fonctionnalités capables de gérer plusieurs tâches simultanément. Une telle approche permet à l'ARC d'améliorer ses normes de gestion des données, facilitant la production d'informations stratégiques pertinentes et fournies en temps voulu.

Le SGCTRV a déjà produit des résultats significatifs. Il a permis de réduire les charges administratives, d'accroître la résilience et l'agilité, et d'optimiser les normes de gestion des données. L'intégration de la plateforme avec d'autres systèmes contribue à une gestion efficace des règles de fonctionnement et conduit à une amélioration de l'assurance qualité. Les avantages pour les utilisateurs sont notamment les suivants :

- Gain de temps pour réaliser un état récapitulatif
- Accélération du processus de création de comptes et d'attribution aux agents
- Amélioration des capacités de production de rapports
- Accès plus rapide aux renseignements
- Recouvrement accéléré des recettes non perçues
- Qualité de service renforcée pour les Canadiens

Ce système s'est imposé comme une plateforme solide qui continuera à produire des résultats tangibles.

Géorgie : Réforme de la gestion des créances fiscales

En 2022, la Géorgie a lancé un programme pilote de réforme de la gestion des créances fiscales destiné à améliorer le respect de leurs obligations fiscales par les contribuables. Ce programme a bénéficié récemment d'un certain nombre d'améliorations qui ont permis d'obtenir des résultats, notamment :

- De nouveaux critères ont été mis au point afin d'identifier les contribuables redevables auprès de l'administration fiscale. Les intéressés sont automatiquement sélectionnés par le système dès lors qu'une action est requise, et leurs dossiers sont transmis aux agents concernés de l'administration fiscale géorgienne. L'accent est mis sur les contribuables dont les dettes se sont accumulées récemment ou qui sont en augmentation.
- Un nouveau logiciel de gestion électronique des dossiers a été installé afin de faciliter la tâche des agents.

Ces changements ont eu des résultats positifs. Le montant des créances fiscales enregistrées rapporté au total des recettes fiscales est désormais inférieur à 20 %, et le taux de règlement volontaire a augmenté. La possibilité de conclure des accords de report de paiement suscite également un intérêt croissant parmi les contribuables. Un nombre non négligeable de ces accords est conclu automatiquement, sans intervention humaine.

Source : Canada (2024) et Géorgie (2024).

Le rapport de 2014 intitulé *Working Smarter in Tax Debt Management* (OCDE, 2014[1]) donne un aperçu d'une fonction moderne de recouvrement des créances fiscales, et en présente les caractéristiques essentielles :

- ***Analyses avancées*** – Elles permettent d'exploiter toutes les informations dont les administrations fiscales disposent sur les contribuables afin de cibler les débiteurs avec plus de précision, et d'intervenir au bon moment.
- ***Stratégies de traitement*** – La fonction de recouvrement nécessite plusieurs types d'interventions, qu'il s'agisse de minimiser le risque d'impayés, d'aider les contribuables à effectuer leurs règlements, ou d'instaurer des mesures coercitives appropriées si nécessaire.
- ***Centres d'appels sortants*** – Ils permettent de gérer efficacement un volume important de créances.
- ***Organisation*** – Le recouvrement des créances est une fonction spécialisée qui est généralement organisée en conséquence. Des indicateurs de performance appropriés et une démarche d'amélioration continue permettent de parvenir aux résultats souhaités.
- ***Dettes internationales*** – Le recours approprié et au moment opportun à l'assistance internationale est crucial, en particulier les « articles concernant l'assistance en matière de recouvrement » prévus dans les conventions entre juridictions.

Le rapport de 2019 intitulé *Successful Tax Debt Management: Measuring Maturity and Supporting Change* (OCDE, 2019[2]) apporte des éclairages supplémentaires quant aux éléments nécessaires à une stratégie efficace de gestion des créances fiscales, et énonce quatre principes stratégiques dont les administrations fiscales jugeront peut-être bon de tenir compte lors de l'élaboration de leur stratégie de gestion des créances fiscales. Ces principes se concentrent sur le calendrier des interventions dans le cycle de gestion des créances, depuis l'examen des mesures visant à prévenir la naissance des créances, en passant par un dialogue précoce et continu avec les contribuables avant d'engager une action en exécution, jusqu'à des mesures coercitives efficaces et proportionnées, et des stratégies raisonnables d'annulation. Ils reposent sur l'idée selon laquelle le meilleur moyen de minimiser le risque de créances impayées est de s'y attaquer au plus tôt, idéalement avant qu'elles ne voient le jour. Le rapport contient également un recueil des pratiques de gestion des créances fiscales jugées concluantes, ainsi qu'un aperçu du *Modèle de maturité de gestion des créances fiscales*, qui a par la suite été publié en tant que document à part entière (OCDE, 2019[3]).

Performance en matière de recouvrement de créances

Le montant total des arriérés en fin d'exercice reste très élevé, de l'ordre de 2 700 milliards EUR. À des fins d'enquête et d'analyse comparative, le « Total des arriérés en fin d'exercice » correspond au montant total des créances fiscales et des créances sur d'autres recettes gérées par l'administration fiscale, dont le paiement est en souffrance à la fin de l'exercice. Ce montant inclut également les intérêts et pénalités. Sont aussi pris en compte les arriérés dont le recouvrement a été reporté (par exemple, à la suite de la mise en place d'un échéancier de paiements).

Le montant total des « Arriérés recouvrables » en fin d'exercice s'élevait à 810 milliards EUR environ. Les arriérés recouvrables correspondent au total des arriérés duquel sont soustraits (i) les montants litigieux pour lesquels l'action en recouvrement a été suspendue dans l'attente de l'issue de la procédure, (ii) les montants qui ne sont pas légalement recouvrables et (iii) les arriérés qui ne peuvent être recouvrés, par exemple lorsque le débiteur ne dispose pas de ressources financières ou d'autres actifs.

Par conséquent, et malgré les initiatives visant à garantir la comparabilité des données, il convient d'être prudent lorsque l'on compare certaines données, car l'organisation des systèmes fiscaux et les pratiques administratives diffèrent d'une juridiction à l'autre.

En 2022, le ratio moyen du total des arriérés en fin d'exercice en pourcentage des recettes nettes perçues s'établissait à 29 % (voir tableau D.41). Comme les années précédentes, il reste fortement influencé par le niveau très élevé des ratios d'un petit nombre de juridictions qui affichent des ratios supérieurs à 50 %. Si l'on exclut ces juridictions, la moyenne descend à environ 13 % des recettes nettes (voir Graphique 7.1 et Graphique 7.2 ainsi que tableau D.41). *(Note : les pourcentages mentionnés dans ce paragraphe sont différents de ceux du Tableau 7.1, car le tableau montre les ratios moyens des arriérés pour les juridictions qui ont été en mesure de fournir ces informations pour les années 2018 à 2022.)*

Tableau 7.1. Variations des ratios moyens d'arriérés, 2018 et 2022

Ratio des arriérés	2018	2019	2020	2021	2022	Variation en pourcentage entre 2018 et 2022
Total des arriérés en fin d'exercice, en pourcentage des recettes nettes perçues (50 juridictions)	28.2	27.9	34.7	30.2	27.7	-1.7
Total des arriérés recouvrables en fin d'exercice, en pourcentage du total des arriérés à la fin de l'exercice (41 juridictions)	49.6	50.5	53.2	53.4	51.8	+4.4

Note : le tableau présente les ratios moyens des arriérés pour les juridictions qui ont été en mesure de fournir ces informations pour les années 2018 à 2022. Le nombre de juridictions pour lesquelles des données étaient disponibles est indiqué entre parenthèses. Les données concernant la Bulgarie ont été exclues du calcul de la moyenne du « Total des arriérés en fin d'exercice, en pourcentage des recettes nettes perçues », car les données relatives aux quatre années n'étaient pas comparables (voir tableau A.74).

Source : CIAT, IOTA, FMI, OCDE, Enquête internationale sur les administrations fiscales (ISORA), tableau D.41 Ratios d'arriérés : stock à la clôture et arriérés recouvrables, https://data.rafit.org/regular.aspx?key=74180902 (consulté le 10 septembre 2024).

Si l'on examine les données sur la période de cinq ans allant de 2018 à 2022, on constate une diminution du ratio moyen du total des arriérés en fin d'exercice en pourcentage des recettes nettes perçues pour les deux dernières années. Cette baisse fait suite à la hausse significative du ratio de plus de 20 % en moyenne enregistrée en 2020, première année de la pandémie. Le ratio avait alors augmenté de plus de 20 % en moyenne, alors que de nombreux gouvernements avaient pris des mesures d'accompagnement des particuliers et des entreprises en allongeant les délais de paiement ou en suspendant le recouvrement des créances impayées (CIAT/IOTA/OCDE, 2020[4]). D'après les dernières données disponibles, le ratio moyen « Total des arriérés en fin d'exercice, en pourcentage des recettes nettes perçues » est désormais revenu à ses niveaux d'avant la pandémie. (Voir Tableau 7.1.)

De façon générale, les données au niveau des juridictions illustrent également les variations du ratio moyen : entre 2019 et 2020, le ratio « Total des arriérés en fin d'exercice, en pourcentage des recettes nettes perçues » a augmenté dans 86 % des juridictions, tandis qu'entre 2020 et 2022, il a diminué dans 77 % des juridictions (voir tableau D.41).

Graphique 7.1. Total des arriérés en fin d'exercice, en pourcentage du total des recettes nettes (administrations dont le ratio est supérieur à 50 %), 2022

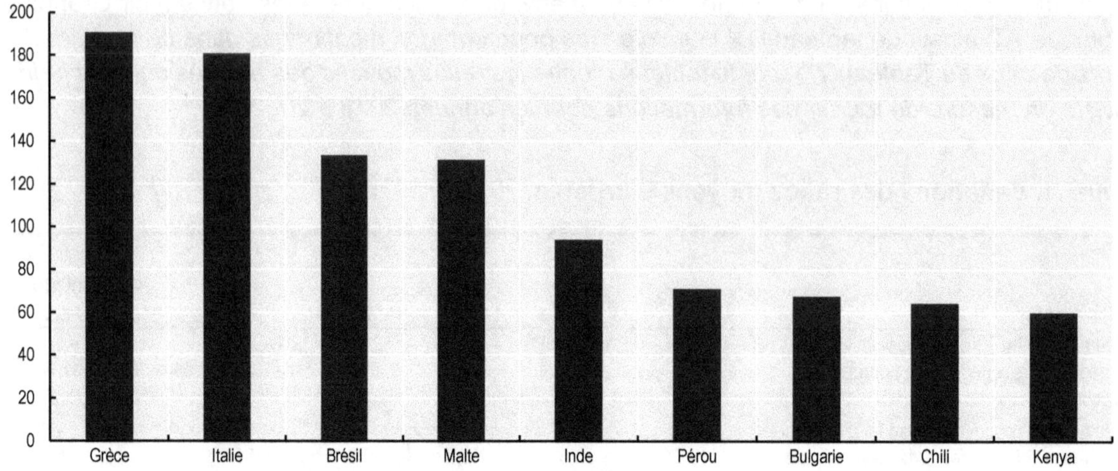

Source : CIAT, IOTA, FMI, OCDE, Enquête internationale sur les administrations fiscales (ISORA), tableau D.41 Ratios d'arriérés : stock à la clôture et arriérés recouvrables, https://data.rafit.org/regular.aspx?key=74180902 (consulté le 10 septembre 2024).

StatLink https://stat.link/o15myw

Graphique 7.2. Total des arriérés en fin d'exercice, en pourcentage du total des recettes nettes (administrations dont le ratio est inférieur à 50 %), 2022

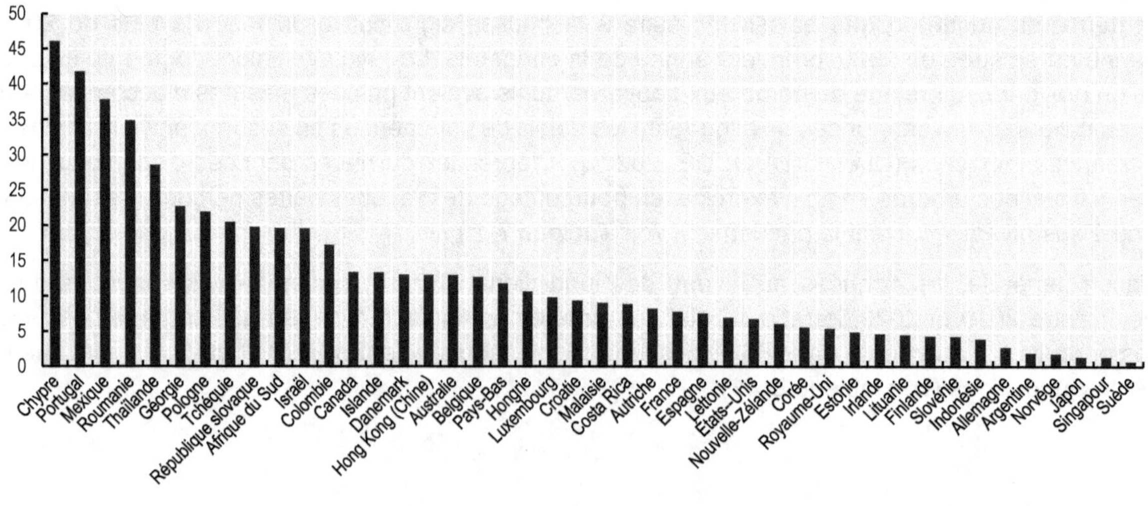

Source : CIAT, IOTA, FMI, OCDE, Enquête internationale sur les administrations fiscales (ISORA), tableau D.41 Ratios d'arriérés : stock à la clôture et arriérés recouvrables, https://data.rafit.org/regular.aspx?key=74180902 (consulté le 10 septembre 2024).

StatLink https://stat.link/5vdtqn

S'agissant des arriérés recouvrables, les données de 2022 font apparaître qu'en moyenne, la moitié environ du montant total des arriérés est considérée comme recouvrable. Cela représente une augmentation de 4 % par rapport à 2018. (Voir Tableau 7.1.) Le Graphique 7.3 met cependant bien en évidence les différences entre les juridictions. Dans certaines d'entre elles, presque tous les arriérés sont considérés comme recouvrables, tandis qu'ils sont presque tous non recouvrables dans d'autres.

Graphique 7.3. Total des arriérés recouvrables en pourcentage du total des arriérés en fin d'exercice, 2022

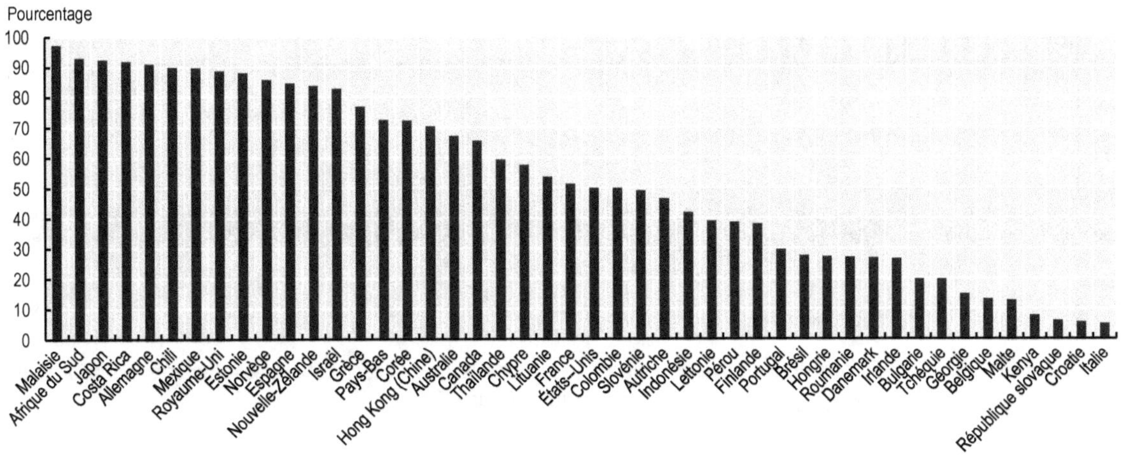

Source : CIAT, IOTA, FMI, OCDE, Enquête internationale sur les administrations fiscales (ISORA), tableau D.41 Ratios d'arriérés : stock à la clôture et arriérés recouvrables, https://data.rafit.org/regular.aspx?key=74180902 (consulté le 10 septembre 2024).

StatLink https://stat.link/9vg81a

Le Graphique 7.4 montre l'évolution du total des arriérés en fin d'exercice entre 2021 et 2022. En valeur absolue, le montant total a augmenté dans 34 des 53 juridictions en mesure de transmettre des données. (Note : Cela ne contredit pas l'observation ci-dessus selon laquelle les ratios d'arriérés diminuent. Bien qu'en valeur absolue, les arriérés augmentent dans de nombreuses juridictions, le ratio « Total des arriérés en pourcentage des recettes nettes perçues » diminue à mesure que les recettes totales perçues augmentent.)

Si l'on examine le montant des arriérés pour les principaux types d'impôts (voir Tableau 7.2), il semble que les particuliers soient plus susceptibles que les entreprises de respecter les délais de paiement. En 2022, le ratio moyen des arriérés liés à l'impôt sur les bénéfices des sociétés (IS) par rapport aux recettes nettes tirées de l'IS et celui des arriérés concernant les taxes sur la valeur ajoutée s'élevaient respectivement à environ 20 % et 24 %. Le ratio de l'impôt sur le revenu des personnes physiques (IRPP) était beaucoup plus faible, aux alentours de 15 %.

Les données confirment également les difficultés rencontrées par les entreprises au début de la pandémie. Les ratios moyens concernant l'IS et la TVA avaient sensiblement augmenté entre 2019 et 2020, mais ils sont désormais revenus à leurs niveaux d'avant la pandémie.

Le ratio des impôts à la source prélevés par les employeurs est le plus faible, à environ 6 %, ce qui n'est guère surprenant dans la mesure où les employeurs sont chargés de reverser ces impôts à l'administration pour le compte de leurs employés, et n'ont donc aucun droit sur ces montants.

Graphique 7.4. Évolution du total des arriérés entre 2021 et 2022

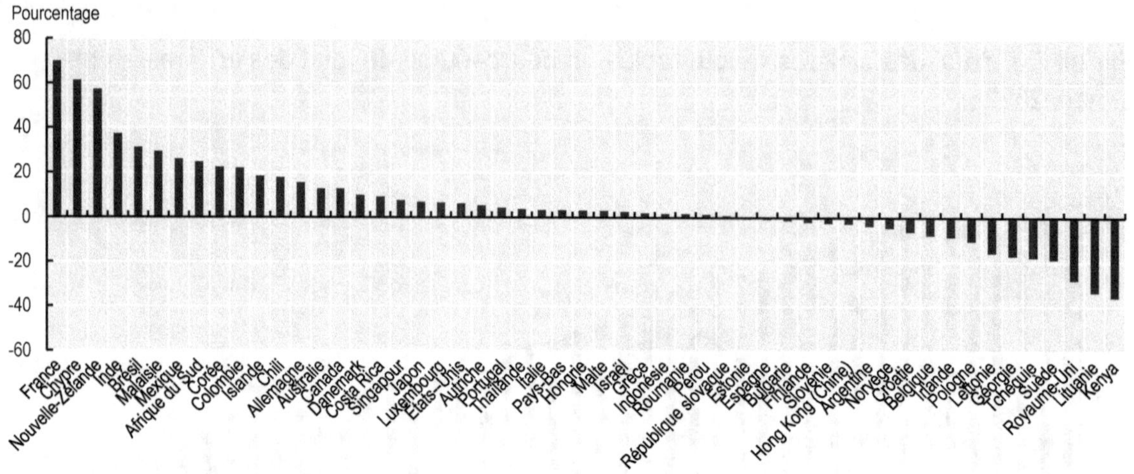

Source : CIAT, IOTA, FMI, OCDE, Enquête internationale sur les administrations fiscales, tableau D.42 Ratios d'arriérés : variation en glissement annuel, https://data.rafit.org/regular.aspx?key=74180902 (consulté le 10 septembre 2024).

StatLink https://stat.link/3olryt

Tableau 7.2. Évolution du ratio moyen des arriérés en fin d'exercice par rapport aux recettes nettes perçues par type d'impôt entre 2018 et 2022

Type d'impôt	2018	2019	2020	2021	2022
Arriérés de l'IS en % de l'IS collecté (40 juridictions)	23.7	26.4	30.1	23.9	19.9
Arriérés de l'IRPP en pourcentage de l'IRPP collecté (41 juridictions)	16.5	14.4	15.8	15.3	15.5
Arriérés des impôts à la source prélevés par les employeurs en pourcentage de l'IRPP collecté (34 juridictions)	7.2	6.5	7.2	6.9	6.2
Arriérés de TVA en pourcentage de la TVA collectée (39 juridictions)	23.8	23.5	30.2	25.1	23.6

Note : le tableau présente les ratios moyens pour les juridictions qui ont été en mesure de fournir ces informations pour les années 2018 à 2022. Le nombre de juridictions pour lesquelles des données étaient disponibles est indiqué entre parenthèses. Les données concernant la Bulgarie ont été exclues du calcul de la moyenne du « Total des arriérés en fin d'exercice, en pourcentage des recettes nettes perçues », car les données relatives aux trois années n'étaient pas comparables (voir tableau A.74). En outre, parce qu'elles fausseraient les moyennes, les données relatives au Brésil et à la Grèce ont été exclues du calcul de la moyenne de l'IS, et celles relatives à Malte ont été exclues du calcul de la moyenne de la TVA.
Source : CIAT, IOTA, FMI, OCDE, Enquête internationale sur les administrations fiscales (ISORA), tableau D.44 Arriérés recouvrés par type d'impôt : IS et IR, et tableau D.45 Arriérés recouvrés par type d'impôt : retenue à la source et TVA, https://data.rafit.org/regular.aspx?key=74180902 (consulté le 10 septembre 2024).

Pouvoirs des administrations fiscales en matière de recouvrement et façon dont ils sont utilisés

Le cadre législatif confère aux agents du fisc des pouvoirs qui leur permettent de mettre en œuvre certaines mesures concernant la gestion des créances fiscales, le recouvrement des paiements exigibles, ainsi que les actions coercitives pouvant être prises à l'encontre des débiteurs défaillants. Les graphiques 7.5 à 7.7 synthétisent ces informations pour les 58 juridictions étudiées, et examinent notamment :

- les mesures auxquelles les administrations fiscales peuvent recourir pour aider les contribuables à honorer leurs dettes ;

- les mesures qu'elles peuvent mettre en œuvre pour recouvrer les paiements exigibles ; et
- les mesures qui peuvent leur permettre d'obtenir le recouvrement des créances en recourant à des moyens de pression.

Mesures destinées à aider les contribuables à honorer leurs dettes

Comme le montre le Graphique 7.5, la majorité des administrations déclarent faire fréquemment usage du pouvoir leur permettant d'accorder des facilités de paiement. Près de la moitié d'entre elles rapportent également octroyer régulièrement des délais pour le règlement des arriérés d'impôt. (Voir l'Encadré 7.2 qui illustre au travers de deux exemples comment les administrations aident les contribuables à mettre en place des échéanciers de paiement.)

Concernant la possibilité d'annuler les intérêts et les pénalités, un peu plus de 40 % des administrations y recourent fréquemment, tandis qu'une proportion équivalente l'utilise rarement, alors qu'elles en ont la faculté. Bien que les juridictions soient partagées à parts égales quant aux mesures qui permettraient à leur administration fiscale d'accorder aux contribuables une réduction du montant des pénalités ou des intérêts, environ la moitié de celles disposant de telles prérogatives déclarent ne pas y recourir, ou ne les utiliser que rarement. (Voir Graphique 7.5.)

Graphique 7.5. Mesures destinées à aider les contribuables à honorer leurs dettes, 2022

Pourcentage de juridictions

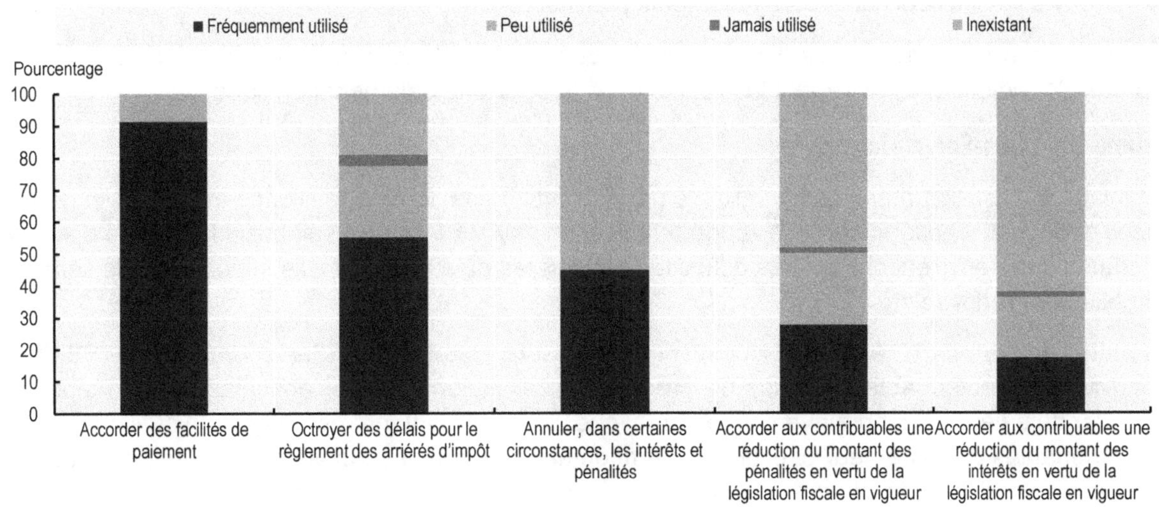

Source : CIAT, IOTA, FMI, OCDE, Enquête internationale sur les administrations fiscales (ISORA), tableau B.31 Arriérés d'impôt : pouvoirs de recouvrement et façon dont ils sont utilisés – partie 1, tableau B.32 Arriérés d'impôt : pouvoirs de recouvrement et façon dont ils sont utilisés – partie 2, tableau B.33 Arriérés d'impôt : pouvoirs de recouvrement et façon dont ils sont utilisés – partie 3, tableau B.34 Arriérés d'impôt : pouvoirs de recouvrement et façon dont ils sont utilisés – partie 4 https://data.rafit.org/regular.aspx?key=74180917 (consulté le 10 septembre 2024).

StatLink https://stat.link/rw0zkc

Encadré 7.2. Exemples nationaux : Aider les contribuables à honorer leurs dettes

Canada : Calculateur pour l'entente de paiement

Les contribuables qui sont dans l'incapacité d'honorer leurs dettes dans les délais ont désormais la possibilité de mettre en place des « ententes de paiement » de manière automatique avec l'Agence du revenu du Canada (ARC).

Présenté pour la première fois au public sur le site internet Canada.ca en juin 2017, le « Calculateur pour l'entente de paiement » (CEP) fonctionnait initialement comme un outil autonome permettant aux contribuables de mettre en place un échéancier de paiement pour leurs dettes envers l'ARC. Les contribuables devaient se connecter aux portails sécurisés (Mon dossier ou Mon dossier d'entreprise) et renseigner manuellement les champs du formulaire de paiement par débit pré-autorisé (DPA) à l'aide des données fournies par le CEP en vue de mettre en place un accord d'étalement du remboursement de leur dette.

En février 2023, les fonctionnalités du CEP ont été intégrées à la procédure de paiement par débit pré-autorisé, enrichissant ainsi les options de paiement disponibles dans les espaces Mon dossier et Mon dossier d'entreprise. Cette initiative permet aux contribuables de :

- Modifier le montant à payer ;
- Prendre connaissance du taux d'intérêt prescrit en vigueur ;
- Sélectionner la date de début, la fréquence et le nombre des paiements ;
- Inclure les intérêts dans leurs paiements planifiés.

Cela contribue à désengorger les lignes téléphoniques de l'ARC tout en répondant aux attentes de nombreux Canadiens qui privilégient la rapidité et l'efficacité des paiements en ligne.

Royaume-Uni : Self-Serve Time to Pay

L'administration fiscale britannique (HMRC) a pour objectif d'améliorer la résilience et l'efficacité de ses services et de mieux accompagner les contribuables, en veillant à ce qu'il soit aussi facile que possible pour ceux d'entre eux rencontrant des difficultés financières de s'acquitter des impôts dont ils seraient éventuellement redevables.

Dans cette optique, HMRC a mis en place un nouveau service baptisé *Self-Serve Time to Pay* (SSTTP), qui permet aux contribuables éligibles de procéder à des paiements par anticipation et d'établir un échéancier de paiement par prélèvement automatique. Le service intègre également un outil qui permet aux contribuables d'évaluer leur capacité de remboursement et leur propose un échéancier adapté à leur situation financière établi sur la base des données sur les revenus et les dépenses qu'ils ont renseignées. Si les contribuables ne parviennent pas mettre en place un échéancier de paiement en ligne, ils peuvent obtenir de l'aide *via* webchat.

L'objectif et de désengorger les lignes téléphoniques et de favoriser la dématérialisation des services de l'administration fiscale. Depuis sa mise en service, plus de 22 500 échéanciers ont été établis, pour une valeur cumulée dépassant les 190 millions GBP.

Source : Canada (2024) et Royaume-Uni (2024).

Mesures destinées à recouvrer les paiements exigibles

Les administrations déclarent qu'elles ont largement recours à l'imputation des trop-perçus sur les arriérés d'impôt, aux ordonnances de saisie sur salaires et de saisie de biens et à des saisies auprès de tiers détenteurs (banques, employeurs, etc.). En ce qui concerne la possibilité de recouvrer les impôts qui font l'objet d'un contentieux alors qu'une procédure judiciaire ou administrative est en cours, ainsi que la possibilité de conclure des accords de recouvrement avec d'autres administrations fiscales, environ la moitié des administrations qui ont cette possibilité déclarent ne pas en faire usage ou l'utiliser peu souvent. (Voir Graphique 7.6.)

L'Encadré 7.3 présente un exemple de collaboration internationale visant à améliorer le recouvrement des créances.

Encadré 7.3. Belgique : Projet BENE

Les administrations fiscales belge et néerlandaise sont confrontées à un défi commun, à savoir comment traiter les débiteurs fiscaux qui vivent dans l'autre pays. Autrement dit, leur marge de manœuvre, au niveau national, est limitée en matière de collecte et de recouvrement lorsqu'elles sont confrontées à des débiteurs résidant ou enregistrés à l'étranger. En principe, elles devraient adresser une demande d'assistance mutuelle pour recouvrer les impôts, ce qui est coûteux et chronophage.

Afin de remédier à cette situation plus efficacement, une initiative transnationale associant les deux administrations fiscales, le Projet BENE, a été mise en œuvre en 2023. Ce projet cible les contribuables résidant aux Pays-Bas et redevables envers l'administration fiscale belge et, réciproquement, les contribuables résidant en Belgique redevables envers l'administration fiscale néerlandaise.

L'objectif est à la fois d'améliorer le respect des obligations de paiement tout en réduisant le recours formel à l'assistance mutuelle en matière de recouvrement, au moyen de lettres de rappel. L'administration adresse au contribuable un premier courrier de rappel lorsque la dette devient exigible. À défaut de paiement ou de réponse dans les 30 jours, l'administration du pays où réside le débiteur lui adresse un second courrier. Une demande d'assistance mutuelle est introduite uniquement si les deux lettres restent sans réponse.

Source : Belgique (2024).

Graphique 7.6. Mesures destinées à recouvrer les paiements exigibles, 2022

Pourcentage de juridictions

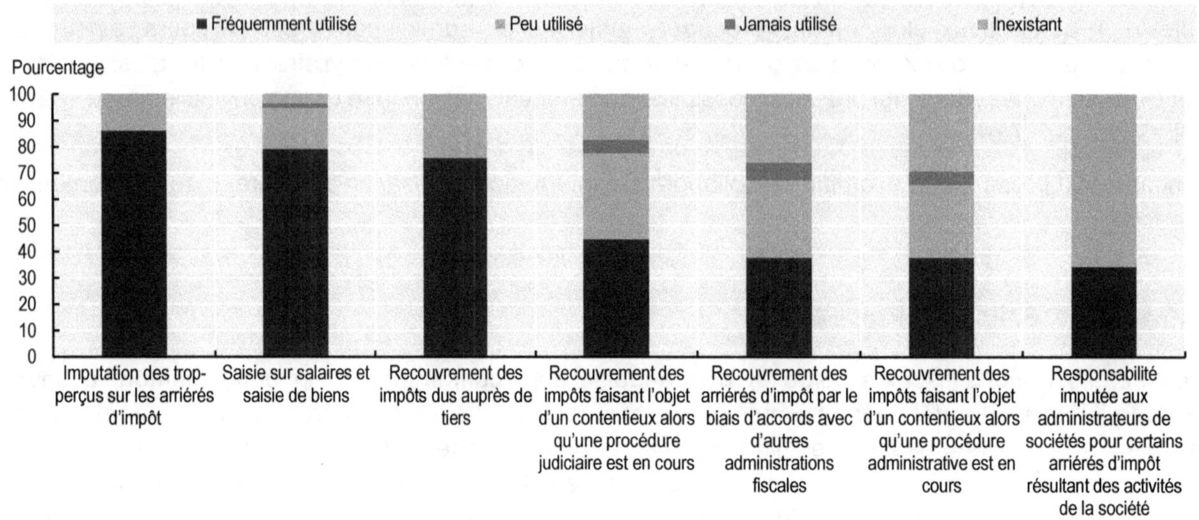

Source : CIAT, IOTA, FMI, OCDE, Enquête internationale sur les administrations fiscales (ISORA), tableau B.31 Arriérés d'impôt : pouvoirs de recouvrement et façon dont ils sont utilisés – partie 1, tableau B.32 Arriérés d'impôt : pouvoirs de recouvrement et façon dont ils sont utilisés – partie 2, tableau B.33 Arriérés d'impôt : pouvoirs de recouvrement et façon dont ils sont utilisés – partie 3, tableau B.34 Arriérés d'impôt : pouvoirs de recouvrement et façon dont ils sont utilisés – partie 4 https://data.rafit.org/regular.aspx?key=74180917 (consulté le 10 septembre 2024).

StatLink https://stat.link/2mkyln

Mesures destinées à obtenir le recouvrement des créances

Étant donné que les mesures mentionnées dans le Graphique 7.7. peuvent entraîner de graves conséquences (fermeture temporaire d'entreprise, publication du nom des contribuables débiteurs, restriction des déplacements, etc.), il n'est guère surprenant que dans la majorité des juridictions, l'administration fiscale dispose d'un nombre restreint de ces mesures, ne les utilise pas ou y recoure de manière ponctuelle. La seule exception concerne l'obligation pour un soumissionnaire de disposer d'une attestation justifiant de la régularité de sa situation fiscale pour pouvoir participer à des appels d'offres publics. Il s'agit d'une mesure moins radicale par nature, mais très efficace, qui est donc fréquemment utilisée par plus de 75 % des administrations.

Graphique 7.7. Mesures destinées à obtenir le recouvrement des créances, 2022

Pourcentage de juridictions

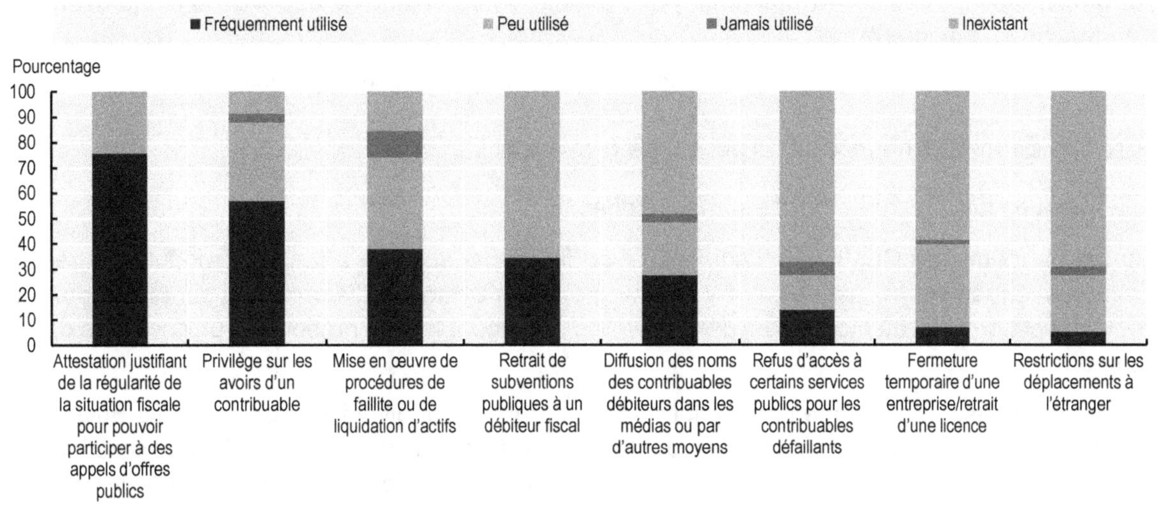

Source : CIAT, IOTA, FMI, OCDE, Enquête internationale sur les administrations fiscales (ISORA), tableau B.31 Arriérés d'impôt : pouvoirs de recouvrement et façon dont ils sont utilisés – partie 1, tableau B.32 Arriérés d'impôt : pouvoirs de recouvrement et façon dont ils sont utilisés – partie 2, tableau B.33 Arriérés d'impôt : pouvoirs de recouvrement et façon dont ils sont utilisés – partie 3, tableau B.34 Arriérés d'impôt : pouvoirs de recouvrement et façon dont ils sont utilisés – partie 4 https://data.rafit.org/regular.aspx?key=74180917 (consulté le 10 septembre 2024).

StatLink https://stat.link/ipusye

Approches préventives

Les mesures prises par les administrations afin de prévenir la naissance de créances et de recouvrer les arriérés continuent d'évoluer. L'Encadré 7.4 illustre les approches adoptées par certaines administrations. Les progrès en matière de modélisation prédictive et de techniques expérimentales, présentés dans le rapport de l'OCDE *Advanced Analytics for Better Tax Administration* (OCDE, 2016[5]), et dans le recueil des pratiques de gestion des créances fiscales jugées concluantes que l'on trouvera dans le rapport de l'OCDE intitulé *Successful Tax Debt Management: Measuring Maturity and Supporting Change* (OCDE, 2019[2]), aident de nombreuses administrations à adapter leurs interventions en fonction des risques propres à tel ou tel contribuable. Les approches retenues relèvent de l'une des catégories suivantes :

- l'**analyse prédictive**, qui cherche à évaluer la probabilité de réalisation de certains résultats et qui, en ce qui concerne le recouvrement des créances, repose sur une modélisation du risque qu'une personne physique ou une entreprise manque à ses obligations de paiement, ainsi que sur des modèles visant à estimer la probabilité d'insolvabilité ou d'autres difficultés de paiement ; et
- l'**analyse prescriptive**, qui consiste à prévoir l'impact probable de mesures sur le comportement des contribuables, pour permettre aux administrations fiscales de choisir la bonne ligne d'action pour un contribuable ou un groupe de contribuables donné. (OCDE, 2016[5])

De nombreuses administrations combinent ces deux pratiques, et ont expérimenté diverses méthodes destinées à influer sur le « comportement des contribuables ». Comme on l'a vu dans le chapitre 6, environ la moitié des administrations déclarent employer des chercheurs en sciences comportementales, et le recours à des pratiques inspirées des sciences comportementales est susceptible de modifier les stratégies en matière de gestion des créances fiscales, à mesure que les administrations abandonnent les approches universelles (lorsque cela s'avère rentable) et s'efforcent plutôt de déterminer :

- les cas devant faire l'objet d'une intervention ;
- à quel moment il convient d'intervenir (par exemple, avant la date de dépôt de la déclaration ou de réception du paiement) ; et
- le type de mesure qui permettrait d'obtenir le meilleur rapport coût-bénéfice.

Encadré 7.4. Exemples nationaux : Approches préventives

Lituanie : Gestion des créances fondée sur les risques

Pendant la pandémie de COVID-19, l'administration fiscale lituanienne a lancé le module de gestion des créances fondée sur les risques, qui a été intégré à son Système d'information sur la comptabilité fiscale. L'objectif premier du module est d'identifier les contribuables qui présentent un risque de défaut de paiement plus élevé.

Cette notation du risque d'endettement simplifie considérablement divers processus de recouvrement de créances dans le cadre des activités de l'administration fiscale. Le module est amélioré en permanence et de nouveaux critères d'évaluation des risques y sont ajoutés au fil du temps. Par exemple, l'administration fiscale élabore actuellement un nouveau critère destiné à identifier les contribuables présentant un risque élevé d'insolvabilité. Les principaux critères utilisés par l'administration fiscale pour évaluer ce nouveau risque sont tirés des documents d'information financière des entités juridiques. En vertu de la loi lituanienne sur l'insolvabilité des personnes morales, une entité juridique est considérée comme insolvable lorsque la valeur de ses passifs dépasse la valeur de ses actifs. L'objectif de l'administration est d'identifier automatiquement les contribuables qui remplissent ce critère. L'intégration des résultats obtenus dans l'évaluation globale du risque d'endettement permettra à l'administration fiscale de mettre en œuvre une approche ciblée vis-à-vis de ses débiteurs, afin de déterminer de manière exhaustive les stratégies les plus efficaces pour recouvrer les créances.

Espagne : Approches préventives en matière de discipline fiscale

L'Espagne a mis en place des mesures préventives pour se prémunir contre le risque de non-recouvrement de l'impôt dû. Trois initiatives ont été mises en œuvre :

- Recourir à des techniques d'analyse des données afin de mieux identifier et mesurer les risques de non-recouvrement. Pour mieux comprendre les risques de non-recouvrement, de nombreux indicateurs sont examinés, comme le démembrement d'actifs, l'historique des recouvrements et des activités telles que le dépôt des déclarations fiscales, etc.
- Améliorer la coopération entre les unités chargées du contrôle et du recouvrement, par exemple en facilitant l'échange de données d'analyse entre les équipes.
- Améliorer les outils informatiques pour faciliter le recouvrement préventif.

L'objectif de ces interventions consiste à fournir une évaluation approfondie, automatique et analytique du risque qu'un contribuable n'honore pas sa dette, et de pouvoir réagir rapidement si nécessaire.

Source : Lituanie (2024) et Espagne (2024).

Bibliographie

CIAT/IOTA/OCDE (2020), « Réponses de l'administration fiscale au COVID-19 : Mesures prises pour soutenir les contribuables », *Les réponses de l'OCDE face au coronavirus (COVID-19)*, Éditions OCDE, Paris, https://doi.org/10.1787/69d26e77-fr. [4]

OCDE (2019), *Modèles de maturité de l'administration fiscale et de la délinquance fiscale de l'OCDE*, OCDE, Paris, https://www.oecd.org/fr/topics/sub-issues/comparative-analysis-of-tax-administrations/tax-maturity-models.html (consulté le 10 septembre 2024). [3]

OCDE (2019), *Successful Tax Debt Management : Measuring Maturity And Supporting Change*, Éditions OCDE, Paris, https://doi.org/10.1787/e8fdb816-en. [2]

OCDE (2016), *Advanced Analytics for Better Tax Administration : Putting Data to Work*, Éditions OCDE, Paris, https://doi.org/10.1787/9789264256453-en. [5]

OCDE (2014), *Working Smarter in Tax Debt Management*, Éditions OCDE, Paris, https://doi.org/10.1787/9789264223257-en. [1]

8 Différends

La prévention et le règlement des différends sont des éléments essentiels qui contribuent à maintenir la confiance dans les systèmes fiscaux. Ce chapitre se penche sur les stratégies mises en place par les administrations fiscales pour résoudre et prévenir les différends de manière équitable et efficace.

Introduction

Les droits et obligations des contribuables sont souvent définis par la loi ou des chartes fiscales (voir tableau 9.4, chapitre 9). Ces droits et obligations reposent sur un accès effectif à des procédures permettant aux contribuables de contester le calcul de l'impôt et les décisions prises. De telles procédures permettent aux contribuables de faire valoir leurs droits, et d'assurer un contrôle adéquat sur l'exercice des compétences fiscales des administrations. Toutefois, il est également essentiel que les administrations fiscales et les contribuables collaborent afin de prévenir les différends, ce qui permettrait d'alléger à la fois la charge de travail et les incertitudes pour les deux parties.

Ce chapitre examine les stratégies de règlement et d'examen des différends en vigueur dans les juridictions couvertes par le présent rapport, ainsi que leurs performances dans ce domaine. Il s'agit d'une fonction importante des administrations fiscales, qui consacrent en moyenne environ 5 % de leurs effectifs à la gestion des différends, y compris les procédures judiciaires, le règlement des différends, les appels, les objections et les décisions (voir chapitre 10).

Mécanismes d'examen des règlements des différends

Les 58 juridictions couvertes par ce rapport accordent aux contribuables le droit de contester l'établissement de l'impôt. Presque toutes les administrations déclarent disposer d'un mécanisme de contrôle interne, et une grande majorité d'entre elles offrent aux contribuables la possibilité de demander un examen indépendant par un organisme externe, un moyen qui peut contribuer à améliorer la sécurité juridique pour les contribuables, tout en évitant le risque de procédures judiciaires potentiellement longues et coûteuses. S'agissant des administrations qui proposent les deux mécanismes d'examen, environ 80 % d'entre elles imposent aux contribuables l'obligation de demander un examen interne avant que leur cas ne puisse être examiné par un organisme externe. (Voir Tableau 8.1.)

Tableau 8.1. Règlement des différends : mécanismes d'examen disponibles, 2022

En pourcentage des administrations étudiées

Mécanismes permettant aux contribuables de contester le calcul de l'impôt			Les contribuables doivent d'abord solliciter un examen interne lorsqu'une telle possibilité est offerte
Examen interne par l'administration fiscale	Examen indépendant par un organisme externe	Examen indépendant par une juridiction d'appel de niveau supérieur	
98.3	93.1	100.0	80.7

Source : CIAT, IOTA, FMI, OCDE, Enquête internationale sur les administrations fiscales (ISORA), tableau A.89 Règlement des différends : mécanismes d'examen, tableau A.90 Règlement des différends : procédure d'examen, https://data.rafit.org/regular.aspx?key=74180895 (consulté le 10 septembre 2024).

Performances en matière de règlement des différends

Si les administrations fiscales ne peuvent généralement pas contrôler le calendrier des procédures judiciaires, nombre d'entre elles s'emploient à améliorer les procédures de règlement des différends afin de les accélérer. Parmi les solutions proposées, on peut citer la médiation ou d'autres mécanismes non judiciaires. Les exemples présentés dans l'Encadré 8.1 illustrent la façon dont les administrations améliorent leurs systèmes de gestion des dossiers.

Encadré 8.1. Exemples nationaux : Règlement des différends

Brésil : Classification et qualification des procédures et des allégations

Le Brésil a pris des mesures afin de réduire le nombre d'affaires en souffrance et le délai moyen pour rendre une décision. Le service du contentieux administratif en matière fiscale de l'administration fiscale fédérale brésilienne est chargé des dossiers contentieux, notamment de la gestion centralisée des affaires, de leur sélection et de leur transmission aux juges. Dans le cadre du plan de travail visant à accroître la productivité sans augmenter le nombre de juges, l'initiative intitulée « Classification et qualification des procédures et des allégations » a été mise en œuvre.

Cette initiative comprenait plusieurs actions, notamment :

- l'élaboration de tableaux regroupant les différentes allégations que le contribuable pourrait invoquer dans son recours ;
- l'identification des allégations contenues dans les recours ;
- la sélection et l'affectation aux juges des catégories d'affaires sur la base des allégations soulevées.

En outre, des progrès ont été accomplis dans les domaines suivants :

- la prise de décision stratégique ;
- la création de catégories de procédures plus homogènes afin d'optimiser les décisions ;
- l'identification rapide de catégories de procédures dans des situations particulières, par exemple lors de la publication d'une décision judiciaire ayant des répercussions sur des décisions administratives ;
- la constitution d'une base de données cohérente pour l'apprentissage automatique afin d'utiliser des algorithmes d'intelligence artificielle ;
- la classification des procédures a également permis de mener des travaux axés sur l'identification des causes des exonérations à l'appui des projets visant à améliorer les analyses et à modifier les processus décisionnaires.

Ces initiatives se sont révélées efficaces, avec une augmentation de 94 % du nombre de dossiers réglés en 2023 par rapport à 2022.

Arabie saoudite : Une gestion plus intelligente des dossiers grâce à l'intelligence artificielle

Le projet Al-Njaz offre une solution intelligente pour les processus juridiques et fiscaux relatifs aux activités essentielles du Secrétariat général saoudien des comités fiscaux (GSTC), allant de l'enregistrement des affaires à la prise de décisions judiciaires. Ce projet vise à tirer parti de diverses techniques d'intelligence artificielle afin d'améliorer la prise de décision, prévenir les divergences, assurer le respect des réglementations et analyser les affaires passées.

Vingt défis opérationnels ont été définis et traités à travers des cas d'utilisation organisés en quatre grands thèmes :

- Organisation des données : cette approche s'appuie sur des techniques de classification pour détecter les dossiers redondants, dégager des similitudes et effectuer des contrôles de cohérence des dossiers. Elle vise à améliorer le traitement des dossiers et à éviter les divergences dans les décisions rendues dans des affaires similaires.

- Analyse de la conformité : l'accent est mis sur le respect des normes du GSTC s'agissant des informations devant figurer dans les dossiers. Cette approche s'appuie sur des techniques avancées de science des données pour effectuer des vérifications de la structure d'un document et de son contenu.
- Objectif de l'intelligence décisionnelle : cette approche guide les décisions des analystes tout au long du processus d'analyse d'un dossier et de prise de décision, en s'appuyant sur des techniques avancées de science des données telles que les modèles de régression. Ce thème inclut la rédaction des décisions, ainsi que l'assurance et le contrôle de la qualité des champs de données obligatoires.
- Analytique de l'IA : cette approche tire parti des capacités de calcul déterministe pour mieux comprendre les tendances et obtenir des éclairages afin d'assurer la cohérence et l'harmonisation entre les décisions passées et de permettre des prévisions futures.

Source : Brésil (2024) et Arabie saoudite (2024).

Les tableaux 8.2 et 8.3 montrent l'évolution entre 2018 et 2022 du nombre de nouveaux dossiers examinés et de dossiers non clôturés en fin d'exercice ayant fait l'objet d'une procédure de contrôle interne et externe. La réduction du nombre de nouveaux dossiers, voir Tableau 8.2, signalée par la majorité des administrations pendant la pandémie de COVID-19, n'est plus observée aujourd'hui. Entre 2021 et 2022, une petite majorité d'administrations ont fait état d'une hausse du nombre de nouveaux dossiers.

En ce qui concerne le nombre de dossiers non clôturés en fin d'exercice, voir Tableau 8.3, la majorité des administrations ont fait état d'une diminution entre 2021 et 2022, pour les dossiers ayant fait l'objet d'un examen interne et externe. Pour ce qui est des dossiers fiscaux ayant fait l'objet d'un examen externe, la tendance observée depuis trois ans se poursuit.

Tableau 8.2. Règlement des différends : variation du nombre de nouveaux dossiers, 2018-22

Pourcentage d'administrations ayant fait état d'une augmentation ou d'une diminution du nombre de nouveaux dossiers

Mouvement	Nouveaux dossiers fiscaux faisant l'objet d'une procédure de contrôle interne				Nouveaux dossiers fiscaux faisant l'objet d'un examen indépendant par un organisme externe			
	Variation entre				Variation entre			
	2018-19	2019-20	2020-21	2021-22	2018-19	2019-20	2020-21	2021-22
Augmentation	51.0	39.2	56.9	51.0	44.4	27.0	44.4	55.3
Diminution	49.0	60.8	43.1	49.0	55.6	72.7	55.6	44.7

Source : CIAT, IOTA, FMI, OCDE, Enquête internationale sur les administrations fiscales, tableaux A.91 Règlement des différends : nombre de dossiers – dossiers fiscaux faisant l'objet d'une procédure de contrôle interne, et A.92 Règlement des différends : nombre de dossiers – dossiers fiscaux faisant l'objet d'un examen indépendant par un organisme externe, https://data.rafit.org/regular.aspx?key=74180895 (consulté le 10 septembre 2024).

Tableau 8.3. Règlement des différends : variation du nombre de dossiers non clôturés en fin d'exercice, 2018-22

Pourcentage d'administrations ayant fait état d'une augmentation ou d'une diminution du nombre de dossiers non clôturés

Mouvement	Dossiers fiscaux faisant l'objet d'une procédure de contrôle interne				Dossiers fiscaux faisant l'objet d'un examen indépendant par un organisme externe			
	Variation entre				Variation entre			
	2018-19	2019-20	2020-21	2021-22	2018-19	2019-20	2020-21	2021-22
Augmentation	63.3	44.9	54.0	42.0	51.2	33.3	35.7	37.2
Diminution	36.7	55.1	46.0	58.0	48.8	66.7	64.3	62.8

Source : CIAT, IOTA, FMI, OCDE, Enquête internationale sur les administrations fiscales, tableaux A.91 Règlement des différends : nombre de dossiers – dossiers fiscaux faisant l'objet d'une procédure de contrôle interne, et A.92 Règlement des différends : nombre de dossiers – dossiers fiscaux faisant l'objet d'un examen indépendant par un organisme externe, https://data.rafit.org/regular.aspx?key=74180895 (consulté le 10 septembre 2024).

Le Graphique 8.1 et le Graphique 8.2. examinent plus en détail les données par juridiction et montrent l'évolution entre 2021 et 2022 du nombre de dossiers non clôturés en fin d'exercice ayant fait l'objet d'une procédure de contrôle interne et externe. Il est intéressant de noter l'augmentation significative du nombre de dossiers examinés en interne signalés par quelques juridictions. Tableau 8.4, qui montre le nombre moyen de nouveaux dossiers entre 2018 et 2022 ayant fait l'objet d'une procédure de contrôle interne, on peut observer que la moyenne est stable, autour de 7.5 procédures de contrôle interne pour 1 000 contribuables actifs redevables de l'IRPP et de l'IS (avec un nombre légèrement plus élevé en 2021).

Graphique 8.1. Procédures de contrôle interne : variation entre 2021 et 2022 du nombre de nouveaux dossiers en fin d'exercice

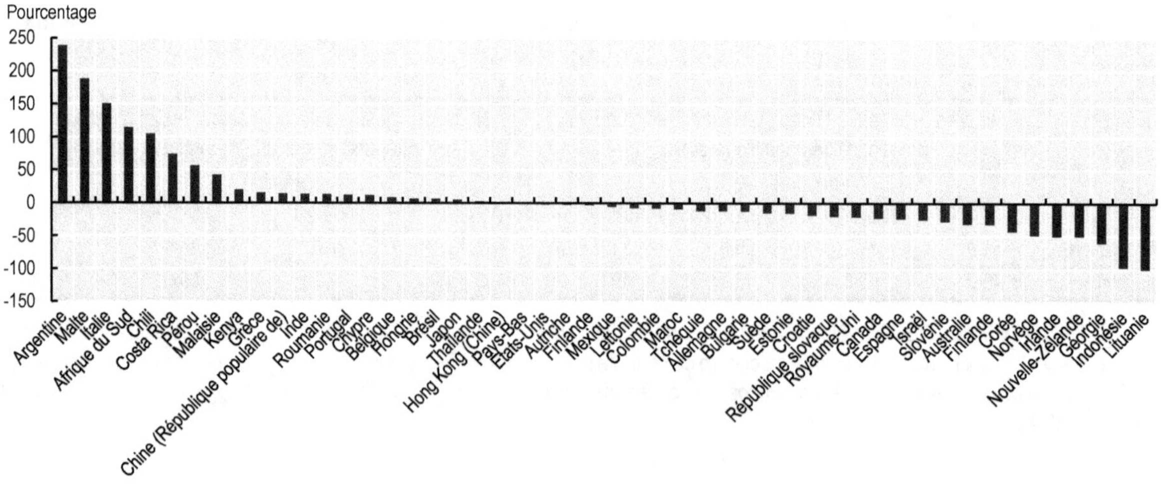

Source : CIAT, IOTA, FMI, OCDE, Enquête internationale sur les administrations fiscales, tableau A.91 Règlement des différends : nombre de dossiers – dossiers fiscaux faisant l'objet d'une procédure de contrôle interne, https://data.rafit.org/regular.aspx?key=74180895 (consulté le 10 septembre 2024).

StatLink https://stat.link/ivqadn

Graphique 8.2. Examen indépendant par des organismes externes : variation entre 2021 et 2022 du nombre de nouveaux dossiers en fin d'exercice

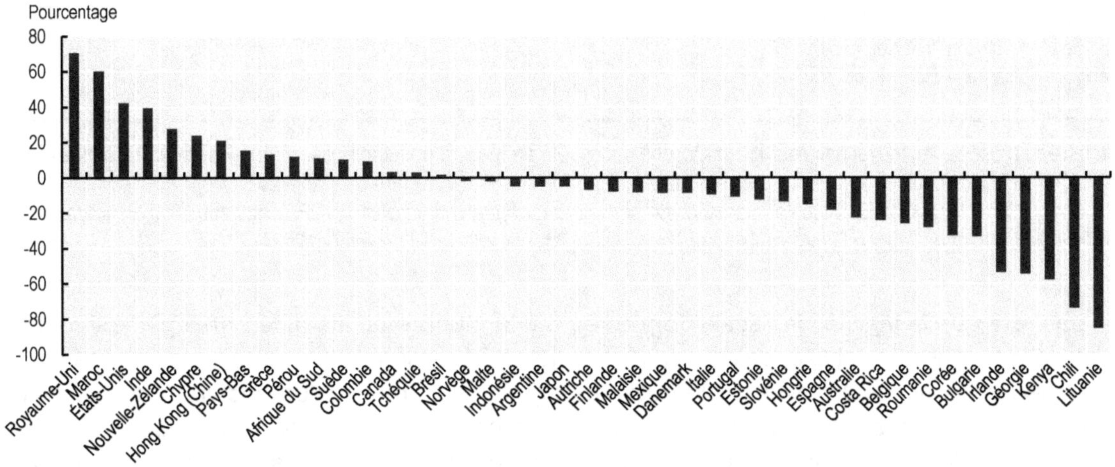

Source : CIAT, IOTA, FMI, OCDE, Enquête internationale sur les administrations fiscales, tableau A.92 Règlement des différends : nombre de dossiers – dossiers fiscaux faisant l'objet d'un examen indépendant par un organisme externe, https://data.rafit.org/regular.aspx?key=74180895 (consulté le 10 septembre 2024).

StatLink https://stat.link/q7gluj

Graphique 8.3. Nombre de nouveaux dossiers examinés en interne pour 1 000 contribuables actifs redevables au titre de l'IRPP et de l'IS, 2022

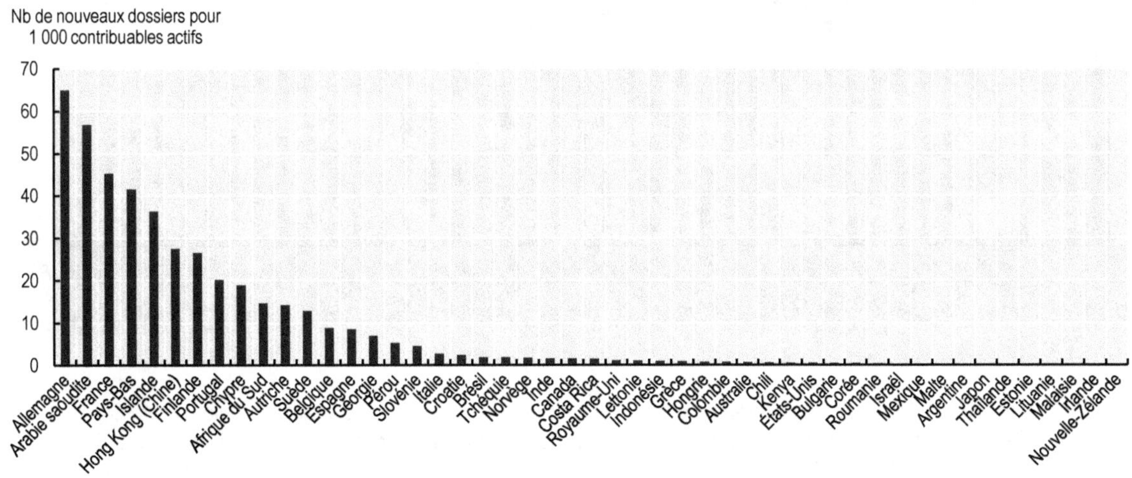

Note : Pour l'Arabie saoudite, le « nb. de nouveaux dossiers examinés en interne au cours de l'exercice pour 1 000 contribuables actifs » concernait les contribuables actifs soumis à la TVA.
Source : CIAT, IOTA, FMI, OCDE, Enquête internationale sur les administrations fiscales (ISORA), tableau D.49 Recours administratif et procédures judiciaires, https://data.rafit.org/regular.aspx?key=74180903 (consulté le 10 septembre 2024).

StatLink https://stat.link/cqygat

Tableau 8.4. Nombre moyen de nouveaux dossiers examinés en interne pour 1 000 contribuables actifs redevables au titre de l'IRPP et de l'IS, 2018-22

	2018	2019	2020	2021	2022
Nombre moyen de dossiers examinés en interne pour 1 000 contribuables actifs redevables au titre de l'IRPP et de l'IS (40 juridictions)	7.2	7.7	7.3	8.4	7.5

Note : le tableau présente les moyennes pour les juridictions qui ont été en mesure de fournir ces informations pour les années 2018 à 2022. Le nombre de juridictions pour lesquelles des données étaient disponibles est indiqué entre parenthèses.
Source : CIAT, IOTA, FMI, OCDE, Enquête internationale sur les administrations fiscales (ISORA), tableau D.49 Recours administratif et procédures judiciaires, https://data.rafit.org/regular.aspx?key=74180903 (consulté le 10 septembre 2024).

Il n'est pas rare que la législation fiscale donne lieu à des interprétations différentes par les contribuables et l'administration fiscale, et que cela aboutisse à des différends après que les procédures de contrôle interne et externe ont été achevées. Bien que les administrations fiscales déclarent que la plupart des différends sont résolus sans qu'il soit nécessaire de recourir à une procédure judiciaire, le Graphique 8.4 illustre les performances des administrations en ce qui concerne les dossiers jugés par les tribunaux. On constate des écarts importants dans le taux de réussite des administrations, même si, pour certaines juridictions, le nombre de dossiers jugés est très faible, ce qui signifie que les résultats peuvent fluctuer considérablement d'une année à l'autre.

Graphique 8.4. Pourcentage de dossiers résolus en faveur de l'administration, 2022

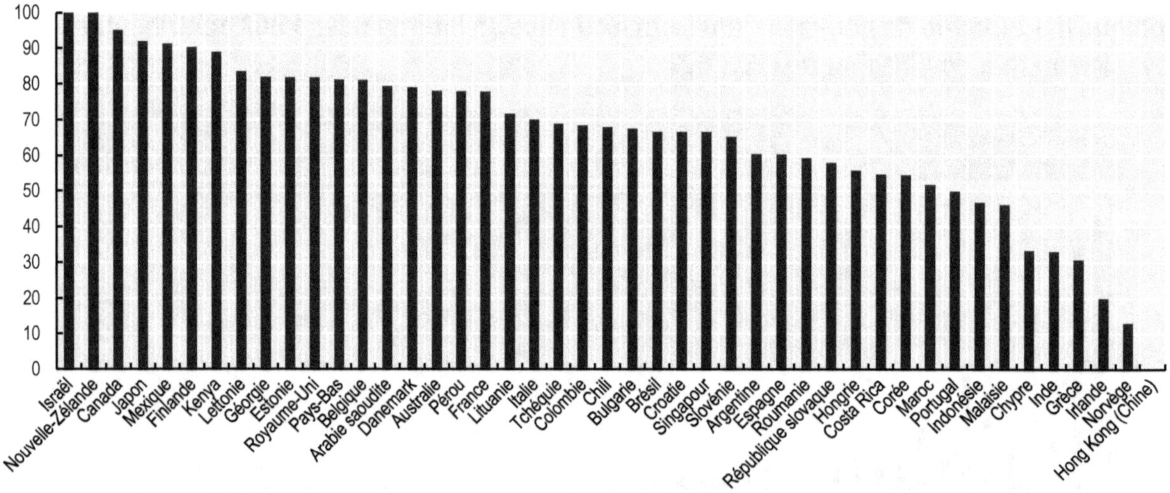

Note : Les dossiers résolus en faveur de l'administration correspondent aux dossiers dans lesquels l'administration a obtenu gain de cause sur plus de 50 % des questions ayant fait l'objet d'un différend dans chaque dossier. Pour l'Argentine, voir la note du tableau A.93.
Source : CIAT, IOTA, FMI, OCDE, Enquête internationale sur les administrations fiscales (ISORA), tableau D.49 Recours administratif et procédures judiciaires, https://data.rafit.org/regular.aspx?key=74180903 (consulté le 10 septembre 2024).

StatLink https://stat.link/5oybuh

Règlement des différends fiscaux internationaux

La mobilité internationale des entreprises et de la main-d'œuvre est de plus en plus courante. Cela conduit inévitablement à des différends quant aux juridictions qui ont le droit d'imposer certains types de revenus. Les conventions fiscales signées entre juridictions, également appelées conventions de double imposition, visent à éliminer la double imposition en établissant des règles convenues d'un commun accord sur la répartition des droits d'imposition. Pour remédier aux situations dans lesquelles les parties concernées ne sont pas d'accord concernant l'application ou l'interprétation de ces règles, de nombreuses conventions fiscales contiennent une disposition prévoyant une procédure amiable (« PA ») pour résoudre ces différends, distincte des recours classiques prévus par le droit interne.

La PA est essentielle à la bonne application et interprétation des conventions fiscales. Elle permet de s'assurer que les contribuables qui peuvent bénéficier des avantages conférés par la convention ne sont pas soumis à une imposition non conforme aux dispositions conventionnelles. Il est donc important de vérifier que l'accès à la procédure amiable est facile, de veiller à ce que les procédures aboutissent et que les décisions prennent effet dans un délai raisonnable.

À la suite de la publication du rapport intitulé *Accroître l'efficacité des mécanismes de règlement des différends, Action 14 - Rapport final 2015* (OCDE, 2016[1]) qui contient un standard minimum sur le BEPS portant sur le règlement des différends relatifs aux conventions fiscales, les membres du Cadre inclusif OCDE/G20 sur le BEPS sont convenus de :

- mettre en place un processus d'examen par les pairs visant à évaluer la mise en œuvre de ce standard minimum ;
- publier le profil sur la procédure amiable pour chaque juridiction ; et
- communiquer et publier des statistiques sur la procédure amiable conformément au Cadre de suivi statistique relatif à la procédure amiable.

Les résultats de ces travaux, incluant les profils et statistiques sur la procédure amiable, peuvent être consultés sur le site web de l'OCDE consacré au *règlement des différends en matière de fiscalité internationale* (OCDE, 2024[2]).

En outre, l'OCDE, en collaboration avec le Forum sur l'administration de l'impôt (FAI), a mis au point des outils afin d'aider les juridictions et les contribuables à s'approprier la procédure amiable :

- le manuel pour des procédures amiables efficaces (OCDE, 2007[3]) ; et
- le Manuel sur le traitement des procédures amiables multilatérales et des accords préalables en matière de prix de transfert multilatéraux (OCDE, 2023[4]).

Pour gérer les cas soumis à la procédure amiable, les administrations fiscales emploient des experts qualifiés et les données de l'ISORA montrent que les administrations couvertes par cette publication comptent en moyenne 15 agents travaillant sur la procédure amiable. Si l'on examine les données au niveau des juridictions, on constate une différence significative entre les administrations, de quelques agents dans certaines juridictions à plus de 100 aux États-Unis. (Voir tableau B.23.)

Prévention des différends

Comme le règlement des différends peut mobiliser énormément de ressources, la prévention demeure la stratégie la plus efficace, et l'un des éléments clés d'un système de prévention des différends consiste à formuler des orientations et à fournir des conseils aux contribuables. Il s'agit d'une pratique courante des administrations fiscales dans le cadre de leur stratégie globale de service. Elles peuvent notamment diffuser des informations ou proposer des outils interactifs sur leur site web, publier des lignes directrices et des notes d'information destinées aux contribuables, et mettre en œuvre des initiatives éducatives et de soutien à l'intention des entreprises. De plus, de nombreuses administrations ont mis en place des dispositifs spécifiques de prévention des différends, dont certains sont décrits dans cette section.

Décisions

Conformément à leur engagement d'apporter aux contribuables des garanties quant au traitement qui leur sera appliqué, il est désormais courant que les administrations fiscales précisent comment elles interpréteront les lois qu'elles mettent en œuvre, ainsi que la législation fiscale dans des situations particulières, au moyen de décisions relevant d'une des deux catégories suivantes :

- Une ***décision publique*** est une déclaration par laquelle une administration explique comment elle interprétera les dispositions de la législation fiscale dans des situations données. En règle générale, l'objectif d'une décision publique est de clarifier l'application de la loi, en particulier lorsqu'un grand nombre de contribuables peuvent être concernés par des dispositions particulières, et/ou lorsqu'une disposition est source de confusion ou d'incertitude. Une décision publique revêt généralement un caractère contraignant pour l'administration fiscale si elle s'applique au contribuable et que ce dernier s'y réfère.
- Une ***décision privée*** porte sur une demande précise d'un contribuable (ou de son représentant fiscal) visant à obtenir plus de certitude quant à l'application de la loi par l'administration fiscale dans le cadre d'une ou de plusieurs transactions à l'étude ou achevées. L'objectif d'une décision privée vise à apporter aux contribuables davantage de soutien et de certitude quant aux conséquences fiscales de transactions plus complexes.

Tableau 8.5. Décisions relatives à l'application de la législation fiscale, 2022

En % des administrations étudiées

Décisions publiques		Décisions privées			
	Si oui,		Si oui,		
Communiquées	contraignante pour l'administration	Communiquées	Contraignante pour l'administration	Droits à payer	Doit être émise dans un délai déterminé
84.2	89.6	86.0	91.8	49.0	79.6

Source : CIAT/IOTA/FMI/OCDE, Enquête internationale sur les administrations fiscales, tableau B.48 Décisions relatives à l'application de la législation fiscale, https://data.rafit.org/regular.aspx?key=74180919 (consulté le 10 septembre 2024).

Environ 85 % des administrations ont indiqué qu'elles rendent des décisions publiques. Il est intéressant de noter que 10 % d'entre elles ont précisé que ces décisions n'avaient aucun caractère contraignant pour elles. Un nombre identique d'administrations a déclaré rendre des décisions privées et, là encore, pour environ 10 % d'entre elles, ces décisions ne sont pas contraignantes. Quatre-vingts pour cent des administrations fiscales qui rendent des décisions privées ont mentionné que celles-ci étaient assorties de délais à respecter, tandis que la moitié a indiqué qu'elles donnaient lieu au paiement de droits (voir Tableau 8.5.).

Encadré 8.2. Inde : Boards of Advance Rulings (commissions des décisions anticipées)

L'Inde a mis en place des commissions des décisions anticipées qui visent à offrir une sécurité juridique en matière fiscale aux investisseurs non résidents. Les échanges s'effectuent par courrier électronique et vidéoconférences et les commissions communiquent aux non-résidents des décisions anticipées sur les obligations fiscales relatives à des investissements potentiels.

La réception des demandes et leur traitement, de même que les auditions se font par voie électronique, ce qui garantit transparence et facilité pour le demandeur. Les commissions des décisions anticipées sont investies de tous les pouvoirs de la cour civile indienne et il est possible de faire appel de ses décisions devant la Haute Cour.

Source : Inde (2024).

Accords préalables en matière de prix de transfert

Les accords préalables en matière de prix de transfert (« APP ») bilatéraux et multilatéraux sont des accords contraignants conclus entre deux administrations fiscales ou plus et des contribuables sur une question spécifique et pour une période déterminée. Dans un nombre croissant de cas, ces APP collaboratifs ont contribué à offrir une sécurité juridique anticipée aux contribuables comme aux administrations fiscales, à garantir la prévisibilité du traitement fiscal des transactions internationales et à réduire les différends fiscaux potentiels.

Pour aider les administrations et les contribuables, le Forum PA-FAI a élaboré le *Manuel sur les accords préalables bilatéraux en matière de prix* (OCDE, 2022[5]). Ce manuel vise à faciliter la rationalisation du processus d'APP bilatéraux en favorisant une approche coopérative et collaborative. En outre, le *Manuel sur le traitement des procédures amiables multilatérales et des accords préalables en matière de prix de transfert multilatéraux* (OCDE, 2023[4]) fournit des orientations aux administrations fiscales et aux contribuables sur les APP multilatéraux, tant d'un point de vue juridique que procédural.

Près de 90 % des administrations couvertes par la présente publication ont déclaré signer des APP et emploient en moyenne 17 agents spécialisés à l'appui de ces procédures. Il existe toutefois des différences notables entre les juridictions. (Voir tableau B.23.)

Encadré 8.3. Chili : Plateforme dédiée aux accords préalables en matière de prix de transfert

Afin de faciliter le respect des obligations fiscales et d'améliorer la sécurité de l'information dans le cadre de l'application des accords préalables en matière de prix de transfert (APP), l'administration fiscale chilienne a mis en place un nouveau système en ligne.

Cette plateforme sécurisée simplifie la soumission et le renouvellement des demandes d'APP et fournit divers outils supplémentaires. Parmi les outils disponibles figurent la possibilité d'organiser des réunions préalables au dépôt des demandes, l'accès aux réglementations sur les APP et les prix de transfert, la consultation de données statistiques sur le traitement des demandes et les accords conclus, une liste de questions fréquemment posées, des ressources vidéo et un guide pour le téléchargement des fichiers dans le système.

Afin d'améliorer davantage l'assistance aux utilisateurs, ceux-ci ont aussi la possibilité de poser des questions par courrier électronique.

L'accès à cette plateforme numérique est possible à partir du site web officiel. Cette interface conviviale vise à garantir la transparence et l'efficacité tout au long du processus.

Ce système a non seulement permis de simplifier les procédures fiscales, mais il a aussi favorisé un environnement collaboratif et transparent entre les contribuables et l'autorité compétente.

Source : Chili (2024).

Programme de discipline fiscale coopérative

Ces dernières années, le recours aux accords de coopération pour gérer la discipline fiscale et renforcer la sécurité juridique en matière fiscale a mobilisé une attention croissante. Ces programmes passent souvent par une plus grande transparence dans la relation entre l'administration fiscale et le contribuable, et peuvent nécessiter des approches plus proactives afin de remédier aux risques fiscaux importants. Le concept de discipline fiscale coopérative a fait l'objet de plusieurs rapports rédigés par l'OCDE, dont le plus récent est intitulé *Co-operative Tax Compliance: Building Better Tax Control Frameworks* (OCDE, 2016[6]).

Étant donné que les programmes de discipline fiscale coopérative mobilisent énormément de ressources en raison du niveau élevé d'engagement entre les agents de l'administration fiscale et les contribuables, ils étaient traditionnellement réservés aux grandes entreprises, et près de 75 % des administrations ont déclaré avoir mis en place de tels programmes pour les gros contribuables. Cependant, les progrès technologiques dans le domaine de l'évaluation des risques ont conduit plusieurs administrations à étendre ce concept à d'autres catégories de contribuables, tels que les contribuables fortunés (voir Tableau 8.6).

Tableau 8.6. Programmes de discipline fiscale coopérative officiels pour différentes catégories de contribuables, 2022

Pourcentage d'administrations suivant de telles approches

Gros contribuables	Contribuables fortunés	Autres contribuables
74.1	24.1	39.7

Source : CIAT, IOTA, FMI, OCDE, Enquête internationale sur les administrations fiscales, tableau A.107 Programmes de discipline fiscale coopérative, https://data.rafit.org/regular.aspx?key=74180897 (consulté le 14 juin 2024).

Programme international pour le respect des obligations fiscales

Le Programme international pour le respect des obligations fiscales (ICAP) est un processus de coopération multilatérale pour l'évaluation des risques et la certitude fiscale, fondé sur une participation volontaire. Il est conçu pour donner aux groupes d'entreprises multinationales (EMN) disposés à s'engager de manière active, ouverte et parfaitement transparente, une sécurité juridique accrue en matière fiscale concernant certaines de leurs activités et transactions. Le programme ICAP ne procure pas aux EMN la sécurité juridique qui pourrait être obtenue, par exemple, par le biais d'un APP. Il leur donne cependant une certitude et une sécurité lorsque les administrations fiscales qui participent à l'évaluation des risques d'une EMN jugent que le risque considéré est faible[1]. (OCDE, 2021[7])

Vérifications conjointes

Les vérifications conjointes sont un autre instrument qui peut contribuer à prévenir les différends. Les agents de deux administrations fiscales ou plus s'associent pour former une seule équipe de vérificateurs chargée d'examiner les questions ou les transactions du ou des contribuable(s) ayant des activités commerciales internationales dans lesquelles les juridictions ont un intérêt commun ou complémentaire. Grâce à cette collaboration, les administrations fiscales participantes ont la possibilité de détecter et de résoudre les désaccords ou les différends potentiels à un stade précoce. (OCDE, 2019[8])

Bibliographie

OCDE (2024), *Règlement de différends en matière de fiscalité internationale*, OCDE, Paris, https://www.oecd.org/fr/themes/reglement-de-differends-en-matiere-de-fiscalite-internationale.html. [2]

OCDE (2023), *Manual on the Handling of Multilateral Mutual Agreement Procedures and Advance Pricing Arrangements : Enhancing Tax Certainty*, Forum de l'OCDE sur l'administration fiscale, Éditions OCDE, Paris, https://doi.org/10.1787/f0cad7f3-en. [4]

OCDE (2022), *Bilateral Advance Pricing Arrangement Manual*, OECD Forum on Tax Administration, Éditions OCDE, Paris, https://doi.org/10.1787/4aa570e1-en. [5]

OCDE (2021), *International Compliance Assurance Programme : Handbook for tax administrations and MNE groups*, Éditions OCDE, Paris, https://doi.org/10.1787/a44d51e2-en. [7]

OCDE (2019), *Joint Audit 2019 – Enhancing Tax Co-operation and Improving Tax Certainty : Forum on Tax Administration*, Éditions OCDE, Paris, https://doi.org/10.1787/17bfa30d-en. [8]

OCDE (2016), *Accroître l'efficacité des mécanismes de règlement des différends, Action 14 - Rapport final 2015*, Projet OCDE/G20 sur l'érosion de la base d'imposition et le transfert de bénéfices, Éditions OCDE, Paris, https://doi.org/10.1787/9789264252370-fr. [1]

OCDE (2016), *Co-operative Tax Compliance : Building Better Tax Control Frameworks*, Éditions OCDE, Paris, https://doi.org/10.1787/9789264253384-en. [6]

OCDE (2007), *Manual on Effective Mutual Agreement Procedures (MEMAP)*, Éditions OCDE, Paris, https://doi.org/10.1787/2bb3ab55-en. [3]

Note

[1] Voir https://www.oecd.org/en/about/programmes/icap.html pour plus d'informations (consulté le 10 septembre 2024).

9 Configurations institutionnelles et gouvernance

Ce chapitre porte sur les configurations institutionnelles et les mécanismes de gouvernance qui caractérisent les administrations fiscales.

Introduction

Comme n'importe quel autre organisme de l'État, l'administration fiscale est comptable devant les citoyens et citoyennes. Elle a l'obligation de fonctionner et d'être perçue comme fonctionnant de manière juste et impartiale. Cela suppose qu'elle soit encadrée par un ensemble de garde-fous qui garantissent la transparence de son fonctionnement et de la gestion globale du système fiscal.

Le cadre dans lequel s'exerce cette obligation de rendre des comptes varie d'une juridiction à l'autre, en fonction de différents facteurs, parmi lesquels figurent les mécanismes institutionnels et la structure de gouvernance en place. Il dépend également de la nature des régimes législatif, réglementaire et judiciaire, ainsi que de considérations culturelles, historiques et politiques. Il n'existe pas de modèle universel adapté à toutes les administrations fiscales.

L'objet du présent chapitre est d'examiner les configurations institutionnelles et les mécanismes de gouvernance qui caractérisent les administrations fiscales. À cette fin, il traite plus particulièrement des dimensions suivantes : (i) les mécanismes institutionnels, (ii) le degré d'autonomie, (iii) le système de contrôle et autres dispositifs de surveillance et (iv) la relation existant entre l'administration fiscale et les contribuables.

Mécanismes institutionnels

De manière générale, il existe deux grandes catégories de mécanisme institutionnel propre aux administrations fiscales. Ainsi, une administration fiscale est constituée soit (i) d'une ou plusieurs directions ou unités au sein du ministère des Finances ou équivalent, soit (ii) d'un organisme unifié semi-autonome. Ces deux catégories se divisent elles-mêmes en quatre sous-catégories :

- une *direction ou unité unique* au sein du ministère des Finances ou équivalent ;
- des *directions ou unités* au sein du ministère des Finances ou équivalent ;
- un *organisme unifié semi-autonome*, au sein duquel l'administration de l'impôt et les fonctions de soutien sont la responsabilité d'un commissaire ou d'un directeur général qui rend compte à un ministre du gouvernement ;
- un *organisme unifié semi-autonome doté d'un conseil*, au sein duquel l'administration de l'impôt et les fonctions de soutien sont la responsabilité d'un commissaire ou d'un directeur général qui rend compte à un organe de surveillance/conseil de direction pouvant compter des personnes extérieures parmi ses membres. Ce conseil de direction peut avoir un rôle décisionnaire ou consultatif.

Il existe des exceptions à cette typologie. C'est le cas de l'Allemagne, où la perception de l'impôt relève principalement de la compétence des autorités régionales (les *Länder*), tandis qu'un organisme central de taille relativement modeste assume un rôle de coordination à haut niveau. Un autre exemple est celui de la Grèce, où l'Autorité indépendante chargée des recettes publiques fonctionne en toute indépendance, jouit d'une autonomie administrative et financière et est uniquement soumise au contrôle du parlement.

Le graphique 9.1. donne une vue d'ensemble des cadres institutionnels qui caractérisent les administrations fiscales considérées dans le présent rapport. Comme on le voit, à peu près 60 % sont des organismes unifiés semi-autonomes, dont environ un tiers sont dotés d'un conseil. Huit administrations qualifient leur conseil de décisionnaire, et trois de consultatif.

Le tableau est très contrasté en ce qui concerne la taille du conseil et la place faite au secteur privé (voir le tableau B.1) :

- Le conseil compte 8.5 membres en moyenne, ce nombre étant compris entre 4 (Pérou) et 15 (Canada).

- Près des deux tiers des administrations déclarent qu'une partie, voire la totalité, des membres de leur conseil représentent le secteur privé.

Dans le cas de la Grèce, qui relève de la catégorie « Autre mécanisme institutionnel » (voir ci-dessus), l'administration fiscale compte un conseil de direction composé de cinq membres qui proviennent ou non du secteur privé.

Graphique 9.1. Cadres institutionnels, 2022

En pourcentage des administrations étudiées

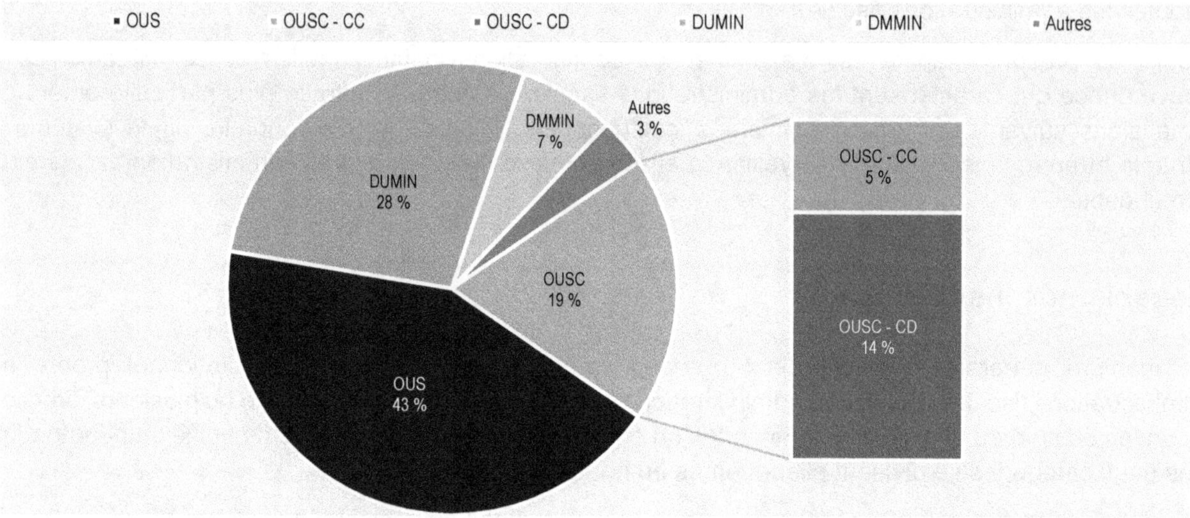

Notes : OUS – organisme unifié semi-autonome ; OUSC – organisme unifié semi-autonome doté d'un conseil (CC – conseil consultatif ; CD – conseil décisionnaire) ; DUMIN – direction unique au sein d'un ministère ; DMMIN –directions multiples au sein d'un ministère ; Autres – autres mécanismes institutionnels.
Source : CIAT, IOTA, FMI, OCDE, Enquête internationale sur les administrations fiscales (ISORA), tableau B.1 Cadre institutionnel et autonomie de gestion, https://data.rafit.org/regular.aspx?key=74180913 (consulté le 10 septembre 2024).

StatLink https://stat.link/2atupr

Encadré 9.1. Canada : le Conseil de direction

Le Conseil de direction (le Conseil) de l'Agence du revenu du Canada (ARC) supervise l'organisation et l'administration de l'ARC ainsi que la gestion de ses ressources, de ses services, de ses biens, de son personnel et de ses contrats. Le but est que l'ARC serve les administrations infranationales avec une certaine indépendance vis-à-vis de l'administration fédérale, en ayant la possibilité d'innover par rapport aux pratiques administratives de la fonction publique centrale.

Le Conseil :

- Se réunit six fois par an et est comptable devant le Parlement (par l'intermédiaire du ministre) pour les questions qui touchent à l'application et au contrôle de l'application de la législation fiscale.

- Compte quinze membres : le président, le commissaire (membre d'office) et les représentants des différentes provinces et du territoire du Canada, qui permettent aux travaux de l'Agence de bénéficier d'une diversité de points de vue extérieurs différant de ceux des secteurs privé et à but non lucratif.
- Exerce son rôle de supervision en coopération avec le comité de gestion de l'Agence afin d'assurer la bonne gestion de l'ARC en apportant à ses activités une perspective stratégique axée sur l'avenir.
- Remplit une fonction de remise en question et s'assure que l'Agence gère et exerce ses pouvoirs de façon appropriée en faisant l'examen des rapports de rendement trimestriels, des états financiers et des tableaux de bord.

Le commissaire et les fonctionnaires de l'ARC étant responsables de la gestion quotidienne de l'Agence, le Conseil ne doit pas tenter de les influencer dans l'exercice des pouvoirs qui leur sont conférés par la loi ou dans l'administration de la législation fiscale. Le Conseil n'a pas accès aux renseignements confidentiels des contribuables ou des entreprises, ni à toute information obtenue en vertu des lois propres aux programmes.

Pour en savoir plus : https://www.canada.ca/fr/agence-revenu/organisation/a-propos-agence-revenu-canada-arc/conseil-direction.html (consulté le 10 septembre 2024).

Source : Canada (2024).

Degré d'autonomie

Le degré d'autonomie dont une administration fiscale jouit dépend de plusieurs facteurs : l'organisation générale des fonctions et compétences de l'État, l'existence ou l'absence de pratiques administratives dans la fonction publique nationale et le modèle institutionnel retenu pour administrer l'impôt. Du côté de l'État, l'octroi d'une plus grande autonomie peut être mu par la perspective de gagner en efficience et en efficacité, en particulier en période de transformation. À quelques exceptions près, la plupart des administrations fiscales déclarent fonctionner avec un degré d'autonomie qui leur permet de bien gérer leurs tâches administratives (voir le Tableau 9.1).

Tableau 9.1. Pouvoirs délégués aux administrations fiscales, 2022

En pourcentage des administrations

Concevoir sa structure interne	Pouvoir décider de son budget de fonctionnement	Pouvoir décider de son budget d'investissement	Définir des critères de performance
84.5	79.3	69.0	96.6

Source : CIAT, IOTA, FMI, OCDE, Enquête internationale sur les administrations fiscales (ISORA), tableau B.1 Cadre institutionnel et autonomie de gestion, https://data.rafit.org/regular.aspx?key=74180913 (consulté le 10 septembre 2024).

Si l'autonomie est polymorphe, elle s'articule toujours autour des objectifs que l'État a définis pour le système fiscal (notamment à travers la législation fiscale), d'un cadre de responsabilité et de la souplesse dont l'administration fiscale jouit dans les domaines ci-après pour atteindre lesdits objectifs :

- ***Gestion des dépenses budgétaires*** *:* l'autonomie consiste à disposer du pouvoir discrétionnaire de répartir/ajuster les fonds du budget administratif à allouer aux différentes fonctions compte tenu de l'évolution du contexte ou des priorités nouvelles. Environ 80 % des administrations ont déclaré disposer d'un tel pouvoir discrétionnaire sur leur budget de fonctionnement et environ 70 % sur leur budget d'investissement.

- ***Organisation*** : l'autonomie consiste à définir la structure organisationnelle interne des activités de l'administration fiscale, y compris l'emplacement géographique des centres des impôts. Près de 85 % des administrations ont déclaré être habilitées à concevoir leur structure interne.
- ***Planification*** : l'autonomie consiste à être responsable de l'établissement des plans stratégiques et des plans de fonctionnement. La quasi-totalité des administrations ont déclaré élaborer des plans stratégiques ainsi que des plans de fonctionnement/d'activité (voir le Tableau 9.3).
- ***Normes de fonctionnement*** : l'autonomie consiste à disposer du pouvoir discrétionnaire de définir (conjointement avec les instances centrales) les normes de fonctionnement administratif. La quasi-totalité sont habilitées à le faire.
- ***Recrutement, développement professionnel et rémunération*** : l'autonomie réside dans le fait de pouvoir fixer les niveaux de qualification requis des différentes catégories de personnel, engager et congédier le personnel (conformément aux règles applicables dans le secteur public), négocier les niveaux de rémunération conformément à la convention collective du secteur public et élaborer et exécuter des programmes de formation et de perfectionnement. Voir le tableau 10.9 du chapitre 10 pour de plus amples détails sur ce point.
- ***Technologies de l'information et des communications (TIC)*** : l'autonomie consiste à pouvoir administrer ses propres systèmes informatiques d'origine interne ou à externaliser la fourniture des services assurés par de tels systèmes.

Système de contrôle et autres dispositifs de surveillance

Contrôle interne

En règle générale, les administrations sont dotées de robustes mécanismes de contrôle interne, intégrés dans leur cadre informatique, pour détecter et prévenir la fraude interne, en plus des fonctions d'audit interne. C'est le cas de 97 % des administrations interrogées pour les besoins de la présente étude. Leur utilisation est encadrée par des règles claires sur la marche à suivre en cas de faute professionnelle. À ce sujet, 97 % des administrations étudiées font état de l'existence d'un code de conduite applicable à l'ensemble de la fonction publique, et près de 90 % d'un code de conduite qui leur est propre.

En outre, pratiquement les deux tiers des administrations déclarent être dotées d'une stratégie d'intégrité, qui prévoit généralement la conduite de campagnes de sensibilisation en interne et, bien souvent, la conclusion d'accords avec les parties prenantes concernées. La moitié environ réalisent régulièrement des sondages pour mesurer la manière dont est perçu l'engagement de l'administration en faveur de l'intégrité (voir le Tableau 9.2).

Tableau 9.2. Dispositifs de contrôle interne, 2022

En pourcentage des administrations

Mécanismes officiels d'assurance interne (audit interne)	Stratégie d'intégrité				Code de conduite	
	Stratégie officielle d'intégrité	Si oui, elle prévoit...		Conduite régulière de sondages visant à mesurer la perception de l'attachement de l'administration à l'intégrité	Code de conduite de la fonction publique	Code de conduite spécifique
		des accords avec les parties prenantes	des campagnes de sensibilization			
96.6	63.8	73.0	97.3	53.4	96.6	87.9

Source : CIAT, IOTA, FMI, OCDE, Enquête internationale sur les administrations fiscales, tableau B.3 Sélection de pratiques de gouvernance : audit, code de conduite et intégrité, https://data.rafit.org/regular.aspx?key=74180913 (consulté le 10 septembre 2024).

Encadré 9.2. Exemples nationaux : Les administrations fiscales et l'éthique

Finlande : les responsabilités et les principes éthiques liés à l'utilisation de l'intelligence artificielle

Aucun aspect de la société n'échappe à l'utilisation croissante de l'intelligence artificielle (IA), pas même les activités des pouvoirs publics. L'IA permet aux autorités d'assurer un service de meilleure qualité et de fonctionner de manière plus efficace. Cependant, il existe aussi une dimension éthique à la question de savoir comment utiliser l'IA dans les tâches officielles de manière à garantir la sécurité de la population et des autorités ainsi que la transparence de la prise de décisions.

L'administration fiscale finlandaise applique les principes éthiques ci-après concernant l'utilisation de l'IA :

- L'IA exploite uniquement des données fiables.
- Un être humain est toujours responsable des activités impliquant l'IA.
- L'IA est toujours conforme aux dispositions des lois et réglementations en vigueur.
- L'administration fiscale participe au débat public sur l'application responsable et éthique de l'IA.

Un groupe expert représentant les différentes unités de l'administration fiscale défend l'utilisation d'une IA responsable et analyse les solutions d'IA sous l'angle des principes éthiques. La dizaine de membres qui le composent se réunit autant que nécessaire, habituellement une fois par mois. Il s'agit de spécialistes de la communication, du droit, de la fiscalité, des plateformes techniques et de l'analytique de données. En fonction de la question à l'examen, des spécialistes d'autres domaines peuvent être sollicités.

L'administration fiscale encourage l'utilisation d'une IA responsable en formant son personnel, en étudiant et en fournissant les outils nécessaires à cet effet et en évaluant les solutions en place. Le groupe expert de l'administration fiscale suit de près les travaux législatifs de l'UE sur la question de l'IA pour ajuster ses activités et instructions en conséquence.

Espagne : la Commission consultative d'éthique

L'Agence fiscale espagnole (AEAT) a créé la Commission consultative d'éthique afin de soutenir et d'aider son comité de direction dans le traitement des questions d'éthique et la conduite de ses activités, conformément aux directives énoncées dans le plan stratégique 2020-23.

Cette commission apporte une valeur stratégique en ce qu'elle favorise l'application des bonnes pratiques en offrant un cadre officiel au dialogue sur les questions et dilemmes d'ordre éthique auxquels l'AEAT se trouve confrontée. Elle joue un rôle clé dans la bonne assimilation des principes éthiques et du code de conduite, car elle tient à jour un recueil de bonnes pratiques d'éthique, d'intégrité et de transparence et propose des solutions aux problèmes les plus importants.

La Commission compte huit membres : une personne à la présidence, une au poste de secrétaire et six autres au rang de simple membre. Elle est présidée par la Directrice générale de l'AEAT ou par une personne membre du Comité de direction, désignée par la Directrice générale.

Son rôle est d'alerter l'Agence sur les risques d'atteinte à sa réputation et, le cas échéant, de lui présenter un avis sur la dimension éthique des réclamations.

Source : Finlande (2024) et Espagne (2024).

Contrôle externe et autres dispositifs de surveillance

En ce qui concerne le contrôle externe, les administrations fiscales sont très nombreuses (83 %) à être soumises à la surveillance d'une commission des comptes publics (ou autre instance équivalente) chargée d'évaluer leurs résultats ainsi qu'à une procédure d'examen budgétaire visant à surveiller leurs dépenses. Le plus souvent, l'examen et la vérification de leurs résultats relèvent d'une fonction d'audit national. Les commissions parlementaires sont généralement elles aussi en mesure d'étudier le bilan de l'administration fiscale au regard d'indicateurs chiffrés et d'objectifs plus stratégiques.

Tableau 9.3. Contrôle externe et autres dispositifs de surveillance, 2022

En pourcentage des administrations

Recours à un auditeur externe	Rapport annuel		Ensemble officiel de normes de prestation		Planification stratégique		Plan d'activité/de fonctionnement annuel	
	Élaboré	Si oui, publié	Élaboré	Si oui, publié	Élaboré	Si oui, publié	Élaboré	Si oui, publié
82.8	94.8	90.9	84.5	61.2	98.3	78.9	94.8	54.5

Source : CIAT, IOTA, FMI, OCDE, Enquête internationale sur les administrations fiscales (ISORA), tableaux B.3 (Sélection de pratiques de gouvernance : audit, code de conduite et intégrité) et B.4 (Sélection de pratiques de gouvernance : plans, rapports et normes ; et organigramme) https://data.rafit.org/regular.aspx?key=74180913 (consulté le 10 septembre 2024).

Parmi les autres dispositifs de surveillance communément rencontrés, on peut citer les suivants :

- ***Publication d'un rapport annuel*** : environ 95 % des administrations fiscales considérées élaborent un rapport annuel, qui est publié dans 90 % des cas (voir le Tableau 9.3).
- ***Évaluations périodiques au regard d'indicateurs convenus*** (par exemple, montant des recettes recouvrées, niveaux d'endettement, nombre d'interventions auprès des contribuables, niveaux de service à la clientèle) : 85 % des administrations élaborent un ensemble officiel de normes de prestation de service, qui est rendu public dans environ 60 % des cas (voir le Tableau 9.3).
- ***Systèmes de surveillance des risques*** : un peu plus de 80 % des administrations sont dotées de procédures qui leur permettent de repérer, d'évaluer et de hiérarchiser les principaux risques d'indiscipline fiscale. En revanche, seulement 29 % rendent régulièrement publics les risques

recensés et 27 % publient des rapports périodiques sur le bilan du traitement des principaux risques d'indiscipline (voir le tableau 6.1 du chapitre 6).

- Un ***ensemble convenu de buts et d'objectifs stratégiques*** pour guider les résultats de l'administration. En règle générale, les administrations fiscales se fondent sur les grands indicateurs suivants :
  i) la satisfaction des contribuables à l'égard des services fournis et la mesure dans laquelle l'administration est perçue comme étant juste et efficace (voir également le tableau 5.3 du chapitre 5) ;
  ii) la discipline des contribuables ;
  iii) la prestation de services aux contribuables (disponibilité des services et intervention en cas de dysfonctionnement) ;
  iv) l'efficience organisationnelle ; et
  v) la mobilisation et la satisfaction du personnel (voir également le tableau 10.12 du chapitre 10).
- Un ***conseil de direction ou comité exécutif*** chargé d'examiner, d'évaluer et de remettre en question l'orientation stratégique (environ 20 % des administrations fiscales sont dotées d'un organe de cette nature, voir le Graphique 9.1).

L'Annexe 9.A contient des liens vers les rapports annuels, plans stratégiques et organigrammes publiés par les administrations fiscales qui ont été consultées pour les besoins de la présente étude.

Système de contrôle et autres dispositifs de surveillance : tableau d'ensemble

Fondé sur les données de l'enquête ISORA 2023, le Graphique 9.2 présente un tableau d'ensemble des systèmes de contrôle et dispositifs de surveillance en place dans les administrations fiscales, sans en nommer aucune. Ce tableau concerne trois grands domaines :

- ***Élaboration des documents*** : il s'agit des documents relatifs à la stratégie et au fonctionnement de l'administration qui sont susceptibles de fournir des orientations, d'améliorer la prise de décision et de faciliter la répartition des ressources. Rassurer le public quant à l'élaboration de tels documents, même s'ils ne sont pas publiés, peut renforcer le crédit de l'administration fiscale et la confiance à son égard. Les éléments nécessaires pour y parvenir sont par exemple les suivants : (i) plan stratégique ; (ii) plan d'activité/de fonctionnement ; (iii) rapport annuel ; (iv) ensemble officiel de normes de prestation de service ; (v) stratégie officielle de gestion des risques d'indiscipline et existence d'une procédure officielle de mise en évidence, d'évaluation et de hiérarchisation des principaux risques d'indiscipline ; (vi) estimations du manque à gagner fiscal ; (vii) enquêtes sur la satisfaction des contribuables ; et (viii) stratégie d'intégrité et enquêtes visant à mesurer la perception de l'attachement de l'administration à l'intégrité.
- ***Publication de documents*** : s'il est potentiellement utile que le public soit informé de l'élaboration des documents susmentionnés, leur publication peut envoyer un message beaucoup plus fort aux parties prenantes. Le tableau d'ensemble présenté ici tient compte de la publication de ces documents ou (i), dans le cas de la stratégie de gestion des risques d'indiscipline, de la communication régulière d'informations sur les risques et les résultats des mesures prises pour y remédier ; et (ii), s'agissant des enquêtes sur la satisfaction des contribuables, de la communication publique des résultats des enquêtes.
- ***Existence de dispositifs de surveillance*** : en ce qui concerne les dispositifs de surveillance, les points de données pris en compte concernent l'existence éventuelle (i) d'un conseil de direction ; (ii) d'un auditeur externe ; (iii) d'un mécanisme officiel d'assurance interne (audit interne) ; (iv) d'un code de conduite ; et (v) de mécanismes particuliers de traitement des réclamations des contribuables.

Des scores et pondérations leur ont été attribués en fonction de la nature et du niveau de détail des questions de l'enquête ISORA. Si les différents aspects du contrôle et de la surveillance considérés dans la campagne 2023 n'ont certainement pas donné lieu à un bilan complet et n'affichent pas tous le même poids ou la même importance, leur présence ou absence peut donner une idée des capacités dont une administration fiscale dispose en la matière.

Pour chacun des trois domaines considérés, le graphique indique l'étendue de la distribution des administrations entre le quartile inférieur et le quartile supérieur (illustrée par la « boîte »), la valeur médiane étant représentée par la ligne horizontale qui sépare la boîte en deux. Les lignes verticales qui sortent de la boîte (« moustaches ») illustrent l'étendue de la distribution des administrations des quartiles inférieur et supérieur.

Le Graphique 9.2 montre que la plupart des administrations fiscales étudiées sont soumises à un niveau satisfaisant de surveillance et de contrôle et qu'elles élaborent un nombre non négligeable de documents stratégiques et opérationnels. Dans ces deux domaines, la médiane se situe autour de 80 %, certaines administrations affichant même un niveau de 100 %.

La situation est bien différente en ce qui concerne la publication de documents à caractère stratégique ou opérationnel. Dans ce domaine, la médiane est inférieure à 60 % ; une poignée d'administrations seulement se situent au-delà de 80 %. Il reste donc beaucoup à faire pour renforcer la transparence et, partant, la confiance collective à l'égard de l'administration fiscale.

Graphique 9.2. Système de contrôle et autres dispositifs de surveillance : tableau d'ensemble, 2022

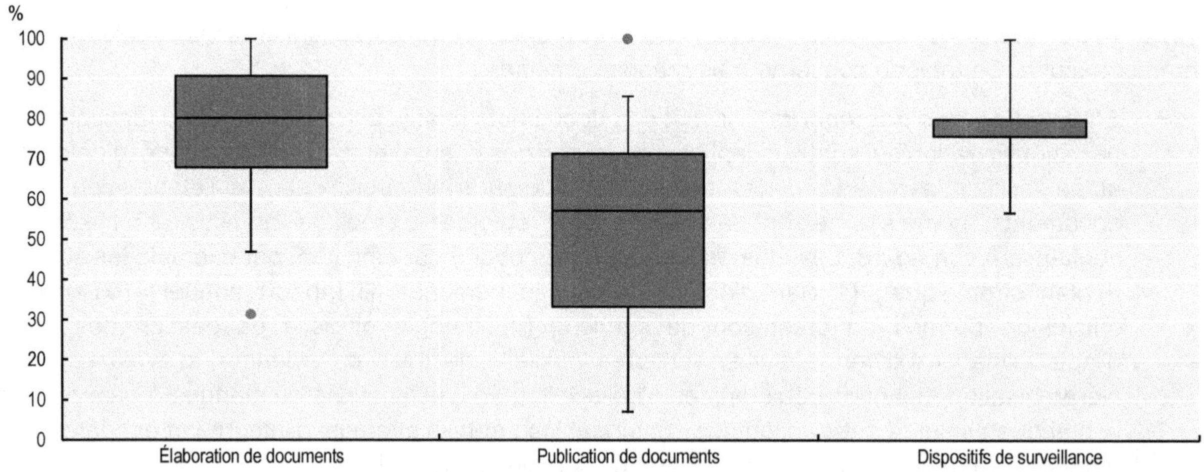

Source : calculs du Secrétariat de l'OCDE, d'après CIAT, IOTA, FMI, OCDE, Enquête internationale sur les administrations fiscales (ISORA), https://data.rafit.org/regular.aspx?key=74180914 (consulté le 10 septembre 2024).

StatLink https://stat.link/l8a1iv

La relation entre l'administration fiscale et les contribuables

La définition des droits et obligations des contribuables occupe une place de choix dans la fonction de gouvernance des administrations fiscales. Cela permet d'inscrire cette gouvernance dans le cadre plus large des attentes sociétales à l'égard des services publics et de fournir un cadre de référence à la presse et à la société civile. Le Tableau 9.4 contient une liste des droits et obligations parmi les plus communément déclarés, et l'Encadré 9.2 quelques exemples.

La communication publique d'un bilan en regard des droits des contribuables (concernant par exemple le traitement des réclamations, la qualité du service fourni, etc.) peut rendre les dispositifs en place plus visibles et plus crédibles. Cette communication est souvent effectuée à travers la publication de rapports annuels.

Tableau 9.4. Droits et obligations des contribuables

Droits	Obligations
Bénéficier d'informations, de conseils et d'une écoute	Être de bonne foi
Pouvoir faire appel	Faire preuve de coopération
Ne pas payer plus que le montant dû	Fournir des informations et des documents fiables en temps voulu
Certitude	Tenir des registres
Protection de la vie privée	Payer ses impôts dans les délais
Confidentialité et secret	

Ainsi qu'il ressort du Tableau 9.5, la grande majorité des juridictions sont dotées d'un cadre législatif ou administratif régissant les droits et obligations des contribuables : en général, ce cadre a été mis en place par la voie législative et, plus rarement, sous couvert de règles administratives ou d'autres types de document (voir le tableau B.43). Si l'approche codifiée a force de loi et est parfois plus robuste, l'approche administrative tend à être plus souple et à être axée sur le service.

De plus, dans toutes les juridictions, il existe un mécanisme particulier pour traiter les réclamations des contribuables. Chaque administration dispose d'un dispositif interne à cet effet et, dans la moitié des cas, il s'agit d'un dispositif indépendant. Par ailleurs, dans 90 % des juridictions, il existe également un mécanisme extérieur à l'administration. Dans 80 % des juridictions, le mécanisme en place, qu'il soit interne ou externe, permet de soulever des questions d'ordre systémique (voir le Tableau 9.5).

Tableau 9.5. Droits des contribuables et service spécialement chargé de traiter les réclamations

En pourcentage des administrations

Document énonçant expressément les droits des contribuables	Mécanismes de traitement des réclamations							
	Mécanisme interne				Mécanisme externe			
	En place	Lorsqu'il existe...			En place	Lorsqu'il existe...		
		les contribuables ont le droit de se pourvoir contre une décision	le processus est indépendant	les questions systémiques peuvent être soulevées		les contribuables ont le droit de se pourvoir contre une décision	le processus est indépendant	les questions systémiques peuvent être soulevées
89.7	100.0	84.5	50.9	75.9	93.1	83.3	88.9	81.5

Source : CIAT, IOTA, FMI, OCDE, Enquête internationale sur les administrations fiscales (ISORA), tableaux B.43 (Droits des contribuables : documentation) et B.44 (Droits des contribuables : mécanismes de réclamation), https://data.rafit.org/regular.aspx?key=74180919 (consulté le 10 septembre 2024).

Encadré 9.3. Exemples nationaux : Relation entre l'administration fiscale et les contribuables

Australie

La relation qui unit le percepteur aux contribuables en Australie est définie dans la charte de l'administration fiscale australienne (ATO). Il y est exposé ce que les contribuables sont en droit d'attendre de l'ATO et ce que l'ATO s'engage à faire dans toutes ses interactions avec les contribuables. Il y est énoncé :

- la conduite tenue par l'ATO à l'égard des contribuables ;
- ce que chaque contribuable peut attendre de l'ATO ;
- ce que chaque contribuable peut faire en cas d'insatisfaction.

Pour de plus amples informations, voir également : https://www.ato.gov.au/about-ato/commitments-and-reporting/ato-charter/our-charter (consulté le 10 septembre 2024).

Les contribuables non satisfaits de la réponse de l'ATO peuvent porter leur réclamation devant l'Inspecteur général des impôts et médiateur des impôts (IGTO). Le bureau de l'IGTO est un organe officiel indépendant, qui a été établi par le législateur et est séparé de l'ATO et de son conseil de direction. En plus de traiter des réclamations présentées à titre individuel, il conduira des examens de portée plus générale concernant l'administration de l'impôt, par exemple en vue de mettre en évidence les problèmes de nature systémique et de formuler des recommandations à l'intention de l'ATO et du gouvernement.

Canada

Il existe 16 droits qui décrivent le traitement auquel les contribuables ont droit lorsqu'ils ont à faire avec l'Agence du revenu du Canada (ARC). S'y ajoutent cinq engagements envers les petites entreprises. La Charte des droits du contribuable s'inspire de la mission, de la vision et des valeurs de l'ARC.

La Charte des droits du contribuable

1. Vous avez le droit de recevoir les montants qui vous reviennent et de payer seulement ce qui est exigé par la loi.
2. Vous avez le droit de recevoir des services dans les deux langues officielles.
3. Vous avez droit à la vie privée et à la confidentialité.
4. Vous avez le droit d'obtenir un examen officiel et de déposer par la suite un appel.
5. Vous avez le droit d'être traité de façon professionnelle, courtoise et équitable.
6. Vous avez droit à des renseignements complets, exacts, clairs et opportuns.
7. Vous avez le droit de ne pas payer tout montant d'impôt en litige avant d'avoir obtenu un examen impartial, sauf disposition contraire de la loi.
8. Vous avez droit à une application uniforme de la loi.
9. Vous avez le droit de déposer une plainte en matière de service et d'obtenir une explication de nos constatations.
10. Vous avez le droit que nous tenions compte des coûts liés à l'observation dans le cadre de l'administration des lois fiscales.
11. Vous êtes en droit de vous attendre à ce que nous rendions compte.
12. Vous avez droit, en raison de circonstances extraordinaires, à un allégement des pénalités et des intérêts imposés en vertu des lois fiscales.

13. Vous êtes en droit de vous attendre à ce que nous publiions nos normes de service et que nous en rendions compte chaque année.
14. Vous êtes en droit de vous attendre à ce que nous vous mettions en garde contre des stratagèmes fiscaux douteux en temps opportun.
15. Vous avez le droit d'être représenté par la personne de votre choix.
16. Vous avez le droit de déposer une plainte en matière de service et de demander un examen officiel sans crainte de représailles.

Pour en savoir plus : https://www.canada.ca/fr/agence-revenu/organisation/a-propos-agence-revenu-canada-arc/charte-droits-contribuable.html (consulté le 10 septembre 2024).

Engagement envers les petites entreprises

La Charte des droits du contribuable dispose également ce qui suit :

1. L'ARC s'engage à administrer le régime fiscal afin de réduire au minimum les coûts de l'observation de la loi engagés par les petites entreprises.
2. L'ARC s'engage à collaborer avec tous les gouvernements en vue de rationaliser les services, de réduire les coûts et d'alléger le fardeau lié à l'observation de la loi.
3. L'ARC s'engage à s'engage à offrir des services qui répondent aux besoins des petites entreprises.
4. L'ARC s'engage à offrir des services au public qui aident les petites entreprises à observer les lois qu'elle administre.
5. L'ARC s'engage à expliquer sa façon de mener ses activités auprès des petites entreprises.

Ombudsman des contribuables

Les contribuables peuvent régler les problèmes liés au service de l'ARC auprès du Bureau de l'ombudsman des contribuables. L'ombudsman cerne et examine les enjeux systémiques et émergents et ne procède habituellement à l'examen d'une plainte qu'une fois que tous les mécanismes internes de règlement des plaintes de l'Agence ont été épuisés. Il ne peut examiner de plainte concernant une question qui n'est pas liée au service, qui a été portée devant les tribunaux ou qui a été traitées par le Cabinet du ministre.

États-Unis

Les droits des contribuables sont énoncés dans différentes parties de la législation fiscale. En 2014, ils ont été regroupés dans une déclaration des droits (*Bill of rights*) publiée par l'administration fiscale, l'IRS (*Internal Revenue Service*). Ces droits sont au nombre de dix :

1. Le droit à l'information
2. Le droit à la qualité de service
3. Le droit de ne pas payer plus que le montant dû
4. Le droit de contester l'imposition et d'être entendu
5. Le droit de faire appel d'une décision de l'IRS auprès d'une instance indépendante
6. Le droit au caractère définitif
7. Le droit au respect de la vie privée
8. Le droit à la confidentialité
9. Le droit de se faire représenter
10. Le droit à un système juste et équitable

Pour en savoir plus, voir également : https://www.irs.gov/taxpayer-bill-of-rights (consulté le 10 septembre 2024).

Lorsque leur plainte ou question n'est pas réglée suivant les procédures internes de l'IRS, les contribuables peuvent s'adresser au service de défense des contribuables (*Taxpayer Advocate Service* TAS). Le TAS est une organisation indépendante de l'IRS qui aide les particuliers et les entreprises. Il leur donne accès à une diversité de ressources, par exemple des renseignements sur la déclaration des droits des contribuables. Tout contribuable dont la demande d'assistance est considérée comme recevable se voit attribuer un avocat. Ce service est toujours gratuit.

Le TAS traite en outre des problèmes de grande ampleur ou de nature systémique qui concernent le droit fiscal ou l'administration fiscale. Les problèmes systémiques sont par exemple ceux qui :

- touchent une multiplicité de contribuables ;
- concernent les systèmes, les politiques ou les procédures de l'IRS ;
- touchent à la protection des droits des contribuables, à l'allégement de la charge fiscale, à la garantie d'un traitement équitable ou à la fourniture des services essentiels aux contribuables.

Pour en savoir plus, voir également : https://www.taxpayeradvocate.irs.gov/ (consulté le 10 septembre 2024).

Sources : Australie (2024), Canada (2024) et États-Unis (2024).

Annexe 9.A. Sélection de liens vers des documents publiés par les administrations fiscales

On trouvera dans cette annexe des liens conduisant à un certain nombre de documents (rapports annuels, plans stratégiques et organigrammes) qui ont été publiés par les administrations fiscales consultées pour les besoins de la présente étude.

Tableau d'annexe 9.A.1. Liens vers les rapports annuels de certaines administrations fiscales

Juridiction	Liens (consultés le 10 septembre 2024)
Afrique du Sud	https://www.sars.gov.za/about/annual-reports-strategic-plans/
Arabie saoudite	https://zatca.gov.sa/ar/HelpCenter/Documents/ZATCA_REPORT_2022.pdf
Australie	https://www.ato.gov.au/about-ato/commitments-and-reporting/annual-report-and-other-reporting-to-parliament/annual-report
Belgique	https://finances.belgium.be/fr/sur_le_spf/rapports-annuels
Bulgarie	https://nra.bg/wps/portal/nra/za-nap/osnovni-dokumenti/Godishni-otcheti-za-deynostta-na-NAP
Canada	https://www.canada.ca/fr/agence-revenu/organisation/a-propos-agence-revenu-canada-arc/rapports-ministeriels-rendement.html
Chili	https://www.sii.cl/cuenta_publica/CP2023.pdf
Chypre	https://www.mof.gov.cy/mof/tax/taxdep.nsf/All/1BF0DAFC814512A6C225822C004877FF
Espagne	https://sede.agenciatributaria.gob.es/Sede/informacion-institucional/memorias.html
Finlande	https://vero.fi/en/About-us/finnish-tax-administration/finnish-tax-administrations-year/earlier-annual-reports/
France	https://www.economie.gouv.fr/dgfip/rapports-dactivite-dgfip
Géorgie	https://www.rs.ge/AboutUs-en?cat=5&tab=1
Grèce	https://www.aade.gr/apologistikes-ektheseis
Hong Kong (Chine)	https://www.ird.gov.hk/eng/ppr/are.htm
Hongrie	https://nav.gov.hu/kiadvanyok/evkonyvek
Indonésie	https://pajak.go.id/id/tahunan-page
Irlande	https://www.revenue.ie/en/corporate/press-office/annual-report/index.aspx
Islande	https://www.skatturinn.is/um-rsk/embaettid/arsskyrslur/
Japon	https://www.nta.go.jp/about/introduction/torikumi/report/report.htm
Lettonie	https://www.vid.gov.lv/en/annual-reports-state-revenue-service
Luxembourg	https://aed.gouvernement.lu/fr/publications/RA.html et https://impotsdirects.public.lu/fr/profil/rapports.html
Malaisie	https://www.hasil.gov.my/en/about-hasil/corporate-profile/annual-report/
Malte	https://cfr.gov.mt/en/Documents/MTCA%20AR%202023%20SPREADS%2031%20COMP%202.pdf
Maroc	https://www.tax.gov.ma/wps/portal/DGI/Nous-connaitre/Rapports-d_activite
Norvège	https://www.skatteetaten.no/om-skatteetaten/analyse-og-rapporter/arsrapporter/
Nouvelle-Zélande	https://www.ird.govt.nz/about-us/publications/annual-corporate-reports/annual-report
Pays-Bas	https://www.rijksoverheid.nl/documenten/rapporten/2023/05/24/1-jaarrapportage-2022-belastingdienst
Pérou	https://www.sunat.gob.pe/cuentassunat/planestrategico/informeGestion.html
Portugal	https://info.portaldasfinancas.gov.pt/pt/at/Instrumentos_Gestao/Relatorio_atividades/Pages/default.aspx
République slovaque	https://www.financnasprava.sk/sk/financna-sprava/vyrocne-spravy
Roumanie	https://www.anaf.ro/anaf/internet/ANAF/despre_anaf/strategii_anaf/rapoarte_studii
Royaume-Uni	https://www.gov.uk/government/collections/hmrcs-annual-report-and-accounts
Singapour	https://www.iras.gov.sg/who-we-are/what-we-do/annual-reports-and-publications/annual-reports

Juridiction	Liens (consultés le 10 septembre 2024)
Suède	https://www.skatteverket.se/download/18.48cfd212185efbb440b2db9/1676993313236/arsredovisning-skatteverket-2022-skv165-utgava31.pdf
Suisse	https://www.estv.admin.ch/estv/fr/accueil/afc/notre-profil/rapport-activite.html
Thaïlande	https://rd.go.th/22590.html
Türkiye	https://www.gib.gov.tr/kurumsal/stratejik-yonetim/faaliyet-raporlari

Tableau d'annexe 9.A.2. Liens vers les plans stratégiques de certaines administrations fiscales

Juridiction	Liens (consultés le 10 septembre 2024)
Afrique du Sud	https://www.sars.gov.za/about/annual-reports-strategic-plans/
Belgique	https://finances.belgium.be/fr/sur_le_spf/strat%C3%A9gie/plan_strategique_et_plan_operationnel
Bulgarie	https://nra.bg/wps/portal/nra/za-nap/osnovni-dokumenti/Strategicheski-planove-za-deynostta
Canada	https://www.canada.ca/fr/agence-revenu/organisation/a-propos-agence-revenu-canada-arc/resume-plan-entreprise.html
Chypre	https://www.mof.gov.cy/mof/tax/taxdep.nsf/All/463072B158C68A59C2258308001CF6AC
Colombie	https://www.dian.gov.co/dian/entidad/PlanEvalInstitucional/6-Plan-Estrategico-2023.pdf
Danemark	https://sktst.dk/om-os/vores-byggesten#strategiske
Espagne	https://sede.agenciatributaria.gob.es/Sede/planificacion/plan-estrategico-agencia-tributaria-2020-2023/plan-estrategico-agencia-tributaria-2020-2023.html
Estonie	https://www.emta.ee/en/business-client/board-news-and-contact/estonian-tax-and-customs-board/introduction-and-structure
États-Unis	https://www.irs.gov/about-irs/irs-inflation-reduction-act-strategic-operating-plan
Géorgie	https://www.rs.ge/AboutUs-en?cat=1&tab=1
Grèce	https://www.aade.gr/aade/epiheirisiaka-shedia-stohothesia/epiheirisiaka-shedia/stratigiko-shedio-aade-2020-2024
Indonésie	https://pajak.go.id/id/sasaran-dan-rencana-strategis-2020-2024-direktorat-jenderal-pajak
Irlande	https://www.revenue.ie/en/corporate/documents/governance/sos-2023-2025.pdf
Italie	https://www.agenziaentrate.gov.it/portale/documents/20143/4461603/PIAO+2022-2024.pdf
Kenya	https://kra.go.ke/images/publications/KRA-8TH-CORPORATE-PLAN-.pdf
Lettonie	https://www.vid.gov.lv/en/strategy
Lituanie	https://www.vmi.lt/evmi/en/polaris-2021-2025
Malaisie	https://www.hasil.gov.my/en/about-hasil/corporate-profile/irbm-corporate-plan/
Malte	https://cfr.gov.mt/en/cfr/Documents/MTCA%20Strategic%20Plan%202023_2025.pdf
Norvège	https://www.skatteetaten.no/strategi/
Nouvelle-Zélande	https://www.ird.govt.nz/about-us/publications/annual-corporate-reports/statement-of-intent
Pays-Bas	https://www.rijksoverheid.nl/documenten/jaarplannen/2022/01/31/meerjarenvisie-belastingdienst-2020-2025
Pérou	https://www.sunat.gob.pe/cuentassunat/planestrategico/pei.html
Pologne	https://www.gov.pl/web/kas/strategia-kas
Portugal	https://info.portaldasfinancas.gov.pt/pt/at/Instrumentos_Gestao/plano_estrategico/Pages/default.aspx
Roumanie	https://static.anaf.ro/static/33/Anaf/20210316192634_strategia_anaf_2021-2024.pdf
Royaume-Uni	https://www.gov.uk/government/publications/making-tax-digital-review
Slovénie	https://www.gov.si/assets/organi-v-sestavi/FURS/Strateski-dokumenti/Strategija-Financne-uprave-RS-2021-2025.pdf
Suède	https://www.skatteverket.se/download/18.5b35a6251761e6914208c33/1613125015264/Skatteverkets%20strategiska%20riktning.pdf
Thaïlande	https://rd.go.th/62801.html
Türkiye	https://www.gib.gov.tr/stratejik_planlar

Tableau d'annexe 9.A.3. Liens vers les organigrammes d'administrations fiscales

Juridiction	Liens (consultés le 10 septembre 2024)
Argentine	https://www.afip.gob.ar/institucional/documentos/Organigrama-hasta-Direccion.pdf
Australie	https://www.ato.gov.au/about-ato/who-we-are/executive-and-governance/organisational-chart
Autriche	https://www.bmf.gv.at/en/the-ministry/internal-organisation/Tax-Authority-Austria.html
Belgique	https://finances.belgium.be/fr/sur_le_spf/structure_et_services/organigramme
Brésil	https://www.gov.br/receitafederal/pt-br/acesso-a-informacao/institucional/estrutura-organizacional
Canada	https://www.canada.ca/fr/agence-revenu/organisation/a-propos-agence-revenu-canada-arc/transition-ministerielle-2023/organisation.html
Chili	https://www.sii.cl/sobre_el_sii/organigrama/organigrama.html
Chypre	https://www.mof.gov.cy/mof/tax/taxdep.nsf/page05_gr/page05_gr?opendocument
Colombie	https://www.dian.gov.co/dian/entidad/Paginas/Organigrama.aspx
Croatie	https://www.porezna-uprava.hr/HR_o_nama/Stranice/organizacija.aspx
Danemark	https://skm.dk/ministeriet/om-skatteministeriet/skatteministeriets-koncern
Espagne	https://sede.agenciatributaria.gob.es/Sede/gobierno-abierto/transparencia/organigrama.html
Estonie	https://www.emta.ee/en/business-client/board-news-and-contact/estonian-tax-and-customs-board/introduction-and-structure
Estonie	https://www.financnisprava.cz/cs/financni-sprava/financni-sprava-cr/organizacni-struktura
États-Unis	https://www.irs.gov/pub/newsroom/marketing/internet/irs-organization-chart.pdf
France	https://www.economie.gouv.fr/dgfip/lorganigramme-dgfip
Grèce	https://www.aade.gr/menoy/aade/organogramma
Hong Kong (Chine)	https://www.ird.gov.hk/eng/abo/org.htm
Hongrie	https://nav.gov.hu/en/about_us/management
Indonésie	https://pajak.go.id/index.php/id/struktur-organisasi
Islande	https://www.skatturinn.is/um-rsk/embaettid/skipurit-rikisskattstjora/nr/251
Israël	https://www.gov.il/BlobFolder/aboutoffice/about-israel-taxes-authority/he/about_structure-misim-170821.pdf
Italie	https://www.agenziaentrate.gov.it/portale/web/guest/agenzia/chi-siamo/organigramma-centrale
Lettonie	https://www.vid.gov.lv/en/structure
Lituanie	https://www.vmi.lt/evmi/en/vmi-prie-fm-struktura
Luxembourg	https://aed.gouvernement.lu/fr/organigramme.html ethttps://impotsdirects.public.lu/fr/profil/organigramme.html
Malte	https://cfr.gov.mt/en/cfr/Pages/Organigram.aspx
Maroc	https://www.tax.gov.ma/wps/portal/DGI/Nous-connaitre/Notre-organisation/Organigramme-central
Norvège	https://www.skatteetaten.no/om-skatteetaten/om-oss/organisasjon-og-ledelse/organisasjonen/
Pays-Bas	https://over-ons.belastingdienst.nl/wp-content/uploads/2023/04/Organogram-Belastingdienst-1-1-2023.pdf
Pérou	https://www.sunat.gob.pe/institucional/quienessomos/igo/dofp/2022/organigrama.pdf
Portugal	https://info.portaldasfinancas.gov.pt/pt/at/Documents/AT_Organograma_sintetico.pdf
République populaire de Chine	https://www.chinatax.gov.cn/chinatax/n810209/index.html
Roumanie	https://www.anaf.ro/anaf/internet/ANAF/despre_anaf/organizare/organigrama
Singapour	https://www.iras.gov.sg/who-we-are/our-organisation/organisation-structure
Slovénie	https://www.gov.si/assets/organigrami/organi-v-sestavi/Organigram-Financni-Urad-RS.pdf
Suède	https://www.skatteverket.se/omoss/organisation.4.7b610ded10741da92fa80001414.html
Suisse	https://www.estv.admin.ch/estv/fr/accueil/afc/notre-profil/organigramme.html
Thaïlande	https://rd.go.th/324.html
Türkiye	https://www.gib.gov.tr/kurumsal/organizasyon-semasi

10 Budget et personnel

Ce chapitre s'intéresse aux ressources consacrées aux administrations fiscales et fournit des informations sur leur personnel. Il décrit comment les administrations font face aux nouveaux défis et maintiennent leurs capacités tout en gérant un personnel contraint de s'adapter à un environnement de travail en mutation.

Introduction

Pour qu'une administration fiscale puisse assurer son rôle de percepteur des impôts et de prestataire de services aux citoyens et aux entreprises, il est essentiel qu'elle dispose de ressources financières suffisantes ainsi que d'une main-d'œuvre qualifiée capable de produire des résultats de qualité de manière efficace et efficiente. Ce chapitre s'intéresse aux ressources financières dont disposent les administrations fiscales et à la manière dont elles sont dépensées. Il présente également des informations sur le personnel des administrations fiscales et sur la manière dont celles-ci le gèrent.

Budget

Dépenses opérationnelles

Le niveau global des ressources affectées aux administrations fiscales est une question importante et d'actualité pour la plupart des autorités, des parties prenantes externes et, bien entendu, des administrations fiscales elles-mêmes. Si les approches budgétaires diffèrent, la plupart des pays lient le budget alloué à l'obtention de résultats définis dans un plan d'activité annuel.

S'agissant des chiffres, environ 80 % des administrations fiscales font état d'une hausse de leurs dépenses opérationnelles de 2021 à 2022. Elles sont donc un peu plus nombreuses, par rapport aux périodes précédentes, à déclarer un budget en hausse (voir Tableau 10.1.).

Tableau 10.1. Variation des dépenses opérationnelles, 2018-22

En pourcentage des administrations étudiées

Variation	Entre 2018 et 2019	Entre 2019 et 2020	Entre 2020 et 2021	Entre 2021 et 2022
Hausse des dépenses opérationnelles	75.5	71.7	77.4	80.8
Baisse des dépenses opérationnelles	24.5	28.3	22.6	19.2

Note : le tableau se fonde sur les données de 53 juridictions couvertes par la présente publication qui ont été en mesure de fournir ces informations pour les années 2018 à 2022.
Source : Centre interaméricain des administrations fiscales (CIAT), Organisation intra-européenne des administrations fiscales (IOTA), Fonds monétaire international (FMI) et OCDE, Enquête internationale sur les administrations fiscales (ISORA), tableau A.16 Dépenses de l'administration fiscale : dépenses opérationnelles et salaires, https://data.rafit.org/regular.aspx?key=74180905 (consulté le 10 septembre 2024).

Il convient toutefois d'interpréter ces données avec prudence. Si, sur le papier, un grand nombre d'administrations ont vu leur budget augmenter, cela peut s'expliquer par des responsabilités accrues qui s'accompagnent de budgets supplémentaires, ainsi que par des financements supplémentaires pour les investissements dans la technologie et les nouveaux services destinés à répondre aux demandes des contribuables. Ces données ne tiennent pas non plus compte des augmentations dues à l'inflation, et du fait qu'une part importante du budget est nécessaire pour couvrir les coûts salariaux, qui représentent en moyenne 72 % des budgets de fonctionnement annuels (voir également Graphique 10.1.). Ainsi, toute hausse des budgets peut être rapidement absorbée par des augmentations de salaire, qui peuvent constituer une obligation contractuelle.

Postes de dépenses opérationnelles des administrations fiscales

Comme on l'a vu plus haut, les coûts salariaux constituent le principal poste de dépenses opérationnelles des administrations fiscales, les salaires à eux seuls représentant en moyenne 72 % du budget annuel de fonctionnement, même si l'on observe des différences d'une juridiction à l'autre (voir Graphique 10.1.).

Graphique 10.1. Coûts salariaux en pourcentage du total des dépenses opérationnelles, 2022

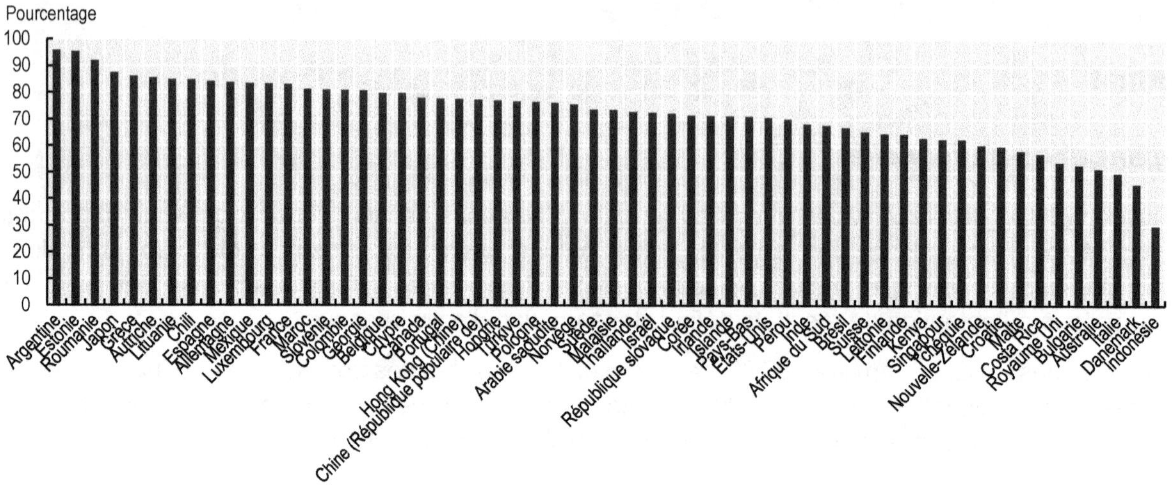

Source : CIAT/FMI/IOTA/OCDE, Enquête internationale sur les administrations fiscales, tableau D.6 Ratios des ressources : coûts, https://data.rafit.org/regular.aspx?key=74180898 (consulté le 10 septembre 2024).

StatLink https://stat.link/dny4el

Les coûts liés à l'exploitation des technologies de l'information et de la communication (TIC) constituent un autre poste important. Compte tenu de l'importance des TIC dans les modèles de fonctionnement des administrations fiscales, ces dernières travaillent en permanence à de nouvelles méthodes de développement de ces technologies, comme l'illustre l'exemple australien (voir Encadré 10.1).

Encadré 10.1. Australie : Nouvelles approches du développement des technologies de l'information

L'administration fiscale australienne (Australian Taxation Office, ATO) a mis en place une division des services aux développeurs et travaille directement avec sa communauté interne de développeurs dans le cadre d'un groupe de travail pour élaborer de nouvelles approches en matière de développement des technologies de l'information (TI).

Ce petit groupe de travail rassemble des développeurs sélectionnés pour leurs spécialités dans le domaine informatique. Il a pour mission de veiller à ce que les développeurs de l'ATO aient leur mot à dire sur les questions qui auront un impact sur leur travail. À ce jour, le groupe a formulé des conseils sur des questions telles que :

- l'automatisation des processus grâce à la Stratégie d'automatisation
- la gestion des données d'essai
- la modernisation des environnements d'exploitation standard

- les mises à niveau des outils des développeurs

Les principaux résultats du groupe depuis sa création ont été une satisfaction et une sensibilisation accrues au sein de la communauté des développeurs en matière de services à leur intention, ainsi qu'un canal de retour d'information en temps réel solide avec les utilisateurs internes du développement. Cette communauté fournit désormais une assistance par les pairs dans tous les domaines d'activité pour répondre à des préoccupations ou des demandes communes, en renforçant les relations entre les groupes d'exécution et en favorisant l'adoption d'orientations et de schémas communs. Ces orientations ont été élaborées par des experts du domaine concerné et des utilisateurs finals.

Source : Australie (2024).

Les dépenses consacrées aux TIC représentent environ 11 % des dépenses opérationnelles en moyenne, mais les niveaux varient considérablement d'une administration à l'autre. Ainsi, environ 40 % des administrations ayant communiqué le coût de leurs dépenses liées aux TIC pour 2022 indiquent que leurs charges opérationnelles annuelles dans ce domaine étaient supérieures à 10 % de leurs dépenses de fonctionnement totales et 30 % d'entre elles que ce poste de dépense représentait de 5 % à 10 % du budget (voir tableau D.6).

Si certaines de ces variations peuvent s'expliquer par des différences entre les approches suivies en matière d'approvisionnement et de stratégie, ce n'est pas le cas pour d'autres, ce qui, à première vue, peut laisser penser que les niveaux de dépenses sont peut-être légèrement insuffisants pour permettre d'assurer les services électroniques et numériques en mutation rapide que les administrations sont de plus en plus appelées à fournir. Parallèlement, les administrations indiquent qu'elles investissent davantage dans leurs pratiques de cybersécurité, qui sont nécessaires pour protéger l'intégrité de leur système et préserver la confiance des contribuables. L'encadré 10.5 de l'édition 2023 de cette série en donne quelques exemples (OCDE, 2023[1]).

Les moyennes de ces deux postes (salaires et TIC) sont restées stables ces dernières années, comme le montre le Tableau 10.2.

Tableau 10.2. Coût moyen des salaires et des TIC en pourcentage des dépenses opérationnelles, 2018-22

En pourcentage des administrations étudiées

Éléments de coût	2018	2019	2020	2021	2022
Coûts salariaux en pourcentage des dépenses opérationnelles (56 juridictions)	73.2	73.0	73.6	72.9	72.6
Coûts d'exploitation des TIC en pourcentage des dépenses opérationnelles (51 juridictions)	10.8	11.4	11.3	11.2	11.1

Note : le tableau se fonde sur les données des juridictions couvertes par la présente publication qui ont été en mesure de fournir ces informations pour les années 2018 à 2022. Le nombre de juridictions pour lesquelles des données étaient disponibles est indiqué entre parenthèses.
Source : CIAT/FMI/IOTA/OCDE, Enquête internationale sur les administrations fiscales, tableau D.6 Ratios des ressources : coûts, https://data.rafit.org/regular.aspx?key=74180898 (consulté le 10 septembre 2024).

Coût de perception

Il est devenu assez courant que les administrations fiscales calculent et publient (par exemple dans leurs rapports annuels) un ratio du « coût de perception » comme indicateur de substitution pour mesurer leur efficience ou leur efficacité. Ce ratio est calculé en comparant les dépenses annuelles de l'administration aux recettes nettes perçues au cours de l'exercice. Compte tenu des nombreuses similitudes que présentent les impôts administrés par les administrations fiscales, les observateurs ont naturellement tendance à comparer les ratios du « coût de perception » des différentes juridictions. Pour les raisons exposées dans l'Encadré 10.2, il convient toutefois de prendre ce type de comparaison avec des pincettes.

Dans la pratique, un certain nombre de facteurs peuvent en effet influer sur le rapport coûts-recettes, mais ne concernent en rien l'efficience ou l'efficacité relative. Citons notamment les évolutions macroéconomiques ainsi que les différences dans les types de recettes administrées. Ces facteurs sont détaillés dans l'Encadré 10.2.

En dépit de ces facteurs, ce rapport intègre le ratio du coût de perception pour deux raisons :

1. il peut servir aux administrations d'outil de suivi et de mesure au niveau national, puisqu'il leur permet d'observer l'évolution au fil du temps des efforts qu'elles déploient pour la collecte des recettes, ces administrations pouvant être en mesure, comme le souligne l'Encadré 10.2, de tenir compte des principaux facteurs susceptibles d'influer sur ce ratio ;
2. l'intégration du ratio du coût de perception ainsi que les remarques qui s'y rapportent figurant à l'Encadré 10.2. permettent de rappeler avec pertinence aux parties prenantes que le ratio du coût de perception est certes aisé à calculer, mais néanmoins difficile à utiliser pour établir des comparaisons internationales.

Le Tableau 10.3 illustre l'évolution des ratios du coût de perception entre 2018 et 2022 pour les administrations visées par ce rapport. Il montre qu'environ trois quarts des administrations ont vu leur ratio diminuer entre 2021 et 2022, une proportion très similaire à celle de la période précédente. Ce chiffre contraste avec les quelque 80 % d'administrations qui ont vu leur ratio augmenter entre 2019 et 2020, très probablement en raison de la baisse des recettes perçues pendant la pandémie de COVID-19.

Tableau 10.3. Évolution des ratios du « coût de perception », 2018-22

En pourcentage des administrations étudiées

Variation	Entre 2018 et 2019	Entre 2019 et 2020	Entre 2020 et 2021	Entre 2021 et 2022
Augmentation du coût de perception	43.4	83.0	22.6	24.5
Diminution du coût de perception	56.6	17.0	77.4	75.5

Note : le tableau se fonde sur les données de 53 juridictions couvertes par la présente publication qui ont été en mesure de fournir ces informations pour les années 2018 à 2022.

Source : CIAT/FMI/IOTA/OCDE, Enquête internationale sur les administrations fiscales, tableau D.6 Ratios des ressources : coûts, https://data.rafit.org/regular.aspx?key=74180898 (consulté le 10 septembre 2024).

Le Graphique 10.2. illustre l'évolution des ratios du « coût de perception » sur cinq ans, entre 2018 et 2022, au niveau des juridictions. Comme indiqué dans l'Encadré 10.2, ce graphique et les chiffres qui le sous-tendent doivent toutefois être interprétés avec une grande prudence.

Graphique 10.2. Évolution des ratios de « coût de perception » entre 2018 et 2022

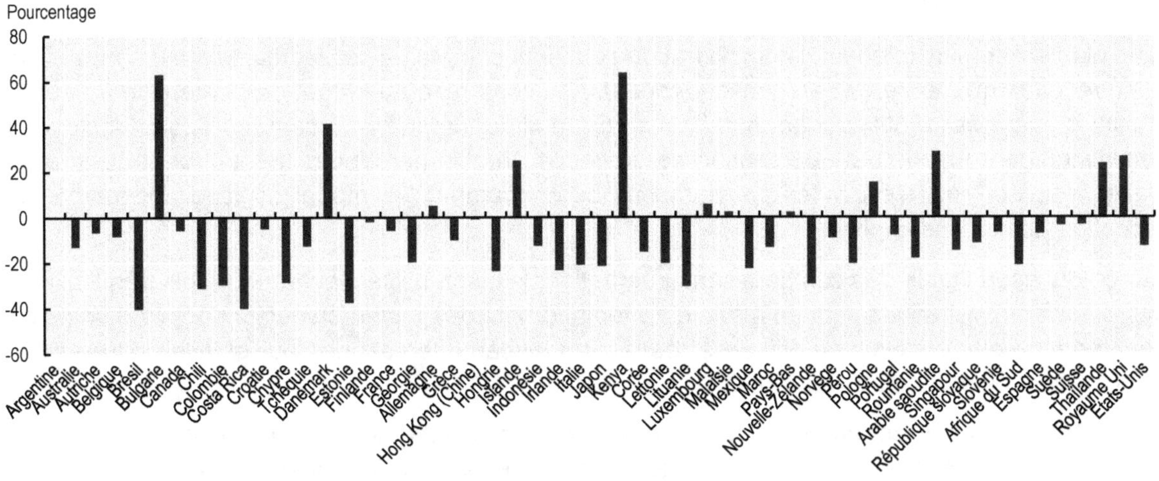

Note : Il convient de tenir compte des facteurs évoqués à l'Encadré 10.2 pour interpréter ce graphique. Les données relatives à l'Inde, à Israël et à la Türkiye ont été exclues, voir les notes du tableau A.16 Dépenses des administrations fiscales : dépenses opérationnelles et salaires.
Source : CIAT/FMI/IOTA/OCDE, Enquête internationale sur les administrations fiscales, tableau D.6 Ratios des ressources : coûts, https://data.rafit.org/regular.aspx?key=74180898 (consulté le 10 septembre 2024).

StatLink https://stat.link/o4t780

Encadré 10.2. Difficultés liées à l'utilisation du ratio du « coût de perception » comme indicateur de l'efficience et/ou de l'efficacité

Observée au fil du temps, une tendance à la baisse du ratio du « coût de perception » peut sembler attester d'une réduction des coûts relatifs (amélioration de l'efficience) et/ou d'une amélioration de la discipline fiscale (amélioration de l'efficacité). Cependant, on a aussi constaté à l'usage que nombre de facteurs susceptibles d'influencer ce ratio **ne sont pas** liés à l'évolution de l'efficience et/ou de l'efficacité des administrations fiscales et compromettent fortement la fiabilité de cette statistique dans le contexte international :

- **Évolution de la politique fiscale** : l'évolution de la politique fiscale est un facteur important qui détermine le rapport coûts-recettes. Ainsi, à une décision visant à accroître la charge fiscale globale devrait, en théorie et toutes choses égales par ailleurs, correspondre une amélioration du ratio, mais cela n'a rien à voir avec une amélioration de l'efficience ou de l'efficacité opérationnelle.
- **Évolutions macroéconomiques** : des variations importantes des taux, de croissance économique notamment, ou d'inflation dans la durée, sont susceptibles d'influer sur le total des recettes perçues par l'administration fiscale et donc sur le rapport coûts-recettes.
- **Dépenses anormales de l'administration fiscale** : il peut arriver qu'une administration fiscale doive réaliser un investissement de niveau anormal (mise en place d'une nouvelle infrastructure informatique ou acquisition de nouveaux locaux plus coûteux, par exemple). Les investissements de ce type sont susceptibles d'accroître les coûts opérationnels globaux à moyen terme ; en l'absence de gains d'efficience compensatoires, qui peuvent être longs à obtenir, ils auront une incidence sur le rapport coûts-recettes.

- **Évolution du champ des recettes perçues** : il peut arriver que les autorités décident de transférer la responsabilité de la perception de certaines recettes d'un organisme à un autre, ce qui peut influer sur le rapport coûts-recettes.

Sur le plan strictement intérieur, l'administration peut tenir compte de ces facteurs en ajustant ses coûts ou les recettes qu'elle perçoit en conséquence. Le suivi du ratio du « coût de perception » peut ainsi constituer une mesure utile qui permet d'observer au fil du temps l'évolution des efforts déployés par l'administration en matière de perception des recettes. Ventilé par type d'impôt, il peut aussi aider à éclairer les choix opérés par les pouvoirs publics concernant les modalités d'administration et de perception de certains impôts.

Pour ce qui est d'établir des comparaisons internationales, son utilité s'avère toutefois très limitée. En effet, si les administrations sont en mesure de tenir compte des facteurs susmentionnés d'un point de vue intérieur, cette analyse est difficile à réaliser au niveau international, puisqu'elle doit prendre en considération les paramètres suivants :

- **Différences quant aux taux et à la structure des impôts** : les taux d'imposition et la structure effective des impôts sont autant d'éléments qui pèsent sur les recettes globales et, dans une moindre mesure, sur les considérations de coûts. Par exemple, les comparaisons du ratio de juridictions à forte pression fiscale et de juridictions à faible pression fiscale ne sont guère réalistes en raison de la forte disparité de leur charge fiscale.
- **Différences quant à la portée et à la nature des recettes administrées** susceptibles d'exister. Dans certaines juridictions, il se peut qu'il y ait plus d'une grande autorité fiscale au niveau national, ou que les recettes perçues au niveau fédéral proviennent principalement d'impôts directs, les impôts indirects étant essentiellement administrés par des autorités régionales ou provinciales distinctes. Dans d'autres juridictions, il se peut, à l'inverse, qu'une autorité nationale unique perçoive les impôts pour tous les niveaux de l'administration : fédéral, régional et local. Des problèmes similaires se posent en ce qui concerne la perception des cotisations sociales.
- **Différences quant à l'éventail des fonctions exercées** : l'éventail des fonctions exercées par les administrations fiscales peut varier d'une juridiction à l'autre. Ainsi, dans certaines juridictions, l'administration fiscale est également responsable d'activités qui ne relèvent pas directement de l'administration de l'impôt (administration de certaines prestations sociales ou du registre national de la population, par exemple), tandis que dans d'autres, certaines fonctions fiscales ne sont pas exercées par l'administration fiscale (recouvrement forcé de créances, par exemple). Par ailleurs, les perceptions sociétales peuvent influer sur les activités de l'administration, son fonctionnement et les services qu'elle doit proposer, ce dernier élément étant tout particulièrement susceptible d'avoir une incidence importante sur le rapport coûts-recettes.

Enfin, il convient de souligner que le ratio du « coût de perception » ne tient pas compte du potentiel de recettes des systèmes fiscaux, c'est-à-dire de la différence entre le montant des recettes effectivement perçues et les recettes potentielles maximales. Cet aspect est particulièrement important en matière de comparaisons internationales : pour des rapports coûts-recettes similaires, l'efficacité relative de différentes administrations peut varier sensiblement.

Personnel

En 2022, les administrations couvertes par ce rapport employaient environ 1.7 million de personnes (voir Tableau A.18). Une gestion efficace et efficiente du personnel est donc essentielle pour la bonne administration de l'impôt. Le fait de disposer d'une main-d'œuvre compétente, professionnelle, productive et adaptable est au cœur de la planification des ressources humaines de la plupart des administrations. Or, les coûts salariaux représentant en moyenne plus de 70 % des dépenses opérationnelles, toute modification importante du budget a invariablement une incidence sur les effectifs. La « double pression » résultant des contraintes budgétaires et des évolutions technologiques, mentionnées dans l'édition 2017 (OCDE, 2017[2]) (voir aussi le Graphique 10.3.), demeure un enjeu de gestion important pour la plupart des administrations. Le problème est encore aggravé pour certaines d'entre elles, qui, en raison de restrictions contractuelles ou des missions que leur confient les pouvoirs publics, peuvent éprouver des difficultés, sur le plan stratégique, à réduire leurs activités autrement que par le non-remplacement des départs volontaires.

Graphique 10.3. Double pression sur le personnel

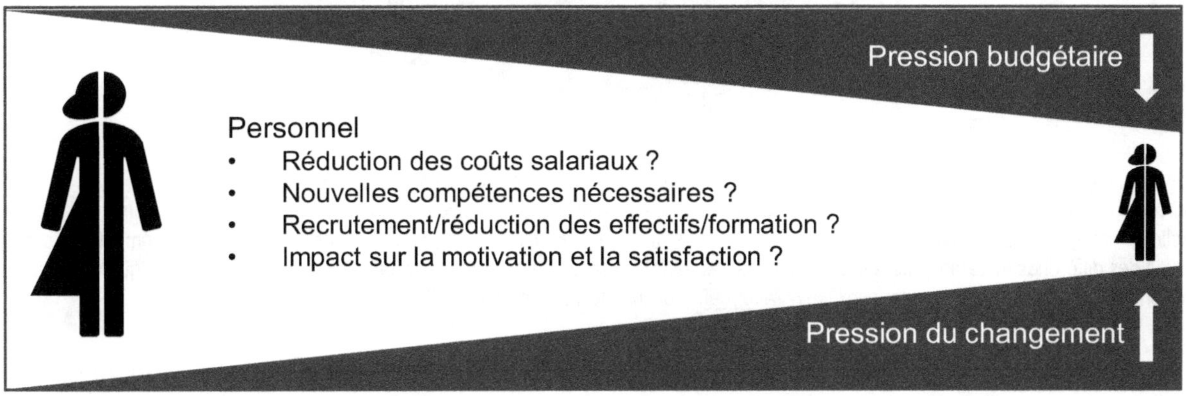

Dotation en personnel par fonction

Le Graphique 10.4. illustre la répartition moyenne des ressources en personnel (exprimées en équivalents temps plein) en sept groupes fonctionnels utilisés pour catégoriser les activités de l'administration fiscale. Il convient de noter que pour l'enquête ISORA 2023, les regroupements fonctionnels ont été révisés en scindant la catégorie « Toutes autres fonctions » en quatre catégories : (i) Gestion des différends ; (ii) Gestion des ressources humaines ; (iii) Soutien des technologies de l'information et des communications ; et (iv) Toutes autres fonctions. Cela permet d'avoir une meilleure idée de l'utilisation du personnel par les administrations fiscales.

Graphique 10.4. Dotation en personnel par fonction, 2022

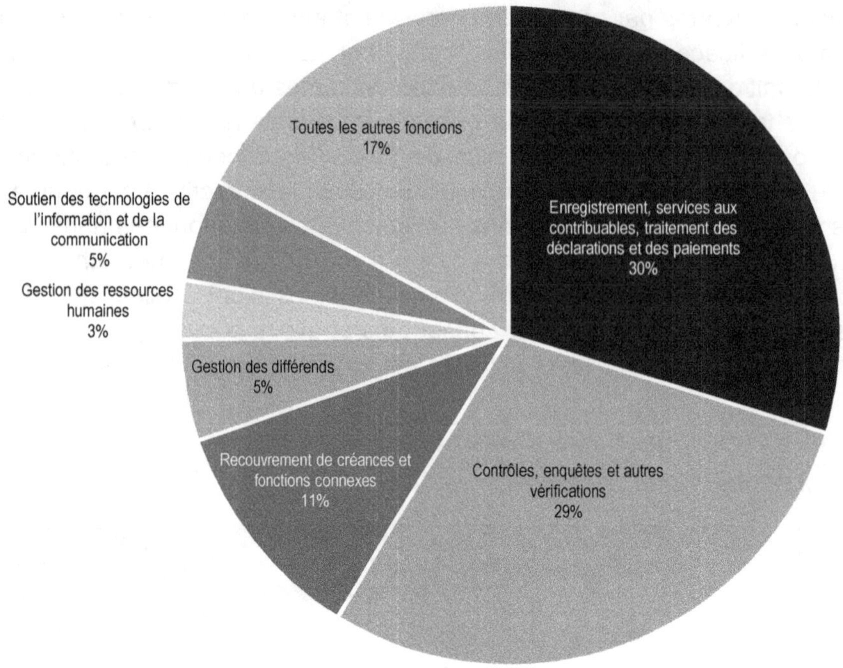

Note : les administrations qui n'ont pas été en mesure de fournir la ventilation pour toutes les fonctions ont été exclues.
Source : CIAT/FMI/IOTA/OCDE, Enquête internationale sur les administrations fiscales, tableaux D.7 Répartition du personnel par lieu et fonction : enregistrement, services, traitement, contrôle et vérification, D.8 Dotation en personnel par fonction : recouvrement des créances, gestion des différends et gestion des ressources humaines, et D.9 Dotation en personnel par fonction : assistance informatique et toutes autres fonctions, https://data.rafit.org/regular.aspx?key=74180899 (consulté le 10 septembre 2024).

StatLink https://stat.link/arkntz

Si les données détaillées de chaque administration présentées dans les tableaux D.7 à D.9. font apparaître un écart important entre les valeurs et un certain nombre de valeurs aberrantes pour chaque fonction, en moyenne, la fonction « contrôles, enquêtes et autres vérifications » et la fonction « enregistrement, services, déclarations et traitement des paiements » mobilisent autant de ressources, chacune employant en moyenne 30 % du personnel. Ces deux ratios, ainsi que le ratio correspondant à « Recouvrement de créances et fonctions connexes », sont restés stables ces dernières années.

Grâce aux progrès technologiques, à des données disponibles toujours plus nombreuses et à l'évolution constante des attentes des contribuables en matière d'offre de services, les administrations fiscales renforcent leurs capacités en matière de technologies de l'information et des communications et en matière d'analyse de données. Elles emploient un nombre croissant de personnes dotées de compétences de spécialistes ou, lorsque ces ressources n'existent pas en interne, ont recours à la sous-traitance.

L'enquête ISORA 2023 s'est penchée sur trois de ces compétences et a demandé aux administrations d'indiquer si elles emploient des personnes possédant des compétences en sciences comportementales, en conception d'interfaces utilisateurs et/ou en science des données, ou si elles font appel à la sous-traitance pour répondre à ces besoins. Le Tableau 10.4. synthétise les résultats et montre que :

- Environ la moitié des administrations utilisent des compétences liées aux éclairages comportementaux, qu'elles trouvent en interne, qui font l'objet d'une sous-traitance, ou les deux à la fois. La façon dont les éclairages comportementaux peuvent aider les administrations fiscales est décrite au chapitre 6 et a également été étudiée dans la publication de l'OCDE de 2021 intitulée *Behavioural Insights for Better Tax Administration : A Brief Guide* (OCDE, 2021[3])

- La conception d'interfaces utilisateurs est une autre compétence spécialisée qui a pris de plus en plus d'importance. La conception de l'interface utilisateur est le processus de conception de l'interface entre les solutions logicielles et l'humain visant à assurer une utilisation facile du logiciel. Le fait que plus de 70 % des administrations emploient des personnes dotées de ces compétences, agents de l'administration ou prestataires externes, témoigne de son importance.
- Près de 80 % des administrations emploient des experts en science des données, agents de l'administration ou prestataires externes. Compte tenu des volumes croissants de données disponibles et gérées par les administrations fiscales, cela n'a rien d'étonnant.

Tableau 10.4. Utilisation des compétences spécialisées, 2022

En pourcentage des administrations étudiées

Type de compétence spécialisée	Des postes de spécialistes existent **en interne uniquement**	Les activités nécessitant des compétences spécialisées sont **entièrement externalisées**	Postes de spécialistes **en interne et externalisation** des activités nécessitant des compétences spécialisées en fonction des besoins
Sciences comportementales	25.9	3.4	19.0
Conception de l'interface utilisateur	19.0	6.9	46.6
Science des données	41.4	1.7	34.5

Source : CIAT/FMI/IOTA/OCDE, Enquête internationale sur les administrations fiscales, tableau B.15 Compétences de spécialistes, https://data.rafit.org/regular.aspx?key=74180914 (consulté le 10 septembre 2024).

Indicateurs relatifs au personnel

L'enquête ISORA recueille également des données essentielles concernant les profils par âge, l'ancienneté, la répartition hommes-femmes et les diplômes du personnel des administrations fiscales : voir les tableaux D.10 à D.16 et A.22 à A.33. Étant donné qu'il peut leur être difficile de distinguer entre le personnel de l'administration de l'impôt et celui chargé des droits de douane, les administrations qui cumulent ces fonctions ont été autorisées à utiliser les chiffres de l'ensemble de leurs effectifs pour répondre aux questions de l'enquête. Il convient d'en tenir compte lorsqu'on interprète ces données.

Profils par âge

Si l'on observe d'importantes disparités entre les profils par âge du personnel des administrations fiscales (voir tableaux D.12 et D.13), il est intéressant de constater que des écarts apparaissent également lorsque l'on examine les différents groupes régionaux. Cela peut s'expliquer par un ensemble complexe de facteurs culturels, économiques et sociologiques (par exemple, maturité économique, recrutement, rémunération et politiques en matière de retraite).

Le Graphique 10.5. indique que le personnel est, dans l'ensemble, plus jeune dans les administrations des groupes régionaux « Asie-Pacifique » et « Moyen-Orient et Afrique », qui comptent, en moyenne, environ 30 % de salariés de moins de 35 ans, contre moins de 20 % dans les groupes « Amérique » et « Europe ». À l'inverse, les administrations des groupes « Amérique » et « Europe » comptent une part importante d'agents de plus de 54 ans.

Graphique 10.5. Profils par âge du personnel des administrations fiscales, 2022

Tranches d'âge du personnel en pourcentages pour certains groupes régionaux

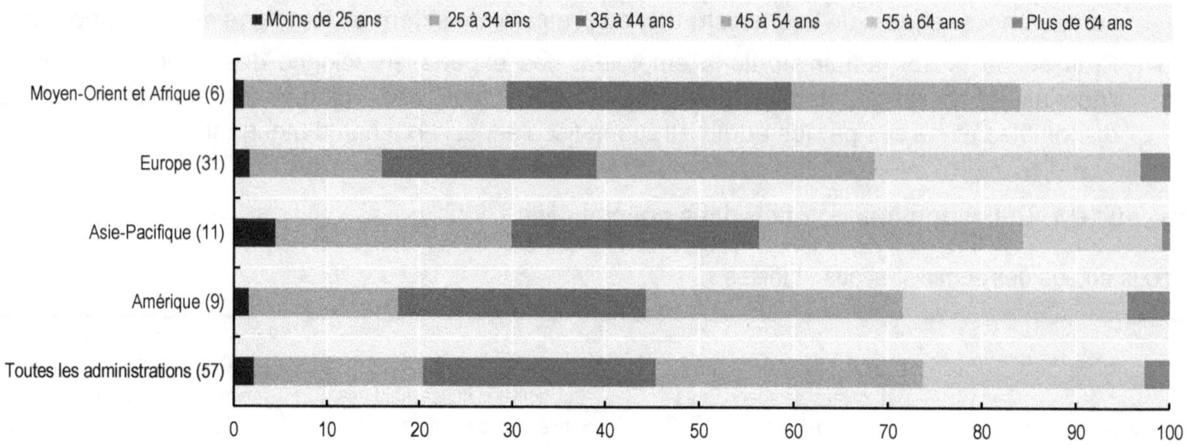

	Toutes les administrations (57)	Amérique (9)	Asie-Pacifique (11)	Europe (31)	Moyen-Orient et Afrique (6)
■	2.1	1.6	4.5	1.7	1.1
■	18.2	16.2	25.5	14.3	28.3
■	25.0	26.5	26.4	23.1	30.3
■	28.3	27.3	28.0	29.5	24.3
■	23.6	23.9	14.9	28.2	15.2
■	2.7	4.5	0.8	3.2	0.8

Pourcentage

Note : Les groupes régionaux comprennent les administrations suivantes : Amérique (9) – Argentine, Brésil, Canada, Chili, Colombie, Costa Rica, États-Unis, Mexique et Pérou ; Asie-Pacifique (11) – Australie, Chine (République populaire de), Corée, Hong Kong (Chine), Inde, Indonésie, Japon, Malaisie, Nouvelle-Zélande, Singapour et Thaïlande ; Europe (31) – Allemagne, Autriche, Belgique, Bulgarie, Chypre, Croatie, Danemark, Espagne, Estonie, Finlande, France, Géorgie, Grèce, Hongrie, Irlande, Islande, Italie, Lettonie, Lituanie, Luxembourg, Malte, Norvège, Pays-Bas, Pologne, Portugal, République slovaque, Slovénie, Suède, Suisse, République tchèque et Royaume-Uni ; Moyen-Orient et Afrique (6) – Afrique du Sud, Arabie saoudite, Israël, Kenya, Maroc et Türkiye.
Source : CIAT/FMI/IOTA/OCDE, Enquête internationale sur les administrations fiscales, tableaux D.12 Répartition du personnel par âge : moins de 45 ans et D.13 Répartition du personnel par âge : 45 ans et plus, https://data.rafit.org/regular.aspx?key=74180899 (consulté le 10 septembre 2024).

StatLink https://stat.link/edos98

Si l'on examine les données propres à chaque juridiction, le pourcentage d'agents âgés de plus de 54 ans a augmenté dans deux tiers des administrations sur une période de cinq ans, entre 2018 et 2022 (voir Graphique 10.6).

Graphique 10.6. Agents âgés de plus de 54 ans : évolution entre 2018 et 2022

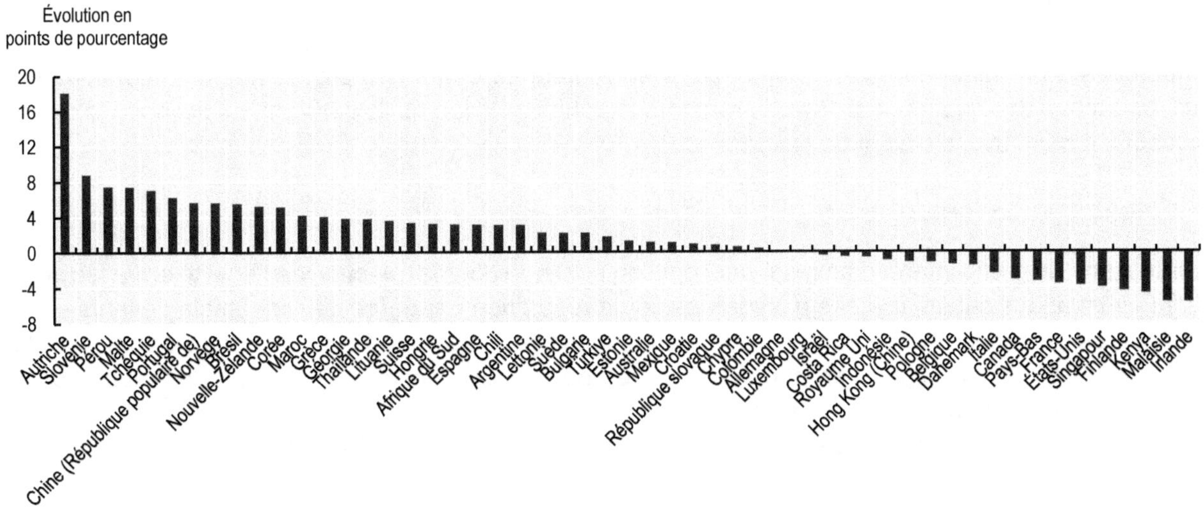

Note : Seules sont incluses les juridictions pour lesquelles des données étaient disponibles pour les deux années. Les données relatives à l'Islande et à l'Arabie saoudite ont été exclues en raison des fusions entre l'administration fiscale et l'administration douanière.
Source : CIAT/FMI/IOTA/OCDE, Enquête internationale sur les administrations fiscales, tableau D.13 Répartition du personnel par âge : 45 ans et plus, https://data.rafit.org/regular.aspx?key=74180899 (consulté le 10 septembre 2024).

StatLink https://stat.link/zoteln

Graphique 10.7. Ancienneté moyenne par rapport au profil par âge, 2022

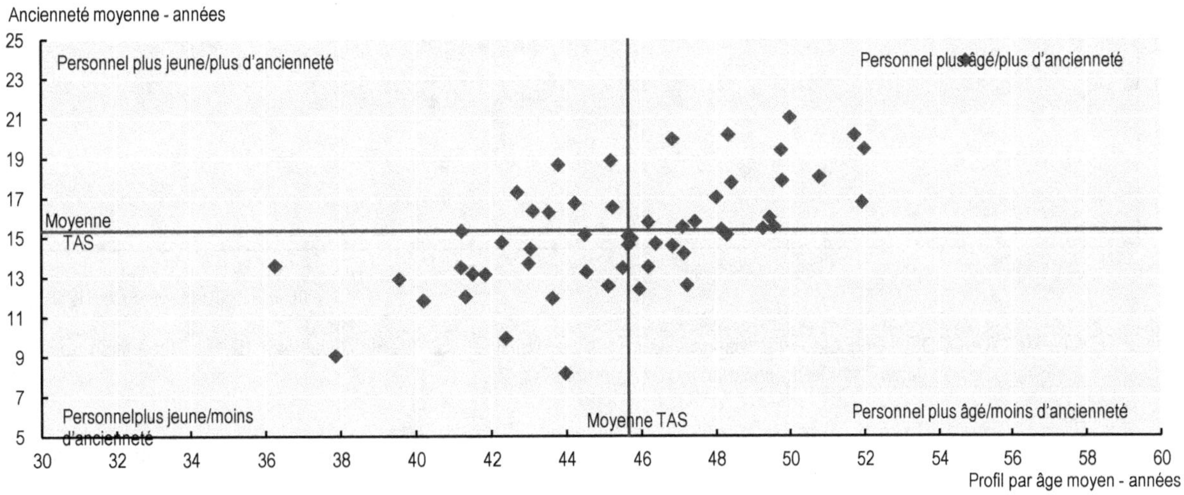

Source : Calculs du Secrétariat de l'OCDE d'après CIAT/FMI/IOTA/OCDE, Enquête internationale sur les administrations fiscales, tableaux D.12 Répartition du personnel par âge : moins de 45 ans, D.13 Répartition du personnel par âge : 45 ans et plus, D.14 Ancienneté : moins de 10 ans, et D.15 Ancienneté : 10 ans ou plus, https://data.rafit.org/regular.aspx?key=74180899 (consulté le 10 septembre 2024).

StatLink https://stat.link/wu1q5f

Ancienneté

La diversité des profils par âge se retrouve aussi largement dans l'ancienneté du personnel des administrations fiscales. Le Graphique 10.7. indique que de nombreuses administrations seront confrontées à un nombre important de départs en retraite au cours des prochaines années, mais qu'en plus, beaucoup des agents concernés seront très expérimentés lorsqu'ils partiront, ce qui pose la question du maintien des savoirs clés et de l'expérience.

Répartition par genre

Compte tenu du grand intérêt manifesté par l'opinion publique pour la question de l'égalité entre les genres, les administrations ont été invitées à communiquer la répartition par genre de l'ensemble de leurs effectifs ainsi que du personnel d'encadrement. Comme le montre le Graphique 10.8., si nombre d'administrations sont proches de la ligne proportionnelle, le personnel féminin demeure, le plus souvent, proportionnellement sous-représenté aux postes d'encadrement et nettement sous-représenté dans un certain nombre d'administrations – une situation qui perdure depuis l'édition 2017 de ce rapport (OCDE, 2017[2]).

Graphique 10.8. Pourcentage de femmes dans le personnel – total du personnel féminin et femmes cadres, 2022

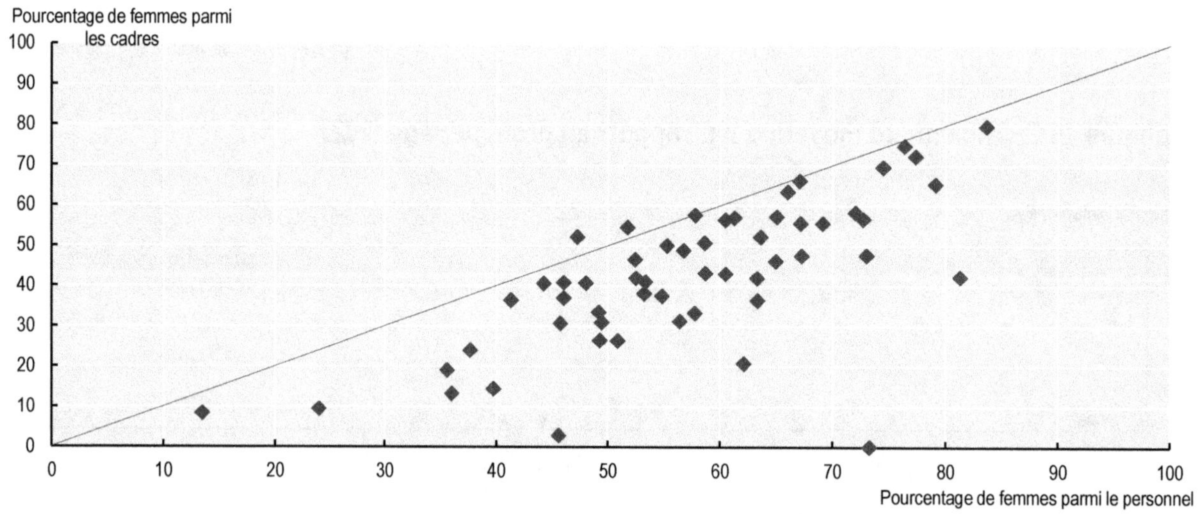

Source : CIAT/FMI/IOTA/OCDE, Enquête internationale sur les administrations fiscales, tableau D.16 Répartition par genre, https://data.rafit.org/regular.aspx?key=74180899 (consulté le 10 septembre 2024).

StatLink https://stat.link/p375yw

Si l'on examine les moyennes globales, bien que l'on constate des variations entre les juridictions (voir le tableau D.16), la proportion de femmes dans l'ensemble du personnel et parmi les cadres est restée globalement inchangée sur la période de cinq ans 2018-22 : on n'observe qu'une faible hausse, d'environ 7 %, de la part des femmes cadres (voir le Tableau 10.5.). Les données au niveau des juridictions montrent que dans environ deux tiers des administrations, le pourcentage de femmes cadres a augmenté depuis 2018 (voir tableau D.16.).

Tableau 10.5. Proportion moyenne de femmes parmi le personnel et parmi les cadres (en pourcentage), 2018-22

Catégorie de personnel	2018	2019	2020	2021	2022	Variation entre 2018 et 2022 en pourcentage
Personnel féminin (55 juridictions)	56.8	57.4	57.3	57.4	57.6	+1.4
Femmes cadres (54 juridictions)	39.9	41.6	41.2	42.4	42.9	+7.4

Note : Le tableau présente la proportion de femmes dans l'ensemble du personnel et parmi les cadres pour les juridictions couvertes par la présente publication qui ont pu fournir ces informations pour les années 2018 à 2022. Le nombre de juridictions pour lesquelles des données étaient disponibles est indiqué entre parenthèses.
Source : CIAT/FMI/IOTA/OCDE, Enquête internationale sur les administrations fiscales, tableau D.16 Répartition par genre, https://data.rafit.org/regular.aspx?key=74180899 (consulté le 10 septembre 2024).

Dans le cadre de l'enquête ISORA, les administrations ont par ailleurs été invitées à indiquer si des membres de leur personnel ne se définissent ni comme un homme ni comme une femme (le genre appelé « autre » aux fins de l'enquête). Sept administrations déclarent recueillir des informations sur l'altérité de genre et deux administrations, l'Australie et la Nouvelle-Zélande, ont déclaré avoir des agents qui se définissent eux-mêmes comme étant d'un « autre » genre, et ce, dans le cas de l'Australie, également parmi les cadres (voir les tableaux A.24. et A.27.).

Pour comprendre comment la répartition entre les genres pourrait évoluer à l'avenir, l'enquête ISORA 2023 a demandé pour la première fois aux administrations fiscales de communiquer le pourcentage de femmes parmi les recrues. Comme le montre le Graphique 10.9, dans la grande majorité des administrations couvertes par la présente publication, les femmes représentent plus de la moitié du personnel qui a rejoint l'administration au cours de l'exercice.

Graphique 10.9. Pourcentage de femmes parmi les recrues, 2022

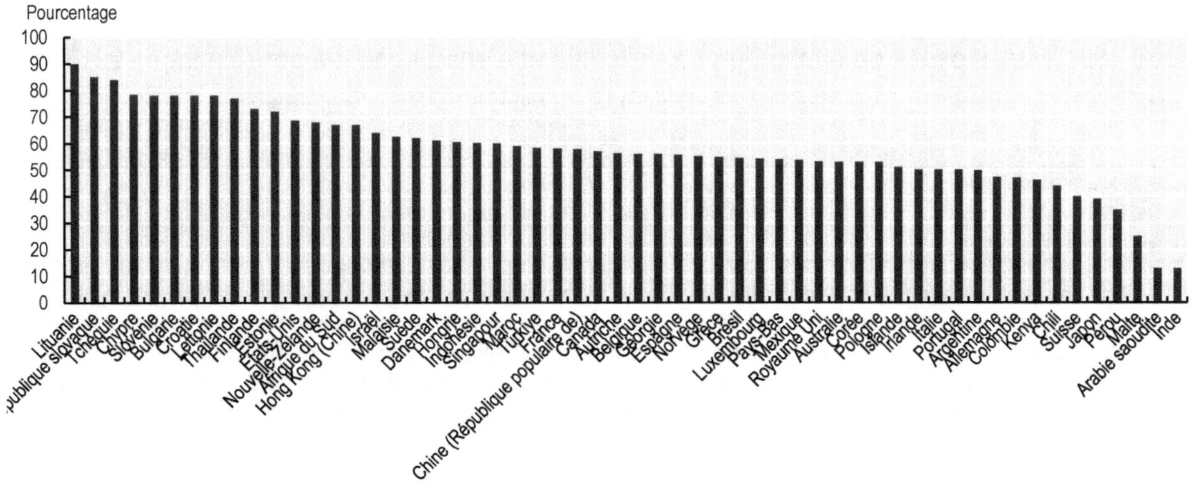

Source : CIAT/FMI/IOTA/OCDE, Enquête internationale sur les administrations fiscales, tableau D.16 Répartition par genre, https://data.rafit.org/regular.aspx?key=74180899 (consulté le 10 septembre 2024).

StatLink https://stat.link/pyx8h4

Diminution des effectifs

La diminution des effectifs, ou la rotation du personnel, désignent le rythme auquel les salariés quittent l'administration au cours d'une période donnée (généralement un an). Un nombre important de départs naturels peut s'expliquer par divers facteurs, tels que les politiques de réduction des effectifs, la démographie ou l'évolution des préférences du personnel. Pour évaluer les tendances observées en matière de ressources humaines au sein d'une administration, il convient d'analyser le taux de diminution des effectifs conjointement avec d'autres indicateurs, notamment le taux d'embauche, qui exprime le nombre d'agents recrutés au cours d'une période donnée.

Si un taux élevé de diminution des effectifs associé à un taux d'embauche faible résulte généralement d'une politique globale de réduction des effectifs, les administrations peuvent avoir des raisons de s'inquiéter lorsque ces taux sont tous les deux élevés. Le recrutement est coûteux, non seulement en raison du processus lui-même, mais aussi du coût et du temps consacrés à la formation et à l'accompagnement des nouveaux membres du personnel.

Toutefois, les situations dans lesquelles le taux de diminution des effectifs est trop faible peuvent ne pas être idéales non plus. En effet, si la faiblesse du taux de diminution des effectifs peut être souhaitable lorsqu'une organisation se développe, cette dernière peut ne pas être en mesure de s'adjoindre de nouvelles compétences lorsque le taux de diminution des effectifs et le taux d'embauche sont faibles tous les deux, puisque tous les postes sont pourvus. Cela pourrait particulièrement poser problème aux administrations en cours de transition, qui ont, de ce fait, besoin d'agents aux compétences différentes de celles dont elles disposent déjà.

Certes, les avis divergent, selon les secteurs et les pays, quant à ce qu'il convient de considérer comme un taux « sain » de diminution des effectifs, mais les taux de diminution des effectifs et d'embauche des administrations couvertes par cette publication, à environ 7 % en moyenne en 2022, sembleraient néanmoins se situer dans une fourchette raisonnable comprise entre 5 % et 10 %. Il convient de noter que les taux moyens de diminution des effectifs et d'embauche pour 2022 ont désormais retrouvé leurs niveaux d'avant la pandémie, voire les ont légèrement dépassés. (Voir Tableau 10.6.).

Tableau 10.6. Taux moyens de diminution des effectifs et d'embauche (en pourcentage), 2018-22

Taux	2018	2019	2020	2021	2022	Variation entre 2018 et 2022 en pourcentage
Taux de diminution des effectifs (49 juridictions)	6.6	7.1	6.0	6.8	7.4	+12.8
Taux d'embauche (49 juridictions)	6.8	7.1	5.9	6.0	7.4	+8.4

Note : Le tableau présente les taux moyens de diminution des effectifs et d'embauche pour les juridictions couvertes par cette publication qui ont pu fournir ces informations pour les années 2018 à 2022. Le nombre de juridictions pour lesquelles des données étaient disponibles est indiqué entre parenthèses. Les données relatives à l'Arabie saoudite, à la Chine (République populaire de), à l'Islande et à la Norvège ont été exclues des calculs en raison des transferts de personnel exceptionnels intervenus au cours de la période 2018-2021, qui ont été comptabilisés comme des recrutements, faussant la moyenne de ces pays pour ces années (voir les notes du tableau A.23.).
Source : CIAT/FMI/IOTA/OCDE, Enquête internationale sur les administrations fiscales, tableau D.10 Dynamique des effectifs, https://data.rafit.org/regular.aspx?key=74180899 (consulté le 10 septembre 2024).

Cela étant, lorsque l'on analyse les données spécifiques des administrations, il apparaît que le spectre des taux « de diminution des effectifs et d'embauche » est extrêmement large. Le Graphique 10.10. illustre le rapport entre les taux de diminution des effectifs et d'embauche des administrations fiscales. Il en ressort qu'un certain nombre d'entre elles affichent des taux bien supérieurs à 10 % (cadre supérieur droit) et d'autres des taux très faibles (cadre inférieur gauche).

Graphique 10.10. Taux de diminution des effectifs et d'embauche, 2022

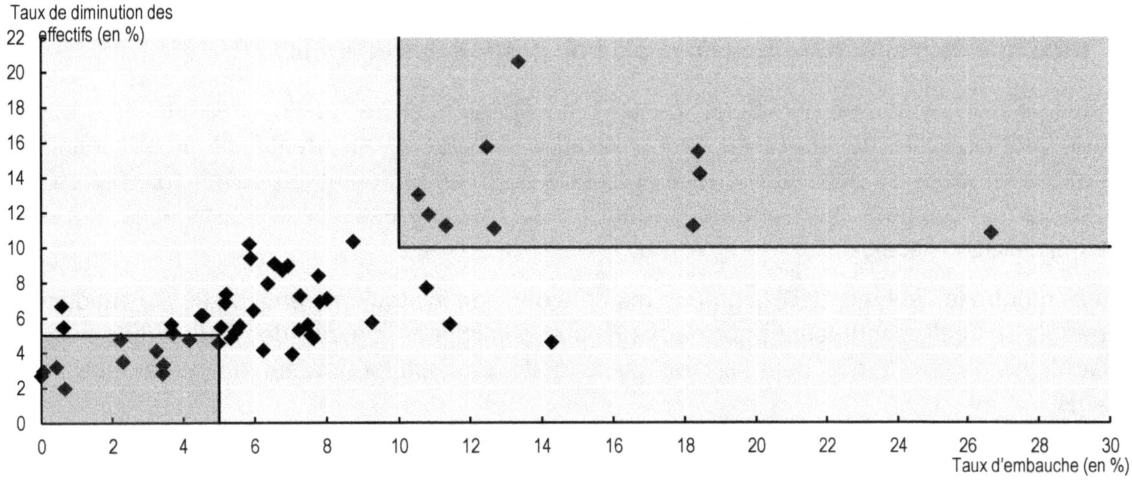

Note : Taux de diminution des effectifs = nombre de départs/effectif moyen. Taux d'embauche = nombre de recrutements/effectif moyen. L'effectif moyen est égal à la moyenne de l'effectif en début d'année et de l'effectif en fin d'année.
Source : CIAT/FMI/IOTA/OCDE, Enquête internationale sur les administrations fiscales, tableau D.10 Dynamique des effectifs, https://data.rafit.org/regular.aspx?key=74180899 (consulté le 10 septembre 2024).

StatLink https://stat.link/fyt9qu

Gestion du personnel

Une gestion efficace des ressources humaines passe par des stratégies globales de recrutement, de formation et de fidélisation. En investissant dans le développement professionnel continu, les administrations fiscales peuvent tenir leurs agents informés des lois, des technologies et des pratiques et méthodes de travail les plus récentes. En outre, l'attention portée au bien-être des agents et au dialogue peut conduire à une plus grande satisfaction professionnelle, à un recul du taux de diminution des effectifs et à des agents plus motivés. Cela peut contribuer à cultiver une culture organisationnelle positive qui valorise l'intégrité, la responsabilité et l'excellence, qui sont essentielles au bon fonctionnement du système fiscal. Les administrations investissent dans ce domaine et environ 3 % de leur personnel s'occupent de la gestion des ressources humaines (RH) (voir Graphique 10.4.).

Afin de mieux comprendre les approches des administrations fiscales en matière de gestion des ressources humaines, l'enquête ISORA 2023 a permis de recueillir un grand nombre de points de données qui sont résumés ci-après en quatre catégories : (i) recrutement et rétention des talents, (ii) apprentissage et développement, (iii) motivation et performances du personnel, et (iv) gestion de la diversité.

Recrutement et rétention des talents

Le recrutement et le maintien en poste des talents sont des facteurs importants de la réussite à long terme d'une administration fiscale. Il s'agit notamment de déterminer les besoins à venir en talents et d'adopter une approche stratégique de la gestion des effectifs. La présente section examine quatre aspects qui contribuent à la réussite d'une approche de recrutement et de rétention des talents :

- l'existence d'une stratégie de ressources humaines ou d'un plan pluriannuel de gestion des effectifs,

- l'existence d'un plan de dotation en personnel,
- l'évaluation des besoins en capacités au sein de l'administration, et
- l'autonomie de l'administration en matière de gestion des ressources humaines.

Stratégie de ressources humaines/plan de gestion des effectifs

Une stratégie de ressources humaines, ou un plan pluriannuel de gestion des effectifs, conçu pour contribuer aux objectifs généraux de l'administration fiscale (a) en identifiant et en définissant les compétences nécessaires pour atteindre ces objectifs et (b) en recrutant, en développant et en fidélisant systématiquement les personnes qualifiées, participe de manière essentielle à l'efficacité et à la viabilité d'une administration fiscale.

Comme le montre le Tableau 10.7, la grande majorité des administrations (environ 90 %) ont déclaré avoir une stratégie RH définissant leurs principaux plans et objectifs en matière de gestion du personnel. Les administrations qui n'ont pas déjà mis en place cette pratique pourraient en retirer des avantages importants.

Tableau 10.7. Stratégie de ressources humaines/plan de gestion des effectifs et plan de dotation en personnel, 2022

En pourcentage des administrations étudiées

L'approche de gestion des RH comprend une Stratégie/un plan pluriannuel de gestion des effectifs	Si oui,				L'approche de gestion des RH comprend un plan de dotation en personnel	Si oui,
	stratégie/plan pluriannuel de gestion des effectifs fondé(e) sur les compétences	un dictionnaire des compétences professionnelle s existe	un catalogue des emplois existe	des descriptifs de postes existent		un plan de recrutement existe
87.9	78.4	74.5	84.3	90.2	82.8	93.8

Source : CIAT/FMI/IOTA/OCDE, Enquête internationale sur les administrations fiscales, tableaux B.10 Approche de la gestion des ressources humaines : stratégie/plan pluriannuel de gestion des effectifs et stratégie de formation, et B.11 Approche de la gestion des ressources humaines : accompagnement des nouvelles recrues et plan de dotation en personnel, https://data.rafit.org/regular.aspx?key=74180914 (consulté le 10 septembre 2024).

Environ 80 % des administrations ayant une stratégie de ressources humaines ont indiqué avoir adopté une approche fondée sur les compétences, dans laquelle celles-ci et les critères de performance sont décrits pour chaque poste, et environ les trois quarts des administrations ont déclaré disposer d'un dictionnaire des compétences professionnelles. En outre, près de 85 % des administrations déclarent disposer d'un catalogue d'emplois, tandis que 90 % indiquent qu'il existe des descriptifs pour les différents postes. (Voir Tableau 10.7.).

Plan de dotation en personnel

Un plan ou une stratégie en matière de ressources humaines sont essentiels pour définir l'approche à long terme en matière de recrutement, de formation et de fidélisation des effectifs, et pour veiller à ce que les compétences adéquates soient disponibles au moment opportun. Un plan de dotation en personnel sera quant à lui axé sur les besoins à court terme de l'administration et aidera à comprendre les besoins immédiats en personnel, notamment en ce qui concerne les effectifs et les types de personnel requis.

Comme le montre le Tableau 10.7, environ 80 % des administrations déclarent disposer d'un plan de dotation en personnel, et la quasi-totalité d'entre elles ont également mis en place un plan de recrutement.

Évaluation des besoins de capacités

Les changements auxquels sont confrontées les administrations fiscales, qu'ils soient technologiques, aient un caractère international, ou résultent de choix politiques ou budgétaires, sont importants. Les administrations fiscales devront s'adapter à la culture des contribuables, en particulier celle de la prochaine génération, et aux services que ces derniers attendent. Pour faciliter la planification à court et à long terme des ressources humaines, environ trois quarts des administrations fiscales couvertes par la présente publication ont déclaré évaluer les besoins actuels et futurs en matière de capacités (voir Tableau 10.8.).

Exploitant la puissance des données, près de 90 % des administrations qui évaluent les besoins en matière de capacités ont déclaré avoir recours à l'analyse des données dans le cadre du processus d'évaluation, et toutes examinent cette évaluation régulièrement. Illustrant les liens étroits entre l'évaluation des besoins en capacités et la planification des effectifs, 86 % des administrations ont indiqué que les résultats de l'évaluation étaient pris en compte dans la stratégie de RH. En outre, environ 80 % ont indiqué disposer d'un plan formel pour combler les lacunes en matière de capacités du personnel (voir Tableau 10.8.).

Tableau 10.8. Stratégie de ressources humaines/plan de gestion des effectifs et plan de dotation en personnel, 2022

En pourcentage des administrations étudiées

	Si oui,			
Les besoins actuels et futurs en matière de capacités sont évalués	le processus d'évaluation s'appuie sur l'analyse des données	l'évaluation est examinée régulièrement	la stratégie de ressources humaines tient compte des résultats de l'évaluation	un plan formel pour combler les lacunes en matière de capacités du personnel existe
72.4	88.1	100.0	85.7	83.3

Source : CIAT/FMI/IOTA/OCDE, Enquête internationale sur les administrations fiscales, tableau B.14 Évaluation des besoins en matière de capacités, https://data.rafit.org/regular.aspx?key=74180914 (consulté le 10 septembre 2024).

Encadré 10.3. Exemples nationaux : Processus de recrutement

Chine (République populaire de) : Gestion intelligente des informations sur les salariés

Pour faciliter la sélection et le recrutement des agents dans les différents services et fonctions, l'administration fiscale d'État a procédé à une analyse comparative approfondie des données sur les agents afin d'établir un profil précis de chacun d'entre eux :

- Analyse intégrée fondée sur la collecte de données sur les agents auprès de nombreuses sources : la collecte de données sur les agents des services fiscaux enregistrées dans les systèmes de l'État et des entreprises, et dans d'autres systèmes pertinents, permet de créer un « profil en temps réel » pour chaque agent des services fiscaux, qui peut être analysé et comparé aux profils d'autres agents.
- Mises à jour en temps réel des emplois : le recrutement de nouveaux agents et le changement de fonction ou la promotion des agents déjà en poste sont mis à jour sur le système de gestion en ligne, ce qui permet un suivi et une analyse en temps réel du personnel. Cela permet de planifier et de garantir que tous les domaines disposent de ressources suffisantes.
- Réseau de gestion intelligent : grâce à la mise en place d'un « réseau de gestion intelligent » qui relie les cinq niveaux du système fiscal national, la structure de l'ensemble des équipes

d'agents est présentée de manière panoramique. Cela permet de comparer et d'analyser l'affectation des ressources humaines et les performances du personnel dans l'ensemble de l'administration fiscale, ce qui facilite la prise de décision en matière de gestion des ressources.

France : Campagne de recrutement

La Direction générale des finances publiques (DGFiP) a lancé une vaste campagne de communication numérique visant à rendre ses emplois plus attrayants aux yeux des candidats potentiels. Cette campagne prévoit la création d'un nouveau site web dédié au recrutement, qui met en avant la richesse des emplois et des parcours professionnels au sein de la DGFiP, ainsi que le déploiement d'une nouvelle campagne publicitaire.

En communiquant clairement ses valeurs et sa culture par le biais de canaux en ligne (réseaux sociaux et site web), la DGFiP suscite l'intérêt d'un plus large éventail de candidats potentiels. Pour ce faire, elle partage des histoires inspirantes de ses cadres, des initiatives sociales et environnementales, et des événements importants, afin de montrer son côté humain. La campagne s'appuie sur des témoignages vidéo pour attirer l'attention des candidats et leur présenter la diversité des emplois disponibles, les perspectives de carrière et les différents avantages.

Les agents et les cadres de la DGFiP s'associent activement à cette stratégie en assurant la promotion de la DGFiP et en présentant leur travail quotidien de diverses manières. Par exemple, les directions locales consolident l'image des finances publiques en participant aux salons d'étudiants d'importance à l'échelle locale et en s'appuyant sur des administrations partenaires pour relayer leurs campagnes.

Sources : Chine (République populaire de) (2024) et France (2024).

Autonomie en matière de gestion des ressources humaines

Comme indiqué au chapitre 9 sur les dispositifs de gouvernance, les administrations fiscales peuvent bénéficier d'un degré élevé d'autonomie en matière de recrutement, de formation et de rémunération pour assurer le fonctionnement efficace et efficient du système fiscal. Comme le montre le Tableau 10.9, la grande majorité des administrations déclarent disposer d'une autonomie en matière de ressources humaines. Toutefois, un examen des données par juridiction montre qu'un petit nombre d'administrations n'ont une autonomie que dans certains domaines. En outre, même lorsque les administrations fiscales disposent d'une autonomie, des contraintes réglementaires ou budgétaires peuvent entraver l'utilisation efficace de ces pouvoirs.

Si le degré d'autonomie reste globalement homogène dans les différents domaines, il existe une exception notable, à savoir le « placement du personnel dans une fourchette de salaires », seulement 64 % des administrations disposant de ce pouvoir, soit une proportion nettement inférieure à celles constatées pour les autres pouvoirs en matière de ressources humaines. Cette absence de latitude à cet égard peut notamment poser problème dans les domaines des technologies de l'information et des communications, de la science des données, de la cybersécurité et dans d'autres domaines où les administrations fiscales sont en concurrence avec des entités du secteur privé pour recruter des personnes qualifiées.

Tableau 10.9. Autonomie en matière de gestion des ressources humaines, 2022

En pourcentage des administrations étudiées

L'administration a le pouvoir de...							
déterminer les besoins en matière de travail	nommer de nouveaux membres du personnel	décider de la promotion du personnel en place	décider des compétences et qualifications requises pour une nomination ou une promotion	déterminer si le travail est effectué par du personnel permanent ou contractuel	placer le personnel dans une fourchette de salaires	mettre fin à un emploi	appliquer des sanctions disciplinaires
98.3	91.4	89.7	93.1	87.9	63.8	86.2	96.6

Source : CIAT/FMI/IOTA/OCDE, Enquête internationale sur les administrations fiscales, tableau B.7 Pouvoirs en matière de ressources humaines, https://data.rafit.org/regular.aspx?key=74180914 (consulté le 10 septembre 2024).

Apprentissage et développement des compétences

Les changements que la dématérialisation et la transformation numérique des administrations fiscales apportent aux modèles opérationnels de ces dernières impliquent non seulement l'embauche de nouveaux agents, mais potentiellement également le développement des compétences du personnel déjà en place. À cet égard, l'une des questions clés est de savoir comment accompagner le personnel dans cette évolution. Dans le même temps, les administrations doivent rester conscientes du grand nombre d'agents qui prendront leur retraite au cours des prochaines années (voir la sous-section « Indicateurs relatifs au personnel ») et s'interroger sur la manière de transmettre leurs connaissances et leur expérience aux nouveaux agents.

Stratégie de formation

Comme le montre le Tableau 10.10, les administrations fiscales ont reconnu l'importance de préparer le personnel en place à cette transition et plus de 90 % d'entre elles ont élaboré des stratégies de formation qui permettent à ce personnel d'améliorer ses compétences. La nécessité d'accroître les capacités internes est particulièrement importante lorsque les conditions d'emploi, les exigences contractuelles et les niveaux de rémunération rendent difficile l'embauche de personnel qualifié, en particulier lorsqu'il faut rivaliser avec le secteur privé pour les compétences.

Près de 90 % des administrations qui disposent de stratégies de formation ont mis en place un processus formel de cycle de formation, et plus de 95 % disposent d'un plan de formation spécifique, ce qui est important lorsqu'elles investissent dans de nouvelles capacités pour être en mesure de mettre en œuvre le changement plus rapidement et de soutenir le développement et l'adoption de nouveaux services et produits, en particulier ceux qui recourent aux technologies numériques.

Encadré 10.4. Türkiye : Atelier sur l'application des approches comportementales en matière de respect spontané des obligations fiscales

La Türkiye a dispensé des formations à des collègues travaillant au sein d'équipes spécialisées dans les approches comportementales dans le cadre d'ateliers en présence. Les approches comportementales suscitent un intérêt croissant de la part des administrations fiscales, qui s'efforcent d'améliorer le niveau de la discipline fiscale. Cette formation vise à créer un forum où les points de vue peuvent être échangés sur la meilleure façon de fournir un service de qualité constante aux contribuables.

Le premier atelier, qui s'est tenu en décembre 2023 à Ankara, a rassemblé 141 personnes issues des unités centrales et provinciales chargées de l'approche comportementale, afin d'élaborer des politiques fondées sur des données probantes et axées sur les contribuables. Les décisions des contribuables et les facteurs influant sur ces décisions ont été examinés afin de déterminer comment parvenir à un niveau plus élevé de respect spontané des obligations fiscales. Le personnel a également été informé des autres unités de politique publique comportementale mises en place dans différentes juridictions. Pour conclure, une formation à la communication et à la diction a été dispensée afin d'aider les agents à communiquer efficacement avec les contribuables.

Source : Türkiye (2024)

Tableau 10.10. Stratégie de formation, 2022

En % des administrations étudiées

Stratégie de formation incluse dans l'approche de la gestion des RH	Si oui, un processus formel de cycle de formation existe	Si oui, un plan de formation spécifique existe
91.4	88.7	96.2

Source : CIAT/FMI/IOTA/OCDE, Enquête internationale sur les administrations fiscales, tableau B.10 Approche de la gestion des ressources humaines : stratégie/plan pluriannuel de gestion des effectifs et stratégie de formation, https://data.rafit.org/regular.aspx?key=74180914 (consulté le 10 septembre 2024).

Soutien aux nouveaux membres du personnel

Il est important d'accompagner les agents qui rejoignent l'administration pour assurer leur intégration en douceur, afin qu'ils soient rapidement opérationnels et puissent atteindre le plus haut niveau de performance. Les programmes d'intégration et les initiatives de mentorat permettent aux nouveaux arrivants d'acquérir les connaissances, les compétences et la compréhension de la culture de l'administration qui sont essentielles pour être efficaces dans leur nouvel environnement. Ces programmes et ces initiatives peuvent également avoir un effet positif sur la motivation à long terme des nouveaux membres du personnel.

Comme l'illustre le Tableau 10.11, plus de 90 % des administrations fiscales couvertes par la présente publication ont mis en place des programmes d'accompagnement des nouveaux agents, et, parmi celles-ci, presque toutes ont mis en place des programmes formels d'intégration. Cependant, seuls deux tiers environ des administrations ont mis en place des programmes formels de mentorat pour les nouveaux agents. Il pourrait s'agir d'une occasion manquée, en particulier dans un environnement de travail à distance où les nouveaux membres du personnel pourraient ne pas avoir le sentiment de faire pleinement partie de l'organisation au sens large. Les programmes de mentorat à distance peuvent contribuer à réduire le taux de diminution des effectifs, à accélérer le développement des compétences et à renforcer l'engagement.

Renforcement des compétences d'encadrement et planification de la relève

La planification de la relève et le renforcement des compétences d'encadrement sont importants pour la continuité et la stabilité au sein de l'administration fiscale. Cela permet de faire en sorte qu'il y ait toujours des candidats viables au sein de l'administration, capables de prendre rapidement le relais en cas de besoin, ce qui renforce sa résilience. Cela facilite également la transmission vitale des connaissances à la relève et sécurise l'encadrement.

Environ trois quarts des administrations disposent de programmes de renforcement des compétences d'encadrement et de gestion des talents. En ce qui concerne le transfert de connaissances, environ 75 % des administrations appliquent une approche personnalisée, c'est-à-dire que les connaissances sont transmises d'un agent des services fiscaux à un autre de manière individuelle, et environ 90 % d'entre elles utilisent un système dans le cadre duquel les connaissances sont transmises sous forme de produits, tels que des documents ou des vidéos, qui peuvent être utilisés par un grand nombre d'agents. (Voir Tableau 10.11.).

Tableau 10.11. Accompagnement des nouvelles recrues, développement des compétences d'encadrement et planification de la relève, 2022

En pourcentage des administrations étudiées

	Si oui,		Renforcement des compétences d'encadrement et planification de la relève		
L'approche de gestion des RH comprend un programme de soutien aux nouvelles recrues	un programme formel d'intégration des nouveaux agents est en place	un programme formel de mentorat pour les nouvelles recrues est en place	Un programme de renforcement des compétences d'encadrement et de gestion des talents existe	La transmission des connaissances est personnalisée (d'un agent à un autre)	La transmission des connaissances est documentée
91.4	98.1	64.2	72.4	73.8	90.5

Source : CIAT/FMI/IOTA/OCDE, Enquête internationale sur les administrations fiscales, tableaux B.10 Approche de la gestion des ressources humaines : stratégie/plan pluriannuel de gestion des effectifs et stratégie de formation, et B.11 Approche de la gestion des ressources humaines : accompagnement des nouvelles recrues et plan de dotation en personnel, https://data.rafit.org/regular.aspx?key=74180914 (consulté le 10 septembre 2024).

Formation virtuelle

Pendant la pandémie de COVID-19, de nombreuses administrations fiscales ont indiqué avoir fait évoluer leurs programmes de formation, passant de formations en personne à des formations dans un environnement virtuel. Les administrations fiscales indiquent que ces pratiques ont grandement bénéficié à l'administration comme aux participants et à ce titre continuent d'être adaptées pour s'inscrire dans la durée. Les éditions précédentes du présent rapport en ont donné des exemples, comme le recours à des sessions de formation en ligne en direct, à des vidéos/webinaires préenregistrés (OCDE, 2022[4]) ou à des applications interactives qui peuvent également être utilisées dans le cadre d'efforts de recrutement (OCDE, 2023[1]).

Le passage aux formations à distance implique certes certains coûts initiaux, mais peut néanmoins permettre de réaliser des économies à plus long terme, puisque, une fois réalisées, les formations peuvent être visionnées à tout moment et en tout lieu. Les formations à distance permettent de réduire les frais de déplacement, de donner au personnel la possibilité d'apprendre à son rythme et à sa meilleure convenance, sans compter qu'elles peuvent être dispensées à un nombre plus important d'agents. De plus, les nouvelles technologies permettent d'améliorer les aspects liés à l'apprentissage collaboratif : le parcours de formation gagne ainsi en qualité.

Outre les programmes de formation virtuelle produits par les administrations fiscales elles-mêmes, les organisations internationales mettent également à disposition des cours en ligne spécifiquement conçus pour les administrations fiscales. L'un de ces programmes est l'initiative VITARA (*Virtual Training to Advance Revenue Administration* – Formation virtuelle pour une meilleure gestion des recettes fiscales), un projet conjoint de quatre organisations, décrit plus en détail à l'Encadré 10.5.

Encadré 10.5. L'initiative VITARA

VITARA est un cours en ligne spécialement conçu pour les administrations fiscales. Il se compose de plusieurs modules en ligne, courts et structurés. Il s'agit d'un projet conjoint de quatre organisations : le Centre interaméricain des administrations fiscales (CIAT), le Fonds monétaire international (FMI), l'Organisation intra-européenne des administrations fiscales (IOTA) et l'OCDE.

Le contenu de ce cours est adapté aux besoins des cadres supérieurs et des dirigeants des administrations fiscales des pays en développement. D'autres agents des services fiscaux, y compris d'économies avancées, pourraient néanmoins eux aussi suivre avec profit ces différents modules de formation. Tous les modules sont gratuits et il n'y a pas de conditions préalables ou de qualifications requises.

Le programme VITARA constitue un programme complet de formation à la gestion de l'administration fiscale. Il se compose de deux parties et couvre les sujets suivants :

- Partie A. Gouvernance institutionnelle, gestion et soutien
  - Gouvernance institutionnelle
  - Gestion des risques d'indiscipline fiscale
  - Organisation
  - Gestion stratégique
  - Technologies de l'information et gestion des données
  - Gestion des réformes (principes de base et thèmes spécifiques)
  - Gestion des ressources humaines
  - Gestion des performances
  - Gestion des risques d'entreprise
- Partie B. Fonctions essentielles de l'administration fiscale
  - Introduction à l'administration fiscale
  - Enregistrement des contribuables
  - Services aux contribuables
  - Dépôt des déclarations
  - Paiement et recouvrement des créances
  - Programme de contrôle
  - Règlement des différends
  - Gestion des recettes

En septembre 2024, dix modules VITARA avaient été mis au point en anglais, et certains sont également disponibles en espagnol, en français et en arabe. De nouveaux modules en anglais ainsi que d'autres traductions suivront. Les modules disponibles (soulignés ci-dessus) peuvent être consultés ici : https://www.imf.org/en/Capacity-Development/Training/ICDTC/Search?sortby=Relevancy&sortdir=Descending&keywords=VITARA (consulté le 10 septembre 2024).

Afin d'aider les apprenants et de fournir un accès facile et gratuit au contenu des modules en ligne VITARA (en particulier à ceux qui n'ont pas un accès stable à Internet), les partenaires VITARA ont commencé à reproduire le contenu des modules dans des « Guides de référence ». En septembre 2024, cinq Guides de référence avaient été publiés :

- Gestion des ressources humaines (CIAT/FMI/IOTA/OCDE, 2024[5])
- Organisation (CIAT/FMI/IOTA/OCDE, 2024[6])
- Gestion stratégique (CIAT/FMI/IOTA/OCDE, 2023[7])
- Aspects fondamentaux de la gestion des réformes : mettre au point un programme de réforme (CIAT/FMI/IOTA/OCDE, 2024[8])
- Thèmes spécifiques de la gestion des réformes : gérer un programme de réformes (CIAT/FMI/IOTA/OCDE, 2024[9])

Motivation et performances du personnel

Il est essentiel de maintenir la motivation des agents pour gérer une organisation avec succès, stimuler la productivité et favoriser l'implication du personnel, ce qui aide l'administration à atteindre ses objectifs. La mise en place d'un système de gestion des performances peut compléter cette démarche, en définissant des objectifs et des attentes clairs et en mettant à disposition un mécanisme permettant un retour d'information régulier et offrant des possibilités de perfectionnement.

Enquêtes auprès du personnel

Il peut être particulièrement important, en période de changement, de mener régulièrement des enquêtes pour recueillir les perceptions des agents sur leur environnement de travail et la gestion des ressources humaines afin de mieux éclairer la prise de décision dans ces domaines. Mesurer l'implication, la satisfaction et la motivation du personnel, partager les résultats des enquêtes dans ces domaines avec le personnel et associer celui-ci à la sélection, à la conception et à la mise en œuvre des changements s'est avéré être une formule efficace pour accroître la productivité dans un certain nombre d'administrations fiscales.

Environ 70 % des administrations interrogent périodiquement leur personnel sur les attitudes, les perceptions et la satisfaction au travail, même si la fréquence des enquêtes peut varier. Plus de 90 % de ces administrations évaluent l'implication du personnel, partagent les résultats avec celui-ci et l'associent à l'examen des réponses à donner aux conclusions de l'enquête. (Voir Tableau 10.12.).

Tableau 10.12. Enquêtes auprès du personnel, 2022

En pourcentage des administrations étudiées

Des enquêtes périodiques sont menées auprès du personnel sur les attitudes, les perceptions et la satisfaction au travail	Si oui,		
	l'implication du personnel est évaluée	les résultats sont communiqués au personnel	les agents sont associés aux réponses données à l'évaluation
70.7	97.6	95.1	90.2

Source : CIAT/FMI/IOTA/OCDE, Enquête internationale sur les administrations fiscales, tableau B.9 Approche de la gestion des ressources humaines : enquêtes auprès du personnel, https://data.rafit.org/regular.aspx?key=74180914 (consulté le 10 septembre 2024).

Systèmes de gestion des performances

Presque toutes les administrations fiscales déclarent avoir mis en place des systèmes de gestion des performances. La plupart d'entre elles procèdent à cette évaluation à un rythme annuel (voire plus souvent) et fixent des objectifs spécifiques à chaque membre du personnel dans le cadre de ce processus. L'importance des plans individuels de développement des compétences a également été reconnue et seuls 15 % des administrations ne les prévoient pas dans leur système de gestion des performances. (Voir Tableau 10.13.).

Tableau 10.13. Systèmes de gestion des performances, 2022

En pourcentage des administrations étudiées

Système de gestion des performances en place	Si oui,		
	comprend des plans de développement individuels	comprend des objectifs spécifiques	évaluation formelle au moins une fois par an
93.1	85.2	90.7	92.6

Source : CIAT/FMI/IOTA/OCDE, Enquête internationale sur les administrations fiscales, tableau B.8 Rémunération et gestion des performances, https://data.rafit.org/regular.aspx?key=74180914 (consulté le 10 septembre 2024).

Rémunération et performances du personnel

Lier les performances à la rémunération ou à d'autres types de gratifications peut être un puissant facteur de motivation et accroître l'engagement du personnel. La nature des mécanismes de gratification varie considérablement et peut inclure des augmentations de salaire individuelles ou collectives, une flexibilité pour ajuster le barème de salaires, des promotions, des primes individuelles ou collectives et des gratifications non monétaires. Mais ces mécanismes peuvent avoir des effets négatifs sur le lieu de travail et la culture de l'administration en créant un environnement concurrentiel.

Un nombre important d'administrations, les trois quarts d'entre elles, sont susceptibles de lier les performances à la rémunération et aux gratifications. Si une bonne performance se traduit généralement par une augmentation de la rémunération (93 %), dans un certain nombre d'administrations une mauvaise performance peut se traduire par une réduction de salaire (36 %) ou par le refus de l'augmentation annuelle de salaire (50 %).

Tableau 10.14. Rémunération et performances du personnel, 2022

En pourcentage des administrations étudiées

Performances liées à la rémunération et aux gratifications	Si oui, une bonne performance peut se traduire par une augmentation de la rémunération	des performances médiocres peuvent se traduire par une baisse de salaire	une performance médiocre peut entraîner le refus de l'augmentation annuelle
75.9	93.2	36.4	52.3

Source : CIAT/FMI/IOTA/OCDE, Enquête internationale sur les administrations fiscales, tableau B.8 Rémunération et gestion des performances, https://data.rafit.org/regular.aspx?key=74180914 (consulté le 10 septembre 2024).

Soutenir le personnel

Les changements que les administrations fiscales gèrent, qu'ils soient d'ordre technologique, politique ou budgétaire, sont constants. En outre, la transformation numérique au sens large de l'économie modifie les attentes des contribuables en matière de services. Pour maintenir la motivation et les performances de leur personnel, les administrations fiscales réfléchissent à la meilleure façon de le soutenir pour qu'il s'adapte à cette évolution et veillent à ce que celui-ci soit bien équipé pour mener à bien ses missions.

La technologie joue un rôle clé à cet égard. Il s'agit notamment de recourir à l'intelligence artificielle, à l'apprentissage automatique et à l'automatisation robotisée des processus pour automatiser certaines des tâches essentielles au sein d'une administration fiscale. Le tableau 6.10. du chapitre 6 met en évidence la croissance rapide de l'utilisation de ces services, plus des deux tiers des administrations déclarant par exemple utiliser ou prévoir d'utiliser l'automatisation robotisée des processus. Dans la mesure où elle permet aux effectifs, en libérant des ressources, de se concentrer sur des missions plus complexes, cette évolution aide les administrations fiscales à faire face à des contraintes de budget et de personnel.

L'Encadré 10.6. illustre le large éventail d'utilisations de l'automatisation. D'autres exemples figurent dans l'Encadré 9.5. de l'édition 2023 de cette série (OCDE, 2023[1]).

Encadré 10.6. Exemples nationaux : soutien au personnel grâce à l'automatisation

France : Utiliser l'intelligence artificielle générative pour faciliter le traitement des amendements parlementaires au projet de loi de finances

Le projet LLaMandement, développé par la DGFiP, représente une avancée majeure dans le processus législatif, notamment dans le traitement du projet de loi de finances qui constitue la pierre angulaire du budget annuel de la France.

Ce projet utilise l'intelligence artificielle (IA) pour rationaliser le traitement des amendements parlementaires par la DGFiP, en automatisant la synthèse et l'attribution de ces amendements aux équipes concernées. Cette innovation joue un rôle primordial pour façonner le budget du pays en garantissant que la législation financière soit gérée avec la plus grande efficacité et la plus grande précision.

Cette initiative a une incidence directe sur le processus législatif en renforçant la capacité du personnel parlementaire et administratif de gérer et d'examiner le grand nombre d'amendements déposés au cours des débats sur le projet de loi de finances. Avec le projet LLaMandement, le processus d'examen de plus de 10 000 amendements devient nettement plus gérable, ce qui permet un débat plus ciblé et éclairé sur les nuances de la législation financière. Cela permet d'examiner plus en détail les implications budgétaires de chaque amendement, garantissant ainsi que le projet de loi de finances final soit à la fois exhaustif et conforme à l'intention législative.

La DGFiP a publié dans le domaine public le code source de l'outil, les données d'entraînement et la documentation sur son utilisation. Cette philosophie « source ouverte » renforce la transparence du projet, en invitant à la collaboration, à l'évaluation externe et à des développements supplémentaires par une communauté plus large. Elle favorise un environnement qui permet aux citoyens, aux établissements universitaires et aux partenaires industriels de contribuer aux avancées de l'État en matière d'IA générative et d'en tirer parti.

Pour en savoir plus, voir le lien suivant : https://arxiv.org/pdf/2401.16182.pdf (consulté le 10 septembre 2024).

Lituanie : Automatisation robotisée des processus

Soucieuse d'atteindre l'excellence opérationnelle, l'Inspection nationale des impôts lituanienne a récemment achevé l'automatisation de ses processus en investissant dans un logiciel d'automatisation robotisée des processus et dans les licences requises.

L'examen des impôts impayés et l'élaboration de procès-verbaux administratifs sont deux domaines essentiels visés par l'automatisation. En automatisant le processus d'établissement des procès-verbaux d'infraction administrative, l'Inspection nationale des impôts lituanienne peut rapidement imposer une pénalité pour défaut de déclaration fiscale à un plus grand nombre de contribuables. Cette mesure non seulement encourage la présentation des déclarations fiscales en temps voulu, mais contribue également aux recettes du budget de l'État. En outre, l'automatisation du processus d'examen des impôts impayés et des pénalités pour infraction administrative simplifie l'administration de celles-ci. Elle permet à l'Inspection nationale des impôts de réagir rapidement aux changements de patrimoine et d'imposer des pénalités par acomptes.

À la fin de 2023, 22 000 décisions avaient été prises automatiquement. Cela s'est traduit par une économie de 581 jours ouvrés, ce qui souligne les gains d'efficience induits par l'automatisation. De même, l'automatisation des procès-verbaux d'infractions administratives s'est révélée fructueuse pour l'Inspection nationale des impôts. Ciblant à l'origine 18 000 procès-verbaux en 2023, l'organisation a dépassé les attentes avec 31 285 procès-verbaux rédigés à la fin de l'année, ce qui représente une économie de 9 995 jours ouvrés.

Concernant l'avenir, l'Inspection nationale des impôts s'attache à améliorer ses opérations en donnant à ses spécialistes les moyens d'automatiser de nouveaux processus.

Arabie saoudite : Utilisation de l'automatisation robotisée des processus pour les tâches opérationnelles

En Arabie saoudite, l'autorité de la zakat, des impôts et des douanes (ZATCA) a mis en œuvre l'automatisation robotisée des processus pour améliorer sensiblement son efficacité et sa précision opérationnelles. En automatisant des tâches répétitives et fondées sur des règles, l'automatisation robotisée des processus a allégé la charge pesant sur les effectifs de la ZATCA et accéléré les procédures fiscales et douanières. Cette automatisation a accéléré les délais de réponse et réduit les erreurs liées à la saisie manuelle des données, ce qui a permis d'atteindre globalement une plus grande exactitude dans les transactions financières, les déclarations et les opérations douanières.

L'intégration de l'automatisation robotisée des processus a conféré plusieurs avantages clés à la ZATCA dans divers domaines. Les tâches telles que la saisie des données, la vérification des documents et les inspections de conformité ont été automatisées, ce qui a permis d'améliorer l'efficience et de réduire au minimum les erreurs humaines potentielles. De même, l'automatisation robotisée des processus a rationalisé les opérations RH, en optimisant la gestion du personnel et les tâches administratives. Le service à la clientèle a également été amélioré grâce à l'automatisation des processus de gestion des requêtes, ce qui a permis d'accélérer la résolution des problèmes et d'améliorer la satisfaction des clients.

La ZATCA a également mis à profit l'automatisation robotisée des processus pour la surveillance continue et automatisée des systèmes d'infrastructures, permettant de prévenir les problèmes et de garantir la fiabilité de ces systèmes. En outre, la collecte de données et la production de rapports ont été automatisées, ce qui garantit une grande précision dans les rapports et permet aux processus décisionnels d'être plus rapides.

D'une manière générale, l'adoption de l'automatisation robotisée des processus par la ZATCA témoigne de son intérêt pour les solutions innovantes en matière de gestion des procédures fiscales et douanières. En automatisant des fonctions clés telles que la douane, les opérations RH, le traitement des requêtes, la surveillance des systèmes d'infrastructures et la création de rapports, la ZATCA a non seulement rationalisé les processus, mais a également amélioré la qualité des services fournis aux clients et la capacité de prise de décision. Cette mise en œuvre stratégique de l'automatisation robotisée des processus a permis à la ZATCA de gagner en efficacité et en précision.

Sources : France (2024), Lituanie (2024) et Arabie saoudite (2024).

Gestion de la diversité

Disposer d'un personnel diversifié et représentatif de la population aide l'administration à mieux servir ses clients et rend l'environnement de travail plus inclusif. La mise en place d'une politique globale en faveur de la diversité peut être un bon moyen d'y parvenir, en intégrant la diversité et l'inclusion dans les processus formels au sein de l'administration et en promouvant une culture dans laquelle les différents points de vue sont valorisés et leur expression encouragée, ce qui améliore le moral du personnel. Comme le montre le Tableau 10.15, les administrations fiscales ont adopté cette approche, 85 % d'entre elles ayant officiellement adopté une politique en faveur de la diversité.

La variété des points de vue et des expériences au sein du personnel peut également améliorer la prise de décision et aider l'administration fiscale à fournir ses services, en renforçant la confiance des contribuables. La réalisation d'enquêtes périodiques auprès du personnel sur la diversité et l'inclusion peut être un outil utile pour évaluer l'efficacité des politiques actuelles en matière de diversité et identifier les domaines d'amélioration possibles ainsi que les nouveaux domaines prioritaires. Ces enquêtes peuvent guider les équipes de direction dans l'élaboration de nouvelles initiatives visant à remédier aux inégalités ou aux problèmes qu'elles mettent en évidence. La moitié des administrations environ déclarent mener périodiquement des enquêtes sur la diversité et l'inclusion (voir Tableau 10.15.) pour comprendre comment le personnel perçoit leur approche en la matière. En outre, les administrations peuvent recourir à d'autres outils pour garantir l'inclusivité et la diversité de leur personnel, tels que les réseaux de personnel et les campagnes de formation.

Tableau 10.15. Approches de la gestion de la diversité, 2022

En pourcentage des administrations étudiées

Une politique officielle de diversité est en place	Des enquêtes périodiques sur la diversité et l'inclusion sont menées auprès du personnel	L'approche de gestion des ressources humaines prévoit des mesures relatives à l'aménagement du temps de travail	Si oui,			
			les membres du personnel peuvent avoir des horaires de travail variables	le personnel peut travailler à domicile ou ailleurs de manière occasionnelle	le personnel peut travailler à domicile ou ailleurs de manière régulière	les cadres peuvent travailler à temps partiel
84.5	46.6	89.7	96.2	88.5	78.8	40.4

Source : CIAT/FMI/IOTA/OCDE, Enquête internationale sur les administrations fiscales, tableaux B.9 Approche de la gestion des ressources humaines : Enquêtes auprès du personnel, B.12 Approche de la gestion des ressources humaines : plan de dotation en personnel et formules souples de travail, B.13 Approche de la gestion des ressources humaines : renforcement des compétences d'encadrement, comptabilisation du temps de travail, politique de diversité, https://data.rafit.org/regular.aspx?key=74180914 (consulté le 10 septembre 2024).

Encadré 10.7. Finlande : Promouvoir l'égalité et la non-discrimination

L'administration fiscale finlandaise promeut l'égalité et la non-discrimination dans toutes ses activités, à la fois en tant qu'employeur et en tant que prestataire de services aux contribuables.

Plusieurs mesures sont en place pour garantir à tous les agents un traitement équitable et les mêmes opportunités. Un code de conduite a été établi à l'intention du personnel et de l'encadrement, qui met l'accent sur la prévention du harcèlement, des discriminations et d'autres comportements inappropriés. Les initiatives en faveur de la diversité sont intégrées dans les modèles d'expérience collaborateur et de prise en charge précoce. Des recherches d'emploi anonymes ont été expérimentées, de sorte que les recruteurs n'ont dans un premier temps pas accès aux données à caractère personnel pour éviter les biais. Les possibilités de travail à distance ont été élargies, permettant ainsi de recruter dans plusieurs régions de Finlande. Les intitulés de poste ont été modifiés pour ne pas faire référence au genre, et l'accès aux informations dans la deuxième langue officielle, le suédois, a été amélioré. Il existe également un groupe de travail dédié à l'égalité, qui s'attache à promouvoir la diversité et l'inclusion dans le travail au quotidien.

En matière d'égalité de traitement des contribuables, l'accent est mis sur l'inclusivité et l'accessibilité. Les services sont fournis de diverses manières pour répondre à différents besoins, et ils sont conçus pour être accessibles et d'utilisation aisée. La priorité est donnée à une communication avec le client qui soit accessible et opportune, et le personnel est formé aux principes et aux pratiques en matière d'égalité de traitement. La collecte et le suivi des commentaires des clients garantissent des services de qualité, exempts d'erreurs.

En outre, un dialogue permanent est engagé avec les contribuables et les parties prenantes, y compris les organisations représentant des minorités, pour aider à identifier les points à améliorer et établir les priorités. Pour la période 2023-25, les principales priorités sont l'accessibilité cognitive et linguistique, les compétences et la culture du personnel.

Source : Finlande (2024).

Formules souples de travail

L'un des moyens de favoriser la diversité au sein des administrations fiscales consiste à faciliter les modalités de travail flexibles, comme les horaires de travail variables ou les possibilités de travail à distance. Ces dispositifs sont de plus en plus importants dans l'environnement de travail actuel, car ils permettent aux salariés de mieux concilier vie professionnelle et vie privée, ce qui se traduit par une satisfaction professionnelle et une productivité accrues. En prenant en compte la diversité des préférences et des besoins en matière de travail, les administrations peuvent attirer et retenir les meilleurs talents, réduire l'absentéisme et favoriser l'engagement et la motivation de leurs effectifs.

Des formules souples de travail existent dans environ 90 % des administrations couvertes par la présente publication. Dans la quasi-totalité de ces administrations, les agents peuvent bénéficier d'horaires de travail variables et la grande majorité d'entre eux ont la possibilité de travailler à leur domicile ou ailleurs de manière occasionnelle comme régulière (voir Tableau 10.15.).

Le Graphique 10.11. indique le pourcentage des :

- agents qui peuvent travailler à distance, c'est-à-dire ceux qui disposent de l'infrastructure informatique nécessaire pour accomplir à distance toutes les tâches qu'ils effectuent au bureau ;
- agents travaillant à distance au moins 20 % de l'année, c'est-à-dire un ou plusieurs jours par semaine en moyenne.

Graphique 10.11. Télétravail, 2022

Pourcentage d'agents en mesure de travailler à distance et d'agents travaillant à distance pendant au moins 20 % de l'année

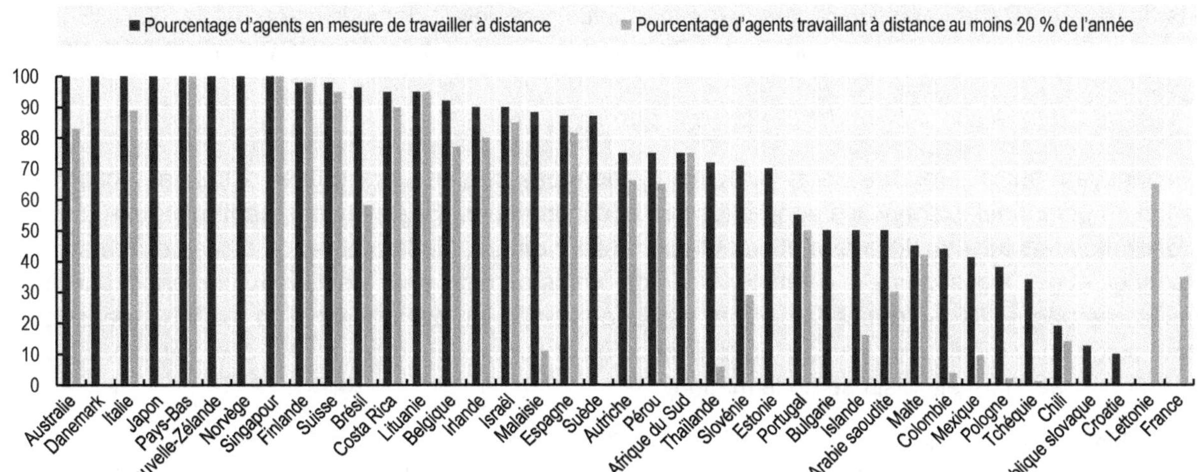

Source : CIAT/FMI/IOTA/OCDE, Enquête internationale sur les administrations fiscales, tableau B.12 Approche de la gestion des ressources humaines : plan de dotation en personnel et formules souples de travail, https://data.rafit.org/regular.aspx?key=74180914 (consulté le 10 septembre 2024).

StatLink https://stat.link/8jdz67

En outre, le Tableau 10.15 montre qu'environ 40 % des administrations ont également mis en place la possibilité pour les cadres de travailler à temps partiel, et comme on peut le voir sur le Graphique 10.12., ces derniers y ont recours.

Graphique 10.12. Pourcentage des cadres travaillant à temps partiel, 2022

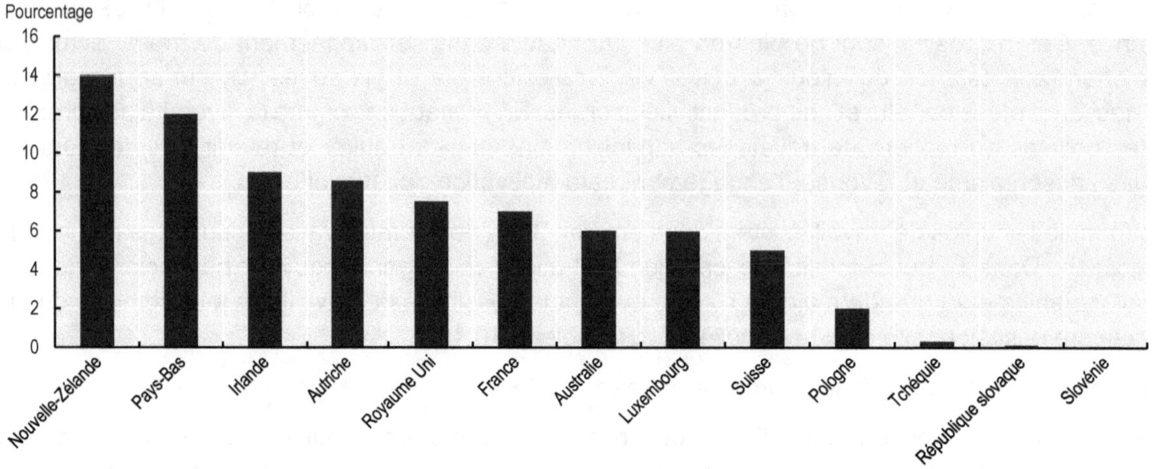

Source : CIAT/FMI/IOTA/OCDE, Enquête internationale sur les administrations fiscales, tableau B.12 Approche de la gestion des ressources humaines : plan de dotation en personnel et formules souples de travail, https://data.rafit.org/regular.aspx?key=74180914 (consulté le 10 septembre 2024).

StatLink https://stat.link/h0iozs

À l'heure où les administrations fiscales mènent une réflexion sur les pratiques de travail établies dans le cadre de la réponse à la pandémie, elles s'intéressent également aux effets du travail hybride ou à distance dans la durée. Cette question a été examinée plus en détail dans le rapport de l'OCDE intitulé *Administration fiscale : vers des conditions de télétravail pérennes à l'ère du COVID-19* (OCDE, 2021[10]).

Gestion du personnel : un tableau d'ensemble

En s'appuyant sur différents aspects et points de données de l'enquête ISORA 2023, la section sur la gestion du personnel examine les approches des administrations fiscales concernant (i) le recrutement et la fidélisation des talents, (ii) la formation et le perfectionnement, (iii) la motivation et les performances du personnel, et (iv) la gestion de la diversité. Si les différents aspects de la gestion du personnel considérés dans la campagne 2023 n'ont certainement pas donné lieu à un bilan complet et n'affichent pas tous le même poids ou la même importance, leur présence ou absence peut donner une idée des capacités dont une administration fiscale dispose en la matière.

Le Graphique 10.13. a pour but de donner une vue d'ensemble de la gestion des effectifs dans les administrations fiscales. Il ne nomme pas individuellement celles-ci mais combine un ensemble de points de données pour fournir une vue d'ensemble dans chacune des quatre catégories. Le score et la pondération des points de données tient compte de la nature et du niveau de détail des questions de l'enquête ISORA.

Pour chacune des quatre catégories considérées, le graphique indique l'étendue de la distribution des administrations entre le quartile inférieur et le quartile supérieur (illustrée par les « boîtes »), la valeur médiane étant représentée par la ligne horizontale qui sépare les deux boîtes. Les lignes verticales (« moustaches ») qui prolongent les boîtes illustrent l'étendue de la distribution des administrations des quartiles inférieur et supérieur.

Le graphique indique que les administrations fiscales ont des approches relativement avancées en matière de recrutement et de rétention des talents, de formation et de perfectionnement, ainsi que de motivation et de performance du personnel. Le score médian des administrations fiscales dans ces catégories est égal ou supérieur à 80 %, ce qui indique que, d'après les données ISORA, la majorité des administrations ont renforcé leurs capacités dans ces domaines.

La situation est légèrement différente en ce qui concerne la gestion de la diversité, pour laquelle le score médian des administrations fiscales est inférieur à 70 %. Bien qu'il s'agisse d'un résultat positif, il existe une marge d'amélioration dans ce domaine, davantage que pour les autres catégories.

Graphique 10.13. Gestion du personnel : un tableau d'ensemble, 2022

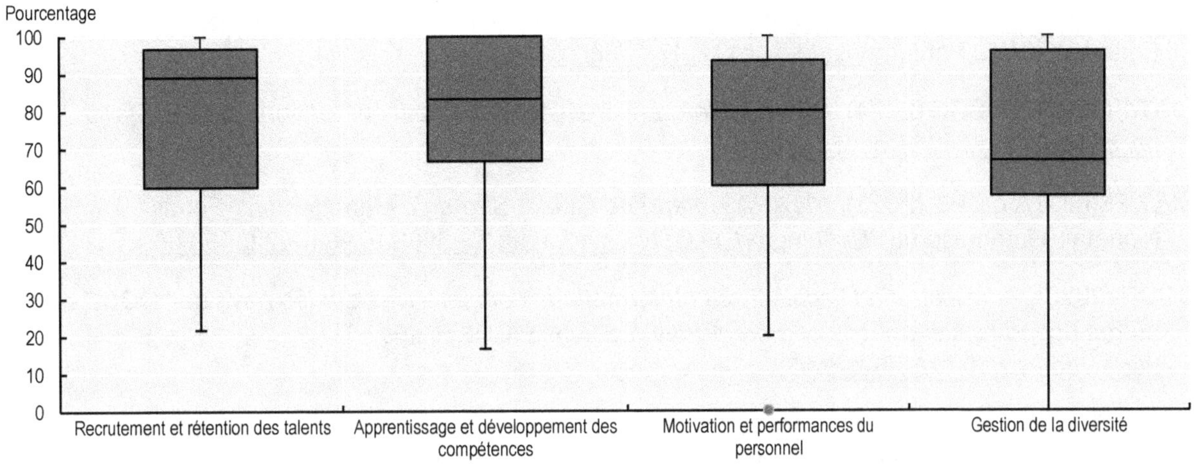

Source : calculs du Secrétariat de l'OCDE, d'après CIAT/FMI/IOTA/OCDE, Enquête internationale sur les administrations fiscales (ISORA), https://data.rafit.org/regular.aspx?key=74180914 (consulté le 10 septembre 2024).

StatLink https://stat.link/lu82p0

Bibliographie

CIAT/FMI/IOTA/OCDE (2024), *Reform Management Fundamentals: Setting Up a Reform Program*, Éditions OCDE, Paris, https://doi.org/10.1787/4d33b619-en. [8]

CIAT/FMI/IOTA/OCDE (2024), *Reform Management Specific Topics: Managing a Reform Program*, Éditions OCDE, Paris, https://doi.org/10.1787/1fc51bcf-en. [9]

CIAT/FMI/IOTA/OCDE (2024), *VITARA Reference Guide: Human Resource Management*, Éditions OCDE, Paris, https://doi.org/10.1787/6ef70142-en. [5]

CIAT/FMI/IOTA/OCDE (2024), *VITARA Reference Guide: Organization*, Éditions OCDE, Paris, https://doi.org/10.1787/ab075e83-en. [6]

CIAT/FMI/IOTA/OCDE (2023), *VITARA Reference Guide: Strategic Management*, Fonds monétaire international, Washington, D.C, https://doi.org/10.5089/9798400223488.069. [7]

OCDE (2023), *Administration fiscale 2023 : Informations comparatives sur les pays de l'OCDE et autres économies avancées et émergentes*, Éditions OCDE, Paris, https://doi.org/10.1787/678bbe59-fr. [1]

OCDE (2022), *Administration fiscale 2021 : Informations comparatives sur les pays de l'OCDE et autres économies avancées et émergentes*, Éditions OCDE, Paris, https://doi.org/10.1787/a1b690b6-fr. [4]

OCDE (2021), *« Administration fiscale : vers des conditions de télétravail pérennes à l'ère du COVID-19 », Les réponses de l'OCDE face au coronavirus (COVID-19)*, Éditions OCDE, Paris, https://doi.org/10.1787/2f76d111-fr. [10]

OCDE (2021), *Behavioural Insights for Better Tax Administration: A Brief Guide*, Éditions OCDE, Paris, https://doi.org/10.1787/582c283e-en. [3]

OCDE (2017), *Tax Administration 2017 : Comparative Information on OECD and Other Advanced and Emerging Economies*, Éditions OCDE, Paris, https://doi.org/10.1787/tax_admin-2017-en. [2]

11 Manque à gagner fiscal

L'amélioration de la discipline fiscale et la réduction du manque à gagner fiscal constituent généralement l'un des principaux objectifs de l'administration fiscale. C'est la raison pour laquelle de nombreuses juridictions s'appliquent actuellement à évaluer l'ampleur de ce manque à gagner. Bien qu'on puisse donner une définition relativement simple de ce qu'est un manque à gagner fiscal, l'estimation est complexe et passe par la prise en compte de diverses subtilités. Ce chapitre propose un panorama des principaux concepts utiles pour appréhender le manque à gagner fiscal ainsi que des exemples de travaux de recherche portant sur cette notion menés dans divers pays.

Un nombre croissant de juridictions s'emploient à évaluer le manque à gagner fiscal car son estimation peut les renseigner sur l'ampleur et la nature des infractions à la législation fiscale, les tendances qui se dessinent et la santé en général du système fiscal. Pour estimer le manque à gagner fiscal, une juridiction doit prendre en compte de nombreux aspects tels que les cadres législatifs, la conception globale de l'administration du système fiscal et son fonctionnement interne, la disponibilité des données et les événements économiques. Elle doit en outre prendre en considération des événements non observés ou des activités délibérément dissimulées, ce qui ajoute à la difficulté.

Le présent chapitre propose une vue d'ensemble :

- de la définition du manquer à gagner fiscal et des différents types de manque à gagner fiscal ;
- des méthodes appliquées pour l'estimer ;
- des composantes du manque à gagner fiscal ;
- de la manière dont les administrations fiscales utilisent les analyses du manque à gagner fiscal ; et
- de l'impact de la pandémie de COVID-19 sur le manque à gagner fiscal.

Il apporte également un éclairage sur les travaux de recherche menés au niveau international sur ce sujet[1].

Définition du manque à gagner fiscal

Le manque à gagner fiscal est généralement défini comme la différence entre les recettes fiscales potentielles et réelles (Hutton, 2017[1]). Il peut être décomposé en manque à gagner lié à l'indiscipline fiscale et manque à gagner lié à la politique fiscale.

- ***Le manque à gagner lié à l'indiscipline fiscale*** correspond à une perte potentielle de recettes fiscales due au non-respect de la législation fiscale en vigueur. L'une des principales missions de la plupart des administrations fiscales consiste à combattre l'indiscipline fiscale. C'est la raison pour laquelle elles axent avant tout leur action sur la composante du manque à gagner fiscal liée à cette dimension plutôt que sur celle liée à la politique fiscale (Hutton, 2017[1]). De plus, la plupart des juridictions ne tiennent pas compte des activités illicites dans leur estimation du manque à gagner fiscal et ce, en raison des incertitudes relatives aux impôts qui pourraient leur être appliqués.
- ***Le manque à gagner lié à la politique fiscale*** mesure d'autres pertes de recettes fiscales imputables à la mise en œuvre de diverses mesures fiscales. Il peut s'agir de dépenses fiscales intentionnelles, comme les crédits d'impôt accordés pour obtenir certains résultats, ou de dépenses fiscales non intentionnelles, résultant de l'évasion fiscale rendue possible par des failles dans la législation fiscale (Hutton, 2017[1]). Les politiques fiscales étant souvent pilotées par un ministère des Finances ou un département du Trésor, les administrations fiscales n'en ont pas la maîtrise.

Sachant qu'une perte de recettes pour les administrations fiscales résulte plus fréquemment d'un non-respect de leurs obligations fiscales par les contribuables que de décisions gouvernementales, la suite de ce chapitre porte principalement sur les méthodes employées et les subtilités prises en compte pour appréhender cette composante.

Encadré 11.1. Exemples nationaux : Manque à gagner lié à la politique fiscale

Belgique

L'administration fiscale belge définit un manque à gagner fiscal comme la différence entre les recettes potentiellement perçues conformément au cadre en vigueur et les montants qui pourraient être recouvrés si l'on appliquait un cadre normatif ou de référence. Bien qu'elles ne reçoivent souvent guère d'attention, les estimations du manque à gagner lié à la politique fiscale autorisent la comparaison avec le montant des pertes de recettes liées à l'indiscipline fiscale ainsi qu'une évaluation des contributions respectives de ces deux composantes au manque à gagner fiscal total. Définir ainsi le manque à gagner permet aux instances décisionnaires d'axer également leur réflexion sur l'effet qu'ont les choix des pouvoirs publics sur les pertes de recettes totales, et sur la question de savoir si l'évolution des politiques publiques a un effet sur le manque à gagner lié à l'indiscipline fiscale.

Par ailleurs, le manque à gagner lié à la politique fiscale peut être un manque à gagner « imputable à des éléments non imposables » ou sur lequel il n'est pas possible d'agir lorsqu'il se rapporte notamment à des éléments apparaissant dans les statistiques de la consommation issues des comptabilités nationales, mais non soumis à la TVA. Les résultats de l'estimation de cette composante peuvent également être utilisés pour modéliser certaines dépenses fiscales. Ils peuvent par exemple donner un aperçu non seulement du volume que représentent les biens et services imposés au taux zéro, les exonérations, mais aussi de celui que représentent les biens publics et les services non marchands.

En d'autres termes, l'estimation du manque à gagner lié à la politique fiscale offre la possibilité d'améliorer la transparence budgétaire, d'établir un lien plus étroit entre les dépenses fiscales et les dépenses directes et d'envisager des pistes d'action pour accroître les recettes en agissant sur l'une ou l'autre de ses composantes.

Commission européenne

Dans l'étude annuelle de la Commission européenne sur *l'écart de TVA dans l'UE* (Commission européenne, 2023[2]), on trouve, en dehors de l'écart de TVA lié au respect des obligations fiscales, des estimations de l'écart lié à la politique en matière de TVA. Ce dernier est un indicateur des recettes de TVA supplémentaires qui pourraient être perçues si un taux de TVA uniforme - en l'absence d'exonérations et de taux réduits - était appliqué à l'ensemble de la consommation intérieure finale de biens et de services par les ménages, les administrations publiques et les institutions sans but lucratif au service des ménages, dans l'hypothèse où les contribuables se conformeraient pleinement à leurs obligations. En termes d'action publique, il s'agit d'une estimation plus « exploitable » que celle de l'écart lié au respect des obligations fiscales étant donné que les États membres de l'UE exercent, en général, un contrôle direct sur les taux réduits et, dans une certaine mesure, sur les exonérations.

L'écart lié à la politique en matière de TVA se décline en deux composantes : l'écart lié aux exonérations de TVA, qui correspond aux pertes de recettes dues aux exonérations et exclusions de la base d'imposition, et l'écart lié aux taux de TVA, qui correspond aux pertes de recettes dues à des traitements préférentiels, comme l'application de taux réduits ou nuls. L'évolution de l'ampleur de l'écart de TVA lié à la politique fiscale peut être attribuée à des modifications des règles juridiques, notamment des ajustements, au niveau national, des taux réduits ou des exonérations, ainsi qu'à des changements dans la composition de la demande.

L'estimation de l'écart de TVA lié à la politique fiscale permet de faire la transparence sur le coût des options autres que l'application de taux uniformes de TVA et elle facilite le recensement des domaines dans lesquels des changements de cap pourraient permettre d'accroître les recettes et d'améliorer l'efficacité de l'impôt. La Commission européenne publie des estimations annuelles de l'écart de TVA lié à la politique et de ses composantes dans le cadre de son étude sur l'écart de *TVA dans l'UE* qui propose un cadre harmonisé utile aux États membres de l'UE pour évaluer leurs systèmes de TVA. Au fil du temps, l'exactitude et la précision de ces estimations n'ont cessé d'être améliorées, ce qui a permis aux responsables de l'action publique de suivre les progrès et de cibler les réformes.

Selon le dernier rapport, l'écart moyen de TVA lié à la politique fiscale dans l'UE-27 représentait environ 45 % des recettes théoriques en 2022. L'écart de TVA lié aux taux a augmenté depuis 2020. Dans le même temps, l'écart lié aux exonérations de TVA, qui explique la majeure partie de l'écart de TVA lié à la politique fiscale, a diminué. Ce recul s'explique par l'évolution de la composition de la demande, sachant que la Directive sur la TVA n'a pas fait l'objet de modifications importantes concernant les exonérations.

Note : si chacun des États membres de l'UE est autorisé à supprimer les taux réduits, la plupart des exonérations sont imposées par le droit de l'UE, en particulier la Directive sur la TVA (Directive 2006/112/CE du Conseil). De ce fait, la suppression de ces exonérations nécessiterait une modification de la directive au niveau européen, exigeant un accord unanime entre les États membres de l'UE.
Source : Belgique (2024) et Commission européenne (2024).

Même s'il existe une définition commune de ce qu'est un écart fiscal, celui-ci peut ne pas être défini exactement de la même manière dans toutes les juridictions. Certaines d'entre elles tiennent compte, par exemple, des retards de paiement dans leur écart fiscal alors que d'autres non. D'autres encore ne prennent absolument pas en considération les défauts de paiement dans leur écart fiscal global. En outre, les estimations du manque à gagner fiscal pourraient se rapporter à une année d'activité économique (un exercice fiscal par exemple) ou à toutes les recettes entrantes pendant une période donnée (un exercice budgétaire par exemple). C'est la raison pour laquelle il conviendrait de faire preuve de prudence dans l'interprétation de toute comparaison directe entre juridictions, et de tenir compte des différences entre les systèmes fiscaux et entre les définitions et les méthodes suivies.

Types de manque à gagner fiscal

Un manque à gagner fiscal peut être ventilé en fonction de la nature des manquements au respect des obligations fiscales, selon qu'il s'agit d'un défaut d'enregistrement, d'une absence ou d'une insuffisance de déclaration ou d'un défaut de paiement (voir Graphique 11.1 et Graphique 11.2.). Certaines juridictions utilisent un autre terme que « dépôt » (soumission par exemple) pour désigner le processus de remise d'une déclaration fiscale. Les juridictions peuvent également employer des noms différents pour désigner les pertes de recettes imputables à différents manquements aux obligations fiscales auxquelles les contribuables doivent se conformer. Un manque à gagner dû au non-respect d'une obligation de paiement pourrait être qualifié de manque à gagner résultant d'un défaut de paiement, d'une insuffisance de paiement, ou du non-paiement ou du non-recouvrement de l'impôt dû. Les termes les plus couramment employés pour désigner un manquer à gagner imputable au non-respect d'obligations déclaratives sont : manque à gagner lié à une absence de déclaration, manque à gagner lié à une insuffisance de déclaration et manque à gagner lié au calcul de l'impôt.

La plupart des juridictions privilégient l'estimation du non-respect des obligations déclaratives (75 %) et des obligations de paiement (64 %) car ce sont des causes majeures du manque à gagner fiscal. (voir Tableau d'annexe 11.A.2). En outre, l'estimation du non-respect des obligations d'enregistrement et des obligations déclaratives peut se révéler plus difficile car ces manquements sont le fait d'une population dont l'administration fiscale ignore parfois jusqu'à l'existence.

Graphique 11.1. Nature des manquements aux obligations fiscales qui contribuent au manque à gagner fiscal

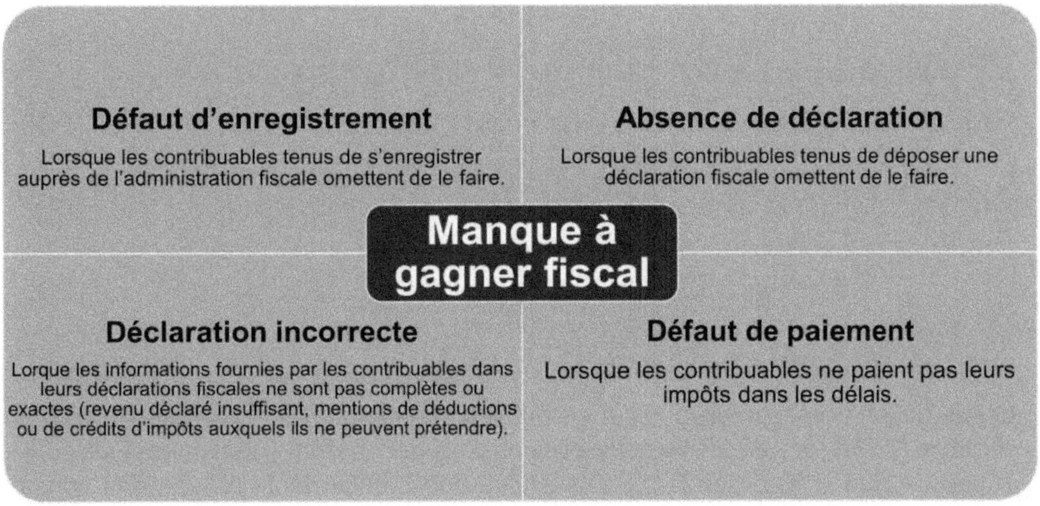

Graphique 11.2. Estimation du manque à gagner fiscal et nature des manquements aux obligations fiscales

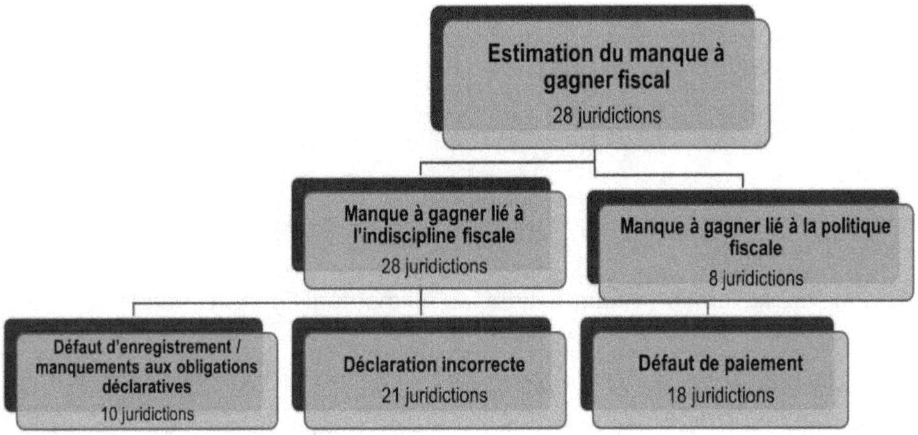

Source : Tableau d'annexe 11.A.1 et Tableau d'annexe 11.A.2.

Pour offrir un tableau plus précis de ce que recouvre le manque à gagner fiscal, les juridictions distinguent le manque à gagner brut du manque à gagner net (voir Graphique 11.3). La plupart des juridictions estiment le manque à gagner brut (82 %) et le divise par deux pour obtenir le manque à gagner net. Près de 40 % d'entre elles mesurent l'un et l'autre. L'estimation du manque à gagner net présente généralement certaines difficultés du fait qu'il peut exister un décalage dans le temps entre l'exécution des activités par lesquelles les contribuables se conforment à leurs obligations fiscales et les opérations de recouvrement. (voir Tableau d'annexe 11.A.2).

Certaines juridictions (36 %) utilisent des projections pour estimer au moins l'une des composantes du manque à gagner fiscal afin d'arriver à un équilibre entre l'actualité des données et d'autres considérations comme la qualité des estimations. (voir Tableau d'annexe 11.A.3).

Graphique 11.3. Manques à gagner brut et net

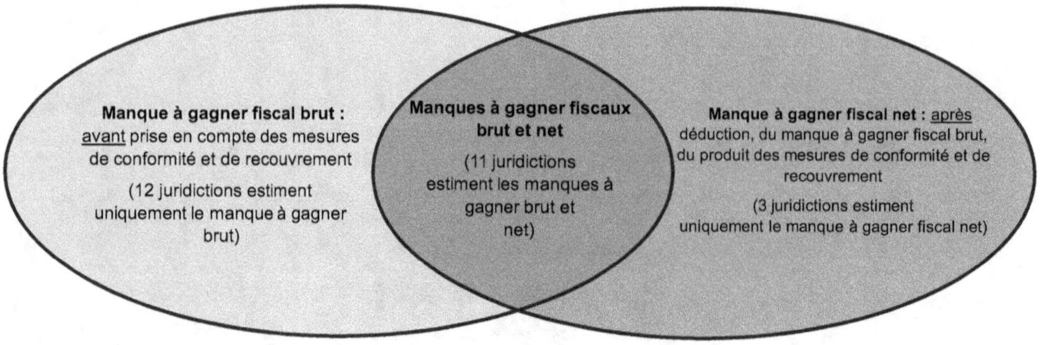

Source : Tableau d'annexe 11.A.2.

Un petit nombre de juridictions publient leurs estimations du manque à gagner fiscal global, qui relèvent du domaine public (29 %), et certaines d'entre elles ont l'obligation légale de le faire. Plusieurs juridictions ne publient pas ce chiffre, mais rendent en revanche public celui relatif à l'une des composantes du manque à gagner (généralement la taxe sur la valeur ajoutée). Les chiffres sont publiés à une fréquence variable : tous les ans, tous les quatre ans, voire à un rythme irrégulier. Près de 40 % des juridictions qui publient l'estimation de leur manque à gagner fiscal le font chaque année. (voir Tableau d'annexe 11.A.1).

Encadré 11.2. États-Unis : Manque à gagner fiscal, ventilation en fonction de la nature des manquements aux obligations fiscales

Aux États-Unis, l'Internal Revenue Service (IRS) estime le manque à gagner fiscal brut ventilé entre trois composantes :

- absence de déclaration : impôt non acquitté dans les délais par des contribuables qui n'ont pas déposé leur déclaration en temps voulu,
- insuffisance de déclaration : sous-estimation du montant figurant sur des déclarations déposées dans les délais,
- défaut de paiement : déclaration déposée à temps, mais impôt non acquitté dans les délais.

Le manque à gagner fiscal est imputable en majeure partie (à hauteur d'environ 80 %) à une insuffisance de déclaration, l'absence de déclaration et le défaut de paiement contribuant de façon plus limitée (9 % et 11 % en moyenne respectivement) au manque à gagner brut.

L'analyse du manque à gagner fiscal montre invariablement que les obligations fiscales sont mieux respectées lorsque le revenu fait l'objet d'une déclaration, et qu'elles le sont plus encore lorsqu'il est également soumis à une retenue à la source.

Tableau 11.1. Estimations du manque à gagner fiscal, ventilées en fonction de la nature des manquements aux obligations fiscales pour les exercices fiscaux 2014-16, et projections pour les exercices fiscaux 2017-19, 2020 et 2021 aux États-Unis

Composante du manque à gagner fiscal	Exercices fiscaux 2014-16	Projections			
		Exercices fiscaux 2017-19	Exercices fiscaux 2017-19	Exercice fiscal 2017-2020	Exercice fiscal 2021
Manque à gagner fiscal imputable à l'absence de déclaration	8 %	8 %	7 %	9 %	11 %
Manque à gagner fiscal imputable à une insuffisance de déclaration	80 %	80 %	81 %	80 %	79 %
Manque à gagner fiscal imputable à l'insuffisance de paiement	12 %	12 %	12 %	11 %	10 %
Manque à gagner fiscal brut	100 %	100 %	100 %	100 %	100 %

Source : Etats-Unis (2024).

L'estimation du manque à gagner fiscal est devenue un sujet de débat très prisé des administrations fiscales ces dernières années. Certaines ont pourtant mis en place il y a plus de 40 ans des équipes chargées de réduire les pertes de recettes fiscales (voir Tableau 11.2.).

Tableau 11.2. Année de création des équipes chargées de réduire le manque à gagner fiscal

Année de création de l'équipe chargée de réduire le manque à gagner fiscal	Juridictions
1980	Chili, **États-Unis***
2000	**Italie***
2005	Danemark*, **Royaume-Uni***
2006	**Pays-Bas***, Suisse
2007	Portugal
2012	Islande*, Commission européenne
2013	Israël
2014	**Australie***, Lettonie, Lituanie
2015	Roumanie
2016	**Canada***
2017	**Suède**
2018	Grèce, Slovaquie
2019	Indonésie*
2020	**Brésil***, Hongrie
2021	Espagne
2022	Finlande
2023	Colombie*
2024	France

Note : les juridictions qui estiment le manque à gagner fiscal global sont marquées d'un astérisque (*) et celles qui publient leurs estimations apparaissent en **gras**.
Source : Enquête 2023 du FAI sur les estimations du manque à gagner fiscal.

Selon un exposé du FMI présenté au cours de la réunion de 2024 de la Communauté d'intérêt du FAI sur l'écart d'imposition, les principaux facteurs de réussite des travaux de recherche sur ce sujet sont les données, la méthodologie, les ressources humaines, le soutien des dirigeants et la ligne stratégique suivie par l'institution (voir Tableau 11.3.).

Tableau 11.3. Principaux facteurs de réussite d'un programme de réduction du manque à gagner fiscal

Données	Méthodologie	Ressources humaines	Soutien des dirigeants	Ligne stratégique de l'institution
Investissement dans la gestion et le nettoyage des données. Souci de veiller à ce que les données couvrent une population cible. Accumulation de données/d'analyses longitudinales. Révision périodique pour améliorer la fiabilité des estimations.	Choix de la méthode la mieux adaptée aux données disponibles. Établissement d'objectifs clairs. Utilisation concomitante de techniques ascendantes et descendantes. Cohérence des techniques d'estimation dans le temps.	Constitution d'une équipe pluridisciplinaire possédant des savoir-faire diversifiés (en matière d'analytique de données, de statistiques, d'économétrie, de vérification, de politique fiscale). Souci d'éviter les rotations rapides de personnel et de maintenir la stabilité de l'équipe.	Approbation des hauts responsables. Patience dans la construction de l'équipe.	Existence d'un mandat public. Publication régulière. Choix de la transparence

Source : présentation du FMI lors de la réunion de 2024 de la Communauté d'intérêt sur l'écart d'imposition du Forum de l'OCDE sur l'administration de l'impôt.

Méthodes suivies pour estimer le manque à gagner fiscal

L'estimation du manque à gagner fiscal est une tâche complexe qui exige de la subtilité dans l'analyse. En général, on distingue principalement deux approches de l'estimation du manque à gagner fiscal (voir Graphique 11.4.) :

- ***les méthodes descendantes*** : consistant généralement à utiliser des données macroéconomiques agrégées (données tirées des comptes nationaux par exemple) pour estimer le montant de la base d'imposition et le montant de l'impôt théoriquement exigible. La différence entre le montant de l'impôt théoriquement dû et le montant de l'impôt effectivement calculé ou acquitté correspond au manque à gagner fiscal estimé.
- ***les méthodes ascendantes*** : consistant généralement à utiliser des données microéconomiques (recueillies par exemple dans le cadre de vérifications) pour évaluer, par extrapolation, le non-respect des obligations fiscales et ainsi estimer le manque à gagner fiscal. Les données les plus couramment utilisées lorsqu'on applique ces méthodes proviennent soit de vérifications aléatoires, soit de vérifications fondées sur les risques.

La plupart des juridictions (89 %) privilégient les méthodes descendantes, et un peu plus de la moitié (57 %) appliquent des méthodes ascendantes. Une approche descendante est généralement un bon point de départ pour les juridictions peu familières de l'exercice que représente l'estimation du manque à gagner fiscal. De plus, les juridictions ont tendance à commencer par le manque à gagner fiscal au titre de la TVA, qui est calculé selon une méthode descendante assez bien établie. Certaines administrations (54 % d'entre elles) font appel à des intervenants extérieurs, par exemple le FMI, des universitaires, un ministère des Finances, des consultants indépendants ou d'autres organisations, pour établir l'estimation (voir Tableau d'annexe 11.A.1 et Tableau d'annexe 11.A.3.)

Graphique 11.4. Deux principales méthodes suivies pour estimer un manque à gagner fiscal

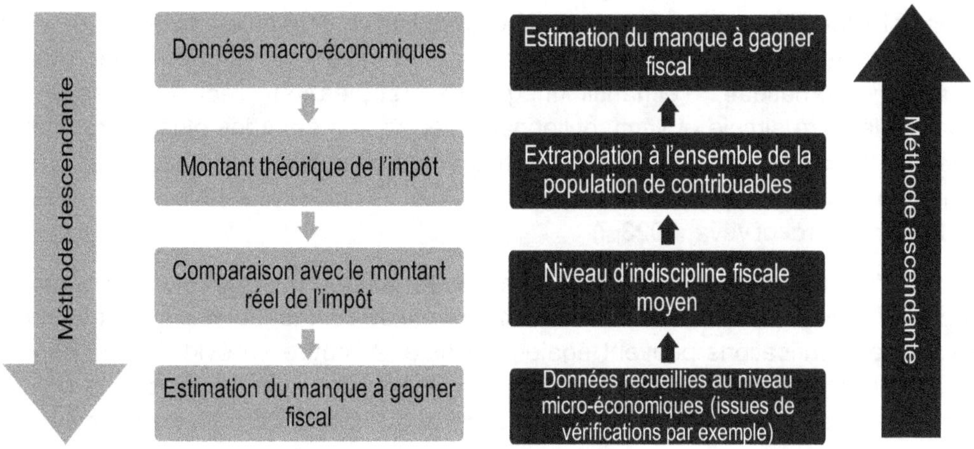

Méthode descendante

Dans l'idéal, une juridiction devrait estimer le manque à gagner fiscal en suivant en parallèle l'une et l'autre méthodes car les informations qui en ressortent sont différentes. Une méthode descendante peut fournir des informations supplémentaires sur l'ensemble de la population, qui pourraient ne pas ressortir de données tirées de vérifications courantes, et peut donner une vue d'ensemble des secteurs à risque de l'économie et de ceux qui subissent l'indiscipline fiscale. Elle a toutefois ses limites car elle ne peut donner des résultats plus fins. Les méthodes descendantes produisent des informations susceptibles d'être utilisées pour orienter des stratégies très générales visant à favoriser la discipline fiscale.

On pourrait y recourir en lieu et place de méthodes ascendantes lorsqu'on ne dispose pas de données provenant de vérifications aléatoires et lorsque les résultats des vérifications fondées sur les risques ne peuvent pas être extrapolés à la population entière de contribuables. Elles pourraient également avoir une fonction complémentaire au sens où elles permettent d'appréhender un manque à gagner sous un autre angle.

Méthode ascendante

Une méthode ascendante permet généralement d'obtenir davantage d'informations sur l'indiscipline fiscale au niveau microéconomique. Elle peut donc se prêter à une désagrégation des données et pourrait servir à améliorer les processus d'évaluation des risques. Les estimations ainsi produites risquent toutefois d'être limitées à certaines populations ou à certains impôts. Les méthodes ascendantes nécessitent une expertise statistique ou économétrique et une connaissance du fonctionnement de l'administration de l'impôt, ainsi qu'une bonne compréhension des données (OCDE, 2017[3]).

Les vérifications aléatoires constituent l'une des principales sources de données utilisées dans le cadre d'approches ascendantes, mais il n'est pas possible d'y recourir dans tous les pays et territoires. C'est pourquoi certaines administrations fiscales s'appuient sur des données issues de vérifications courantes (par exemple, des données provenant de vérifications fondées sur les risques) ou sur d'autres données disponibles au niveau microéconomique. Certaines méthodes ascendantes reposent par exemple sur des données de recensement, des données provenant de déclarations de tiers et de dossiers administratifs relatifs aux déclarations ou aux paiements plutôt que sur des données recueillies dans le cadre de vérifications.

Vérifications aléatoires

Les vérifications aléatoires sont généralement effectuées sur un échantillon aléatoire de contribuables. Il existe différents types d'échantillonnage aléatoire, comme l'échantillonnage aléatoire simple, l'échantillonnage systématique, l'échantillonnage par strates et l'échantillonnage en grappes, l'échantillonnage aléatoire simple et l'échantillonnage par strates étant les plus couramment utilisés par les administrations fiscales. Certaines de ces techniques d'échantillonnage sont expliquées dans deux Notes d'orientation technique publiées par le FMI en 2021 (Thackray, Jennings et Knudsen, 2021[4]) et 2023 (Barra, Hutton et Prokof'yeva, 2023[5]).

Les programmes de vérification aléatoire sont considérés comme une méthode de grande qualité pour estimer les pertes de recettes sur une population nombreuse de contribuables enregistrés (OCDE, 2017[3]). Les résultats de ces vérifications peuvent également aider à mettre en évidence les tendances qui se dessinent en matière d'indiscipline fiscale quel que soit le profil des contribuables, et à valider les critères de sélection des risques existants, notamment à s'assurer qu'ils sont toujours pertinents et optimaux.

Les principales difficultés posées par les vérifications aléatoires sont généralement liées au fait qu'elles exigent la mobilisation de ressources supplémentaires, et que souvent, parce qu'elles ne sont pas fondées sur les risques, elles ne génèrent pas un surcroît important de recettes fiscales. En exploitant les résultats de vérifications aléatoires pour améliorer les systèmes d'évaluation des risques, une administration fiscale peut toutefois gagner en efficacité dans la conduite des vérifications courantes, en orientant les ressources vers des secteurs plus exposés aux risques et en accroissant le montant des impôts recouvrés. Par ailleurs, certains modes d'échantillonnage peuvent contribuer à la réduction du coût des vérifications aléatoires (comme l'échantillonnage par strates en fonction des risques, voir l'exemple du Danemark dans l'Encadré 11.3).

Encadré 11.3. Exemples de programmes de vérifications aléatoires

Danemark : Stratification des risques pour un programme de vérifications aléatoires visant des personnes physiques

L'administration fiscale danoise définit, au sein de la population des personnes physiques, des strates ou des groupes en fonction des risques, puis procède à un échantillonnage aléatoire sur chaque groupe. Afin de trouver un équilibre entre le recouvrement de recettes fiscales supplémentaires et le recueil d'informations sur l'ensemble de la population des contribuables, des échantillons plus nombreux sont constitués sur les groupes à risque élevé que sur les groupes à faible risque. Les résultats peuvent ainsi être extrapolés à l'ensemble de la population, et en même temps, l'affectation des ressources en matière de vérification est plus efficace que dans le cadre d'un programme de vérification aléatoire ordinaire et peut aussi générer des retours sur investissement plus élevés.

Le Danemark se sert des résultats des vérifications aléatoires pour orienter les travaux d'élaboration de nouveaux textes législatifs et l'évaluation des risques dans un but d'amélioration de la discipline fiscale.

Pays-Bas : Connaître les contribuables, comprendre leur comportement

L'administration fiscale néerlandaise privilégie les vérifications aléatoires, qui peuvent être un instrument d'amélioration de la gestion des risques d'indiscipline fiscale. Les vérifications aléatoires permettent non seulement de mieux appréhender le niveau de respect des obligations fiscales au sein de la population, mais aussi de s'informer sur les aspects du comportement de cette population pouvant ouvrir des possibilités d'amélioration de la discipline fiscale. Elles offrent donc la perspective de déployer des interventions spécifiques visant des comportements ciblés.

Aux Pays-Bas, la gestion du risque d'indiscipline fiscale conformité comporte cinq étapes : la mise en évidence des sources d'incertitude (erreurs possibles), l'analyse des causes sous-jacentes, la hiérarchisation des priorités, le traitement (intervention) et l'évaluation. Le programme de vérifications aléatoires des Pays-Bas est une contribution à l'étape 1, qui vise à mettre en évidence les sources d'incertitude (et, partant, les risques d'indiscipline fiscale), et à l'étape 2, qui consiste à analyser les causes des erreurs commises afin de pouvoir mettre au point des interventions destinées à faire évoluer les comportements relevant de l'indiscipline fiscale dans le sens du respect des obligations fiscales ou à renforcer les comportements existants qui concourent à la discipline fiscale.

L'amélioration de cette dernière repose sur des changements de comportements. L'administration utilise le système COM-B comme modèle comportemental de référence pour la conception d'interventions destinées à faire évoluer les comportements. Au sein de ce système comportemental, la capacité, l'opportunité et la motivation entrent en interaction pour produire un comportement qui, à son tour, influe sur ces composantes. Appliqué à la conception d'une intervention, ce modèle sert à définir la cible comportementale, et à déterminer les composantes du système comportemental qui doivent changer pour permettre d'atteindre cette cible.

Les entreprises sélectionnées dans le cadre du programme de vérifications aléatoires font par exemple l'objet d'une vérification complète, qui porte sur tous les types d'impôts, allant de la taxe sur la valeur ajoutée à l'impôt sur les bénéfices des sociétés. Les vérifications aléatoires offrent donc un tableau complet du comportement des entreprises à l'égard de l'impôt, mais elles ne donnent pas pour autant d'informations sur les raisons pour lesquelles elles se comportent comme elles le font. Pour permettre de comprendre le comportement des entreprises, des informations sont recueillies au moyen d'une enquête menée auprès d'agents des services fiscaux. Ceux-ci sont invités à répondre, à l'issue de chaque vérification, à des questions portant sur les caractéristiques des entreprises, sur le fait qu'elles recourent, ou non, à des fiscalistes, ainsi que sur les causes sous-jacentes qui peuvent, selon eux, entraîner des erreurs (tenant par aux capacités, aux opportunités et à la motivation, comme le manque de connaissances et les contraintes financières). Les résultats de ces enquêtes aident à comprendre les données tirées des vérifications et, partant, le comportement des entreprises.

En combinant les informations sur les niveaux de discipline fiscale qui sont obtenues dans le cadre des vérifications et les informations sur les causes sous-jacentes, on parvient plus facilement à mettre au point des interventions ciblées ayant pour but de modifier le comportement des contribuables en matière de discipline fiscale.

Source : Danemark (2024) et Pays-Bas (2024).

Vérifications fondées sur les risques

Certaines juridictions qui ne déploient pas de programmes de vérification aléatoire s'appuient soit sur des méthodes descendantes, soit sur l'utilisation de résultats de vérifications fondées sur les risques. Même si les méthodes de vérification aléatoire sont généralement considérées comme de grande qualité pour l'estimation du manque à gagner fiscal (OCDE, 2017[3]), les vérifications fondées sur les risques pourraient apporter un éclairage complémentaire sur l'indiscipline fiscale du fait qu'elles sont conduites selon des procédures plus approfondies.

Néanmoins, les informations obtenues dans le cadre de vérifications fondées sur les risques portent en général sur des contribuables présentant des risques plus élevés et, de ce fait, ces résultats ne sont pas représentatifs de l'ensemble de la population. Les contribuables soumis à vérification sont généralement sélectionnés selon des critères précis, et non de manière aléatoire, de sorte que les résultats comportent un biais de sélection. Ce biais pourrait être corrigé en appliquant des méthodes statistiques ou économétriques. Les méthodes couramment utilisées sont la méthode d'Heckman ou méthode de correction des biais de Heckman, la méthode des valeurs extrêmes, la méthode par grappes, la méthode de stratification a posteriori et la méthode de l'appariement sur les scores de propension (Fiscalis TGPG, 2018[6]).

En moyenne, les méthodes ascendantes partent plus souvent de vérifications aléatoires que de vérifications fondées sur les risques (voir Graphique 11.5).

Graphique 11.5. Nombre de méthodes ascendantes selon les sources de données

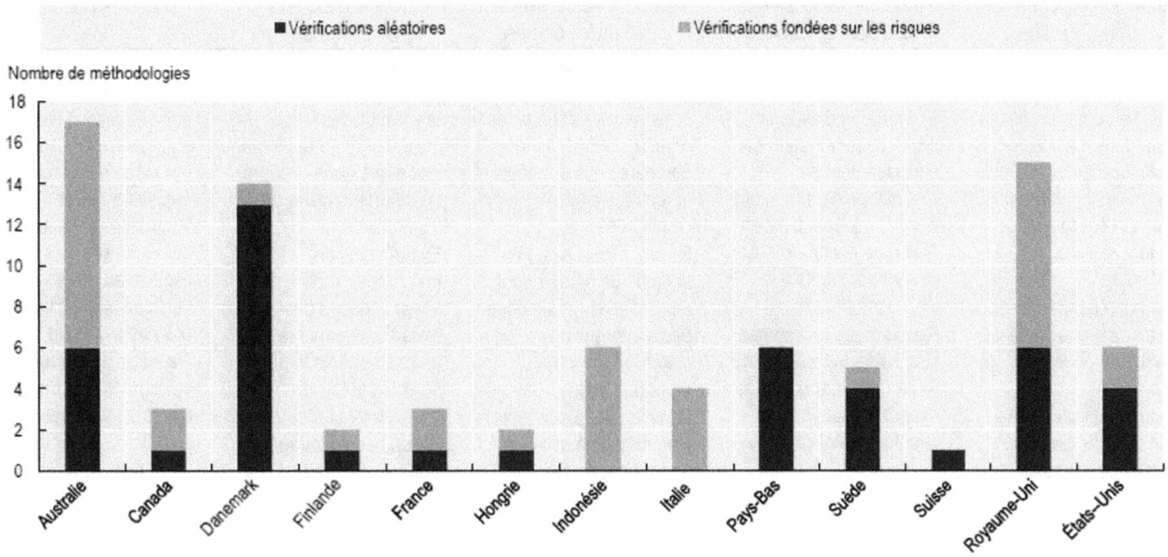

Source : Tableau d'annexe 11.A.4.

StatLink https://stat.link/jys1dc

Coefficient de non-détection

Certaines juridictions (21 %) appliquent un coefficient de non-détection à leurs estimations du manque à gagner fiscal (voir Tableau d'annexe 11.A.3). Le coefficient de non-détection ou facteur de majoration est un coefficient appliqué au manque à gagner fiscal pour rendre compte des manquements à des obligations fiscales non détectés qui, par nature, ne sont pas pris en considération dans les estimations. Les vérificateurs ne sont par exemple pas toujours en mesure, pour des raisons diverses, de repérer toutes les situations de non-conformité aux obligations fiscales lorsqu'ils effectuent des vérifications. Il se peut donc que les estimations du manque à gagner fiscal obtenues à partir de données recueillies lors de vérifications ne tiennent pas compte de ces situations. Des coefficients de non-détection pourraient être appliqués à certaines composantes du manque à gagner fiscal ou dans le cadre de certaines méthodes d'estimation, et pas nécessairement à l'estimation du manque à gagner global.

Il existe plusieurs méthodes pour établir un coefficient de non-détection, comme le montre le Tableau 11.4. L'une d'elles est la méthode Delphi, dont l'utilisation a fait l'objet de documents publiés par les administrations fiscales suédoise et britannique (HMRC, 2020[7]) (Swedish Tax Agency, 2023[8]).

Tableau 11.4. Méthodes d'estimation du coefficient de non-détection

Estimation corrigée de la non-détection	Deuxième examen par des spécialistes de la vérification fiscale	Rapprochement avec des données provenant de tierces parties	Avis d'experts (technique Delphi)	Adoption de coefficients calculés par d'autres acteurs
Approche économétrique fondée sur une étude distincte : consiste à placer tous les dossiers de vérification au même niveau en considérant qu'ils ont été examinés par le « meilleur » vérificateur. Méthode élaborée par des chercheurs à la fin des années 80 pour les États-Unis. Méthode utilisée pour la première fois par les États-Unis pour estimer le manque à gagner fiscal au titre de l'exercice fiscal 2001.	Les dossiers de vérification sont transmis à un groupe d'experts distinct pour examen et établissement de l'estimation d'un montant d'impôt non recouvré en raison de la non-détection de manquements à la législation fiscale Requiert des ressources supplémentaires et est limité par la capacité des experts de repérer des impôts non détectés.	Les vérifications sont menées hors informations provenant de tiers, et les résultats sont ensuite comparés aux données tierces qui sont disponibles. Ne s'applique pas aux sources de revenu pour lesquelles on ne dispose pas d'informations provenant de tiers. Inopérant si des informations provenant de tiers sont déjà utilisées dans le cadre des vérifications.	Un panel d'experts estime globalement le montant des impôts non recouvrés qui passent généralement inaperçus dans le cadre de différents types de vérifications. Exige moins de ressources, mais limité par la capacité des experts à estimer le montant des impôts non détectés selon les groupes de contribuables. Utilisé par le Royaume-Uni.	Adoption de coefficients calculés par d'autres administrations fiscales ou d'autres experts, ou utilisation de fourchettes établies au niveau international. Peut ne pas correspondre au système fiscal et au processus de vérification qui sont propres à chaque pays. Peut être une bonne solution en l'absence d'autres méthodes.

Source : Enquête 2023 du FAI sur les estimations du manque à gagner fiscal et Thackray, M., S. Jennings et M. Knudsen (2021), *The Revenue Administration Gap Analysis Program: An Analytical Framework for Personal Income Tax Gap Estimation*, https://doi.org/10.5089/9781513577173.005.

Encadré 11.4. Exemples nationaux : Coefficient de non-détection ou facteur de majoration

Royaume-Uni : Coefficient de non-détection calculé à l'aide de la méthode Delphi

Au Royaume-Uni, l'administration fiscale et douanière (HM Revenue and Customs, HMRC) utilisait traditionnellement des coefficients tirés d'analyses produites par l'administration fiscale des États-Unis (Internal Revenue Service, IRS), appliqués aux résultats qu'elle avait obtenus à l'issue de vérifications aléatoires conduites par ses services. Ces dernières années, elle a élaboré, à l'aide de la technique Delphi, de nouveaux coefficients de non-détection, plus facilement applicables aux types de risques observés dans le système fiscal britannique. Ces coefficients permettent d'ajuster les manques à gagner fiscaux en tenant compte des manquements à des obligations fiscales non détectés dans des dossiers ayant donné lieu à vérification.

La non-détection tient à plusieurs facteurs, notamment la capacité de détection du vérificateur, la complexité de la fiscalité, la coopération du contribuable, la disponibilité des données, le temps consacré à la conduite de la vérification et l'ampleur des manquements à la législation fiscale dissimulés.

La technique Delphi est une méthode fondée sur la consultation qui consiste à recueillir de manière systématique l'avis d'experts, puis à dégager un consensus. Elle se déroule en trois cycles de questionnaires qui doivent permettre d'atteindre un consensus au sein d'un panel réunissant des experts de chaque régime fiscal. Une synthèse des réponses est communiquée au début de chacun des deux derniers cycles durant lesquels le panel a la possibilité de rectifier ou d'approuver les réponses. Ces dernières années, la technique Delphi a été appliquée pour estimer un coefficient de non-détection des manquements commis par les petites entreprises aux obligations fiscales leur incombant au titre de l'impôt sur les sociétés et, en tant qu'employeurs, au titre du prélèvement à la source.

Il est important d'ajuster un coefficient de non-détection en fonction des informations actualisées car la détection des manquements à la législation fiscale peut évoluer dans le temps, par exemple en raison de l'amélioration des stratégies déployées en faveur de la discipline fiscale. Les coefficients de non-détection peuvent également différer pour les résultats issus des vérifications aléatoires et des vérifications fondées sur les risques. On trouvera de plus amples informations dans le document de travail publié par l'administration fiscale britannique (HMRC) sous le titre *Non-detection multipliers for measuring tax gaps* (HMRC, 2020[7]) .

États-Unis : Coefficient de non-détection

Les estimations du manque à gagner fiscal établies par l'IRS pour l'exercice fiscal 2001 intégraient pour la première fois une estimation corrigée de la non-détection des manquements à la législation fiscale. La première version de l'estimation corrigée de la non-détection calculée à l'aide de données tirées de vérifications aléatoires conduites au cours de l'exercice fiscal 2001 comportait une estimation pour deux catégories de revenu (selon la couverture des données provenant de déclarations de tiers) et deux catégories de contribuables (selon la nature et le montant du revenu). Les résultats ont ensuite été synthétisés pour donner quatre « coefficients ».

D'autres recherches ont montré qu'il était possible d'élargir la portée de l'estimation corrigée de la non-détection pour permettre une plus grande variabilité des taux moyens de non-détection selon les lignes. À partir de l'exercice fiscal 2006, l'IRS a abandonné les coefficients explicites pour mettre en œuvre une méthode de micro-simulation afin d'attribuer les estimations des revenus non détectés corrigées de la non-détection. L'IRS a poursuivi ses travaux de recherche pour affiner la méthode de micro-simulation en s'attachant en priorité à améliorer les estimations de la répartition du manque à gagner fiscal.

Source : Royaume-Uni (2024) et États-Unis (2024).

Difficultés posées par l'estimation du manque à gagner fiscal

Les principales difficultés posées par l'estimation du manque à gagner fiscal sont généralement liées aux données, à la méthodologie, aux ressources et à la législation (voir Tableau 11.5.). Les juridictions s'emploient à tirer des enseignements des meilleures pratiques suivies au niveau international et recourent à diverses techniques pour surmonter ces difficultés, mais certaines contraintes peuvent néanmoins limiter leur capacité d'estimer le manque à gagner fiscal.

Tableau 11.5. Principales difficultés posées par l'estimation du manque à gagner fiscal

Données	Méthodologie	Ressources	Textes de loi
Absence de vérifications aléatoires Petite taille ou manque de représentativité des échantillons Disponibilité des données Décalages dans les données Mise en correspondance de différentes sources de données Non-détection Hétérogénéité de la population Nécessité de recourir à de multiples sources de données	Extrapolations à partir de vérifications fondées sur les risques Difficultés de modélisation de scénarios complexes de non-conformité Nécessité de trouver des méthodes appropriées pour certaines données Prise en compte des tendances qui se dessinent Limites inhérentes aux méthodes descendantes Nécessité de recourir à diverses approches	Contraintes de capacités en matière de vérification Manque d'experts spécialisés dans le manque à gagner fiscal Manque de ressources budgétaires Caractère chronophage des vérifications Manque de soutien sur le plan interne	Fréquence des modifications de la législation fiscale Complexité des systèmes fiscaux

Source : Enquête 2023 du FAI sur les estimations du manque à gagner fiscal.

Composantes du manque à gagner fiscal

Les systèmes fiscaux sont tous différents, et les composantes du manque à gagner fiscal peuvent donc être différentes selon les juridictions. En règle générale, on peut les regrouper en cinq groupes principaux :

- impôt sur le revenu des personnes physiques (IRPP),
- impôt sur les sociétés (IS),
- taxe sur la valeur ajoutée (TVA), correspondant à la taxe sur les produits et services (TPS) pour certaines juridictions,
- droits d'accise, et
- autres types d'impôts.

Toutes les juridictions qui ont répondu à l'enquête estiment le manque à gagner fiscal au titre de la TVA (à l'exception de l'IRS du fait que ce type d'impôt n'existe pas dans le système fiscal fédéral des États-Unis), mais seulement 39 % d'entre elles estiment le manque à gagner fiscal global couvrant toute une palette de grands types d'impôts et taxes (voir Graphique 11.6.). Certaines juridictions n'en sont qu'aux premiers stades de l'élaboration de leur programme relatif au manque à gagner fiscal, et concentrent plutôt leurs efforts sur les pertes de recettes de TVA qu'elles évaluent à l'aide d'une méthode descendante bien établie. Dans certains cas, le FMI apporte son concours, pour l'estimation des pertes de recettes de TVA, aux juridictions tout récemment associées aux travaux de recherche sur ce sujet.

Les composantes du manque à gagner fiscal les plus couramment estimées sont le manque à gagner au titre de l'IRPP et le manque à gagner au titre de l'IS, plus de 50 % des juridictions établissant des estimations de l'un ou de l'autre. Le manque à gagner au titre des droits d'accise est celui qui est le plus rarement estimé (29 % des juridictions seulement), et il tient généralement compte des droits prélevés sur divers produits. Les autres catégories de manque à gagner fiscal ne donnent pas non plus lieu très fréquemment à des estimations (36 % des juridictions) et peuvent parfois être reléguées au second plan en raison de la part relativement faible du manque à gagner fiscal global qu'elles représentent.

Certaines juridictions ne ventilent parfois pas de la même manière le manque à gagner fiscal par type d'impôt. L'administration fiscale néerlandaise par exemple ne suit pas une méthode ascendante pour estimer un manque à gagner fiscal au titre d'une source spécifique de recettes fiscales comme la TVA, mais préfère estimer le manque à gagner total par entité[2].

Graphique 11.6. Nombre de juridictions qui mesurent les composantes pertinentes du manque à gagner fiscal

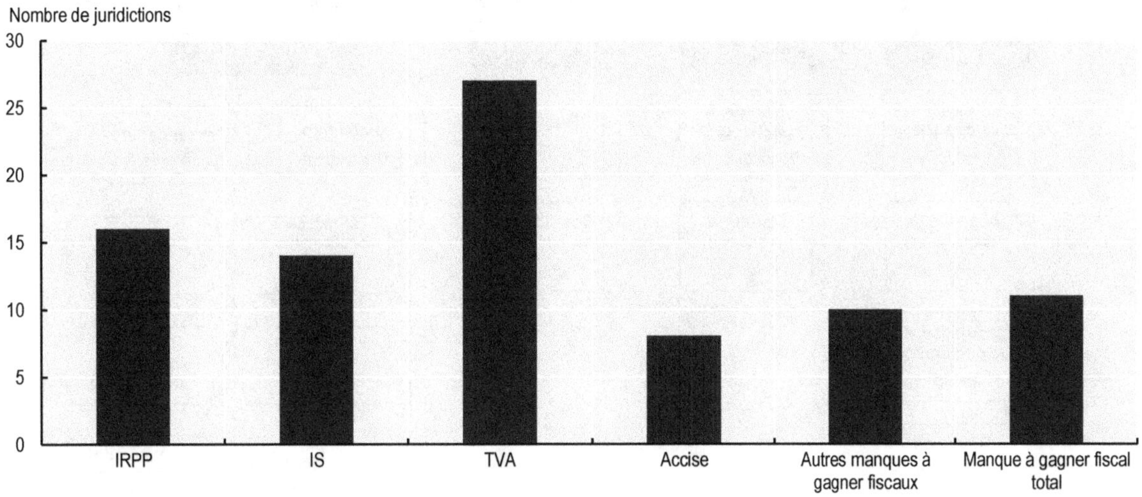

Source : Tableaux 11.A.1 à 11.A.13 en annexe.

StatLink https://stat.link/qtkdpc

Manquer à gagner fiscal au titre de l'impôt sur le revenu des personnes physiques

Le manque à gagner au titre de l'IRPP recouvre généralement les pertes de recettes imputables au non-respect de leurs obligations fiscales par des particuliers (activités relevant de l'économie souterraine, investissements à l'étranger, plus-values), des travailleurs indépendants et des non-résidents. Lorsqu'il est dû au non-recouvrement de recettes auprès de travailleurs indépendants ou de petites entreprises, il pourrait être intégré dans le manque à gagner au titre de l'IRPP ou de l'IS selon le système fiscal et les modes de fonctionnement propres à chaque administration fiscale.

Près de 60 % des juridictions estiment le manque à gagner au titre de l'IRPP. Parmi elles,

- 88 % estiment le manque à gagner lié à une insuffisance de déclaration et 69 % le manque à gagner imputable à un défaut de paiement ; et
- 81 % estiment le manque à gagner brut, et la moitié le manque à gagner net.

Les méthodes descendantes et ascendantes sont aussi répandues les unes que les autres et les méthodes ascendantes reposent le plus souvent sur des vérifications aléatoires. Les méthodes descendantes intègrent généralement des statistiques mondiales, des données agrégées locales et des travaux de recherche universitaire. Voir Graphique 11.7 pour plus de détails.

Le FMI a publié une Note d'orientation technique intitulée *The Revenue Administration Gap Analysis Programme : An Analytical Framework for Personal Income Tax Gap Estimation* (Thackray, Jennings et Knudsen, 2021[4]) décrivant diverses méthodes susceptibles d'être suivies pour estimer le manque à gagner fiscal au titre de l'IRPP.

Graphique 11.7. Vue d'ensemble de l'estimation du manque à gagner fiscal au titre de l'IRPP

Nombre de juridictions qui mènent à bien l'analyse ou appliquent les méthodes correspondantes

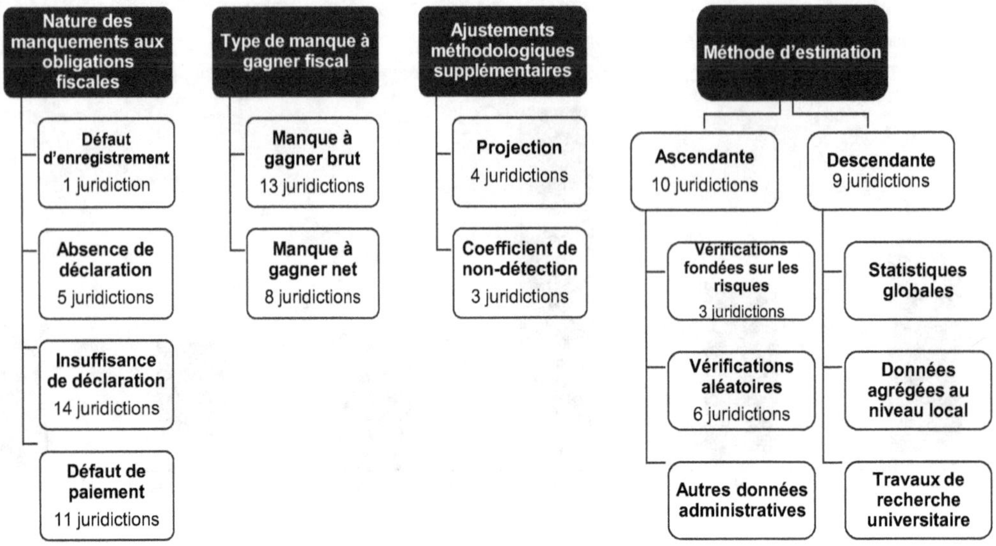

Note : 16 juridictions procèdent à des estimations du manque à gagner fiscal au titre de l'IRPP.
Source : Tableau d'annexe 11.A.5 et Tableau d'annexe 11.A.6.

Encadré 11.5. Danemark : Manquer à gagner fiscal au titre de d'IRPP imputable au travail non déclaré

L'administration fiscale danoise estime le manque à gagner au titre de l'IRPP pour les particuliers et les travailleurs indépendants à partir de données tirées de vérifications aléatoires. Indépendamment des programmes de vérification aléatoire, la part du manque à gagner au titre de l'IRPP attribuée au travail non déclaré est par ailleurs estimée à l'aide de la méthode du facteur travail.

Celle-ci repose sur les données tirées de l'Enquête sur la population active danoise, lesquelles sont comparées aux données fiscales. En résumé, le travail non déclaré est supposé être représenté par le nombre d'heures de travail auto-déclarées dans l'Enquête sur la population active excédant le nombre d'heures de travail officiellement enregistrées dans les données fiscales. Le calcul de l'écart entre les deux séries de données permet d'estimer la prévalence et la valeur du travail non déclaré au Danemark, ainsi que les pertes de recettes associées au titre de l'IRPP.

Source : Danemark (2024).

Manquer à gagner fiscal au titre de l'impôt sur les sociétés

Le manque à gagner fiscal au titre de l'IS tient généralement compte des manquements à leurs obligations fiscales des grandes entreprises, des petites et moyennes entreprises, des entreprises publiques et des institutions. La moitié des juridictions estiment le manque à gagner au titre de l'IRPP. Parmi elles,

- toutes estiment le manque à gagner lié à une insuffisance de déclaration et 86 % le manque à gagner imputable à un défaut de paiement ; et
- 93 % estiment le manque à gagner brut, et la moitié le manque à gagner net.

Si les juridictions optent soit pour une méthode ascendante, soit pour une méthode descendante, deux d'entre elles estiment le manque à gagner fiscal au titre de l'IS en utilisant les deux méthodes simultanément. En moyenne, les juridictions ont davantage recours aux méthodes ascendantes. Celles-ci reposent généralement sur des données issues de vérifications aléatoires ou fondées sur les risques. Les données agrégées locales sont généralement la principale source utilisée dans le cadre de méthodes descendantes (voir Graphique 11.8.).

En outre, des méthodes spécifiquement applicables à l'estimation du manque à gagner fiscal au titre de l'IS sont décrites dans la Note d'orientation technique du FMI intitulée *Corporate Income Tax Gap Estimation by using Bottom-Up Techniques in Selected Countries: Revenue Administration Gap Analysis Program* (Barra, Hutton et Prokof'yeva, 2023[5]).

Graphique 11.8. Vue d'ensemble de l'estimation du manque à gagner fiscal au titre de l'IS

Nombre de juridictions qui mènent à bien l'analyse ou appliquent les méthodes correspondantes

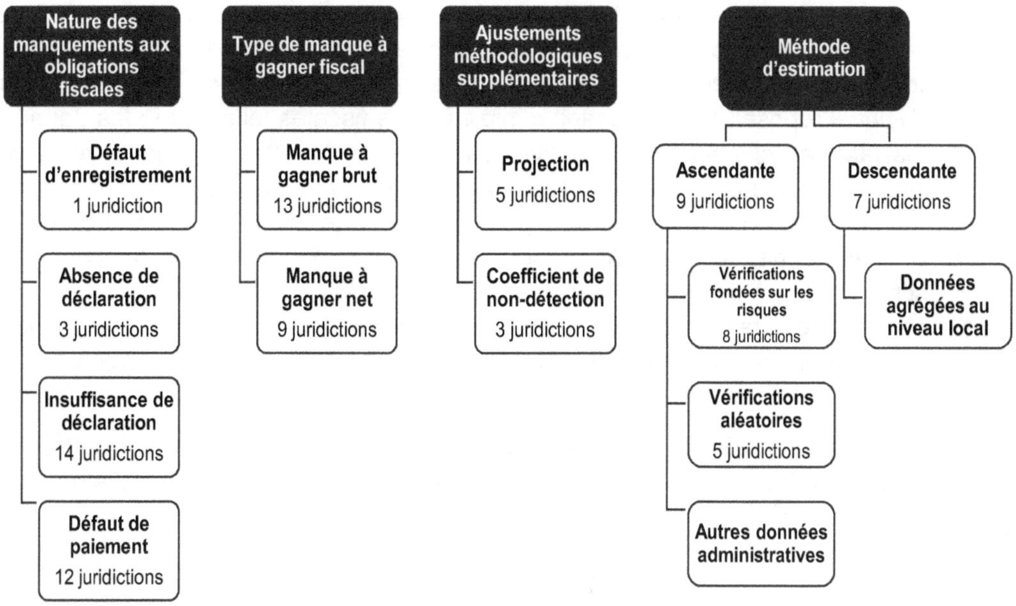

Note : 14 juridictions procèdent à des estimations du manque à gagner fiscal au titre de l'IS.
Source : Tableau d'annexe 11.A.7 et Tableau d'annexe 11.A.8.

Encadré 11.6. Exemples nationaux : Estimation du manque à gagner fiscal au titre de l'IS

Brésil : Frontière de production stochastique pour l'IS

L'administration fiscale brésilienne éprouvait quelques difficultés, en raison du manque de données fiables et détaillées dans les formulaires simplifiés, à estimer les pertes de recettes fiscales au titre de l'IS sur les petites entreprises (relevant du régime *Simples Nacional,* en vertu duquel les petites entreprises sont autorisées à payer l'ensemble de leurs impôts, tant directs qu'indirects, fédéraux, étatiques et locaux, en une seule fois mensuellement) à l'aide des méthodes traditionnelles. Elle disposait cependant de quelques informations provenant de tiers susceptibles d'être utilisées dans le cas des petites entreprises. Ce scénario a favorisé le choix d'une autre méthode pour estimer le manque à gagner fiscal au titre de l'IS, connue sous le nom d'analyse de frontière de production stochastique (AFS).

À l'origine, cette méthode a été mise au point pour estimer les possibilités de production d'un ensemble d'entreprises à partir d'une série d'intrants tels que le capital et le travail, au moyen de fonctions de production. Un modèle classique de frontière de production établit ainsi les limites théoriques de la capacité de production des entreprises utilisant ces intrants. L'adaptation du modèle AFS au régime fiscal *Simples Nacional* reposait sur l'utilisation d'informations fiscales telles que : les données sur les achats tirées des factures électroniques, les flux bancaires et les rémunérations versées, en tant qu'intrants d'une fonction de production dont le produit était le chiffre d'affaires généré par l'entreprise. Le modèle économétrique a donc été adapté pour estimer une frontière de génération de chiffre d'affaires (dont se rapprocheraient les entreprises respectant le mieux leurs obligations fiscales) et, partant, pour estimer le degré d'indiscipline fiscale des entreprises, lui-même fonction de l'écart entre le chiffre d'affaires déclaré et la frontière correspondante. L'utilisation de variables discriminantes dans le cadre du modèle a également permis d'obtenir un bon niveau de précision en termes de découpage géographique et sectoriel.

Après la réforme de la TVA au Brésil, il est prévu d'actualiser le modèle afin de permettre l'estimation des pertes de recettes de TVA en s'appuyant sur des prédictions de la valeur ajoutée générée par les entreprises (chiffre d'affaires moins intrants).

Canada : Estimation du manque à gagner fiscal au titre de l'IS sur les grandes entreprises au moyen de vérifications fondées sur les risques

L'Agence du revenu du Canada (ARC) surveille en permanence les grandes entreprises et évalue le risque pour toutes les sociétés considérées comme présentant un risque élevé d'indiscipline fiscale. Celles-ci font l'objet de vérifications rigoureuses au cours desquelles l'ARC passe en revue les livres et états comptables afin de s'assurer que toutes les obligations fiscales ont été respectées.

Si les vérifications fondées sur les risques permettent à l'ARC de concentrer ses efforts sur les contribuables à haut risque, il n'est pas possible d'extrapoler les résultats directement à l'ensemble de la population du fait même que les dossiers de vérification sont sélectionnés en fonction du risque d'indiscipline fiscale. L'ARC recourt donc à deux méthodes statistiques pour réduire le plus possible ce biais de sélection et estimer le manque à gagner imputable à une insuffisance de déclaration de la part de grandes entreprises redevables de l'IS fédéral :

- la ***méthode des valeurs extrêmes***, méthode statistique reposant sur le principe selon lequel la majorité des cas d'indiscipline fiscale au sein de la population des grandes entreprises est principalement le fait d'un nombre relativement faible d'entreprises. Cette méthode repose également sur l'hypothèse que l'ampleur des manquements aux obligations fiscales aura tendance à chuter de façon exponentielle lorsque les entreprises seront classées en fonction de leur niveau d'indiscipline fiscale. Une analyse de régression est ensuite utilisée pour extrapoler ce résultat au reste de la population des grandes entreprises afin d'obtenir une estimation du manque à gagner fiscal. L'une des principales limites de cette méthode est qu'elle peut conduire à sous-estimer le manque à gagner fiscal. Le manque à gagner fiscal imputable à une insuffisance de déclaration au titre de l'IS obtenu en suivant la méthode des valeurs extrêmes est pour cette raison utilisé comme estimation basse.
- ***l'analyse par grappes***, technique d'apprentissage automatique non supervisé relevant du domaine de l'intelligence artificielle qui facilite l'identification de sous-groupes ou « grappes » au sein d'une population, dont les éléments sont regroupés en fonction de leur degré de similitude. Dans le contexte de l'analyse du manque à gagner fiscal, des techniques de constitution de grappes ont été utilisées pour déterminer si les grandes entreprises pouvaient être organisées en groupes relativement distincts en fonction de certaines variables clés afin d'estimer le niveau potentiel d'indiscipline fiscale au sein de chaque grappe. Contrairement à la méthode des valeurs extrêmes, l'analyse par grappes peut aboutir à une surestimation du manque à gagner fiscal. Le manque à gagner fiscal imputable à une insuffisance de déclaration au titre de l'IS obtenu à l'aide de l'analyse par grappes est pour cette raison utilisé comme estimation haute.

Source : Brésil (2024) et Canada (2024).

Manque à gagner fiscal au titre de la taxe sur la valeur ajoutée

Le manque à gagner fiscal au titre de la TVA est généralement lié au non-respect d'obligations fiscales concernant la TVA, lequel peut recouvrir diverses activités frauduleuses (comme la fraude de type carrousel) ou des demandes de remboursements de TVA indues dans divers secteurs. Cette composante du manque à gagner fiscal est généralement la première estimation qu'une juridiction examine du fait que la méthode descendante employée pour l'obtenir est bien établie.

La quasi-totalité des juridictions dotées d'un programme relatif au manque à gagner fiscal estiment les pertes de recettes sur la TVA. Parmi elles,

- environ les deux tiers estiment le manque à gagner lié à une insuffisance de déclaration, et 59 % le manque à gagner imputable à un défaut de paiement ; et Il se trouve en outre que le manque à gagner dû à un défaut d'enregistrement (estimé à 19 %) et celui imputable à l'absence de déclaration (estimé à 30 %) correspondent à des pratiques plus répandues pour ce type d'impôt que pour d'autres.
- 74 % estiment le manque à gagner fiscal brut, et 44 % le manque à gagner net.
- 89 % recourent à des méthodes descendantes et 33 % à des méthodes ascendantes. Certaines juridictions ont élaboré des méthodes ascendantes qu'elles utilisent en plus des méthodes descendantes. Un petit nombre seulement de juridictions appliquent des approches ascendantes pour estimer les pertes de recettes sur la TVA. Les principales sources de données utilisées dans le cadre d'approches ascendantes sont les données issues de vérifications aléatoires et de vérifications fondées sur les risques (voir Graphique 11.9.).

Pour en savoir plus, vous pouvez vous reporter aux informations détaillées sur les principales méthodes utilisées pour estimer les pertes de recettes de TVA qui ont été publiées par la Commission européenne (Commission européenne, 2023[2]) et le FMI (Hutton, 2017[1]).

Graphique 11.9. Vue d'ensemble de l'estimation du manque à gagner fiscal au titre de la TVA

Nombre de juridictions qui mènent à bien l'analyse ou appliquent les méthodes correspondantes

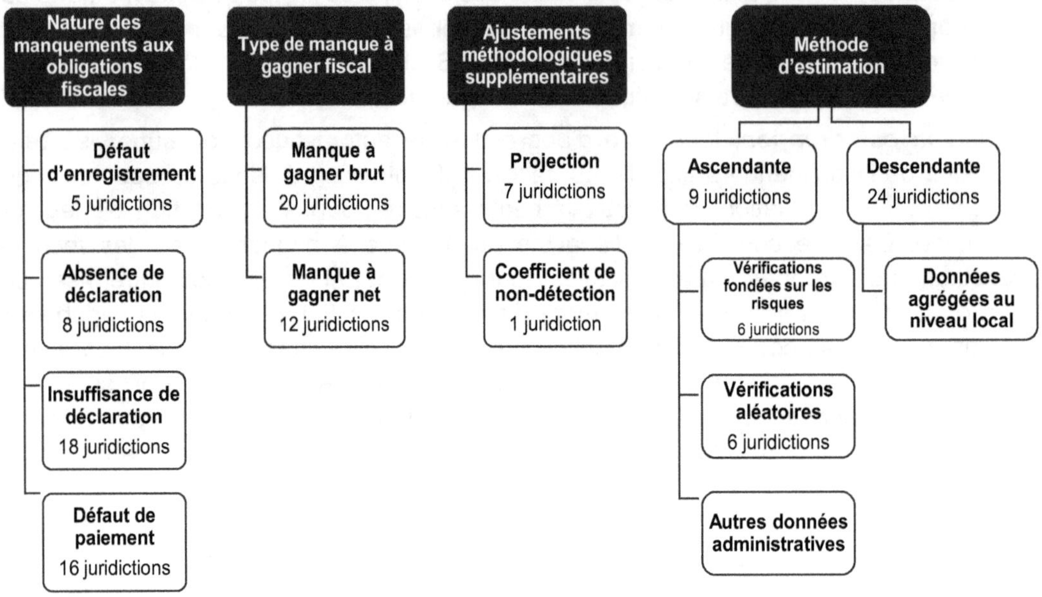

Note : 27 juridictions procèdent à des estimations du manque à gagner au titre de la TVA.
Source : Tableau d'annexe 11.A.9 et Tableau d'annexe 11.A.10.

Encadré 11.7. Italie : Fraude à la TVA et estimation du manque à gagner fiscal

L'administration fiscale italienne a mis en œuvre deux méthodes ascendantes différentes pour estimer le manque à gagner global au titre de la TVA et la part due à la fraude à la TVA commise via le mécanisme de fraude intracommunautaire à l'opérateur défaillant (*Missing Trader Intra Community, MTIC*), en utilisant des données issues de vérifications fondées sur les risques.

- ***manque à gagner sur la TVA*** : la méthodologie associe des méthodes traditionnelles d'inférence paramétrique, des techniques modernes d'apprentissage automatique et des procédures d'imputation par le plus proche voisin. Pour corriger le biais de sélection dû à la sélection non aléatoire des contribuables soumis à vérification, tout en préservant la distribution des données, le modèle s'appuie sur l'hypothèse de l'indépendance conditionnelle en établissant une procédure en trois étapes. Tout d'abord, l'administration fiscale italienne estime les probabilités de sélection d'une population cible à l'aide d'un modèle logistique, puis les unités sont regroupées en classes à « probabilité de sélection approximativement constante ». Dans un deuxième temps, il s'agit de prédire le montant du manque à gagner au titre de la TVA en ensachant les arbres de régression, à l'intérieur de chaque strate. La troisième étape consiste à appliquer la méthode d'imputation par le plus proche voisin en se fondant sur des moyennes prédictives afin d'apparier les contribuables qui n'ont pas fait l'objet d'une vérification et ceux qui ont été soumis à vérification.

- ***manque à gagner au titre de la TVA imputable à la fraude intracommunautaire à l'opérateur défaillant*** : les principales difficultés rencontrées dans la mise en œuvre de la méthode sont le risque de double comptage lié à une estimation du manque à gagner portant sur l'ensemble des acteurs impliqués dans le mécanisme de fraude. Pour résoudre ce problème, l'effort est concentré sur l'opérateur défaillant considéré comme le principal acteur de la fraude. Aux fins de son identification, les critères de risque retenus sont tirés d'une enquête interne. Le modèle repose sur une procédure en deux étapes. La première étape consiste à estimer, à l'aide d'un modèle logistique, la probabilité qu'un opérateur soit un opérateur défaillant. La seconde consiste à calculer le manque à gagner imputable à la fraude intracommunautaire à l'opérateur défaillant en multipliant la probabilité (estimée) qu'un opérateur soit un opérateur défaillant par l'impôt éludé.

Source : Italie (2024).

Manque à gagner sur les droits d'accise

Le manque à gagner sur les droits d'accise renvoie généralement aux taxes et droits d'accise sur des produits tels que les cigarettes et le tabac, les alcools, les carburants, les spiritueux, les paris et les jeux d'argent. Cette composante, qui se rapporte à des droits peu appliqués, est estimée par 29 % des juridictions. Les pertes de recettes imputables à des manquements aux obligations déclaratives ou un défaut de paiement sont fréquentes et estimées par 63 % des juridictions qui mesurent le manque à gagner sur les droits d'accise. Les pertes de recettes sur les droits d'accise sont généralement exprimées en chiffre brut (par 63 % des juridictions), et parfois en chiffre net (par 38 % des juridictions). Les méthodes ascendantes sont aussi couramment utilisées que les méthodes descendantes pour estimer les pertes de recettes sur les droits d'accise, le choix de la méthode étant fonction des données disponibles dans la juridiction (voir Graphique 11.10).

Graphique 11.10. Vue d'ensemble de l'estimation du manque à gagner fiscal au titre des droits d'accise

Nombre de juridictions qui mènent l'analyse ou appliquent les méthodes correspondantes

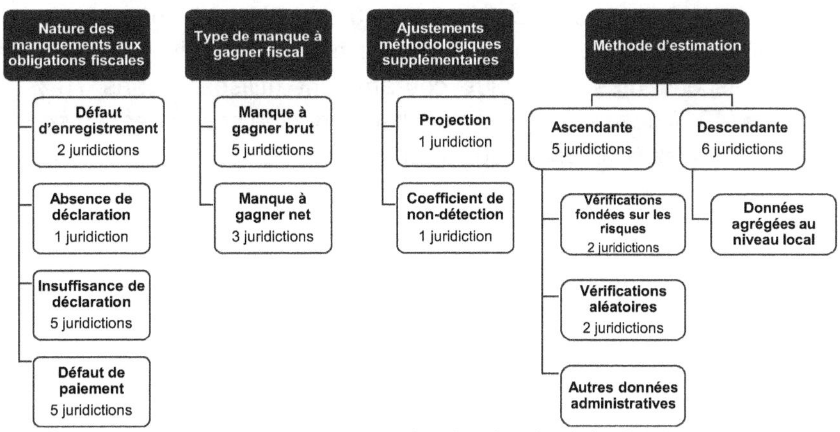

Note : 8 juridictions procèdent à des estimations du manque à gagner fiscal au titre des droits d'accise.
Source : Tableau d'annexe 11.A.11 et Tableau d'annexe 11.A.12.

Encadré 11.8. Suède : Manque à gagner au titre des droits d'accise prélevés sur divers produits

La Suède applique actuellement une quinzaine de droits d'accise différents, les plus importants, en termes de recettes, étant les taxes sur l'énergie, la taxe carbone et les taxes sur l'alcool et le tabac. L'administration fiscale suédoise a procédé à des évaluations des recettes fiscales perdues sur l'alcool et le tabac, les redevances de congestion et certaines taxes sur l'énergie en raison d'un dispositif d'allègement. Parce que ces droits sont très divers tant par leur conception qu'en termes de populations visées, il n'existe pas d'approche uniforme permettant d'évaluer le manque à gagner fiscal global dans ce domaine, d'autant que certaines erreurs donnant lieu à des pertes de recettes sont quasiment indétectables. Il faut donc procéder à une évaluation séparée pour chaque droit d'accise.

Le manque à gagner sur la taxation de l'alcool et du tabac est principalement imputable à la production et aux importations illégales qui sont difficiles à détecter à l'aide de données internes. L'administration fiscale suédoise s'appuie donc, pour évaluer le manque à gagner fiscal, sur une enquête externe menée par un autre organisme public spécialisé dans l'étude de la consommation d'alcool et de tabac au sein de la population suédoise. Les redevances de congestion constituent un autre domaine bien particulier. L'évaluation du manque à gagner repose sur l'identification des plaques d'immatriculation qui ont été, intentionnellement ou non, dissimulées et n'apparaissent donc pas sur les images des caméras de surveillance de la circulation. Les taxes sur l'énergie, en revanche, sont évaluées à partir de vérifications aléatoires classiques.

Source : Suède (2024).

Autres composantes du manque à gagner fiscal

Les autres pertes de recettes correspondent généralement à des cas de non-respect de la législation fiscale concernant d'autres types d'impôts propres au système fiscal de chaque juridiction, donc différents de l'une à l'autre. Il peut s'agir par exemple d'impôts sur les salaires, d'impôts régionaux, de cotisations de sécurité sociale ou de droits de succession. Un peu plus d'un tiers des juridictions (36 %) établissent des estimations des autres composantes du manque à gagner fiscal. Elles estiment généralement les pertes de recettes imputables à un défaut de paiement (70 %) et à une insuffisance de déclaration (90 %). Environ 70 % d'entre elles estiment le manque à gagner brut, et la moitié le manque à gagner net. Les méthodes d'évaluation ascendantes sont plus couramment utilisées (dans 70 % des cas) que les méthodes descendantes (40 % des cas), ce qui s'explique principalement par la disponibilité des données issues de vérifications aléatoires (voir Graphique 11.11.).

Graphique 11.11. Vue d'ensemble des estimations du manque à gagner fiscal au titre d'autres contributions

Nombre de juridictions qui mènent l'analyse ou appliquent les méthodes correspondantes

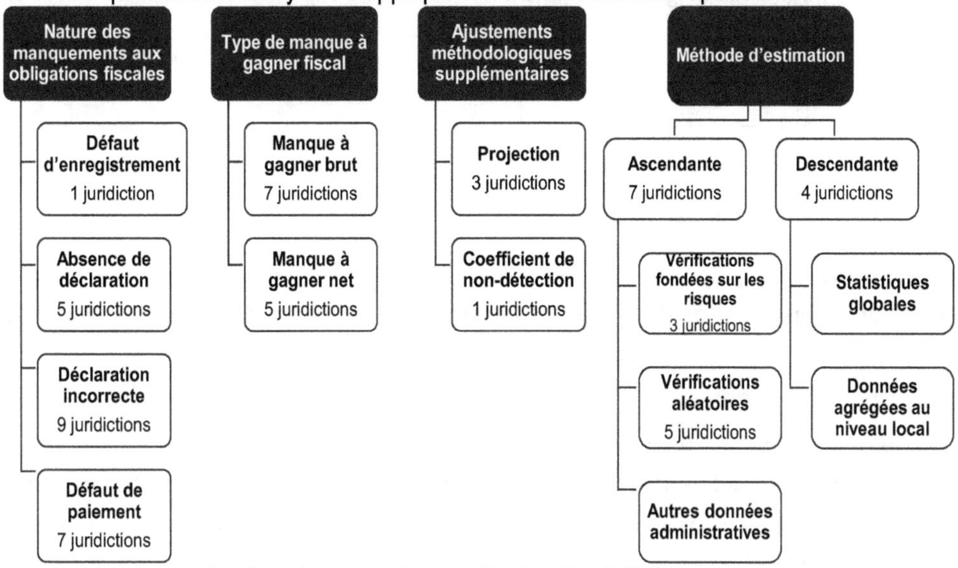

Note : 10 juridictions procèdent à des estimations du manque à gagner fiscal au titre de l'IRPP.
Source : Tableau d'annexe 11.A.13 et Tableau d'annexe 11.A.14.

Encadré 11.9. Lettonie : Manque à gagner fiscal au titre des cotisations de sécurité sociale (CSS) imputable aux salaires non déclarés

Les pertes de recettes sur les salaires non déclarés sont estimées en appliquant une méthode ascendante, et principalement à partir de données tirées de déclarations fiscales. En Lettonie, tous les employeurs sont tenus de soumettre des déclarations fiscales mensuelles sur lesquelles figurent les données suivantes : données détaillées sur les salariés, heures travaillées pendant la période d'imposition (mois), rémunérations et impôts prélevés à la source (CSS et IRPP). La profession d'un salarié est également indiquée à l'administration fiscale au moment où la relation de travail est établie.

Étant donné que le salaire dépend des principaux paramètres suivants : 1) secteur d'activité ; 2) localisation géographique de l'employeur ; 3) profession du salarié et durée d'une journée de travail, l'approche de l'administration fiscale lettone repose sur la comparaison entre les salaires effectivement versés et un salaire moyen déterminé pour chaque type de profession dans un secteur et une région donnés (ci-après « salaire moyen »). Pour les catégories de profession reconnues comme présentant des risques très élevés de défaut de déclaration, le « salaire moyen » est déterminé à partir d'une exploration des offres d'emploi publiées.

Étant donné que la décision d'un salarié de choisir un emploi peut être influencée par des facteurs sans rapport avec la fiscalité (par exemple, le lieu de travail ou les avantages sociaux offerts par l'employeur), l'hypothèse posée, aux fins de l'estimation du manque à gagner fiscal, est qu'un salarié est censé avoir perçu des salaires non déclarés si son salaire effectif est inférieur à 70 % du « salaire moyen ». La différence entre un « salaire moyen » et un salaire réel est utilisée pour estimer le montant du salaire non déclaré pour chaque salarié et employeur. Une fois qu'un salaire non déclaré a été estimé, le taux effectif des CSS est appliqué pour calculer le manque à gagner au titre des CSS (la procédure est donc la même que celle appliquée pour l'estimation du manque à gagner au titre de l'IRPP).

Le principal avantage de cette méthode est qu'elle offre la possibilité d'individualiser le manque à gagner fiscal pour un salarié et un employeur, et d'analyser le phénomène sous différents angles, par exemple dans le but d'identifier les secteurs à risque ou encore pour définir le profil démographique d'un salarié percevant des salaires non déclarés.

Source : Lettonie (2024).

Utilisation du manque à gagner fiscal

Diverses raisons incitent les juridictions à estimer les pertes de recettes fiscales, notamment le souci de fonder la prise de décisions sur des données. Les principales raisons mentionnées par les juridictions sont les suivantes :

- Se conformer aux exigences législatives
- Assurer la transparence vis-à-vis de l'opinion publique et du parlement
- Suivre les tendances qui se dessinent et garantir le bon fonctionnement du système fiscal
- Recenser les secteurs dans lesquels des améliorations du système fiscal et de l'administration de l'impôt sont nécessaires
- Mettre en évidence les domaines exposés à des risques d'indiscipline fiscale et les facteurs comportementaux sous-jacents
- Inciter à la réalisation d'autres travaux de recherche sur la discipline fiscale
- Fournir des informations aux responsables de l'action publique et favoriser la prise de décisions fondées sur des données
- Faciliter les investissements organisationnels et la planification
- Mesurer les performances à long terme d'une administration fiscale ou compléter d'autres indicateurs

Bien que les estimations du manque à gagner fiscal puissent apporter de nombreux éclairages utiles aux administrations fiscales, elles ne constituent pas nécessairement un socle solide pour fixer des objectifs de résultats explicites parce qu'elles présentent un certain nombre de limites (OCDE, 2017[3]). Néanmoins, certaines juridictions s'en servent pour appréhender la performance globale du système fiscal.

Elles peuvent être utilisées non seulement par les administrations fiscales, mais aussi par d'autres parties prenantes comme que le grand public, les responsables politiques, des ministères, des universitaires et d'autres organisations, qui pourraient en faire une utilisation différente de l'administration fiscale. En Suède, par exemple, au-delà de l'usage qu'en fait l'administration fiscale, les estimations du manque à gagner fiscal servent à améliorer la qualité des statistiques des comptes nationaux.

Encadré 11.10. Australie : Utilisation du manque à gagner fiscal

L'administration fiscale australienne (Australian Taxation Office, ATO) reconnaît que les estimations du manque à gagner fiscal ne donnent pas toujours à elles seules une véritable mesure de la performance d'un service en particulier étant donné que le manque à gagner fiscal mesure la performance du système dans son ensemble qui est également tributaire de facteurs échappant au contrôle du service concerné.

Elle est donc consciente des limites de l'utilisation du manque à gagner fiscal comme mesure de la performance, et notamment du fait qu'il ne s'agit pas du meilleur indicateur de performance à court terme. Il est également difficile de fixer des objectifs sans tenir compte du contexte historique. C'est pourquoi l'Australie a recours à une analyse des tendances à plus long terme du manque à gagner fiscal pour évaluer les performances de l'administration, et constate qu'il constitue un indicateur utile de ses performances à moyen terme, en particulier dans le contexte du rôle de pilotage du système fiscal et des super-systèmes qui lui incombe.

Il arrive que les pertes de recettes fiscales augmentent ou diminuent sans que l'administration fiscale ait failli, ou sans que les actions qu'elle a engagées soient en cause. C'est pourquoi l'évaluation des performances de l'administration fiscale australienne comporte des éléments de contexte importants de nature qualitative afin que le public puisse aisément se faire une idée de la contribution qu'elle apporte au redressement ou à la persistance, dans un horizon à moyen terme, du manque à gagner fiscal.

L'évolution des résultats, en termes de pertes de recettes, est un indicateur de la santé globale du système, y compris de l'administration de l'impôt, et c'est pourquoi l'administration fiscale australienne utilise les estimations du manque à gagner fiscal pour élaborer sa stratégie et prendre des décisions en matière de planification des ressources.

Source : Australie (2024).

Impact de la pandémie de COVID-19 sur les estimations du manque à gagner fiscal

La pandémie de COVID-19 a été un événement sans précédent qui a touché le monde entier. De nombreuses juridictions ont mis en œuvre différentes mesures pour contenir la pandémie et faire face aux conséquences économiques découlant par exemple des mesures de confinement et autres mesures de précaution.

La pandémie a également eu des effets sur les administrations fiscales car de nombreux pays ont pris des dispositions pour aider les particuliers et les entreprises en allongeant les délais de paiement ou en suspendant le recouvrement des créances fiscales. (CIAT/IOTA/OCDE, 2020[9])

Nombre de juridictions ont déjà constaté que la pandémie a eu une incidence sur leurs estimations du manque à gagner fiscal, et certaines s'emploient déjà à ajuster leurs méthodes en conséquence. Il faudra cependant du recul pour appréhender, dans leur totalité, les répercussions de la pandémie sur le manque à gagner fiscal.

Encadré 11.11. Australie : Impact de la pandémie de COVID-19 sur la mesure du manque à gagner fiscal

Les répercussions économiques des interactions entre la pandémie de COVID-19 et les mesures de relance économique ont évolué avec le temps et se sont prolongées sur plusieurs années. Il semblerait que ces perturbations économiques aient eu un impact direct sur la situation financière des contribuables et leur comportement en matière de discipline fiscale, donc sur les recettes fiscales perçues.

En ce qui concerne la mesure du manque à gagner fiscal, la pandémie de COVID-19 a été synonyme à la fois de difficultés et d'opportunités. Les plus grandes difficultés rencontrées lorsqu'on cherche à mesurer le manque à gagner fiscal sont liées à la compréhension des répercussions de la pandémie de COVID-19 sur les données. L'administration fiscale australienne a constaté des changements notables dans les statistiques des comptes nationaux et d'autres données externes, dont certains difficiles à valider faute d'informations autres sur des chocs économiques de même ampleur. La pandémie de COVID-19 a entraîné une modification des habitudes de consommation qui s'est traduite par une réduction significative du manque à gagner fiscal sur la TVA/TPS.

L'administration fiscale australienne a également dû faire face à des difficultés liées aux données générées en interne. Les estimations du manque à gagner reposant sur des données issues de vérifications courantes ont subi les effets de la diminution du nombre de vérifications sur certains segments de marché résultant du recentrage des efforts de l'administration sur le soutien aux contribuables. Bien que l'administration fiscale australienne ait réussi à produire des estimations, la note de fiabilité de certaines de ces estimations « provisoires » a été réduite compte tenu de la taille réduite de l'échantillon utilisé pour les produire. L'Australie a également modifié sa méthode d'estimation du manque à gagner fiscal sur les entreprises de taille moyenne en combinant un modèle de régression logistique et une estimation du pseudo-maximum de vraisemblance dans le cadre d'un modèle de Poisson. Ce changement était nécessaire car les hypothèses qui sous-tendaient la méthode des valeurs extrêmes en vigueur n'étaient plus valides en raison d'une réduction du nombre de cas d'indiscipline fiscale et de la couverture.

En ce qui concerne les opportunités, la pandémie de COVID-19 a offert à l'administration fiscale australienne l'occasion de transposer sa réflexion sur le manque à gagner fiscal aux mesures de relance économique afin de générer des estimations du manque à gagner imputable au défaut de paiement pour pouvoir élaborer des programmes de paiement conçus avec le souci d'accompagner les entreprises et les particuliers.

Source : Australie (2024).

L'estimation du manque à gagner fiscal n'est pas une tâche aisée et exige généralement une expérience riche et des compétences diverses. Pour plus d'informations sur les travaux menés par l'administration fiscale sur l'estimation du manque à gagner fiscal, voir Tableau 11.6. qui contient une sélection de liens vers un certain nombre de rapports consacrés au sujet.

Tableau 11.6. Liens vers certains rapports et sites web sur le manque à gagner fiscal publiés par des administrations fiscales

Juridiction	Rapport	Liens (consultés le 22 août 2024)
Australie	Australian tax gaps – overview	https://www.ato.gov.au/about-ato/research-and-statistics/in-detail/tax-gap/australian-tax-gaps-overview
Brésil	Corporate Income Tax Gap report from 2015 to 2019 (English version)	https://www.gov.br/receitafederal/pt-br/centrais-de-conteudo/publicacoes/estudos/tax-gap/tax-gap-dos-tributos-irpj-csll/cit-tax-gap-report-2015-to-2019-english-version.pdf/view
Canada	Rapport sur l'écart fiscal fédéral global : Estimations et principales constatations concernant l'inobservation pour les années d'imposition 2014 à 2018	https://www.canada.ca/fr/agence-revenu/organisation/a-propos-agence-revenu-canada-arc/ecart-fiscal-canada-etude-conceptuelle/ecart-fiscal-vue-ensemble-sommaire/rapport-ecart-fiscal-federal-global.html
Italie	Rapport sur l'économie souterraine et la fraude fiscale et la fraude à la sécurité sociale - 2023 (en italien)	https://www.finanze.gov.it/export/sites/finanze/.galleries/Documenti/Varie/Relazione-evasione-fiscale-e-contributiva-2023_26set-finale.pdf
Suède	Tax Gap Report 2020 (en anglais)	https://www.skatteverket.se/download/18.96cca41179bad4b1aa8c0b/1632316511065/Tax%20gap%20report%202020.pdf
Royaume-Uni	Measuring tax gaps 2024 edition: tax gap estimates for 2022 to 2023	https://www.gov.uk/government/statistics/measuring-tax-gaps
États-Unis	Tax Gap Projections for Tax Years 2020 & 2021	https://www.irs.gov/pub/irs-pdf/p5869.pdf

Bibliographie

Barra, P., E. Hutton et P. Prokof'yeva (2023), *Corporate Income Tax Gap Estimation by using Bottom-Up Techniques in Selected Countries: Revenue Administration Gap Analysis Program*, Fonds monétaire international, Washington, D.C, https://doi.org/10.5089/9798400246265.005. [5]

CIAT/IOTA/OCDE (2020), « Réponses de l'administration fiscale au COVID-19 : Mesures prises pour soutenir les contribuables », *Les réponses de l'OCDE face au coronavirus (COVID-19)*, Éditions OCDE, Paris, https://doi.org/10.1787/69d26e77-fr. [9]

Commission européenne (2023), *VAT gap in the EU – 2023 report*, Office des publications de l'Union européenne, https://doi.org/10.2778/911698. [2]

Conseil de l'Union Européenne (2006), *Directive 2006/112/CE du Conseil du 28 novembre 2006 relative au système commun de taxe sur la valeur ajoutée*, Journal Officiel de l'Union Européenne L 347 du 11.12.2006, https://eur-lex.europa.eu/legal-content/FR/TXT/?uri=CELEX:02006L0112-20240101. [10]

Fiscalis TGPG (2018), *The Concept of Tax Gaps Report II: Corporate Income Tax Gap Estimation Methodologies by FISCALIS Tax Gap Project Group (FPG/041)*, Office des publications de l'Union européenne, Bruxelles, https://taxation-customs.ec.europa.eu/system/files/2018-07/tgpg-report-on-cit-gap-methodology_en.pdf (consulté le 10 septembre 2024). [6]

HMRC (dir. pub.) (2020), *Non-detection multipliers for measuring tax gaps*, http://www.gov.uk/government/publications/non-detection-multipliers-for-measuring-tax-gaps/non-detection-multipliers-for-measuring-tax-gaps (consulté le 10 septembre 2024). [7]

Hutton, E. (2017), *Administration des recettes - Programme d'analyse de l'écart : modèle et méthodologie d'estimation en matière de taxe sur la valeur ajoutée (TVA)*, Fonds monétaire [1] international, Washington, D.C, https://www.imf.org/-/media/Files/Publications/TNM/2017/TNM1704f.ashx.

OCDE (2017), « The measurement of tax gaps », dans *Tax Administration 2017 : Comparative Information on OECD and Other Advanced and Emerging Economies*, Éditions OCDE, Paris, https://doi.org/10.1787/tax_admin-2017-19-en. [3]

Swedish Tax Agency (2023), *Using the Delphi method to determine a non-detection multiplier for the tax gap assessment*, Swedish Tax Agency, Malmö, https://skatteverket.se/download/18.7da1d2e118be03f8e4f45d8/1703064480910/Using%20the%20Delphi%20method%20to%20determine%20a%20non-detection%20multiplier%20for%20the%20tax%20gap%20assessment.pdf. [8]

Thackray, M., S. Jennings et M. Knudsen (2021), *The Revenue Administration Gap Analysis Program: An Analytical Framework for Personal Income Tax Gap Estimation*, Fonds monétaire international, Washington, D.C, https://doi.org/10.5089/9781513577173.005. [4]

Notes

[1] Toutes les données présentées dans ce chapitre sont tirées des réponses (actualisées en juillet 2024) à une enquête sur le manque à gagner fiscal conduite en 2023 auprès des membres de la communauté d'intérêt du Forum de l'OCDE sur l'administration de l'impôt, lequel est un réseau informel d'experts de l'analyse du manque à gagner fiscal. Tous les chiffres sont calculés à partir des données fournies par les 28 juridictions qui ont répondu à l'enquête et représentent une estimation du manque à gagner fiscal. Les juridictions dotées de programmes visant à réduire le manque à gagner fiscal, mais n'ayant pas répondu à l'enquête, sont hors du périmètre du présent chapitre.

Les données présentées peuvent différer des résultats de l'Enquête internationale sur les administrations fiscales (ISORA) du fait que les deux exercices ont été menés à bien selon des calendriers différents et que la formulation des questions posées était légèrement différente. Dans le cadre de l'enquête réalisée auprès des membres de la communauté d'intérêt du Forum de l'OCDE sur l'administration de l'impôt, chaque administration fiscale a par exemple été invitée à indiquer si elle estimait le manque à gagner fiscal pour les différents types d'impôts alors que dans l'enquête ISORA, la question posée invitait à indiquer si l'administration fiscale ou tout autre organisme public produisait des estimations périodiques du manque à gagner fiscal pour les différents types d'impôts.

[2] Bien que l'administration fiscale des Pays-Bas estime le manque à gagner total pour chaque entité, il est toujours possible d'établir une estimation du manque à gagner fiscal au titre d'une source précise de recettes fiscales à partir des vérifications aléatoires réalisées. Le choix de mettre l'accent sur le manque à gagner total par entité relève toutefois d'une décision stratégique.

Annexe 11.A. Tableaux de données

L'annexe 11.A. contient quatorze tableaux compilant les données fournies par les membres de la communauté d'intérêts sur le manque à gagner fiscal du Forum de l'OCDE sur l'administration de l'impôt, un réseau informel d'experts de l'analyse du manque à gagner fiscal, en réponse à une enquête conduite en 2023 sur les estimations de pertes de recettes fiscales :

- Tableau d'annexe 11.A.1. Estimation du manque à gagner fiscal : aperçu général
- Tableau d'annexe 11.A.2. Composantes de l'estimation du manque à gagner fiscal
- Tableau d'annexe 11.A.3. Approches utilisées pour estimer le manque à gagner fiscal, données et ajustements méthodologiques
- Tableau d'annexe 11.A.4. Nombre de méthodes ascendantes selon les sources de données
- Tableau d'annexe 11.A.5. Estimation du manque à gagner fiscal au titre de l'IRPP : nature de l'estimation réalisée
- Tableau d'annexe 11.A.6. Estimation du manque à gagner fiscal au titre de l'IRPP : approches et méthodes utilisées
- Tableau d'annexe 11.A.7. Estimation du manque à gagner fiscal au titre de l'IS : nature de l'estimation réalisée
- Tableau d'annexe 11.A.8. Estimation du manque à gagner fiscal au titre de l'IS : approches et méthodes utilisées
- Tableau d'annexe 11.A.9. Estimation du manque à gagner fiscal au titre de la TVA : nature de l'estimation réalisée
- Tableau d'annexe 11.A.10. Estimation du manque à gagner au titre de la TVA : approches et méthodes utilisées
- Tableau d'annexe 11.A.11. Estimation du manque à gagner au titre des accises : nature de l'estimation réalisée
- Tableau d'annexe 11.A.12. Estimation du manque à gagner au titre des accises : approches et méthodes utilisées
- Tableau d'annexe 11.A.13. Estimation d'autres manques à gagner fiscaux : nature de l'estimation réalisée
- Tableau d'annexe 11.A.14. Estimation d'autres manques à gagner fiscaux : approches et méthodes utilisées

Tableau d'annexe 11.A.1. Estimation du manque à gagner fiscal : aperçu général

Juridiction	Estimation du manque à gagner fiscal	Publication du manque à gagner fiscal total	Obligation légale de publication	Fréquence de publication	Intervenants extérieurs
Australie	Oui	Oui	Non	Annuelle	Oui
Belgique	Oui	Non	Non		Oui
Brésil	Oui	Oui	Non	Irrégulière	Oui
Canada	Oui	Oui	Non	Tous les trois ans	Oui
Chili	Oui	Non	Non		Oui
Colombie	Oui	Non	Non		Non
Commission européenne	Oui	Non	Non		Oui
Danemark	Oui	Non	Non		Oui
Espagne	Oui	Non	Non		Non
États-Unis	Oui	Oui	Non	Tous les trois ans (projections annuelles)	Oui
Finlande	Oui	Non	Non		Non
France	Oui	Non	Non		Oui
Grèce	Oui	Non	Non		Non
Hongrie	Oui	Non	Non		Oui
Indonésie	Oui	Non	Non		Oui
Islande	Oui	Non	Non		Oui
Israël	Oui	Non	Non		Non
Italie	Oui	Oui	Oui	Annuelle	Non
Lettonie	Oui	Non	Non		Non
Lituanie	Oui	Non	Non		Oui
Pays-Bas	Oui	Oui	Oui	Tous les deux ans	Non
Portugal	Oui	Non	Non		Non
Roumanie	Oui	Non	Non		Oui
Royaume-Uni	Oui	Oui	Non	Annuelle	Non
Singapour	Oui	Non	Non		Non
Slovaquie	Oui	Non	Non		Non
Suède	Oui	Oui	Oui	Tous les quatre ans	Oui
Suisse	Oui	Non	Non		Non
Total « Oui »	**28**	**8**	**3**		**15**

Source : Enquête 2023 du FAI sur les estimations du manque à gagner fiscal.

Tableau d'annexe 11.A.2. Composantes de l'estimation du manque à gagner fiscal

Juridiction	Manque à gagner lié à la politique fiscale	Manque à gagner lié à un défaut d'enregistrement ou de dépôt	Manque à gagner lié à un défaut de déclaration	Manque à gagner lié à un défaut de paiement	Manque à gagner brut	Manque à gagner net
Australie	Non	Oui	Oui	Oui	Oui	Oui
Belgique	Oui	Non	Non	Non	Oui	Non
Brésil	Oui	Non	Oui	Oui	Oui	Oui
Canada	Non	Non	Oui	Oui	Oui	Oui
Chili	Non	Oui	Oui	Oui	Oui	Non
Colombie	Non	Non	Oui	Oui	Oui	Non
Commission européenne	Oui	Oui	Oui	Oui	Non	Oui
Danemark	Non	Oui	Oui	Oui	Oui	Non
Espagne	Non	Non	Non	Non	Oui	Non
États-Unis	Non	Oui	Oui	Oui	Oui	Oui
Finlande	Non	Oui	Non	Non	Non	Oui
France	Non	Non	Oui	Oui	Oui	Oui
Grèce	Oui	Non	Oui	Non	Oui	Non
Hongrie	Oui	Non	Oui	Oui	Oui	Non
Indonésie	Oui	Non	Oui	Oui	Oui	Oui
Islande	Non	Oui	Oui	Non	Oui	Oui
Israël	Non	Non	Non	Oui	Non	Oui
Italie	Non	Oui	Oui	Oui	Oui	Non
Lettonie	Non	Oui	Oui	Oui	Oui	Oui
Lituanie	Non	Non	Non	Non	Oui	Non
Pays-Bas	Non	Oui	Oui	Oui	Non	Non
Portugal	Non	Non	Non	Non	Oui	Non
Roumanie	Oui	Non	Oui	Oui	Oui	Non
Royaume-Uni	Non	Non	Oui	Oui	Oui	Oui
Singapour	Non	Non	Non	Non	Oui	Non
Slovaquie	Non	Non	Oui	Oui	Oui	Oui
Suède	Non	Non	Oui	Non	Oui	Oui
Suisse	Oui	Non	Oui	Non	Non	Non
Total « Oui »	**8**	**10**	**21**	**18**	**23**	**14**

Source : Enquête 2023 du FAI sur les estimations du manque à gagner fiscal.

Tableau d'annexe 11.A.3. Approches utilisées pour estimer le manque à gagner fiscal, données et ajustements méthodologiques

Juridiction	Projection pour estimer au moins une composante du manque à gagner fiscal	Multiplicateur du risque de non-détection	Approche ascendante	Approche descendante	Vérifications aléatoires d'au moins une composante du manque à gagner fiscal
Australie	Oui	Oui	Oui	Oui	Oui
Belgique	Non	Oui	Non	Oui	Non
Brésil	Oui	Non	Oui	Oui	Non
Canada	Oui	Non	Oui	Oui	Oui
Chili	Oui	Non	Non	Oui	Non
Colombie	Non	Non	Non	Oui	Non
Commission européenne	Oui	Non	Non	Oui	Non
Danemark	Non	Non	Oui	Oui	Oui
Espagne	Non	Non	Non	Oui	Non
États-Unis	Oui	Oui	Oui	Non	Oui
Finlande	Non	Non	Oui	Oui	Oui
France	Non	Non	Oui	Non	Oui
Grèce	Non	Non	Non	Oui	Non
Hongrie	Oui	Non	Oui	Oui	Oui
Indonésie	Non	Non	Oui	Oui	Non
Islande	Non	Non	Non	Oui	Non
Israël	Non	Non	Non	Oui	Non
Italie	Oui	Oui	Oui	Oui	Non
Lettonie	Non	Non	Oui	Oui	Non
Lituanie	Oui	Non	Oui	Oui	Non
Pays-Bas	Non	Non	Oui	Oui	Oui
Portugal	Non	Non	Non	Oui	Non
Roumanie	Non	Non	Non	Oui	Non
Royaume-Uni	Oui	Oui	Oui	Oui	Oui
Singapour	Non	Non	Non	Oui	Non
Slovaquie	Non	Non	Non	Oui	Non
Suède	Non	Oui	Oui	Oui	Oui
Suisse	Non	Non	Oui	Non	Oui
Total « Oui »	**10**	**6**	**16**	**25**	**11**

Source : Enquête 2023 du FAI sur les estimations du manque à gagner fiscal.

Tableau d'annexe 11.A.4. Nombre de méthodes ascendantes selon les sources de données

Juridiction	Vérifications aléatoires	Contrôles fondés sur l'analyse des risques	Total
Australie	6	11	17
Canada	1	2	3
Danemark	13	1	14
États-Unis	4	2	6
Finlande	1	1	2
France	1	2	3
Hongrie	1	1	2
Indonésie	0	6	6
Italie	0	4	4
Pays-Bas	6	0	6
Royaume-Uni	6	9	15
Suède	4	1	5
Suisse	1	0	1
Total	**44**	**40**	**84**
Moyenne	**3.4**	**3.1**	**6.5**

Note : le tableau contient uniquement des données provenant de juridictions qui utilisent des approches ascendantes.
Source : Enquête 2023 du FAI sur les estimations du manque à gagner fiscal.

Tableau d'annexe 11.A.5. Estimation du manque à gagner fiscal au titre de l'IRPP : nature de l'estimation réalisée

Juridiction	Estimation du manque à gagner fiscal au titre de l'IRPP	Manque à gagner lié à un défaut d'enregistrement	Manque à gagner lié à un défaut de dépôt	Manque à gagner lié à un défaut de déclaration	Manque à gagner lié à un défaut de paiement	Manque à gagner brut	Manque à gagner net
Australie	Oui	Non	Non	Oui	Oui	Oui	Oui
Brésil	Oui	Non	Non	Oui	Non	Non	Oui
Canada	Oui	Non	Non	Oui	Oui	Oui	Oui
Colombie	Oui	Non	Non	Oui	Oui	Oui	Non
Danemark	Oui	Oui	Oui	Oui	Oui	Oui	Non
Espagne	Oui	Non	Non	Non	Non	Oui	Non
États-Unis	Oui	Non	Oui	Oui	Oui	Oui	Oui
Grèce	Oui	Non	Non	Oui	Non	Non	Non
Indonésie	Oui	Non	Non	Oui	Oui	Oui	Oui
Italie	Oui	Non	Oui	Oui	Oui	Oui	Non
Lettonie	Oui	Non	Oui	Oui	Oui	Oui	Oui
Lituanie	Oui	Non	Non	Non	Non	Oui	Non
Pays-Bas	Oui	Non	Oui	Oui	Oui	Non	Non
Roumanie	Oui	Non	Non	Oui	Oui	Oui	Non
Royaume-Uni	Oui	Non	Non	Oui	Oui	Oui	Oui
Suède	Oui	Non	Non	Oui	Non	Oui	Oui
Total « Oui »	**16**	**1**	**5**	**14**	**11**	**13**	**8**

Note : le tableau contient uniquement des données provenant de juridictions qui évaluent le manque à gagner fiscal au titre de l'IRPP.
Source : Enquête 2023 du FAI sur les estimations du manque à gagner fiscal.

Tableau d'annexe 11.A.6. Estimation du manque à gagner fiscal au titre de l'IRPP : approches et méthodes utilisées

Juridiction	Nombre d'approches ascendantes	Nombre d'approches descendantes	Nombre de méthodes utilisant des données fondées sur l'analyse des risques	Nombre de méthodes utilisant des données provenant de vérifications aléatoires	Projections	Multiplicateur du risque de non-détection
Australie	4	0	2	2	Oui	Oui
Brésil	1	0	0	0	Non	Non
Canada	0	2	0	0	Non	Non
Colombie	0	1	0	0	Non	Non
Danemark	5	2	0	5	Non	Non
Espagne	0	1	0	0	Non	Non
États-Unis	4	0	0	2	Oui	Oui
Grèce	0	1	0	0	Non	Non
Indonésie	5	1	2	0	Non	Non
Italie	0	3	0	0	Oui	Non
Lettonie	1	0	0	0	Non	Non
Lituanie	1	0	0	0	Non	Non
Pays-Bas	3	0	0	3	Non	Non
Roumanie	0	1	0	0	Non	Non
Royaume-Uni	6	0	2	4	Oui	Oui
Suède	2	1	0	2	Non	Non
Somme totale ou « Oui »	**32**	**13**	**6**	**18**	**4**	**3**

Note : le tableau contient uniquement des données provenant de juridictions qui évaluent le manque à gagner fiscal au titre de l'IRPP.
Source : Enquête 2023 du FAI sur les estimations du manque à gagner fiscal.

Tableau d'annexe 11.A.7. Estimation du manque à gagner fiscal au titre de l'IS : nature de l'estimation réalisée

Juridiction	Estimation du manque à gagner au titre de l'IS	Manque à gagner lié à un défaut d'enregistrement	Manque à gagner lié à un défaut de dépôt	Manque à gagner lié à un défaut de déclaration	Manque à gagner lié à un défaut de paiement	Manque à gagner brut	Manque à gagner net
Australie	Oui	Non	Non	Oui	Oui	Oui	Oui
Brésil	Oui	Non	Non	Oui	Oui	Oui	Oui
Canada	Oui	Non	Non	Oui	Oui	Oui	Oui
Chili	Oui	Oui	Oui	Oui	Oui	Oui	Non
Colombie	Oui	Non	Non	Oui	Oui	Oui	Non
Danemark	Oui	Non	Oui	Oui	Oui	Oui	Non
États-Unis	Oui	Non	Non	Oui	Oui	Oui	Oui
France	Oui	Non	Non	Oui	Oui	Oui	Oui
Indonésie	Oui	Non	Non	Oui	Oui	Oui	Oui
Italie	Oui	Non	Oui	Oui	Oui	Oui	Non
Roumanie	Oui	Non	Non	Oui	Oui	Oui	Non
Royaume-Uni	Oui	Non	Non	Oui	Oui	Oui	Oui
Slovaquie	Oui	Non	Non	Oui	Non	Non	Oui
Suède	Oui	Non	Non	Oui	Non	Oui	Oui
Total « Oui »	**14**	**1**	**3**	**14**	**12**	**13**	**9**

Note : le tableau contient uniquement des données provenant de juridictions qui évaluent le manque à gagner fiscal au titre de l'IS.
Source : Enquête 2023 du FAI sur les estimations du manque à gagner fiscal.

Tableau d'annexe 11.A.8. Estimation du manque à gagner fiscal au titre de l'IS : approches et méthodes utilisées

Juridiction	Nombre d'approches ascendantes	Nombre d'approches descendantes	Nombre de méthodes utilisant des données fondées sur l'analyse des risques	Nombre de méthodes utilisant des données provenant de vérifications aléatoires	Projections	Multiplicateur du risque de non-détection
Australie	4	0	3	1	Oui	Oui
Brésil	1	1	0	0	Non	Non
Canada	3	0	2	1	Oui	Non
Chili	0	1	0	0	Non	Non
Colombie	0	1	0	0	Non	Non
Danemark	3	0	1	2	Non	Non
États-Unis	4	0	2	0	Oui	Non
France	1	0	1	0	Non	Non
Indonésie	5	1	2	0	Non	Non
Italie	0	1	0	0	Oui	Non
Roumanie	0	1	0	0	Non	Non
Royaume-Uni	3	0	2	1	Oui	Oui
Slovaquie	0	1	0	0	Non	Non
Suède	2	0	1	1	Non	Oui
Somme totale ou « Oui »	**26**	**7**	**14**	**6**	**5**	**3**

Note : le tableau contient uniquement des données provenant de juridictions qui évaluent le manque à gagner fiscal au titre de l'IS.
Source : Enquête 2023 du FAI sur les estimations du manque à gagner fiscal.

Tableau d'annexe 11.A.9. Estimation du manque à gagner fiscal au titre de la TVA : nature de l'estimation réalisée

Juridiction	Estimation du manque à gagner au titre de la TVA	Manque à gagner lié à un défaut d'enregistrement	Manque à gagner lié à un défaut de dépôt	Manque à gagner lié à un défaut de déclaration	Manque à gagner lié à un défaut de paiement	Manque à gagner brut	Manque à gagner net
Australie	Oui	Non	Non	Oui	Oui	Oui	Oui
Belgique	Oui	Non	Non	Non	Non	Oui	Non
Brésil	Oui	Non	Non	Oui	Non	Non	Oui
Canada	Oui	Non	Non	Oui	Oui	Oui	Oui
Chili	Oui	Oui	Oui	Oui	Oui	Oui	Non
Colombie	Oui	Non	Non	Non	Oui	Oui	Non
Commission européenne	Oui	Oui	Oui	Oui	Oui	Non	Oui
Danemark	Oui	Oui	Oui	Oui	Oui	Oui	Non
Espagne	Oui	Non	Non	Non	Non	Non	Non
Finlande	Oui	Non	Oui	Non	Non	Non	Oui
France	Oui	Non	Non	Oui	Oui	Oui	Oui
Grèce	Oui	Non	Non	Non	Non	Oui	Non
Hongrie	Oui	Non	Non	Oui	Oui	Oui	Non
Indonésie	Oui	Non	Non	Oui	Oui	Oui	Oui
Islande	Oui	Oui	Oui	Oui	Non	Oui	Oui
Israël	Oui	Non	Non	Non	Oui	Non	Oui
Italie	Oui	Non	Oui	Oui	Oui	Oui	Non
Lettonie	Oui	Oui	Oui	Oui	Oui	Oui	Oui
Lituanie	Oui	Non	Non	Non	Non	Oui	Non
Pays-Bas	Oui	Non	Oui	Oui	Oui	Non	Non
Portugal	Oui	Non	Non	Non	Non	Oui	Non
Roumanie	Oui	Non	Non	Oui	Oui	Oui	Non
Royaume-Uni	Oui	Non	Non	Oui	Oui	Oui	Oui
Singapour	Oui	Non	Non	Non	Non	Oui	Non
Slovaquie	Oui	Non	Non	Oui	Oui	Oui	Oui
Suède	Oui	Non	Non	Oui	Non	Oui	Non
Suisse	Oui	Non	Non	Oui	Non	Non	Non
Total « Oui »	**27**	**5**	**8**	**18**	**16**	**20**	**12**

Note : le tableau contient uniquement des données provenant de juridictions qui évaluent le manque à gagner au titre de la TVA.
Source : Enquête 2023 du FAI sur les estimations du manque à gagner fiscal.

Tableau d'annexe 11.A.10. Estimation du manque à gagner au titre de la TVA : approches et méthodes utilisées

Juridiction	Nombre d'approches ascendantes	Nombre d'approches descendantes	Nombre de méthodes utilisant des données fondées sur l'analyse des risques	Nombre de méthodes utilisant des données provenant de vérifications aléatoires	Projections	Multiplicateur du risque de non-détection
Australie	1	1	1	1	Oui	Non
Belgique	0	2	0	0	Non	Oui
Brésil	0	1	0	0	Oui	Non
Canada	0	1	0	0	Non	Non
Chili	0	1	0	0	Oui	Non
Colombie	0	1	0	0	Non	Non
Commission européenne	0	1	0	0	Oui	Non
Danemark	3	1	0	3	Non	Non
Espagne	0	0	0	0	Non	Non
Finlande	1	1	1	1	Non	Non
France	2	0	1	1	Non	Non
Grèce	0	1	0	0	Non	Non
Hongrie	2	3	1	1	Oui	Non
Indonésie	5	1	2	0	Non	Non
Islande	0	1	0	0	Non	Non
Israël	0	1	0	0	Non	Non
Italie	2	1	2	0	Oui	Non
Lettonie	0	1	0	0	Non	Non
Lituanie	1	2	0	0	Oui	Non
Pays-Bas	0	1	0	0	Non	Non
Portugal	0	1	0	0	Non	Non
Roumanie	0	2	0	0	Non	Non
Royaume-Uni	0	1	0	0	Non	Non
Singapour	0	1	0	0	Non	Non
Slovaquie	0	2	0	0	Non	Non
Suède	0	2	0	0	Non	Non
Suisse	1	0	0	1	Non	Non
Somme totale ou « Oui »	**18**	**31**	**8**	**8**	**7**	**1**

Note : le tableau contient uniquement des données provenant de juridictions qui évaluent le manque à gagner au titre de la TVA.
Source : Enquête 2023 du FAI sur les estimations du manque à gagner fiscal.

Tableau d'annexe 11.A.11. Estimation du manque à gagner au titre des accises : nature de l'estimation réalisée

Juridiction	Estimation du manque à gagner au titre des accises	Manque à gagner lié à un défaut d'enregistrement	Manque à gagner lié à un défaut de dépôt	Manque à gagner lié à un défaut de déclaration	Manque à gagner lié à un défaut de paiement	Manque à gagner brut	Manque à gagner net
Australie	Oui	Oui	Non	Oui	Oui	Oui	Oui
Canada	Oui	Non	Non	Oui	Oui	Oui	Oui
Danemark	Oui	Oui	Oui	Oui	Oui	Oui	Non
États-Unis	Oui	Non	Non	Non	Oui	Non	Non
Grèce	Oui	Non	Non	Non	Non	Oui	Non
Italie	Oui	Non	Non	Non	Non	Non	Non
Royaume-Uni	Oui	Non	Non	Oui	Oui	Non	Oui
Suède	Oui	Non	Non	Oui	Non	Oui	Non
Total « Oui »	**8**	**2**	**1**	**5**	**5**	**5**	**3**

Note : le tableau contient uniquement des données provenant de juridictions qui évaluent le manque à gagner fiscal au titre des accises.
Source : Enquête 2023 du FAI sur les estimations du manque à gagner fiscal.

Tableau d'annexe 11.A.12. Estimation du manque à gagner au titre des accises : approches et méthodes utilisées

Juridiction	Nombre d'approches ascendantes	Nombre d'approches descendantes	Nombre de méthodes utilisant des données fondées sur l'analyse des risques	Nombre de méthodes utilisant des données provenant de vérifications aléatoires	Projections	Multiplicateur du risque de non-détection
Australie	2	1	1	0	Non	Oui
Canada	0	1	0	0	Non	Non
Danemark	3	1	0	2	Non	Non
États-Unis	1	0	0	0	Non	Non
Grèce	0	1	0	0	Non	Non
Italie	0	0	0	0	Non	Non
Royaume-Uni	2	4	2	1	Oui	Non
Suède	1	1	0	0	Non	Non
Somme totale ou « Oui »	**9**	**9**	**3**	**3**	**1**	**1**

Note : le tableau contient uniquement des données provenant de juridictions qui évaluent le manque à gagner fiscal au titre des accises.
Source : Enquête 2023 du FAI sur les estimations du manque à gagner fiscal.

Tableau d'annexe 11.A.13. Estimation d'autres manques à gagner fiscaux : nature de l'estimation réalisée

Juridiction	Estimation d'autres manques à gagner fiscaux	Manque à gagner lié à un défaut d'enregistrement	Manque à gagner lié à un défaut de dépôt	Manque à gagner lié à un défaut de déclaration	Manque à gagner lié à un défaut de paiement	Manque à gagner brut	Manque à gagner net
Australie	Oui	Non	Non	Oui	Oui	Oui	Oui
Brésil	Oui	Non	Non	Oui	Non	Non	Non
Danemark	Oui	Oui	Oui	Oui	Non	Oui	Non
États-Unis	Oui	Non	Oui	Oui	Oui	Oui	Oui
Italie	Oui	Non	Oui	Oui	Oui	Oui	Non
Lettonie	Oui	Non	Oui	Oui	Oui	Oui	Oui
Pays-Bas	Oui	Non	Oui	Oui	Oui	Non	Non
Roumanie	Oui	Non	Non	Non	Oui	Oui	Non
Royaume-Uni	Oui	Non	Non	Oui	Oui	Non	Oui
Suède	Oui	Non	Non	Oui	Non	Oui	Oui
Total « Oui »	**10**	**1**	**5**	**9**	**7**	**7**	**5**

Note : le tableau contient uniquement des données provenant de juridictions qui évaluent d'autres manques à gagner fiscaux.
Source : Enquête 2023 du FAI sur les estimations du manque à gagner fiscal.

Tableau d'annexe 11.A.14. Estimation d'autres manques à gagner fiscaux : approches et méthodes utilisées

Juridiction	Nombre d'approches ascendantes	Nombre d'approches descendantes	Nombre de méthodes utilisant des données fondées sur l'analyse des risques	Nombre de méthodes utilisant des données provenant de vérifications aléatoires	Projections	Multiplicateur du risque de non-détection
Australie	4	4	4	2	Oui	Non
Brésil	0	1	0	0	Non	Non
Danemark	1	0	0	1	Non	Non
États-Unis	8	0	0	2	Oui	Non
Italie	2	2	2	0	Non	Oui
Lettonie	1	0	0	0	Non	Non
Pays-Bas	3	0	0	3	Non	Non
Roumanie	0	1	0	0	Non	Non
Royaume-Uni	0	0	3	0	Oui	Non
Suède	1	0	0	1	Non	Non
Somme totale ou « Oui »	**20**	**8**	**9**	**9**	**3**	**1**

Note : le tableau contient uniquement des données provenant de juridictions qui évaluent d'autres manques à gagner fiscaux.
Source : Enquête 2023 du FAI sur les estimations du manque à gagner fiscal.

Annexe A. Aperçu des tableaux synthétisant les réponses à l'enquête ISORA

L'annexe A contient des liens vers les tableaux de l'enquête ISORA qui renferment les données ISORA annuelles et périodiques se rapportant aux exercices budgétaires 2018 à 2022, publiées sur le portail de données RA-FIT (https://data.rafit.org/).

Les données présentées dans les tableaux en ligne concernent les plus de 175 juridictions ayant participé à au moins l'un des quatre derniers cycles de l'enquête ISORA, lancés entre septembre 2020 et septembre 2023. Les tableaux sont organisés en deux catégories :

- ***Tableaux annuels*** (voir Tableau A A.1.), lesquels contiennent :
  - Treize séries de tableaux présentant les données brutes issues de l'enquête ISORA. Il s'agit des tableaux commençant par « A ».
  - Six séries de tableaux comportant des indicateurs dérivés des données communiquées dans le cadre de l'enquête ISORA (tableaux commençant par « D »). Les formules et les points de données utilisés pour calculer les indicateurs sont présentés en dessous de chacun de ces tableaux.
- Les ***tableaux périodiques*** (voir Tableau A A.2.) contiennent les données provenant du volet périodique de l'enquête ISORA de 2023. Ces tableaux commencent par « B » et font partie de sept séries.

À partir des données de l'enquête ISORA figurant dans ces tableaux, l'édition 2024 de la série sur l'administration fiscale examine divers aspects des systèmes fiscaux et de leur administration dans 58 juridictions membres et non membres de l'OCDE. (Voir l'annexe B pour la liste des administrations fiscales couvertes par cette publication.)

Tableau A A.1. Aperçu des tableaux synthétisant les réponses à l'enquête ISORA : tableaux annuels

Groupe de tableaux	Intitulé des tableaux	Lien
Catégories de recettes perçues	Tableau A.0 Participation des administrations fiscales à l'enquête ISORA	https://data.rafit.org/regular.aspx?key=74180893
	Tableau A.1 Catégories de recettes dont le recouvrement incombe à l'administration fiscale : impôt sur le revenu et impôts sur les biens et services	
	Tableau A.2 Catégories de recettes dont le recouvrement incombe à l'administration fiscale : autres impôts et taxes	
	Tableau A.3 Catégories de recettes dont le recouvrement incombe à l'administration fiscale : autres impôts et taxes (suite), CSS, recettes non fiscales	
	Tableau A.4 Impôts à la source prélevés par les employeurs et administrations fiscales et douanières intégrées	
Recettes perçues	Tableau A.5 Recettes nettes perçues par l'administration fiscale : total	https://data.rafit.org/regular.aspx?key=74180904
	Tableau A.6 Recettes nettes perçues par l'administration fiscale, par	

Groupe de tableaux	Intitulé des tableaux	Lien
	type d'impôt : impôt sur le revenu des personnes physiques	
	Tableau A.7 Recettes nettes perçues par l'administration fiscale, par type d'impôt : impôt sur les bénéfices	
	Tableau A.8 Recettes nettes perçues par l'administration fiscale, par type d'impôt : taxes sur la valeur ajoutée	
	Tableau A.9 Recettes nettes perçues par l'administration fiscale, par type d'impôt : accises (au niveau national)	
	Tableau A.10 Recettes nettes perçues par l'administration fiscale, par type d'impôt : autres impôts	
	Tableau A.11 Recettes nettes perçues par l'administration fiscale : cotisations de sécurité sociale	
	Tableau A.12 Recettes nettes perçues par l'administration fiscale : recettes non fiscales	
	Tableau A.13 Composition des taxes sur la valeur ajoutée collectées par l'administration fiscale : montant brut des recettes intérieures	
	Tableau A.14 Composition des taxes sur la valeur ajoutée collectées par l'administration fiscale : importations brutes, même lorsqu'elles sont collectées par les douanes	
	Tableau A.15 Composition des taxes sur la valeur ajoutée collectées par l'administration fiscale : remboursements	
Dépenses et ressources en ETP	Tableau A.16 Dépenses de l'administration fiscale : dépenses opérationnelles et salaires	https://data.rafit.org/regular.aspx?key=74180905
	Tableau A.17 Dépenses de l'administration fiscale consacrées aux TIC et pourcentage d'ETP affectés à des fonctions centrales	
	Tableau A.17A ETP affectés aux administrations à double compétence fiscales et douanières	
	Tableau A.17B Dépenses des administrations à double compétence fiscales et douanières	
	Tableau A.18 Total des ETP de l'administration fiscale et des ETP de l'administration fiscale par fonction : enregistrement et services	
	Tableau A.19 Nombre d'ETP par fonction : contrôles et recouvrement des créances	
	Tableau A.20 Nombre d'ETP par fonction : contentieux et RH	
	Tableau A.21 Nombre d'ETP par fonction : TIC et autres fonctions	
Indicateurs relatifs au personnel	Tableau A.22 Indicateurs relatifs aux effectifs : niveaux des effectifs en début d'année et départs	https://data.rafit.org/regular.aspx?key=74180906
	Tableau A.23 Indicateurs relatifs aux effectifs : niveaux des effectifs en fin d'année et recrutements	
	Tableau A.24 Indicateurs relatifs au personnel : données ventilées par genre	
	Tableau A.25 Indicateurs relatifs au personnel : répartition par genre – femmes	
	Tableau A.26 Indicateurs relatifs au personnel : répartition par genre – hommes	
	Tableau A.27 Indicateurs relatifs au personnel : répartition par genre – autre	
	Tableau A.28 Indicateurs relatifs au personnel : niveau d'études	
	Tableau A.29 Indicateurs relatifs au personnel : structure par âge, moins de 35 ans	
	Tableau A.30 Indicateurs relatifs au personnel : structure par âge, entre 35 et 54 ans	
	Tableau A.31 Indicateurs relatifs au personnel : structure par âge, 55 ans et plus	
	Tableau A.32 Indicateurs relatifs au personnel : ancienneté, moins de dix ans	
	Tableau A.33 Indicateurs relatifs au personnel : ancienneté, 10 ans et	

Groupe de tableaux	Intitulé des tableaux	Lien
	plus	
Segmentation	Tableau A.34 Services/Programmes dédiés aux gros contribuables : présence d'une structure spécifique et recettes collectées	https://data.rafit.org/regular.aspx?key=74180907
	Tableau A.35 Services/Programmes dédiés aux gros contribuables : enregistrement, traitement des déclarations et des paiements et services	
	Tableau A.36 Services/Programmes dédiés aux gros contribuables : contrôles, recouvrement des créances et règlement des différends	
	Tableau A.37 Services/Programmes dédiés aux gros contribuables : personnel	
	Tableau A.38 Services/Programmes dédiés aux gros contribuables : contribuables	
	Tableau A.39 Services/Programmes dédiés aux gros contribuables : contrôles	
	Tableau A.40 services/programmes dédiés aux contribuables fortunés : présence d'une structure spécifique et recettes collectées	
IRPP et impôts à la source prélevés par les employeurs : enregistrement et dépôt	Tableau A.42 Nombre de contribuables par type d'impôt : impôt sur le revenu des personnes physiques	https://data.rafit.org/regular.aspx?key=74180908
	Tableau A.43 Nombre de contribuables par type d'impôt : employeurs effectuant une retenue à la source sur les salaires	
	Tableau A.50 Dépôt des déclarations : déclarations attendues et reçues – impôt sur le revenu des personnes physiques	
	Tableau A.51 Dépôt des déclarations : déclarations reçues dans les délais – impôt sur le revenu des personnes physiques	
	Tableau A.52 Canaux de réception des déclarations : format papier et électronique, non préremplis – impôt sur le revenu des personnes physiques	
	Tableau A.53 Canaux de réception des déclarations : format électronique, prérempli – impôt sur le revenu des personnes physiques	
	Tableau A.54 Dépôt des déclarations : déclarations attendues et reçues – employeurs effectuant une retenue à la source sur les salaires	
	Table A.55 Dépôt des déclarations : déclarations déposées dans les délais – employeurs effectuant une retenue à la source sur les salaires	
	Table A.56 Canaux de réception des déclarations : format papier et électronique, non préremplis – employeurs effectuant une retenue à la source sur les salaires	
	Table A.57 Canaux de réception des déclarations : format électronique, prérempli – employeurs effectuant une retenue à la source sur les salaires	
	Tableau A.58 Retenues à la source au titre de l'impôt sur le revenu des personnes physiques : obligations et total des retenues	
IS, TVA, Accises : enregistrement et dépôt	Tableau A.41 Nombre de contribuables par type d'impôt : impôt sur les bénéfices des sociétés	https://data.rafit.org/regular.aspx?key=74180909
	Tableau A.44 Nombre de contribuables par type d'impôt : taxe sur la valeur ajoutée	
	Tableau A.45 Nombre de contribuables par type d'impôt : accises	
	Tableau A.46 Dépôt des déclarations : déclarations attendues et reçues – impôt sur les bénéfices des sociétés	
	Tableau A.47 Dépôt des déclarations : déclarations reçues dans les délais – impôt sur les bénéfices des sociétés	
	Tableau A.48 Canaux de réception des déclarations : format papier et électronique, non préremplis – impôt sur les bénéfices des sociétés	
	Tableau A.49 Canaux de réception des déclarations : format électronique, prérempli – impôt sur les bénéfices des sociétés	
	Tableau A.59 Dépôt des déclarations : déclarations attendues et reçues – taxe sur la valeur ajoutée	
	Tableau A.60 Dépôt des déclarations : déclarations reçues dans les	

Groupe de tableaux	Intitulé des tableaux	Lien
	délais – taxe sur la valeur ajoutée	
	Tableau A.61 Canaux de réception des déclarations : format papier et électronique, non préremplis – taxe sur la valeur ajoutée	
	Tableau A.62 Canaux de réception des déclarations : format électronique, prérempli – taxe sur la valeur ajoutée	
Paiements et remboursements de TVA	Tableau A.63 Paiements dus et reçus : impôt sur les bénéfices des sociétés	https://data.rafit.org/regular.aspx?key=74180910
	Tableau A.64 Paiements reçus dans les délais : impôt sur les bénéfices des sociétés	
	Tableau A.65 Paiements dus et reçus : impôt sur le revenu des personnes physiques	
	Tableau A.66 Paiements reçus dans les délais : impôt sur le revenu des personnes physiques	
	Table A.67 Paiements dus et reçus : employeurs effectuant une retenue à la source sur les salaires	
	Table A.68 Paiements reçus dans les délais : employeurs effectuant une retenue à la source sur les salaires	
	Tableau A.69 Paiements dus et reçus : taxe sur la valeur ajoutée	
	Tableau A.70 Paiements reçus dans les délais : taxe sur la valeur ajoutée	
	Tableau A.71 Paiements électroniques	
	Tableau A.72 Traitement de la plupart des remboursements de TVA approuvés	
	Tableau A.73 Valeur de tous les « crédits » de TVA	
Arriérés	Tableau A.74 Stock de clôture des arriérés : montant total et montant non recouvrable	https://data.rafit.org/regular.aspx?key=74180911
	Tableau A.75 Stock de clôture des arriérés relatifs aux entreprises publiques : montant total et montant non recouvrable	
	Tableau A.76 Stock de clôture des arriérés par type d'impôt : impôt sur les bénéfices des sociétés	
	Tableau A.77 Stock de clôture des arriérés par type d'impôt : impôt sur le revenu des personnes physiques	
	Tableau A.78 Stock de clôture des arriérés par type d'impôt : retenues à la source effectuées par les employeurs	
	Tableau A.79 Stock de clôture des arriérés par type d'impôt : taxe sur la valeur ajoutée	
Contrôles	Tableau A.80 Vérifications et contrôles : ensemble des contrôles (à l'exception des contrôles de conformité par des moyens électroniques)	https://data.rafit.org/regular.aspx?key=74180894
	Tableau A.81 Vérifications et contrôles : valeur des redressements établis – ensemble des contrôles (à l'exception des contrôles de conformité par des moyens électroniques)	
	Tableau A.82 Vérifications et contrôles : valeur des redressements établis – impôts sur les bénéfices des sociétés	
	Tableau A.83 Vérifications et contrôles : valeur des redressements établis – impôt sur le revenu des personnes physiques	
	Tableau A.84 Vérifications et contrôles : valeur des redressements établis – retenues à la source effectuées par les employeurs	
	Tableau A.85 Vérifications et contrôles : valeur des redressements établis – taxe sur la valeur ajoutée	
	Tableau A.86 Vérifications et contrôles : contrôles de conformité par des moyens électroniques	
Enquêtes pénales et règlement des différends	Tableau A.87 Enquêtes sur les délits fiscaux : rôle de l'administration	https://data.rafit.org/regular.aspx?key=74180895
	Tableau A.88 Enquêtes sur les délits fiscaux : nombre de dossiers	
	Tableau A.89 Règlement des différends : mécanismes d'examen	
	Tableau A.90 Règlement des différends : procédure d'examen	
	Tableau A.91 Règlement des différends : nombre de dossiers –	

Groupe de tableaux	Intitulé des tableaux	Lien
	dossiers fiscaux faisant l'objet d'une procédure de contrôle interne	
	Tableau A.92 Règlement des différends : nombre de dossiers – dossiers fiscaux faisant l'objet d'un examen indépendant par un organisme externe	
	Tableau A.93 Règlement des différends : nombre de dossiers – dossiers fiscaux faisant l'objet d'un examen indépendant par une juridiction d'appel de niveau supérieur	
Interactions avec les parties prenantes : canaux d'enregistrement, contacts et préremplissage	Tableau A.94 Canaux d'enregistrement : en ligne, par téléphone, par courriel	https://data.rafit.org/regular.aspx?key=74180896
	Tableau A.95 Canaux d'enregistrement : par courrier postal, en personne, autre	
	Tableau A.96 Demandes reçus par l'administration : suivi et nombre de demandes reçues par canal – en ligne et assistance numérique	
	Tableau A.97 Demandes reçus par l'administration : nombre de demandes reçues par canal – par téléphone et courriel	
	Tableau A.98 Demandes reçus par l'administration : nombre de demandes reçues par canal – par courrier postal et en personne	
	Tableau A.99 Préremplissage des déclarations au titre de l'IRPP : renseignements sur les revenus –renseignements personnels et salaires	
	Tableau A.100 Préremplissage des déclarations au titre de l'IRPP : renseignements sur les revenus – pensions, intérêts et dividendes	
	Tableau A.101 Préremplissage des déclarations au titre de l'IRPP : renseignements sur les revenus – plus et moins-values et autres revenus	
	Tableau A.102 Préremplissage des déclarations au titre de l'IRPP : renseignements sur les dépenses – dons, frais de scolarité et d'études, dépenses de garde d'enfants	
	Tableau A.103 Préremplissage des déclarations au titre de l'IRPP : renseignements sur les dépenses – primes d'assurance, frais médicaux et de santé, et cotisations de retraite	
	Tableau A.104 Préremplissage des déclarations au titre de l'IRPP : renseignements sur les revenus – intérêts et autres dépenses	
Interactions avec les parties prenantes : discipline fiscale et innovation	Tableau A.105 Approches en matière de discipline fiscale : facturation électronique	https://data.rafit.org/regular.aspx?key=74180897
	Tableau A.106 Programmes de discipline fiscale : dispositifs d'enregistrement des transactions	
	Tableau A.107 Programmes de discipline fiscale coopérative	
	Tableau A.108 Technologies innovantes : mise en œuvre et utilisation – *blockchain*, intelligence artificielle et informatique en nuage	
	Tableau A.109 Technologies innovantes : mise en œuvre et utilisation – science des données, robotisation des processus automatisés et API	
	Tableau A.110 Technologies innovantes : mise en œuvre et utilisation – identification à l'échelle de l'ensemble de l'administration, technologie d'authentification numérique et assistants virtuels	
Indicateurs dérivés : recettes et ressources	Tableau E.1 Variables externes : produit intérieur brut et recettes publiques totales	https://data.rafit.org/regular.aspx?key=74180898
	Tableau E.2 Variables externes pour les indicateurs dérivés : population totale et population active	
	Tableau D.1 Ratios de recettes : recettes rapportées aux recettes publiques totales et au PIB	
	Tableau D.2 Ratios de recettes : recettes fiscales rapportées au PIB et recettes non fiscales rapportées aux recettes totales	
	Tableau D.3 Structure de l'impôt et part des CSS : IRPP, IS et TVA	
	Tableau D.4 Structure de l'impôt et part des CSS : accises, autres impôts et CSS	
	Tableau D.5 Ratios de ressources : équivalent temps plein (ETP)	

Groupe de tableaux	Intitulé des tableaux	Lien
	Tableau D.6 Ratios des ressources : coûts	
Indicateurs dérivés : personnel	Tableau D.7 Dotation en personnel par emplacement et fonction : enregistrement, services, traitement, contrôle et vérification	https://data.rafit.org/regular.aspx?key=74180899
	Tableau D.8 Dotation en personnel par fonction : recouvrement des créances, gestion des différends et gestion des ressources humaines	
	Tableau D.9 Dotation en personnel par fonction : assistance informatique et toutes autres fonctions	
	Tableau D.10 Dynamique des effectifs	
	Tableau D.11 Niveau d'études	
	Tableau D.12 Répartition du personnel par âge : moins de 45 ans	
	Tableau D.13 Répartition du personnel par âge : 45 ans et plus	
	Tableau D.14 Ancienneté : moins de 10 ans	
	Tableau D.15 Ancienneté : 10 ans ou plus	
	Tableau D.16 Répartition par genre	
Indicateurs dérivés : segmentation, enregistrement et dépôt	Tableau D.17 Ratios services/programmes dédiés aux gros contribuables : équivalents temps plein (ETP)	https://data.rafit.org/regular.aspx?key=74180900
	Tableau D.18 Ratios services/programmes dédiés aux gros contribuables : entreprises, redressements établis et recettes nettes gérées	
	Tableau D.19 Enregistrement des contribuables redevables de l'impôt sur le revenu	
	Tableau D.20 Pourcentage de contribuables inactifs inscrits dans les registres : IS, IRPP et retenues à la source	
	Tableau D.21 Pourcentage de contribuables inactifs inscrits dans les registres : TVA et accises	
	Tableau D.22 Taux de déclarations reçues dans les délais : IS	
	Tableau D.23 Taux de déclarations reçues dans les délais : IRPP	
	Tableau D.24 Taux de déclarations reçues dans les délais : retenues à la source	
	Tableau D.25 Taux de déclarations reçues dans les délais : TVA	
Indicateurs dérivés : canaux de dépôt	Tableau D.26 Dépôt électronique : IS et IRPP	https://data.rafit.org/regular.aspx?key=74180901
	Tableau D.27 Dépôt électronique : retenues à la source et TVA	
	Tableau D.28 Part des déclarations par canal : IS – format papier et électronique, non préremplie	
	Tableau D.29 Part des déclarations par canal : IS – format électronique, prérempli	
	Tableau D.30 Part des déclarations par canal : IRPP – format papier et électronique, non préremplie	
	Tableau D.31 Part des déclarations par canal : IRPP – format électronique, prérempli	
	Tableau D.32 Part des déclarations par canal : retenues à la source – format papier et électronique, non préremplie	
	Tableau D.33 Part des déclarations par canal : retenues à la source – format électronique, prérempli	
	Tableau D.34 Part des déclarations par canal : TVA – format papier et électronique, non préremplie	
	Tableau D.35 Part des déclarations par canal : TVA – format électronique, prérempli	
Indicateurs dérivés : paiements et arriérés	Tableau D.36 Taux de paiements reçus dans les délais : IS	https://data.rafit.org/regular.aspx?key=74180902
	Tableau D.37 Taux de paiements reçus dans les délais : IRPP	
	Tableau D.38 Taux de paiements reçus dans les délais : retenues à la source	
	Tableau D.39 Taux de paiements reçus dans les délais : TVA	
	Tableau D.40 Part des paiements électroniques et retenues à la source par des tiers	

Groupe de tableaux	Intitulé des tableaux	Lien
	Tableau D.41 Ratios d'arriérés : stock de clôture et arriérés recouvrables	
	Tableau D.42 Ratios d'arriérés : variation en glissement annuel	
	Tableau D.43 Ratios d'arriérés relatifs aux entreprises publiques : stock de clôture et arriérés recouvrables	
	Tableau D.44 Arriérés recouvrés par type d'impôt : IS et IRPP	
	Tableau D.45 Arriérés recouvrés par type d'impôt : retenues à la source et TVA	
Indicateurs dérivés : contrôles et différends	Tableau D.46 Ratios de contrôles : taux de détection et redressements établis	https://data.rafit.org/regular.aspx?key=74180903
	Tableau D.47 Ratios de contrôles : redressements établis par type d'impôt – IS et IRPP	
	Tableau D.48 Ratios de contrôles : redressements établis par type d'impôt – retenues à la source et TVA	
	Tableau D.49 Recours administratif et procédures judiciaires	

Source : CIAT, IOTA, FMI et OCDE, Enquête internationale sur les administrations fiscales (ISORA), https://data.rafit.org/?sk=e1ed4b20-815e-4e76-bc6d-9032fc89f4f4&sId=1716492452268 (consulté le 10 septembre 2024).

Tableau A A.2. Aperçu des tableaux synthétisant les réponses à l'enquête ISORA : tableaux périodiques

Groupe de tableaux	Intitulé des tableaux	Lien
Dispositifs institutionnels, pratiques de gouvernance et de gestion	Tableau B.1 Cadre institutionnel et autonomie de gestion	https://data.rafit.org/regular.aspx?key=74180913
	Tableau B.2 Fonctions autres que la perception des recettes	
	Tableau B.3 Sélection de pratiques de gouvernance : audit, code de conduite et intégrité	
	Tableau B.4 Sélection de pratiques de gouvernance : plans, rapports et normes ; et organigramme	
	Tableau B.5 Réformes structurelles : mise en œuvre et nature	
	Tableau B.6 Réformes structurelles : principaux facteurs	
Gestion des ressources humaines	Tableau B.7 Pouvoirs en matière de ressources humaines	https://data.rafit.org/regular.aspx?key=74180914
	Tableau B.8 Rémunération et gestion des performances	
	Tableau B.9 Approche de la gestion des ressources humaines : enquêtes auprès du personnel	
	Tableau B.10 Approche de la gestion des ressources humaines : stratégie/plan pluriannuel de gestion des effectifs et stratégie de formation	
	Tableau B.11 Approche de la gestion des ressources humaines : accompagnement des nouvelles recrues et plan de dotation en personnel	
	Tableau B.12 Approche de la gestion des ressources humaines : plan de dotation en personnel et formules souples de travail	
	Tableau B.13 Approche de la gestion des ressources humaines : renforcement des compétences d'encadrement, comptabilisation du temps de travail, politique de diversité	
	Tableau B.14 Évaluation des besoins en matière de capacités	
	Tableau B.15 Compétences de spécialistes	
Segmentation	Tableau B.16 Services/Programmes dédiés aux gros contribuables : critères principaux	https://data.rafit.org/regular.aspx?key=74180915
	Tableau B.17 Services/Programmes dédiés aux contribuables fortunés : critères principaux	
	Tableau B.18 Services/Programmes dédiés aux contribuables fortunés : fonctions, personnel et contribuables	
	Tableau B.19 Petits contribuables	
Gestion des risques d'indiscipline fiscale	Tableau B.20 Gestion des risques d'indiscipline fiscale : stratégie	https://data.rafit.org/regular.aspx?key=74180916
	Tableau B.21 Gestion des risques d'indiscipline fiscale : données ventilées par genre	
	Tableau B.22 Gestion des risques d'indiscipline fiscale : caractérisation des défis liés aux questions de fiscalité internationale	
	Tableau B.23 Gestion des risques d'indiscipline fiscale : personnel chargé des questions de fiscalité internationale	
	Tableau B.24 Gestion des risques d'indiscipline fiscale : manque à gagner fiscal	
	Tableau B.25 Gestion des risques d'indiscipline fiscale : cadre d'intervention de l'administration fiscale	
	Tableau B.26 Gestion des risques d'indiscipline fiscale : interventions avant le dépôt des déclarations	
	Tableau B.27 Gestion des risques d'indiscipline fiscale : interventions après le dépôt des déclarations, et mesure de l'efficacité des interventions	
	Tableau B.28 Gestion des risques d'indiscipline fiscale : actions répressives après le dépôt des déclarations	
	Tableau B.29 Gestion des risques d'indiscipline fiscale : indicateurs d'efficacité de l'action répressive	
Opérations fiscales : enregistrement,	Tableau B.30 Genre du contribuable déclaré ; dépôt et paiement électroniques obligatoires	https://data.rafit.org/regular.aspx?key=74180917
	Tableau B.49 Retenues à la source	

Groupe de tableaux	Intitulé des tableaux	Lien
dépôt, paiement, arriérés	Tableau B.50 Notification des modalités de paiement	
	Tableau B.31 Pouvoirs de recouvrement des arriérés d'impôt et façon dont ils sont utilisés – partie 1	
	Tableau B.32 Pouvoirs de recouvrement des arriérés d'impôt et façon dont ils sont utilisés – partie 2	
	Tableau B.33 Pouvoirs de recouvrement des arriérés d'impôt et façon dont ils sont utilisés – partie 3	
	Tableau B.34 Pouvoirs de recouvrement des arriérés d'impôt et façon dont ils sont utilisés – partie 4	
Opérations fiscales : contrôles, vérification, données tierces	Tableau B.35 Déclarations spontanées, vérifications et contrôles : contrôles de conformité automatisés	https://data.rafit.org/regular.aspx?key=74180918
	Tableau B.36 Vérifications et contrôles : vérifications aléatoires	
	Tableau B.37 Vérifications et contrôles : processus/critères de sélection	
	Tableau B.38 Sanctions administratives en cas de non-déclaration par le contribuable : application et principaux dispositifs	
	Tableau B.51 Données tierces	
Services aux contribuables	Tableau B.39 Canaux de service : statistiques sur l'utilisation des canaux de service	https://data.rafit.org/regular.aspx?key=74180919
	Tableau B.40 Canaux de service : éléments de l'approche axée sur les services	
	Tableau B.41 Canaux de service : services en ligne – partie 1	
	Tableau B.42 Canaux de service : services en ligne – partie 2	
	Tableau B.43 Droits des contribuables : documentation	
	Tableau B.44 Droits des contribuables : mécanismes de réclamation	
	Tableau B.45 Enquêtes de satisfaction	
	Tableau B.46 Analyse fondée sur le genre de la satisfaction des contribuables et de la stratégie en matière de services et d'assistance	
	Tableau B.47 Éducation des contribuables	
	Tableau B.48 Décisions relatives à l'application de la législation fiscale	
	Tableau B.52 Charge de conformité pour les contribuables	

Source : CIAT, IOTA, FMI et OCDE, Enquête internationale sur les administrations fiscales (ISORA), https://data.rafit.org/?sk=e1ed4b20-815e-4e76-bc6d-9032fc89f4f4&sid=1716492468609 (consulté le 10 septembre 2024).

Annexe B. Administrations fiscales participantes

Tableau A B.1. Vue d'ensemble des administrations fiscales incluses dans ce rapport

Juridiction	Administration fiscale	Adresse du site Internet	Code monnaie
Argentine	Administration fédérale des recettes publiques	www.afip.gob.ar	ARS
Australie	Australian Taxation Office	www.ato.gov.au	AUD
Autriche	Ministère fédéral des Finances	www.bmf.gv.at	EUR
Belgique	Service public fédéral Finances	https://finances.belgium.be	EUR
Brésil	Administration fiscale brésilienne	www.rfb.gov.br	BRL
Bulgarie	Agence nationale des recettes publiques	https://nap.bg/	BGN
Canada	Agence du revenu du Canada	www.cra-arc.gc.ca	CAD
Chili	Servicio de Impuestos Internos	www.sii.cl	CLP
Chine (République populaire de)	Administration d'État des impôts	www.chinatax.gov.cn	CNY
Colombie	Administration nationale des impôts et des douanes	www.dian.gov.co	COP
Costa Rica	Direction des impôts, ministère des Finances	www.hacienda.go.cr	CRC
Croatie	Administration fiscale, ministère des Finances	www.porezna-uprava.hr	HRK
Chypre	Administration fiscale chypriote	www.mof.gov.cy/tax	EUR
Tchéquie	Administration financière de la République tchèque	www.financnisprava.cz	CZK
Danemark	Administration fiscale danoise	www.skatteforvaltningen.dk	DKK
Estonie	Office estonien des impôts et des douanes	www.emta.ee	EUR
Finlande	Administration fiscale finlandaise	www.vero.fi	EUR
France	Direction Générale des Finances Publiques	www.impots.gouv.fr	EUR
Géorgie	Service des recettes publiques	www.rs.ge	GEL
Allemagne	Ministère fédéral des Finances, Office central fédéral des impôts et Autorités fiscales des Länder	www.bundesfinanzministerium.de	EUR
Grèce	Autorité indépendante chargée des recettes publiques	www.aade.gr	EUR
Hong Kong (Chine)	Inland Revenue Department	www.ird.gov.hk	HKD
Hongrie	Administration nationale des impôts et des douanes	https://nav.gov.hu	HUF
Islande	Administration islandaise des impôts et des douanes	www.skatturinn.is	ISK
Inde	Service de l'impôt sur le revenu Office central des impôts indirects et des droits de douane	www.incometaxindia.gov.in www.cbic.gov.in	INR
Indonésie	Direction générale des impôts	www.pajak.go.id	IDR
Irlande	Office of the Revenue Commissioners	www.revenue.ie	EUR
Israël	Autorité fiscale d'Israël	www.taxes.gov.il	ILS
Italie	Administration fiscale	www.agenziaentrate.gov.it	EUR

Juridiction	Administration fiscale	Adresse du site Internet	Code monnaie
Japon	Agence nationale des impôts	www.nta.go.jp	JPY
Kenya	Kenya Revenue Authority	www.kra.go.ke	KES
Corée	Service national des impôts	www.nts.go.kr	KRW
Lettonie	Service national de l'impôt	www.vid.gov.lv	EUR
Lituanie	Inspection nationale des impôts relevant du ministère des Finances	www.vmi.lt	EUR
Luxembourg	Administration des contributions directes Administration de l'enregistrement, des domaines et de la TVA	www.impotsdirects.public.lu https://aed.gouvernement.lu/	EUR
Malaisie	Inland Revenue Board of Malaysia	www.hasil.gov.my	MYR
Malte	Office of the Commissioner for Revenue	https://cfr.gov.mt	EUR
Mexique	Service d'administration fiscale	www.sat.gob.mx	MXN
Maroc	Direction générale des impôts	www.tax.gov.ma	MAD
Pays-Bas	Administration fiscale néerlandaise	www.belastingdienst.nl	EUR
Nouvelle-Zélande	Inland Revenue Department – Te Tari Taake	www.ird.govt.nz	NZD
Norvège	Administration fiscale norvégienne	www.skatteetaten.no	NOK
Pérou	Superintendencia Nacional de Administración Tributaria (SUNAT)	www.sunat.gob.pe	PEN
Pologne	Administration fiscale nationale	www.podatki.gov.pl	PLN
Portugal	Autorité portugaise des impôts et des douanes	www.portaldasfinancas.gov.pt	EUR
Roumanie	Agence nationale de l'administration fiscale	www.anaf.ro	RON
Arabie saoudite	Autorité générale de la zakat et de l'impôt	https://zatca.gov.sa	SAR
Singapour	Inland Revenue Authority of Singapore	www.iras.gov.sg	SGD
République slovaque	Administration financière de la République slovaque	www.financnasprava.sk	EUR
Slovénie	Administration financière de la République de Slovénie	www.fu.gov.si	EUR
Afrique du Sud	South African Revenue Service	www.sars.gov.za	ZAR
Espagne	Agence fiscale espagnole (AEAT)	https://sede.agenciatributaria.gob.es/	EUR
Suède	Administration fiscale suédoise	www.skatteverket.se	SEK
Suisse	Administration fédérale des contributions	www.estv.admin.ch	CHF
Thaïlande	The Revenue Department	www.rd.go.th	THB
Türkiye	Administration turque des finances	www.gib.gov.tr	TRY
Royaume-Uni	Her Majesty's Revenue and Customs	www.hmrc.gov.uk	GBP
États-Unis	Internal Revenue Service	www.irs.gov	USD